Katharina Bremer und Marcus Müller
Sprache, Wissen und Gesellschaft

Katharina Bremer und Marcus Müller

Sprache, Wissen und Gesellschaft

—

Eine Einführung in die Linguistik des Deutschen

DE GRUYTER

Die Begutachtung dieses Studienbuchs erfolgte durch den Gutachterrat der Reihe *Sprache und Wissen* (SuW).

ISBN 978-3-11-053257-9
e-ISBN (PDF) 978-3-11-053258-6
e-ISBN (EPUB) 978-3-11-069907-4

Library of Congress Control Number: 2020942600

Bibliografische Information der Deutschen Nationalbibliothek
Die Deutsche Nationalbibliothek verzeichnet diese Publikation in der Deutschen Nationalbibliografie; detaillierte bibliografische Daten sind im Internet über http://dnb.dnb.de abrufbar.

© 2021 Walter de Gruyter GmbH, Berlin/Boston
Satz: jürgen ullrich typosatz, Nördlingen
Druck und Bindung: CPI books GmbH, Leck

www.degruyter.com

Vorwort

Mit diesem Buch liegt ein Novum vor: Das Forschungsnetzwerk »Sprache und Wissen« (http://sprache-und-wissen.de/) präsentiert in der Reihe *De Gruyter Studium* eine Einführung in die Linguistik des Deutschen mit dem Titel „Sprache, Wissen und Gesellschaft". Dieses Buch stellt zum ersten Mal die Sicht auf Sprache, die die Mitglieder des Forschungsnetzwerks gemeinsam haben, für Studierende und weitere Interessierte in grundlegender Weise dar. Es erweitert damit das bisherige Spektrum der Reihe *Sprache und Wissen* (SuW), die bislang aus genuinen Forschungsmonographien und Sammelbänden besteht, ebenso wie die mehr als 20 Bände umfassenden *Handbücher Sprachwissen* (HSW).

Die Einführung behandelt in zwölf Kapiteln die wichtigsten Teilbereiche der deutschen Sprachwissenschaft. Das Buch verdeutlicht, wie Sprache, Wissen und Handeln zusammenhängen und mit der kulturellen und sozialen Gemeinschaft verwoben sind. Am Ende eines jeden Kapitels werden weiterführende Literaturhinweise gegeben und in allen Kapiteln vertiefende Fragen gestellt, die zum eigenen Nachdenken anregen.

Zunächst einmal steht die Frage im Raum, warum die Wissenschaftsgemeinschaft ein weiteres Einführungsbuch benötigt. Diese Frage ist leicht zu beantworten. Da der Fokus der Einführung auf kognitiven, gesellschaftlichen, wissensbezogenen Aspekten der Sprache und der perspektivierenden Funktion von Sprache liegt, kann konstatiert werden, dass diese Einführung ein Alleinstellungsmerkmal aufweist und eine Ergänzung zum bestehenden Repertoire an Einführungen in die Linguistik darstellt. Denn es gibt bisher keine Einführung in die Sprachwissenschaft, die grundständig und systematisch die gesellschaftliche Gebundenheit sprachlicher Zeichen und ihre Anwendung für Linguistikeinsteiger plausibel macht. Dazu gehört, dass die Autoren – wo immer möglich – mit empirischen Belegen aus Texten und Sprachkorpora arbeiten. Vor diesem Hintergrund handelt es sich um ein ausgesprochen innovatives Format.

Es kommt aber noch ein weiterer Aspekt hinzu – nämlich der der besonderen Lesbarkeit. Bei dieser Einführung handelt es sich auch um ein Lesebuch, das sich in besonderem Maße zur Individuallektüre eignet. Darüber hinaus verfügt es über die Kapazität, zu der – in den Medien allseits diskutierten – Verbesserung des Übergangs vom Gymnasium zur Universität beizutragen. In verschiedenen Bundesländern gibt es dazu Initiativen in der gymnasialen Oberstufe, da die propädeutische Germanistik eine immer wichtigere Rolle spielt. Der Fokus sollte neben dem Literaturunterricht auch auf die Linguistik im Deutschunterricht gerichtet werden. Der Schreibduktus der vorliegenden Einführung ist eingängig, macht neugierig und vermittelt gleichermaßen fundiertes Basiswissen. Insofern eignet sich das

Werk ebenfalls als begleitende Lektüre einer linguistischen Einführungsveranstaltung und zur Klausurvorbereitung.

Das vorliegende Buch soll der Startpunkt einer Reihe von Einführungsbüchern aus dem Forschungsnetzwerk »Sprache und Wissen« sein.

Heidelberg, im Juni 2020

Prof. Dr. Ekkehard Felder
Koordinator des Forschungsnetzwerks
»Sprache und Wissen«

Zu diesem Buch

Wenn man auf die Frage nach dem Beruf Sprachwissenschaftlerin angibt, folgt fast immer eine typische Rückfrage, nämlich: für welche Sprachen denn? Für viele Menschen ist also durchaus plausibel, dass „fremde" Sprachen beschrieben und erforscht werden müssen – Linguistik als eine Wissenschaft, die sich mit dem Funktionieren der eigenen Sprache beschäftigt, ist dagegen im öffentlichen Bewusstsein kaum präsent. Auf den ersten Blick ist das durchaus nachvollziehbar – eigentlich leben wir ja mit „unserer" Sprache sozusagen einvernehmlich. Unser sprachlicher Alltag verlangt nur selten danach, über die Weisen nachzudenken, wie Sprache ihren Dienst tut, oder gar, welche Elemente und Prozesse dabei im Einzelnen eine Rolle spielen. Schon eher fällt uns ihre Wirksamkeit auf: wie ein einziger Satz – oder sogar nur ein Wort – uns einen Zusammenhang erkennen lässt, uns nachdenklich macht oder uns ärgern, freuen und sogar verletzen kann. Das zeigt, dass Sprache einen sehr direkten Zugang zu unserem Denken und Fühlen hat. Und es führt uns im nächsten Schritt zu der Frage, wie diese Verbindung möglich wird. Ein allgemeines Ziel von Sprachbeschreibung kann also sein, die Vermittlungswege zwischen Denken, Fühlen, Handeln und Sprechen zu verfolgen.

Ein wesentlicher Aspekt dieses Ziels ist es, Verständigungsprozesse nachvollziehbar zu machen. Das kann einerseits Gespräche betreffen. Wir machen immer wieder die Erfahrung, dass Fehl- und Missverständnisse gerade dann häufiger auftreten und weitreichende Folgen haben, wenn gegenseitiges Verstehen besonders wichtig wäre, z.B. im Streit oder in Gesprächen, in denen viel auf dem Spiel steht. Kann man dem vorbeugen – und auf welche Weise? Um darauf eine konstruktive Antwort zu finden, die sich nicht nur auf den einzelnen Fall beschränkt, müssen wir verstehen lernen, wie Gespräche funktionieren: Welche Strukturen wiederholen sich in ihrem Verlauf, welche typischen Funktionen werden mit welchen sprachlichen Mitteln erfüllt und welche Rolle kommt z.B. der Beziehung zwischen den Gesprächspartnern dabei zu? (dazu Kap. 4 und 11). Es geht also darum, grundsätzliche Prinzipien zu klären, die für den Ablauf von Gesprächen gelten.

Sprachliche Verständigungsprozesse prägen aber auch das Zusammenleben in der Gesellschaft, also auf einer über-individuellen Ebene. Wie z.B. ein politischer Sachverhalt in den Medien sprachlich dargestellt wird, ist oft entscheidend dafür, wie wir ihn „sehen" – und entsprechend, wie wir darüber denken und vielleicht in der Folge handeln. Es macht einen Unterschied, ob wir von *Ausländern* oder *Flüchtlingen*, von *Asylbewerbern* oder *Migrantinnen* sprechen, denn in jeder dieser Bezeichnungen steckt eine spezifische Perspektive, wird jeweils ein Aspekt des komplexen Zusammenhangs fokussiert, andere bleiben im Hintergrund

(Kap. 3). Zur Ausleuchtung solcher Prozesse tragen verschiedene Bereiche der Linguistik bei: Semantik analysiert, wie Bedeutung grundsätzlich „zustande kommt" (Kap. 10) und wie sie in der Interaktion verändert werden kann (Kap. 11). In der Soziolinguistik und der Diskursanalyse wird u. a. untersucht, wie die Herkunft und die Rollen von Beteiligten und gegebenenfalls die entsprechenden Machtverhältnisse zwischen ihnen eine Argumentation beeinflussen können (Kap. 12). Zusammengefasst: Ein tieferes Verständnis sowohl individueller als auch gesellschaftlicher Verständigungsprozesse setzt eine detaillierte Beschreibung der dabei verwendeten sprachlichen Formen und Strategien voraus. Langfristiges Ziel ist dabei, die Wirkung der jeweils verwendeten sprachlichen Mittel zu erklären.

Ein zweiter Bereich, in dem wir auf das Wirken der Sprache gestoßen werden, sind Texte: solche, die wir lesen, und solche, die wir schreiben, z. B. in der Schule oder im Studium. Texte als Lese-Aufgabe können auf verschiedene Weise herausfordernd sein, denn auch die Ziele bei ihrer Rezeption sind jeweils verschieden: Die Bedienungsanleitung soll vor allem ermöglichen, mit einem neuen Gerät zurechtzukommen; der wissenschaftliche Aufsatz dagegen zielt z. B. darauf, neue begriffliche Unterscheidungen in einem spezifischen Themenbereich nachvollziehbar zu machen. Die typischen Schwierigkeiten beim Verständnis in diesen beiden Textsorten (und vielen weiteren Fällen) werden durchschaubarer, wenn wir einerseits unser Wissen über den Bau und die innere Organisation von Texten erweitern (Kap. 8, 9) und andererseits verstehen, welche Prozessschritte beim Lesen nacheinander bearbeitet werden (Kap. 5).

Ein Verständnis vom Text als einem Gewebe, das auf vielschichtige Weise strukturiert ist und in hohem Maße auf den Einbezug von mitgebrachtem Wissen baut (Kap. 3), kann aber auch im Fall der Textproduktion, also beim Schreiben, nützlich werden – wenn wir z. B. vor dem viel besprochenen „leeren Blatt" sitzen und einen ersten Satz vielleicht schon einige Male wieder gelöscht haben. Es kann Bezugspunkt dafür sein, Texte in begründeter Weise zu beurteilen, zu vergleichen, zu verbessern. Die These ist also: Linguistisches Wissen hilft beim „fortgeschrittenen" Lesen und Schreiben – indem es eine Modellierung für die Einzelschritte und Komponenten anbietet, die dabei eine Rolle spielen.

Drittens kann aus der genauen Beschreibung sprachlicher Formen und ihrer Verwendungskontexte noch ein weiterer Erkenntnisgewinn erwachsen: Linguistische Beschreibung macht erfahrbar, dass Sprache immer in Veränderung begriffen ist – und dass das zu ihrer Natur gehört (Kap. 2). Jedes einzelne Wort, jede Routineformel, jede Textsorte, jeder Gesprächstyp existiert typischerweise in vielen Varianten, hat eine Entstehungsgeschichte und wird sich weiterentwickeln, verändern, und vielleicht auch wieder aus dem Gebrauch verschwinden. Nichts im Bereich des Sprachlichen war „schon immer so" oder wird unverändert immer so bleiben.

Die Einflüsse, die solche Veränderungen anstoßen und weiterbringen, kommen aus vielen Quellen: aus dem Sprachverhalten des Einzelnen, aus der sozialen Interaktion, und auch aus der Dynamik der Sprache selbst. Wollen wir z. B. die Entwicklung eines Dialekts nachzeichnen, müssen wir zunächst beschreiben, wie er sich durch ein bestimmtes Bündel von sprachlichen Merkmalen von anderen Sprachformen unterscheidet: Die Aussprache ist dabei ein wichtiger Aspekt, vielleicht aber auch der Wortschatz (Kap. 6) oder bestimmte Eigenheiten der Grammatik (Kap. 7, 8). Um Veränderungen erklären zu können, müssen aber auch Verwendungskontexte berücksichtigt werden: Welche Sprecher verwenden diesen Dialekt bei welchen Gelegenheiten – und wie verändert sich das? Erst durch einen genauen Blick darauf, welche Sprachform in welchen Situationen von welchen Sprechern tatsächlich gebraucht wird, können wir z. B. einschätzen, ob ein Dialekt grundsätzlich auf dem Rückzug ist, oder doch in bestimmten Bereichen „weiterlebt".

Die wissenschaftliche Beschreibung von Sprache hat damit auch eine Art Spiegelfunktion – denn wir selbst sind von der Beteiligung an solchen Entwicklungen ja nicht ausgenommen. Durch den linguistischen Blick kann uns bewusst werden: genaugenommen trägt jede einzelne Sprachverwendung zum „Haushalt" unserer Sprache bei – sei es stabilisierend oder verändernd. So können wir uns im Alltag oft entscheiden, ob wir ein neues englisches oder ein herkömmliches deutsches Wort für einen Sachverhalt verwenden wollen. Wir können uns entscheiden, nie mehr das generische Maskulinum zu verwenden, oder in Zukunft beim privaten Schreiben auf Großbuchstaben ganz zu verzichten. Kurz: Zu erkennen, dass Sprache eine „so gewordene" Sprache ist, bedeutet auch, sie als veränderbar zu erkennen. Auf eine Formel gebracht: Die Sprache sind wir!

Am Ende jedes Kapitels geben wir einige wenige Literaturhinweise zum Weiterlesen. Alle anderen Texte, aus denen wir zitieren oder auf die wir im Laufe dieses Buchens verweisen, nennen wir am Ende des Buchs im Literaturverzeichnis.

Wir haben uns bemüht, bei unserer Darstellung zu berücksichtigen, dass Sprache immer im menschlichen Handeln, der Interaktion und in gesellschaftlichen Situationen verankert ist und auch so verstanden werden muss. In unserem Buch gibt es deshalb kein eigenes Kapitel zur Pragmatik. Das ist die linguistische Teildisziplin, die erklärt, wie man mit Sprache handelt und welche Beziehung Sprache zum Kontext ihrer Verwendung hat. Das unterscheidet es von den meisten anderen Einführungen in die Linguistik. Wir denken, dass Pragmatik ein fundamentaler Gesichtspunkt aller sprachlicher Phänomene ist, und haben unser Buch entsprechend so aufgebaut, dass pragmatische Modelle und Erklärungen den roten Faden bilden.

Wir danken den Studierenden sowie den Kolleginnen und Kollegen in Heidelberg und Darmstadt, die kapitelweise oder auch im Ganzen Vorversionen dieser

Einführung gelesen und uns wertvolle Anregungen gegeben haben. Carina Kiemes und Mira Winkelbrandt danken wir für Recherchen, das Lektorat und die Einrichtung des Manuskripts. Unser Dank gilt auch Ekkehard Felder und der weiteren anonymen Person, die unser Buch für den Verlag begutachtet haben, für viele Anregungen und Hinweise. Verbliebene Fehler und Ungereimtheiten sind allein uns anzulasten. Dem Verlag De Gruyter, namentlich Carolin Eckardt, Albina Töws und Andreas Brandmair, danken wir für die Betreuung und die Aufnahme in die Reihe De Gruyter Studienbuch.

Was die Darstellung der sozialen Geschlechter (Gender) in der Sprache betrifft, so haben wir uns dafür entschieden, dort Doppelnennungen (*Leserinnen und Leser*) zu verwenden, wo es der Schreibfluss zulässt, und ansonsten, z. B. bei Aufzählungen, zu alternieren (z. B. *Verlegerinnen, Autoren, Lektorinnen und Kritiker*). Wir sind uns darüber bewusst, dass diese Lösung nicht alle Leserinnen und Leser überzeugen wird, für uns ist sie aber in diesem Moment der Sprachgeschichte die stimmigste. In jedem Fall meinen wir alle, die wissbegierig sind und Lust haben, sich mit der Sprache zu beschäftigen – der alltäglichsten Sache der Welt, die uns in dem Maße beherrscht, in dem wir sie beherrschen; die unsere Erfahrungen, Ideen und Erinnerungen prägt und ohne die wir nicht die wären, die wir sind.

Hinweise zur Notation

Da man in einem Buch über Linguistik immer nicht nur mit Sprache, sondern auch über Sprache schreibt, und Sprache wiederum unter verschiedenen Aspekten betrachtet werden kann, ist es üblich, auf Notationskonventionen zurückzugreifen, um keine Missverständnisse zu produzieren. Die Sprache, mit der wir schreiben, ist wie dieser Satz recte gesetzt. Ansonsten gelten folgende Konventionen:

Tabelle 1: Notationskonventionen

Notationskonvention	Beispiel
Objektsprachliche Ausdrücke (Sprache, über die wir schreiben) sind in diesem Buch kursiv gesetzt.	Das Wort *Linguistik*.
Konzepte (gedankliche Einheiten) sind mit einfachen Anführungsstrichen markiert.	Das Konzept ‚Freiheit'.
Bedeutungsangaben sind mit folgenden Klammern markiert: › ‹.	Das althochdeutsche Wort *wesan* bedeutet ›sein, existieren‹.
Lautklassen (Phoneme) werden durch / / gekennzeichnet.	Die Phoneme /d/ und /t/ unterscheiden sich durch Stimmhaftigkeit.
Gesprochene Laute (Phone) werden durch [ ] gekennzeichnet.	Das Wort *Genie* spricht man im Deutschen [ʒeˈniː] aus.
Die kleinsten Elemente im Schriftsystem (Grapheme) werden durch < > gekennzeichnet.	Das Phonem /ø/ wird im Deutschen mit dem Graphem <ö> repräsentiert.

Inhaltsverzeichnis

Vorwort — V
Zu diesem Buch — VII
Hinweise zur Notation — XI

1 Sprachlichkeit als kulturelle Basis des Menschen — 1
1.1 Der Wandel von Kooperationsformen und die Entstehung von Kultur — 1
1.2 Menschliche Sprache als spezifisches Zeichensystem — 6
1.3 Der Spracherwerb des Kindes als Teil seiner kognitiven und sozialen Entwicklung — 13

2 Perspektiven auf Sprache — 20
2.1 Perspektiven der Sprachbeschreibung — 20
2.2 Methoden der Linguistik — 27
2.3 Fokus deutsche Sprache: Was ist Deutsch? — 32
2.4 Zur Entwicklung der deutschen Sprache — 34

3 Wissen und Sprache — 44
3.1 Was hat Sprache mit Wissen zu tun? — 44
3.2 Wissensschemata — 46
3.3 Perspektivität — 50
3.4 Wissensexpansion: Metapher und Metonymie — 53
3.5 Implizites Wissen und Verständigung — 56

4 Sprechen und Hören — 64
4.1 Sprechen und Hören als primäre Realisierungsform von Sprache — 64
4.2 Einzelne Sprachlaute – wie werden sie produziert, gehört und interpretiert? — 68
4.3 Laute in Äußerungen: Ko-Artikulation, Prosodie und Informationsstruktur — 75
4.4 Planungsschritte und Musterorientierung beim Sprechen — 79
4.5 Transkription und Analyse gesprochener Sprache — 84

5 Schreiben und Lesen — 88
5.1 Warum schreiben wir? Neue und alte Funktionen von Schrift — 88
5.2 Wie wir schreiben: das deutsche Schriftsystem — 96
5.3 Lesen und Schreiben lernen: Literalisierung — 102

5.4 Zum Stellenwert geschriebener Sprache – und seiner Veränderung durch die Neuen Medien —— 110

6 Wortschatz und Wortbildungskompetenz: Wörter verwenden, verändern und erfinden —— 114
6.1 Wörter als elementare sprachliche Zeichen – ein kurzer Rückblick —— 114
6.2 Das mentale Lexikon – vielfältige Verknüpfungen —— 117
6.3 Wörter verändern und erfinden – Wortbildungsprozesse und ihre Elemente —— 122
6.4 Produktivität und Dynamik im Wortschatz: Neologismen und Ad-hoc-Bildungen —— 131
6.5 Wörter mit Migrationshintergrund: Entlehnungen aus anderen Sprachen —— 134

7 Vom Wort zum Satz —— 138
7.1 Wo hört das Wort auf und fängt der Satz an? —— 138
7.2 Phrasen und Satzglieder —— 141
7.3 Wie kommt das Wort in den Satz? Flexion —— 144
7.4 Entstehung grammatischer Formen: Analogie und Grammatikalisierung —— 151
7.5 Konstruktionen als grammatische Einheiten —— 154

8 Sätze, Gedanken und Theaterbühnen —— 159
8.1 Sätze und Gedanken —— 161
8.2 Satzglieder: Syntaktische Rollen —— 168
8.3 Valenz und semantische Rollen —— 171
8.4 Der Satz als Rangierbahnhof – das Stellungsfeldermodell —— 177

9 Text – von außen, von innen & in Zukunft —— 182
9.1 Außenansicht: Kommunizieren mit Texten —— 182
9.2 Innenansicht: Text als Geflecht von Verweisungen —— 190
9.3 Veränderungen in der Textlandschaft durch Neue Medien —— 199

10 Bedeutung in der Sprache: stabil, flexibel, kreativ —— 205
10.1 Bedeutung in Wörtern, Äußerungen und Sätzen —— 205
10.2 Bedeutung in Texten: zur Konstruktion von Textweltmodellen —— 213

10.3	Erklären, beschreiben, abwandeln – zur alltäglichen Arbeit an Bedeutungen —— **216**
10.4	Beschreibungsansätze in der Semantik —— **222**

11 Sprachliches Handeln, Interaktion und Gespräch —— 231
11.1	Interaktion erfordert mehr als Sprache —— **231**
11.2	Sprechen ist Handeln! —— **234**
11.3	Das Gespräch als Ort der Interaktion —— **238**
11.4	Wissenschaftliche Zugänge zur Analyse sprachlicher Interaktion —— **250**

12 Gesellschaft —— 255
12.1	Wie die Soziolinguistik entstanden ist —— **256**
12.2	Sprechstile und soziale Gruppen —— **262**
12.3	Innere und äußere Mehrsprachigkeit —— **263**
12.4	Die Gesellschaft ist immer dabei: Kontextualisierung —— **268**
12.5	Sprache, Wissen und Macht: Perspektiven der Diskursanalyse —— **272**

Literaturverzeichnis —— 279
Verzeichnis der verwendeten Sprachkorpora —— 289
Verzeichnis der Abbildungen —— 291
Verzeichnis der Tabellen —— 292
Sachregister —— 293

1 Sprachlichkeit als kulturelle Basis des Menschen

1.1 Der Wandel von Kooperationsformen und die Entstehung von Kultur —— 1
1.2 Menschliche Sprache als spezifisches Zeichensystem —— 6
1.3 Der Spracherwerb des Kindes als Teil seiner kognitiven und sozialen Entwicklung —— 13

Die Komplexität der menschlichen Sprache – und damit aller menschlicher Einzelsprachen – setzt eine besondere Denkfähigkeit voraus, die uns auch von intelligenten Primaten noch deutlich unterscheidet. Menschliches Denken ist umgekehrt eng verwoben mit Sprachfähigkeit, und beides wiederum nicht zu trennen von den besonderen Kooperationsformen, die unsere Kultur entwickelt hat. Die These ist also: Menschsein, Gesellschaftlichkeit, Sprache und Geist sind nicht zu trennen. Sie bedingen einander und das lässt sich über den ganzen Verlaufsprozess der historischen Entwicklung verfolgen. Jürgen Habermas hat diesen Gedanken sehr prägnant ausgedrückt: „Erst in der Öffentlichkeit einer Sprachgemeinschaft entwickelt sich das Naturwesen zugleich zum Individuum und zum denkenden Menschen." (2001: 65)

Das folgende Kapitel wird den für unsere menschliche Eigenart kennzeichnenden Zusammenhang zwischen Sprache, Denken und Sozialität aus drei Perspektiven beleuchten. Die **phylogenetische** Perspektive verfolgt die Entwicklung von Sprache aus dem Blickwinkel der Evolution des Menschen (1.1). Der zweite Teil widmet sich der Frage, wie Sprache als spezifischer Typ eines mächtigen Systems von Symbolen beschrieben werden kann (1.2). Der dritte Abschnitt verfolgt die Verbindung von Menschsein und Sprache unter dem **ontogenetischen** Blickwinkel: Hier geht es um die Frage, wie das einzelne menschliche Kind Sprache erwirbt, welche Fähigkeiten dabei vorausgesetzt sind und welche neuen Möglichkeiten es dadurch andererseits hinzugewinnt (1.3).

1.1 Der Wandel von Kooperationsformen und die Entstehung von Kultur

Direkte Zeugnisse zu den Ursprüngen von Sprache beim modernen Menschen sind uns nicht zugänglich. Allerdings ist die Entwicklung des menschlichen Zusammenlebens durch Ausgrabungen erforscht worden, die auch auf die Evolution der Sprache Rückschlüsse zulassen. So interpretieren Anthropologen z. B. aufwändige Grabstätten als Beleg für eine entwickelte Kultur, die mythische Vorstellungen zu einem Leben nach dem Tod pflegt – und diese Tradition von Generation zu Generation weitergibt. Das ist ein Prozess, der ohne Sprache kaum vorstellbar ist (vgl. Müller 1997). Andere wichtige Indizien für den Beginn einer Sprache sind die Zunahme des Gehirnvolumens, das aufgrund jeweils gefundener Schädel errechnet werden kann; oder die Absenkung des Kehlkopfs, die Voraussetzung dafür war, dass frühe Menschen – anders als andere Primaten – die ganze Palette menschlicher Sprachlaute produzieren konnten. Auf der Basis solcher Ergebnisse wird geschätzt, dass die Entwicklung einer menschlichen Sprache vor ca. 120.000 Jahren begonnen haben könnte. Erste schriftliche Symbolverwendungen in Höhlenzeichnungen werden dagegen deutlich jünger datiert; sie liegen nur ca. 40.000 Jahre zurück.

Im Vergleich selbst zu „nahen Verwandten", v. a. den großen Primaten wie Schimpansen und Orang-Utans, hat sich die Intelligenz der Menschen in dieser Zeit in unvergleichbarer Weise weiterentwickelt. Wie ist das zu erklären? Anthropologen haben auf der Suche nach einer Antwort auf diese Frage bei beiden Spezies die spezifischen Kommunikationsfähigkeiten untersucht (vgl. Tomasello 2011; 2014). Sie können auf der Basis ihrer Ergebnisse inzwischen eine nachvollziehbare Hypothese für einen wahrscheinlichen Verlauf vorschlagen. Danach haben sich die Unterschiede in Bezug auf Kooperationsformen, Sprache und Denkfähigkeit während eines langen Zeitraums in zwei großen Entwicklungsschritten herausgebildet.

Der erste Schritt ergab sich aus der Notwendigkeit, bei der Nahrungssuche zu zweit oder in kleinen Gruppen zusammenzuarbeiten. Dadurch mussten die frühen Menschen Möglichkeiten der Kooperation mit anderen erfinden, um gemeinsame Ziele zu erreichen. Gemeinsame Ziele sind mit gemeinsamer Aufmerksamkeit in der jeweils geteilten Situation verbunden – das ist die Keimzelle **geteilter Intentionalität**, die nach dieser gut gestützten Hypothese allen Weiterentwicklungen von Kultur zugrunde liegt. Zur Koordinierung der Perspektiven z. B. bei der Jagd wurden zunächst in kleinen Gruppen natürliche Gesten des Zeigens verwendet, vielleicht auch Pantomime – damit sind die Anfänge symbolischer Kommunikation gelegt (vgl. unten 1.2). Auch in dieser Phase ist es beim Kommunizieren bereits erforderlich, Abschätzungen der Relevanz der jeweiligen Gesten vorzunehmen und das vom Partner konkret Gemeinte muss jeweils vor einem **Hintergrund gemeinsamen Wissens** aktiv erschlossen werden – das ist bereits diesen frühen Formen mit der späteren, ausgebauten Sprache gemeinsam.

Ein zweiter Schritt ergab sich mit dem Größerwerden der zusammenlebenden Gruppen, die in der Folge auch miteinander konkurrierten. So entstand ein Gruppenleben mit einer über längere Zeit geteilten Gemeinschaft der zugehörigen Menschen, die immer mehr auch ein Bewusstsein dieser Gemeinsamkeit ausbildeten – also eine **Kultur**. Ihre Kultur stützte sich jeweils auf einen Hintergrund von kollektiv anerkannten Konventionen, Normen und schließlich auch Institutionen. Wesentlicher Teil dieser Entwicklung war die Entstehung sprachlicher Kommunikation.

Searle (2004) entwirft zur Illustration dafür, wie sich soziale Institutionen entwickeln, das anschauliche Beispiel einer frühen Gemeinschaft, die um ihre Behausungen einen Wall baut – um Feinde fernzuhalten und die Mitglieder am Ort zu halten. Diese Steinanhäufung hat ihre Barriere-Funktion zunächst dank physischer Eigenschaften: Es wäre einfach anstrengend, sie zu überwinden. Wir können uns aber leicht vorstellen, dass der Wall im Verlauf der Zeit allmählich verfällt – bis nur noch ein paar Steine in einer Reihe übrigbleiben. Es könnte durchaus sein, dass die Bewohner diese Reste des Walls nicht anders behandeln als den ursprünglichen Wall – also seine Funktion respektieren, diese Linie als Grenze anzusehen und nicht zu überschreiten. Damit ist ein entscheidender Schritt getan: Der Wall erfüllt jetzt seine Funktion dadurch, dass die Bewohner ihn in eben dieser Rolle akzeptieren. Sie erkennen an, dass er einen spezifischen **Status** besitzt – und dass an diesen Status eine gewisse Funktion gekoppelt ist. Searle nennt diese Funktionen „Statusfunktionen" und sagt darüber (Searle 2004: 151): „Ich glaube, dass dieser Schritt, der Schritt von der physikalischen Beschaffenheit hin zur kollektiven Akzeptanz einer Statusfunktion, die grundlegende begriffliche Struktur hinter institutioneller Wirklichkeit bildet."

Ein Beispiel für die Macht dieses Prozesses in der modernen Welt ist Geld. Anders als bei anderen Gegenständen (z. B. Badewannen oder Messern) kann es seine Funktion nicht aufgrund seiner physikalischen Beschaffenheit ausüben. So war selbst zu der Zeit, als Geld noch aus Gold oder Silber gemacht wurde, der Wert der einzelnen Münze eine erst durch entsprechende Prägung verliehene Funktion. Aber sie basierte in diesem Fall noch auf dem tatsächlichen Wert des für die Münze verwendeten Materials. Das Papiergeld der Moderne hat sich davon vollkommen gelöst: „Der Schein hat als Ware keinen Wert, und er hat als Vertrag keinen Wert; es ist ein reiner Fall von Statusfunktion." (Searle 2004: 153).

Solche **Prozesse der Symbolisierung** – wo sich also Menschen verabreden, dass etwas für etwas Anderes stehen soll – liegen auch der Sprache zugrunde. Wir kommen darauf in 1.2 zurück.

Sprachlichkeit und die Entwicklung des Denkens
Nach der oben dargestellten Hypothese ist vor allem die Teilhabe an geteilter, in späteren Phasen der Evolution auch kollektiver Intentionalität der Ursprung für besondere Denkprozesse, die den Menschen im Verlauf der Jahrtausende so verändert haben. Es ist damit der soziale Aspekt des Denkens, der der Macht dieser Entwicklung zugrunde liegt. Diese neuen Möglichkeiten umfassen vor allem die

symbolische und damit gleichzeitig **perspektivische Repräsentation von Erfahrung** – indem sprachliche Zeichen als Stellvertreter für ein bestimmtes Phänomen in der Sprachgemeinschaft geteilt werden, enthalten sie auf diese Weise eine intersubjektiv vermittelte Fassung und eine besondere Sichtweise. Dazu schreibt Tomasello (2002: 126):

> Der zentrale theoretische Punkt ist, dass sprachliche Symbole die unzähligen Weisen der intersubjektiven Auslegung der Welt verkörpern, die in einer Kultur über einen historischen Zeitraum hinweg akkumuliert wurden; und der Erwerb des konventionellen Gebrauchs dieser symbolischen Artefakte, und damit die Verinnerlichung dieser Auslegungen, verwandelt die Eigenart der kognitiven Repräsentationen von Kindern grundlegend.

Menschen können also mithilfe der Sprache ihre Erfahrung anders verarbeiten, als sie es sonst tun würden: Sie sind beim Miteinander-Sprechen immer wieder neu veranlasst, ihr Denken aus der Perspektive des Anderen bzw. der Anderen zu betrachten.

Mit dieser Perspektivierung ist ein weiterer zentraler Aspekt verbunden: Sprache erlaubt, Verschiedenes unter einen „Nenner" zu bringen – also Kategorien zu bilden, indem jeweils ein Bündel von Eigenschaften der Gemeinsamkeit zugrunde gelegt wird, andere Eigenschaften des konkreten Gegenstands dagegen nicht beachtet werden. Wenn wir von *Autos* reden, unterscheiden wir nicht zwischen *Cabrios* und *Lastwagen*, erwarten aber von beiden, dass sie fahren und dabei mindestens Personen befördern können.

Kategorienbildung erfolgt also nicht nur auf der Basis wahrnehmbarer Unterschiede (*Äpfel* schmecken anders als *Tomaten* und sehen auch anders aus), sondern auch aufgrund von Unterschieden, die wir über unser Wissen erschließen müssen. Ihre (Rück-)Wirkung auf unser Denken zeigt sich in der Fähigkeit, abstrakte Gemeinsamkeiten und Analogien zu entdecken und Hierarchien zu entwickeln (wir kommen darauf zurück; vgl. v. a. Kap. 3 und 10).

Einige allgemeinere Charakteristika menschlicher Sprache
Die Fähigkeit zu einer ausgebauten Sprache ist also dem Menschen vorbehalten – die Fähigkeit zur Kommunikation mit Artgenossen nicht: auch Bienen und Zebras, Delphine und Ameisen verständigen sich untereinander. Solche Kommunikationssysteme werden von vielen Tierarten verwendet und zeigen erstaunliche Eigenschaften. So können Bienen über den sogenannten Schwänzeltanz eine Futterquelle nicht nur in Bezug auf Flugrichtung und Entfernung, sondern auch auf die Art und Ergiebigkeit des Futters charakterisieren. Sie geben diese Informationen im „Tanz" über genetisch festgelegte Bewegungen und Geräusche an die anderen Sammlerinnen weiter. Das ist zwar auch ein komplexer Prozess der Kommunikation über Zeichen, er unterscheidet sich aber doch deutlich von einer

Sprache im engeren Sinn. Um diesen Unterschied deutlich zu machen, wird der folgende Abschnitt zunächst drei allgemeine Eigenschaften menschlicher Sprache vorstellen, über die die Kommunikationssysteme der Tiere (soweit wir bisher wissen) nicht verfügen. Vor diesem Hintergrund gehen wir dann auf die Organisation dieses Systems von spezifischen Zeichen ein, die diese Eigenschaften möglich macht.

Versetzung
Mitteilungen auch der kommunikativsten Vier- oder Mehrbeiner beziehen sich immer auf die aktuell gegebene Situation, das „Hier-und-jetzt". Das Miauen unserer Katze kann vielleicht verschiedene Botschaften andeuten, die wir mit der Zeit sogar unterscheiden lernen, z. B. Hunger, Freiheitsdrang oder Schmerz. Aber sein Bezugspunkt wird immer die aktuell miteinander geteilte Situation sein. Bei der Rückkehr von ihrem nächtlichen Streifzug wird sie nichts davon mitteilen können, „wie es gewesen ist". Wenn ich dem Hund „sitz!" befehle, wird er es verstehen; aber nicht, dass diese Anweisung erst für die bevorstehende Busfahrt gelten soll. Botschaften in der menschlichen Sprache dagegen können sich nicht nur auf andere, auch weit entfernte Orte beziehen – sie können solche Orte sogar für unser geistiges Auge erst entstehen lassen. Diesen Prozess, der durch die Sprache möglich wird, nennen wir Versetzung. Sie ermöglicht, vergangene oder zukünftige Ereignisse mit der gleichen Leichtigkeit zu beschreiben wie solche in der Gegenwart. Mit der menschlichen Sprache können dank dieser Eigenschaft auch fiktive Situationen erschaffen werden, ihre Botschaften umfassen also potentiell ein ganzes Universum **möglicher Welten**. Sie ist dafür eingerichtet, Vorstellungsräume zu entwerfen, die ganz neue, bisher nicht gekannte Eigenschaften haben, und so unsere bisherigen Vorstellungen zu erweitern oder zu weiteren Phantasien anzuregen.

Kulturelle Übertragung
Die Haarfarbe oder die Form der Augenbrauen erben wir von unseren Eltern – die Sprache nicht. Jedes Menschenkind kann durch sein Aufwachsen in der entsprechenden Kultur jede menschliche Sprache erwerben. Das nennen wir kulturelle Übertragung. Wird z. B. ein Kind japanischer Eltern von einer Familie in Australien adoptiert, wird es im Prinzip problemlos australisches Englisch als Muttersprache lernen. Die Signale, die Tiere in der Kommunikation verwenden, werden im Grundsatz dagegen mit der genetischen Information weitergegeben – auch ein in eine andere Gemeinschaft adoptierter Hund wird als Geste der Freundlichkeit mit dem Schwanz wedeln.

Produktivität

Eine gemeinsame Eigenschaft aller Sprachen ist, dass in ihnen ununterbrochen neue, bisher nie verwendete Äußerungen produziert werden. Schon Kinder mit einem noch sehr begrenzten Wortschatz bilden daraus je nach Bedarf in kreativer Weise ihre jeweils ganz eigenen Sätze. Auch beim Bilden neuer Wörter verstehen sie schnell, welche Prinzipien dafür in ihrer Sprache vorgesehen sind und machen sie sich für neue Formen zunutze – nicht nur für Äußerungen, die sie schon gehört haben. Menschliche Sprache setzt keine Grenzen des Ausdrucks, sondern lädt dazu ein, aus zunächst einfachen Elementen immer neue, komplexere Einheiten zu komponieren. Sie ist also **produktiv**. Wir kommen im nächsten Abschnitt darauf zurück, über welche Eigenschaften der sprachlichen Zeichen das im Einzelnen möglich wird.

Signalsysteme der Tiere sind dagegen auf ein festes und beschränktes Repertoire festgelegt und mit einer „fixen Referenz" versehen: einem Signal entspricht in der Regel genau eine Funktion. So gibt es bei den Schwarzstirn-Springaffen einen Ruf, der vor Schlangen warnt und einen, der einen Raubvogel ankündigt. Neue Signale sind typischerweise nicht vorgesehen.

Die Produktivität der Sprachbenutzung von Menschen zeigt sich nicht nur in Bezug auf die Differenziertheit und Hörerspezifik beim Zuschneiden der Information – sie zeigt sich auch in der Vielfalt der **Sprechhandlungen**, die wir gegenüber unseren Gesprächspartnern äußern können (vgl. Kap. 11). Während Menschenaffen ihre absichtlichen, gelernten Gesten ausschließlich dazu einsetzen, Handlungen von anderen einzufordern, können wir z. B. eine eigene Handlung rückblickend bedauern oder zur Begründung eine Geschichte erzählen, Selbstkritik üben und ein Versöhnungsangebot machen.

1.2 Menschliche Sprache als spezifisches Zeichensystem

Allen Zeichen gemeinsam ist ihre Eigenschaft, **Stellvertreter** zu sein: Ein Zeichen *steht für* etwas Anderes. Es ersetzt dieses „Andere" temporär oder dauerhaft – und ermöglicht damit ganz verschiedene Verwendungen dieser Verweisfunktion: Soll unser Mitbewohner etwas Wichtiges nicht vergessen, könnten wir einen Zettel schreiben, aber auch ein physisches Zeichen erfinden, um an diesen Gedächtnisinhalt zu erinnern, z. B. den Einkaufskorb auf den Küchentisch stellen.

Die Wissenschaft, die sich mit Zeichen allgemein und den Prozessen ihrer Verwendung beschäftigt, ist die **Semiotik**. Wir können an dieser Stelle ihre Perspektive nutzen, um das Funktionieren von Wörtern transparenter zu machen. Wörter (und genaugenommen auch Morpheme, dazu Kap. 6) sind die sprachlichen Zeichen par excellence, indem sie als „Stellvertreter" für konkrete oder abstrakte Konzepte aufgefasst werden können. Ihre spezifischen Eigenschaften treten deutlicher hervor, wenn wir sie im Vergleich zu anderen Zeichentypen betrachten. Bei der Beschreibung von sprachlichen Einheiten als Zeichen ist ein Modell ganz besonders erfolgreich angewendet worden, das der amerikanische Philosoph Charles Saunders Peirce (1839–1914) eingeführt hat: Ordnet man die Zeichen nach der Art der Verknüpfung zwischen Zeichen und Bezeichnetem, lassen sich drei Typen von Relationen unterscheiden – indexikalische, ikonische und symbolische Zeichenrelationen.

Die wichtigste, weil grundlegendste Zeichenrelation ist die **indexikalische**: Hier stehen Zeichen und Bezeichnetes in einer „natürlichen" Beziehung, die gleichzeitig obligatorisch ist, weil sie auf einer Grund-Folge-Relation beruht. Fieber erkennt man an (oder auch: es steht für) erhöhte(r) Temperatur, Regen an nasser Straße und Feuer an der Rauchsäule am Horizont. Es ist bei näherem Hinsehen schwierig, eine auf diese Weise definierte Gruppe von Zeichen überhaupt noch zu begrenzen, denn alle wahrnehmbaren Erscheinungen können auf diese Weise zum „Zeichen" werden. Es ist nicht schwer, alles, was uns begegnet, als Anzeichen für eine ganze Reihe von „Hintergründen" zu nehmen, die wir daran ablesen können: grüne Bäume, die wir in der Stadt vom Fenster aus sehen, zeigen uns, dass es nicht Winter ist, aber auch, dass sie jemand gepflanzt hat; ihre Form zeigt uns, dass sie beschnitten wurden – und so weiter. Zeichen unter dem Aspekt ihrer indexikalischen Zeichenrelation heißen **Indices** (Singular: Index) oder Symptome. Auch sprachliche Zeichen sind erst einmal Indices dafür, dass eine bestimmte Person mit einer bestimmten Intention an einem bestimmten Ort etwas ausdrücken möchte. Die indexikalische Qualität sprachlicher Zeichen wird u. a. an der Information deutlich, die an der Art und Weise ihrer Hervorbringung hängt, z. B. ist der Akzent oder die dialektale Prägung einer Sprecherin oder eines Sprechers ein Index für ihre oder seine geographische Herkunft.

Die indexikalische Zeichenrelation wird also durch eine Nachbarschaftsbeziehung, oder Kontiguität, ausgelöst. Brinker, Cölfen und Pappert (2018: 37 f.) unterscheiden zwischen drei Arten von Kontiguität: ontologische (z. B. Feuer – Rauch), logische (z. B. Ursache – Folge) und kulturelle (z. B. Straßenbahn – Schaffnerin). Da jeder semiotische Prozess unmittelbar oder mittelbar auf solchen Nachbarschaftsbeziehungen beruht, bildet die indexikalische Zeichenrelation den Ausgangspunkt für jede Art von Zeichenbildung, und damit auch für die ikonische und symbolische Zeichenrelation.

Die ikonische Zeichenrelation beruht auf einer erkennbaren **Ähnlichkeit** zwischen Zeichen und Bezeichnetem. Beispiele dafür finden wir in vielen Bereichen, z. B. unter den Verkehrszeichen (das Zeichen für Sackgasse, U-Turn-Verbot etc.). Zeichen unter dem Aspekt ihrer ikonischen Zeichenrelation nennen wir Ikone. Auch Piktogramme sind ikonische Zeichen. Das Bezeichnete wird hier gerade so weit stilisiert, dass wir es noch wiedererkennen können. Allerdings braucht man in einigen Fällen durchaus Phantasie (und Erfahrung mit eben diesem Typ von Zeichen), um sie überhaupt oder in der gemeinten Weise interpretieren zu können.

Abbildung 1: Ikonische Wäschezeichen

Auch in der Lautsprache haben einige wenige Sprachzeichen (gemeint sind hier: Wörter) ihre Lautform aufgrund von Ähnlichkeit mit natürlichen Lauten erhalten – Beispiele sind Wörter wie *Kikeriki* oder *Wauwau*. Diese sogenannten **onomatopoetischen Wörter** haben aber mit Blick auf den Gesamtwortschatz einen Ausnahmestatus. Daran, dass solche Wörter in verschiedenen Sprachen in verschiedenen Varianten verwendet werden (z.B. macht der Gockel im Französischen *kockerido*), erkennt man, dass die Ähnlichkeit mit einem natürlichen Vorbild nicht das einzige ist, das die konkrete Form prägt, sondern sie sind gleichzeitig auch durch konventionelle Anteile der jeweiligen Kultur geprägt. Das heißt, wir müssen zeichenkonstituierende konventionelle Prozesse kennen (mehr dazu im folgenden Abschnitt), um zu verstehen, was gemeint ist.

Außerdem spielt **Ikonizität** eine nicht geringe Rolle bei der grammatischen Organisation sprachlicher Zeichen, z.B. sprechen wir von der grün-schwarzen Landesregierung (Baden-Württembergs zum Zeitpunkt der Abfassung dieses Buchs) und nicht von der schwarz-grünen, weil die Grünen die Mehrheitsfraktion in der Regierung stellen.

Die **symbolische** Zeichenrelation ist dadurch definiert, dass hier die Beziehung zwischen dem Zeichen und dem Bezeichneten durch **Konventionalisierung** entsteht und uns auf diese Weise als **frei gewählt** erscheint. Es liegt schließlich nicht in der Natur eines Baums, ob man ihn *Baum*, *tree* oder *arbol* nennt, sondern hängt von den Benennungskonventionen ab, die sich im jeweiligen Sprachsystem historisch entwickelt haben. Man kann sprachlichen Zeichen in der

Regel an ihrer äußeren Form nicht anhören oder ansehen, welches Konzept sie repräsentieren: Um ein Exemplar aus der Gruppe der fliegenden Tiere zu bezeichnen, sind die Ausdrücke *bird, oiseau, ave* oder *Vogel* im Prinzip jeweils gleich gut geeignet, und sie sind in den jeweiligen Sprachgemeinschaften jeweils mit dem gleichen Recht zum Ausdruck des gedanklichen Konzepts ‚Vogel' etabliert worden. Es gibt also bei Wörtern keine direkte, natürliche oder über Ähnlichkeit gestiftete Beziehung zu dem Bezeichneten, das sie repräsentieren (vgl. dazu auch Kap. 10).

Dieses Moment der scheinbaren Willkürlichkeit der Zeichenrelation hat der Sprachwissenschaftler Ferdinand de Saussure **Arbitrarität** genannt. Zeichen unter dem Aspekt der symbolischen Zeichenrelation nennen wir Symbole. Beispiele für Symbole in anderen Bereichen als der Sprache sind z.B. Verkehrszeichen wie das Vorfahrt-Achten-Symbol, oder die Zeichen der Musik-Notation.

Abbildung 2: Ausschnitt aus der Partitur der europäischen Hymne: „Ode an die Freude" von L. v. Beethoven

Wenn wir uns mittels sprachlicher Zeichen verständigen, dann greifen die symbolische und die indexikalische Zeichenrelation immer, und oft auch die ikonische Relation ineinander. Dieses Verfahren des Auslösens von kognitiven Schlüssen auf der Basis ineinandergreifender Zeichenbeziehungen nennt man nach einem Vorschlag des amerikanischen Linguisten John Gumperz „Kontextualisierung" (Gumperz 1982: 131; vgl. auch Kap. 11 und 12).

Sprachliche Zeichen: arbiträr, konventionell, assoziativ
Die Eigenschaft arbiträrer Zuordnung bedeutet damit: Wir sind im Prinzip frei, in der Sprache jedes Zeichen mit jedem Inhalt zu verbinden. Tatsächlich wird diese

Freiheit für die einzelnen Sprecherinnen und Sprecher aber dadurch beschränkt, dass wir ja verstanden werden wollen und uns deshalb beim Sprechen und Schreiben nach den Vorerwartungen unserer Hörer und Leserinnen richten. Damit eine Beziehung zwischen Zeichen und Bezeichnetem, die uns nicht durch eigene Anschauung transparent wird, ihre Geltung erhält – also im Gebrauch verstanden wird und erfolgreich als Zeichen benutzt werden kann –, muss sie zwischen den Mitgliedern einer Sprachgemeinschaft zunächst eingeführt werden und in der Folge durch **Konvention** abgesichert werden. An eine solche gemeinsame Abmachung halten wir uns, weil wir das Ziel haben, in einer Gruppe, zu der wir gehören wollen, als Mitglied anerkannt zu werden. Wahrscheinlich ist, dass der Wechsel zu den arbiträren Konventionen der ausgebauten Sprache schrittweise erfolgte, indem sie zunächst in Verbindung mit handlungsbasierten Gesten verwendet wurde, die auf natürlichere Weise – nämlich über ihre erkennbare Ähnlichkeit – Bedeutung haben.

Wir sind es aber auch gewohnt, in der Kommunikation Effekte durch Abweichung von der Konventionalität der Sprache zu erzielen. Das wird ganz besonders deutlich im poetischen Sprachgebrauch, es genügt aber eine beliebige Zeitungslektüre, um Beispiele dafür zu finden, wie durch Abweichung von Konventionen – oder durch grammatische Fügungen außerhalb des konventionell Erwartbaren – kommunikative Effekte erzielt werden. Die Jugendsprache hält schöne Beispiele dafür bereit, wie durch die Abweichung von Konventionen Gruppenidentitäten entstehen und damit wieder lokale Konventionen mit geringer Reichweite entstehen.

Für die Wörter, die z. B. zu unserem gemeinsamen Wortschatz im Deutschen gehören, haben wir die Zuordnung im Spracherwerb **gelernt** (dazu unter 1.3 genauer). Das wird uns allerdings in der Regel nicht als Lernvorgang bewusst (wie etwa beim Vokabellernen in der Fremdsprache), sondern erfolgt mühelos. Die Verknüpfung zwischen Wörtern und ihren Bedeutungen wird auch **definitorische Zuordnung** genannt, weil sie ja nicht über andere Informationen erschließbar ist. Sie ist umso verlässlicher, je häufiger ein Wort gebraucht wird; umgekehrt wissen wir aus der Erfahrung, dass sie bei sehr seltener Verwendung verblassen kann und damit unsicher wird. Könnten Sie z. B. erklären, was ein „Sextant" genau ist?

Eine stabilisierende Funktion für die Geltung der Zuordnung erfüllen Wörterbucheinträge, mit deren Hilfe sich die Sprachbenutzer über unbekannte, unsichere oder mit der Zeit unsicher gewordene Zuordnungen vergewissern können. Ein Problem dabei ist, dass das Schreiben von Wörterbüchern, auch elektronischen, mit dem sich wandelnden Sprachgebrauch nicht immer schnell genug Schritt halten kann. Im Zweifel sind wir deshalb selbst die Instanz, die über die aktuell geltende Bedeutung eines Wortes entscheiden muss. (Interessante Frage in diesem

Zusammenhang: Wer ist „wir"? Wie wird man Mitglied einer Sprachgemeinschaft? Vgl. dazu Kap. 12).

Darüber hinaus werden solche Zuordnungen auch täglich neu geprägt – wir können dabei quasi zusehen (vgl. das Stichwort *Produktivität* oben). Der Prozess geschieht in der Regel nicht bewusst, sondern wie beiläufig im Gebrauch und spiegelt uns auch, wie intensiv wir an der Gemeinsamkeit mit unseren Mitmenschen interessiert sind: Gemeinsamkeit äußert sich ja auch in einer geteilten Perspektive z. B. auf Ereignisse des öffentlichen Lebens und wie sie in die Form entsprechender sprachlicher Ausdrücke eingegangen ist. Ein Beispiel sind Medienberichte zu aktuellen Ereignissen. Wir können immer wieder verfolgen, wie schnell sich ein neu geprägtes Wort (oder auch ein Slogan, wie Obamas *yes, we can!*) verbreitet, wenn er treffend erscheint – bereits am nächsten Tag nach einer ersten Verwendung scheint er „in aller Munde" zu sein. Aussicht auf eine solche Karriere haben offenbar vor allem solche Wörter, denen es gelingt, für komplexe Zusammenhänge eine Benennung zu finden, und die eine nachvollziehbare und einprägsame Gestalt haben, in der gleichzeitig etwas Sprachspielerisches liegt – wie es z. B. bei der Zusammenfügung von *Britain* und *Exit* zu *Brexit* der Fall war. (Zur Produktivität von Wortbildungsprozessen vgl. Kap. 6). Solche Bildungen bestätigen uns also nicht nur eine gemeinsame Aufmerksamkeit auf bestimmte Aspekte der Welt (und in gewissem Umfang sogar ein gemeinsames Verständnis), sondern in ihnen realisiert sich auch unsere kollektiv etablierte Möglichkeit, für einen aktuellen Ausdrucksbedarf eine neue sprachliche Konvention zu prägen.

Aus der Sicht des einzelnen Sprachbenutzers stellt das sprachliche Zeichen (Wort) eine Verbindung zwischen Gedächtnisinhalten her. Das heißt, wir **assoziieren** zu einer gehörten Lautgestalt [fo:gl] oder der gelesenen Buchstabenfolge <Vogel> ein gedankliches Konzept, das hier eine Gruppe von Lebewesen mit bestimmten Eigenschaften zusammenfasst: ‚hat Federn', ‚kann fliegen', ‚legt Eier', ‚frisst Insekten' etc.

Sprachliche Zeichen: besonders mächtig durch ihre Einbettung in ein System
Durch diese drei Basis-Eigenschaften – also dass sie arbiträr, konventionell und assoziativ funktionieren – ist die Einzigartigkeit sprachlicher Zeichen allerdings erst zu einem Teil erklärt. Um ihre besondere Wirkmächtigkeit und die daraus entstehende Eigendynamik einer Selbst-Weiterentwicklung der menschlichen Sprache zu erklären, muss man darüber hinaus die Einbettung der einzelnen Sprachzeichen in ein **Sprachsystem** berücksichtigen.

Ein erster Aspekt des Systemcharakters von Sprache ist die sogenannte **doppelte Artikulation**. Damit ist gemeint, dass die einzelnen Laute, die beim Sprechen produziert werden, als solche keine Bedeutung tragen – sie dienen aber dazu, in jeweils neuen Kombinationen Bedeutungen zu **unterscheiden**: Ob ich *[fo:gl]* sage oder *[go:fl]*, macht einen wichtigen Unterschied – einmal ist die Lautfolge als Wort erkennbar und verständlich, im anderen Fall nicht. Auf diese Weise erreicht die Sprache, dass durch die ökonomische Kombination eines relativ kleinen Repertoires von Grundelementen – den Lauten – eine fast unendliche Vielfalt von bedeutungstragenden Zeichen (z. B. Morphemen und Wörtern) gebildet werden kann. Wir haben dazu oben bereits die Eigenschaft der Produktivität eingeführt; erst auf diesem Wege wird sie möglich gemacht.

Ein zweiter, darauf aufbauender Aspekt betrifft die weitere Verknüpfung der kleinsten bedeutungstragenden Einheiten, der Morpheme und Wörter, zu größeren Einheiten – also zu Sätzen und Texten. Auf diese Weise entsteht eine **Mehrstufigkeit der Zeichenorganisation,** ohne die die Erfüllung der komplexen Funktionen, wie sie oben skizziert wurden, nicht möglich wäre. Diesen Kombinationen von kleineren zu größeren bedeutungstragenden Einheiten liegen in jeder Einzelsprache spezifische Prinzipien zugrunde, nach denen sie gebildet werden können. Solche Prinzipien werden u. a. in einer Grammatik der jeweiligen Sprache zusammengefasst; wir kommen darauf noch ausführlich zurück.

Ein dritter Aspekt der Organisation sprachlicher Zeichen besteht darin, dass sich die Bedeutung eines Worts zu einem wesentlichen Teil auch daraus ergibt, durch welche „Nachbarbedeutungen" es in seiner Sprache sozusagen eingerahmt und kontrastiert ist. Das Zeichen erhält seine Identität dadurch, dass es zu allen anderen Zeichen im System in Opposition steht. Die Identität eines Zeichens bezeichnet Saussure als **Wert** (frz. valeur). **Die Sprache als System ist ein in sich geschlossenes Ganzes**, in dem alle Teile eine Relation zueinander und zum Ganzen haben, zu einer Struktur verknüpft sind und dabei bestimmte Funktionen erfüllen.

Für de Saussure ergibt sich die Bedeutung eines Zeichens – sein **„valeur"** – ausschließlich aus seiner Opposition zu anderen Zeichen. Das heißt: Die Bedeutung sprachlicher Zeichen ist nicht autonom zu bestimmen, sondern nur aus den Beziehungen zu anderen Zeichen zu erschließen. Sprachzeichen definieren ihren Wert im System also sozusagen gegenseitig. Ein Beispiel: Sobald eine Sprache über den Ausdruck *türkis* für eine Farbstufe zwischen *grün* und *blau* verfügt, wird sich das Spektrum der Farbtöne, für das die Ausdrücke *grün* und *blau* typischerweise verwendet werden, verändern. Wir kommen in Kapitel 10 darauf zurück.

Aus der Sicht der strukturalistischen Sprachbeschreibung können zwei Blickrichtungen unterschieden werden, die man auch als Achsen auffassen kann, über die sprachliche Zeichen miteinander in Verbindung stehen: **Paradigmatische Beziehungen** verbinden Ausdrücke, die in einer Äußerung gegeneinander austauschbar sind. So kann je nach dem Stand der Beziehung zwischen Sven und Lisa jeweils eine der Formulierungen angemessener sein:

	bewundert	
	mag	
Lisa	*kritisiert*	Sven.
	belächelt	
	hasst	

Paradigmatische Beziehungen bilden also gewissermaßen eine vertikale Struktur, man kann sie jeweils über eine spaltenförmige Darstellung verdeutlichen. Sie stellen eine Analyseperspektive dar, mit der man verschiedene Aspekte des sprachlichen Ausdrucks beleuchten kann: Neben der semantischen Opposition der im Beispiel verwendeten Verben könnten in analoger Weise z. B. auch grammatische oder phonologische Merkmale gegeneinander ausgetauscht werden.

Syntagmatische Beziehungen betreffen diejenigen Beziehungen zwischen Wörtern, die im Kontext der jeweiligen Formulierung „nebeneinander" stehen. Man betrachtet also die Reihung der Elemente, die aufeinander folgen. Entlang dieser „horizontalen" Achse der **Verkettung** in der Äußerung gelten Erwartbarkeitsbeziehungen verschiedenen Typs – natürlich solche, die über syntaktische und morphologische Regeln gesetzt sind (also die Grammatik), aber auch solche, die über die Routinisierung unserer Sprachverwendung in schwächerer Weise etabliert worden sind: auf *sehr geehrte* folgt eben typischerweise *Damen und Herren* – und nicht *Frauen und Männer*.

Auf weitere Aspekte, die die menschliche Sprache als ein besonderes Zeichensystem charakterisieren, werden wir in späteren Kapiteln näher eingehen; dazu gehört die enge Verbindung des Sprachwissens mit dem Wissen über die Welt (Kap. 3) und ihre Einbettung in konkrete Situationen (dazu Kap. 12).

1.3 Der Spracherwerb des Kindes als Teil seiner kognitiven und sozialen Entwicklung

Wir haben in den vorangehenden Abschnitten gesehen, dass sich Sprache erst vor dem Hintergrund von gemeinsamem Handeln, dem Erkennen gemeinsamer Ziele und einer immer stärker ausgeprägten Kooperativität in der Gemeinschaft entwickeln konnte. In diesem Abschnitt soll es um folgende Fragen gehen: Wie stellt sich der Verlauf des typischen kindlichen Erstspracherwerbs am Beispiel der deutschen Sprache dar, und durch welche Voraussetzungen wird diese Leistung überhaupt möglich? Wie trägt der Spracherwerb jedes einzelnen Kindes zur kulturellen Übertragung von sprachlichem Wissen der jeweiligen Sprachgemeinschaft bei? Wie verändert sich im Verlauf dieses Prozesses das Wesen des Kindes?

Einige Rahmendaten zum Erstspracherwerb
Der Erwerb der Muttersprache umfasst bei genauerer Betrachtung ein ganzes Bündel von Einzelaufgaben: das Lautsystem erkennen und entsprechende Laute selbst produzieren können; einen Wortschatz aufbauen; Kombinationsregeln für komplexe Wörter, für Sätze und in einem gewissen Maß auch für Texte lernen (also die Grammatik); und nicht zuletzt: eine Vielzahl von Prinzipien der Sprach-Verwendung verinnerlichen. Dazu gehört z. B. das Wissen, worüber man überhaupt sprechen darf und worüber nicht oder zu wem man wann und auf welche Weise höflich sein muss. Wir fokussieren an dieser Stelle den Erstspracherwerb in einer Sprache; auf Konstellationen mehrsprachiger Erwerbsprozesse gehen wir am Ende dieses Abschnitts kurz ein und kommen in Kapitel 12 darauf zurück.

Auch unter schwierigen Bedingungen lernen Kinder sprechen – und sie empfinden dabei nicht die Anstrengung, die meist mit dem Lernen einer Fremdsprache in der Schule verbunden ist. Das deutet darauf, dass wir es mit einem durchaus speziellen Typ von Lernen zu tun haben. Denn es ist erstaunlich, dass in diesem Fall ein Aneignungsprozess, der ja bei jedem Einzelnen über viele Jahre verläuft und z. T. sehr unterschiedlichen sozialen Rahmenbedingungen unterliegt, regelmäßig zu einem so verlässlichen Ergebnis führt.

Mindestens drei Gründe können für die Robustheit des Prozesses angeführt werden: Spracherwerb kann sich erstens auf eine **genetische Grundausstattung** stützen, die u. a. die physiologischen Voraussetzungen des Sprechens umfasst (also z. B. Hörvermögen und Stimme), ebenso besondere soziale und kognitive Prägungen, z. B. die Ausrichtung auf das Tun und Empfinden der Anderen oder die Fähigkeit zum Kategorisieren und Abstrahieren von der unmittelbaren Erfahrung (vgl. oben). Zweitens ist er aufs engste verbunden mit der **Sozialisation** des Kindes, also seines Hineinwachsens in die Kultur seiner Sprachgemeinschaft. Sprechen lernen ist nicht zu trennen davon, sich in dieser Kultur bewegen zu lernen, sich als akzeptierter Teilnehmer an gemeinschaftlichen Aktivitäten zeigen zu können und dabei mit den Jahren eine immer aktivere Rolle zu übernehmen. Drittens ist der Spracherwerb auch eingebunden in die **intellektuelle Entwicklung** des Kindes. Um Gegenstände zu benennen, muss ich sie unterscheiden können – und einer Kategorie zuordnen, die in meiner Sprachgemeinschaft konventionell gilt. Umgekehrt hilft mir der Erwerb von neuen Kategorien, mehr Unterscheidungsmerkmale zu beachten, meine Wahrnehmung zu schärfen. Um eine Geschichte verständlich zu erzählen, muss ich meine Erinnerungen an ein vergangenes Ereignis in eine gewisse Ordnung bringen – also z. B. räumliche, zeitliche und kausale Verhältnisse zwischen einzelnen Handlungen etablieren. Diese Fähigkeiten entwickeln sich erst im Lauf der Kindheit. Das Sprechen mit einem Gegenüber ist einerseits Voraussetzung dafür, gewinnt andererseits durch

1.3 Der Spracherwerb des Kindes als Teil seiner kognitiven und sozialen Entwicklung

diese Veränderungen der Denkfähigkeit beim Kind immer mehr den Charakter einer gleichberechtigten Begegnung.

Das Wissen zum Spracherwerb beruht auf einer Fülle empirischer Studien – wenn im Folgenden einige Grundlinien zum typischen Verlauf des Erwerbs des Deutschen dargestellt werden, wird das notwendigerweise sehr skizzenhaft sein (für vertiefende Lektüre vgl. Literaturhinweise am Ende des Kapitels). Zwei Charakteristika des Spracherwerbsprozesses sollten dabei trotzdem deutlich werden: Zum einen, dass er unaufhebbar eingebettet ist in vielfältige andere Lernprozesse – eigentlich muss man sagen: in das Leben des Kindes. Zum anderen: Eine Sprache zu lernen erfordert – gerade weil sie von ihrer Kultur nicht zu trennen ist – eine immense „Arbeit", eine Investition an Zeit, die nicht verkürzt werden kann. Das wird wegen der scheinbaren Mühelosigkeit oft unterschätzt.

Die Frühe Phase:
Übergang zur Sprachlichkeit und Erwerb kommunikativer Grundqualifikationen

In den ersten Monaten nach der Geburt ist die Orientierung auf andere Menschen für den Säugling eine Überlebensfrage. Visuelle und auditive Wahrnehmung sind entsprechend gut auf eine Kontaktaufnahme vorbereitet: der Schärfebereich des Sehens liegt in den ersten Tagen bei 20 cm, also passend, um das Gesicht einer betreuenden Person zu erkennen. Aufgrund ihrer Hörerfahrungen im Mutterleib können bereits Neugeborene die Stimme ihrer Mutter von anderen Stimmen unterscheiden und sie richten ihre Wahrnehmung von Anfang an besonders auf sprachliche Laute. Nachdem sie zunächst noch alle Lautunterscheidungen wahrnehmen, stellen sie sich im Verlauf des zweiten Halbjahres immer stärker auf das spezifische Betonungsmuster ihrer Umgebungssprache ein – im Deutschen also auf das trochäische Muster, das die meisten Wörter auszeichnet: Sie bestehen aus einer langen betonten und einer kurzen unbetonten Silbe, z. B. [ryːbə] (vgl. Penner 2000: 127 ff.). Kinder gewinnen auf diese Weise einen Ansatzpunkt, die in ihrer Sprache typischen phonotaktischen Sequenzen zur Segmentierung des zunächst unstrukturiert wahrgenommenen Lautstroms zu nutzen. Eine spezifische Kompetenz des Säuglings besteht darin, das Gehörte aktiv zu analysieren und alle Hinweise aufzunehmen, die für die Aneignung seiner Sprache relevant sind. Diese Unterscheidungsfähigkeit wird auch genutzt, um im „Babbeln" die eigenen Fähigkeiten zur Lautbildung einzuüben.

Gleichzeitig mit der Analyse der typischen Lautmuster ist der Säugling auch in anderen Bereichen aktiv: Objekte, Handlungen und Ereignisse werden schrittweise auf ihre äußeren Eigenschaften hin erkundet, später auch nach Funktionen geordnet. Eine Kategorisierung erfolgt zunächst nach äußeren Merkmalen – etwa: Ein Tier erkennen wir z. B. daran, dass es Mund und Augen hat. Wir können aus der Tier-Eigenschaft im zweiten Schritt auch „unsichtbare" Eigenschaften ableiten, nämlich dass es sich selbst fortbewegen kann, Futter braucht etc. Bei diesen ersten Schritten des Denkens leiten Kinder aus Einzelerfahrungen **wiederkehrende Muster** ab und beginnen, ein Phänomen im Zusammenhang mit seinen Ursachen und Folgen zu sehen. Bei beiden Aufgaben wird das Kind jeweils von Bezugspersonen unterstützt, denn auch vor dem eigentlichen Sprechen findet bereits eine Art spezifischer Dialog statt (vgl. Klann-Delius 2016, Kap. 5.3). Dabei sind v. a. mimischer Ausdruck, stimmliche Äußerungen und Gesten beteiligt.

Diese Art von frühem Austausch noch ohne Sprache im eigentlichen Sinn legt für das Kind die Basis dafür, einige Grundqualifikationen menschlicher Kommunikation zu erwerben. Dazu gehört das Einüben von Wechselseitigkeit oder **Reziprozität** und **Intentionalität**: Der Säugling lernt, dass bestimmte Gesten oder Vokalisationen absichtsvoll eingesetzt werden, dass sie etwas bedeuten, und dass man wechselseitig in kommunikativer Weise aufeinander Bezug nimmt. In der Folge entstehen **Situationen gemeinsamer Aufmerksamkeit**, die eine wichtige Voraussetzung dafür sind, konventionelle Symbole zu verwenden – also: den Gebrauch von Wörtern zu lernen.

Der Spracherwerb im Kleinkindalter: von ca. ein bis drei Jahren
Die Verwendung erster Wörter ist entsprechend in Situationen verankert, die durch Sequenzen gemeinsamen Handelns auch für das Kind bereits transparent geworden sind. Eine zentrale Voraussetzung ist dabei der Erwerb der sogenannten Symbolfunktion: Das Kind muss zunächst das grundlegende Prinzip für sich erschließen, dass etwas für etwas anderes stehen kann. Diese Erkenntnis kommt nicht nur im Sprechen, sondern auch im Symbolspiel zum Ausdruck. In solchen Szenen entdeckt das Kind z. B., dass sich ein Tannenzapfen zum Spielauto verwandeln kann, wenn man damit brummend über den Teppich fährt, oder eine Banane zum Telefon wird, wenn man sie spielerisch ans Ohr hält. Für die Verwendung erster Wörter bilden dann zeitliche Abfolgen und beteiligte Objekte einen bekannten Rahmen, der eine gewisse Erwartbarkeit für die verbalisierte Information herstellt. Eine besondere Rolle dabei haben ritualisierte **Spiele** (z. B. Guck-Guck), in denen eingeübt werden kann, wie zweckgerichtete Handlungsschritte und sprachliche Äußerungen aufeinander bezogen werden (vgl. Bruner 1987). Solche Spielformate eignen sich besonders gut, um einerseits Bedeutungen zu verstehen, aber auch zu lernen, wie Bedeutungen ausgehandelt werden. Dabei übernimmt die erwachsene Gesprächspartnerin eine Rolle, die das Kind nur nach Bedarf unterstützt – sie hat also die wachsende Selbständigkeit des Kindes immer im Blick.

Der Wissenshintergrund für den Erwerb erster Wörter besteht also v. a. in Erfahrungen mit wiederkehrenden **Alltagshandlungen** wie Essen und Trinken, Einkaufen und zum Spielplatz gehen: Das Wissen über die Einbettung von einzelnen Handlungen in Handlungssequenzen (die wiederum häufig Teil übergeordneter Handlungen sind) bildet den Ausgangspunkt für dann folgende Schritte der Schematisierung und Hierarchisierung des Wissens, an die sich die Entwicklung kognitiver Funktionen höherer Ordnung (wie Planungs- und Schlussfolgerungsfähigkeiten) anschließen. Man könnte zugespitzt sagen: das Verstehen solcher **Scripts** setzt den Ausgangspunkt für die Entwicklung des Denkens.

Untersuchungen zum frühen Wortschatz im Deutschen zeigen, dass in der Regel zunächst Personen- und Objektbezeichnungen (*papa, puppe*), sogenannte **personal social words** (wie *nein, hallo*) und einige wenige relationsbezeichnende Wörter (z. B. *weg, hoch, rein*) verwendet werden. Etwas später werden auch Aktionen bezeichnet (vgl. Kauschke 2012: 60ff.). Beide Seiten des sprachlichen Zeichens – Formseite und Inhaltsseite – müssen in diesem Prozess schrittweise erarbeitet werden. In Bezug auf die lautliche Form treten zunächst häufig noch phonologische Vereinfachungen auf, die im Gebrauch bearbeitet werden, bis das Wort phonetisch stabil produziert werden kann.

In den folgenden zwei oder drei Jahren wird der Erwerb des Wortschatzes immer dynamischer: viele neue Wörter werden aufgenommen, im Verlauf ihrer Verwendung differenzierter verstanden und in ein semantisches Netzwerk integriert. Damit in enger Verbindung wird auch die **Grammatik** erworben: Die Äußerungseinheiten, die das Kind produziert, werden Schritt für Schritt umfangreicher, und so entsteht nach und nach der Bedarf, morphologische Veränderungen zu nutzen. Das Kind erwirbt in erstaunlicher Geschwindigkeit und ohne größeren expliziten Korrekturbedarf die Flexions- und Satzbau-Regeln für seine Sprache. Das ist gerade im Deutschen erstaunlich, denn z. B. die Beziehung zwischen Verbflexion und Wortstellung ist hier zwar durchaus regelhaft, aber wegen der häufigen Verbklammer-Konstruktionen nicht leicht zu analysieren. Beim Lernen des Deutschen als Zweitsprache stellt das erwartbarerweise durchaus eine Hürde dar. Im Erstspracherwerb folgt auf eine Phase, in der Verben nur infinit und meist in Endposition verwendet werden, sehr bald der **Erwerb finiter Verbformen**, der bereits nach wenigen Wochen auch mehrteilige Verbformen (Partikelverben und Perfektformen) umfasst. Im Lauf der Entwicklung werden immer mehr grammatikalische Beziehungen in der Äußerung explizit ausgedrückt. Dabei bilden im Sprechen der Kinder die gut beherrschten einfachen Strukturen den Löwenanteil, daneben nutzen sie jeweils einige wenige komplexere Strukturen, die für das nächste Stadium der Entwicklung sozusagen eine Vorhut bilden (vgl. für eine detaillierte Darstellung Behrens 2011).

Insgesamt stützen sich Kinder beim Lernen des Sprachsystems ihrer Muttersprache also auf konkrete sprachliche Konstruktionen, die ihnen in der Rede ihrer Gesprächspartner begegnen. Die Häufigkeit des Vorkommens einer sprachlichen

Form spielt dabei eine große Rolle. Einzelfall-orientiertes Wissen, das z. B. für ein spezifisches Verb erworben wird, dient als Ausgangspunkt für eher kleine Schritte der Verallgemeinerung zu einem Muster, das dann weiter ausgebaut werden kann. Das gelingt nur, indem in allen Gesprächskontexten immer wieder die Intentionen des Partners analysiert werden, um aus ihnen das Gemeinte mit der sprachlichen Formulierung in Beziehung zu setzen.

Späterer Spracherwerb: Vorschul-, Schul- und Jugendalter
Sobald das Kind einen größeren Teil seiner Zeit außerhalb der Familie verbringt, wachsen mit den neuen sozialen Beziehungen auch die Anforderungen an die sprachlichen Ausdrucksmöglichkeiten. So bietet z. B. das Zusammensein mit Gleichaltrigen für Drei- bis Fünfjährige Kinder eine Gelegenheit zu **Rollenspielen**, in denen sie gemeinsam fiktive Situationen entstehen lassen und lernen, mithilfe von Sprache selbst Kontexte jenseits des Hier-und-Jetzt „herzustellen". Über die Formel *du wärst jetzt der Vater* kann das initiierende Kind eine Familiensituation entwerfen, die dann von den beteiligten Spielpartnerinnen weiter ausgestaltet werden kann. Rollenspiele in dieser Phase sind auch deshalb attraktiv, weil in der kognitiven Entwicklung der Kinder dieser Altersstufe die Arbeit an einer **Theory of Mind** eine große Rolle spielt: Sie beginnen zu verstehen, dass andere Menschen auf ihre jeweils eigene Weise denken und fühlen – und dass sich deren Wissen und Blick auf eine Situation von ihrem eigenen durchaus unterscheiden kann (vgl. dazu Kap. 11). Das Beispiel zeigt wiederum, wie eng Entwicklungsschritte im sprachlichen, kognitiven und sozialen Bereich aufeinander bezogen sind.

Mit dem Eintritt in die Schule verläuft die Sprachentwicklung einerseits kontinuierlich entlang der bisher skizzierten Stränge weiter, d. h. der aktive und passive Wortschatz wächst, die grammatischen Möglichkeiten erlauben immer komplexere Äußerungen, und auch das Repertoire an Sprechhandlungen erweitert sich mit der zunehmenden Selbständigkeit. Andererseits gibt es auch Veränderungen. Die institutionelle Rahmung für den Erwerb der Schriftsprache verändert die äußeren Bedingungen einschneidend: Es ist nicht mehr so mühelos wie das Sprechenlernen der Kleinkindzeit, verläuft gleichzeitig in einem normierten und mit Bewertungen versehenen Kontext (dazu auch Kap. 5).

Das bedeutet vor allem für diejenigen Kinder eine große Herausforderung, die mit einer anderen Familiensprache aufgewachsen sind (zum bilingualen Spracherwerb vgl. z. B. Rothweiler 2007). Aber auch einsprachige Kinder sind in unterschiedlichem Maß auf die sprachlichen Anforderungen der Schule vorbereitet – das wirkt sich nicht nur auf das Lesen und Schreiben, sondern sehr umfassend auf ihre schulischen Leistungen aus. Denn für alle Fächer gilt, dass das Verstehen von Texten ab jetzt Voraussetzung für jeden weiteren Wissenserwerb ist.

Auch im aktiven Gebrauch von Sprache entstehen in diesem Lebensabschnitt neue Anforderungen und Möglichkeiten. Kinder und Jugendliche übernehmen jetzt auch die Sprecherrolle für größere Beiträge – z. B. eine Erzählung. Dafür muss gelernt werden, Informationen zu strukturieren, Kohärenz herzustellen und das Wissen des Zuhörenden angemessen einzuschätzen: Kennt er z. B. die beteiligten Personen oder müssen sie eingeführt werden? Zwar beginnen bereits Drei- oder Vierjährige mit dem Versuch, ein Erlebnis zu erzählen – bei ihren Darstellungen muss aber noch vieles vom Gegenüber „mitgedacht" werden. In der mittleren Schulzeit können dagegen relevante Hintergründe für die Entfaltung der Erzählhandlung über beschreibende Anteile eingefügt werden, die für Nachvollziehbarkeit sorgen. Gleichzeitig lernt das Kind jetzt, das Gelingen der Verständigung selbst im Blick zu haben und bei Bedarf genauer zu formulieren oder Erläuterungen nachzuschieben. Erst wenn solche Routinen der Verständigung etabliert sind, können komplexere sprachliche Aufgaben wie etwa eine Spielerklärung für den Freund erfolgreich bewältigt werden (vgl. dazu auch Kap. 11). Die Entwicklung von **Text- bzw. Diskurskompetenz** beginnt zwar in der Schulzeit, sie setzt sich aber je nach Bildungsweg in vielen Fällen bis weit ins Erwachsenenalter fort.

Zum Weiterlesen

Behrens, Heike (2011): Erstspracherwerb. In: Hoffmann, Ludger; Leimbrink, Kerstin; Quasthoff, Uta M. (Hgg): Die Matrix der menschlichen Entwicklung. Berlin: De Gruyter, S. 252–274.
Klann-Delius, Gisela (2016): Spracherwerb. Eine Einführung. 3. Auflage. Stuttgart: Metzler.
Rothweiler, Monika (2007): Bilingualer Spracherwerb und Zweitspracherwerb. In: Steinbach, Markus et al. (Hgg): Schnittstellen der germanistischen Linguistik. Stuttgart, Weimar: Metzler, S. 103–136.
Tomasello, Michael (2002): Die kulturelle Entwicklung des menschlichen Denkens (engl. 1999: The Cultural Origins of Human Cognition). Frankfurt am Main: Suhrkamp.

2 Perspektiven auf Sprache

2.1 Perspektiven der Sprachbeschreibung —— 20
2.2 Methoden der Linguistik —— 27
2.3 Fokus deutsche Sprache: Was ist Deutsch? —— 32
2.4 Zur Entwicklung der deutschen Sprache —— 34

Das zweite Kapitel wird sich damit beschäftigen, welche Fragestellungen verfolgt werden können, wenn wir Sprache wissenschaftlich beschreiben wollen (2.1) und welche Methoden dabei eingesetzt werden (2.2). Im zweiten Teil richten wir den Blick spezifisch auf die deutsche Sprache (2.3), die hier und im Folgenden im Mittelpunkt steht – und ihre bemerkenswerte Entstehungsgeschichte (2.4).

2.1 Perspektiven der Sprachbeschreibung

Der Ausdruck *Sprache* enthält mehrere mögliche Bedeutungen – er kann sich auf das Vermögen beziehen, das alle Menschen auszeichnet, also menschliche Sprache ganz allgemein als ein besonders mächtiges Zeichensystem zu verwenden; oder auf die **Einzelsprache**, die eine Sprachgemeinschaft verbindet, also z. B. das Türkische oder Deutsche. Sprache kann darüber hinaus aber auch als **Sprachverwendung** der einzelnen Sprecherinnen und Sprecher thematisiert werden.

Diese Aspekte von Sprache eröffnen zwar für die Linguistik verschiedene Arbeitsaufgaben, hängen aber andererseits eng zusammen. Natürlich ist es ein wichtiges Ziel, zu beschreiben, welche **Prinzipien** menschliche Sprachen ganz grundsätzlich und über alle Einzelsprachen hinweg strukturieren – und diese Strukturierung vielleicht sogar zu erklären. Der Zugang zu dieser abstrakten Ebene wird aber erst möglich, wenn dafür konkrete Einzelsprachen untersucht werden: Welche Eigenschaften weisen sie auf, wie viel Gemeinsamkeit oder Verschiedenheit besteht zwischen ihnen?

Aber auch die Einzelsprache ist ein komplexes Gebilde und kann nicht ohne weiteres als Ganzes und in allen Dimensionen gleichzeitig beschrieben werden. Fragen, die diese Vielschichtigkeit deutlich machen, sind z. B.: Welche Sprachdaten sollen überhaupt als repräsentativ für eine Einzelsprache gewertet werden? Wessen Sprachdaten soll man aufzeichnen, wessen Texte berücksichtigen, um diese Sprache zu beschreiben? Welche Fragen sollen daran untersucht werden? Was ist überhaupt beschreibenswert an Sprache – soll man sich nur am Typischen oder auch am Seltenen orientieren? Es werden also immer nur Ausschnitte aus einem spezifischen Blickwinkel sein, die die Sprachwissenschaft jeweils untersuchen kann. Und je größer die Einheit, auf deren Beschreibung wir abzielen, desto mehr muss unvermeidlich von den konkreten Details der Rede der Einzelnen abstrahiert werden.

Im Folgenden werden einige mögliche Fragerichtungen vorgestellt. Sie sind eng verknüpft mit den Traditionslinien, in denen sich die Sprachwissenschaft entwickelt hat und können auf diese Weise für das Verständnis der folgenden Kapitel einen nützlichen Hintergrund herstellen.

Sprachbeschreibung mit Blick auf Wandel
Eine grundsätzliche Entscheidung bei sprachwissenschaftlicher Arbeit ist, ob sie sich für einen sprachlichen Zustand einer Einzelsprache zu einem bestimmten Zeitpunkt interessiert, also eine **synchrone** Beschreibung anstrebt – oder für die Veränderungen, die im Zeitverlauf zu beobachten sind, und damit eine **diachrone** Perspektive einnimmt.

Am Ausgangspunkt moderner wissenschaftlicher Beschäftigung mit Sprache steht im frühen 19. Jahrhundert die **historisch-vergleichende Sprachwissenschaft**. Sie widmet sich der Rekonstruktion alter Sprachstufen auf der Basis überlieferter Sprachzeugnisse. Ein zentrales Ergebnis ihrer Forschung besteht darin, die Verwandtschaftsverhältnisse innerhalb der indoeuropäischen Sprachfamilie zu beschreiben. Der Schwerpunkt liegt in dieser Phase auf dem Vergleich von Phonologie und Grammatik verwandter Sprachen – mit zwei Zielen: einerseits eine **Typologie** der Sprachen zu entwickeln, andererseits die Entwicklungslinien von Sprachen über große Zeiträume zu interpretieren.

Als Brücke zur gegenwärtigen Sprachwissenschaft kann man dann die **Junggrammatiker** auffassen. Sie stützen sich auf neue Methoden, die sich am Vorgehen in den Naturwissenschaften orientieren. So werden die artikulatorischen Bedingungen des Sprechens mithilfe der Lautphysiologie bearbeitet, um auf diese Weise die Bildung von Sprachlauten präzise zu beschreiben. Damit ist die Grundlage für die Phonetik gelegt. Auch diese Forscher sind im Wesentlichen am **Sprachwandel** interessiert, fokussieren aber stärker die Notwendigkeit einer theoretischen Modellierung von Wandlungsprozessen und sind bestrebt, sie auf zugrundeliegende physiologische und psychologische (also kognitive) Grundlagen zu beziehen. So sehen sie als eine der formenden Kräfte im Sprachwandel die **Analogiebildung** (vgl. Kap. 7.4). Das heißt, sie gehen von der These aus, dass zwischen den sprachlichen Formen einer untereinander vernetzten funktionalen Gruppe – seien es phonologische oder morphologische Formen – Unregelmäßigkeiten tendenziell abgebaut werden. Eine brisante Kontroverse betrifft in dieser Zeit die Frage, welche Geltungskraft die so begründeten **Lautgesetze** beanspruchen können (vgl. dazu genauer in Abschnitt 2.3). Die Junggrammatiker waren davon überzeugt, dass diese ausnahmslos gelten, so wie z. B. die Schwerkraft auf der Erde ausnahmslos gilt.

Sprachbeschreibung mit Blick auf Strukturen: Strukturalismus und Generative Grammatik
Prägenden Einfluss für eine neue Perspektive auf Sprache gewinnt im frühen 20. Jahrhundert der **Cours de linguistique générale,** der 1916 von Schülern des Schweizer Sprachwissenschaftlers **Ferdinand de Saussure** als Mitschrift seiner Vorlesungen herausgegeben wird. Neben den tradierten Aspekt des Sprachwandels tritt jetzt eine andere Auffassung von Sprache: Sie wird als ein Gegenstand gesehen, der zu einem gegebenen Betrachtungszeitpunkt, sozusagen in fiktiver Weise, als unveränderlich aufgefasst werden kann. Nach Saussure kann Sprache erst auf diese Weise in ihren verallgemeinerten und damit abstrakten Strukturen durchschaubar zu werden. Die Betrachtung der individuellen, veränderlichen und unweigerlich variantenreichen Realisierung der Sprache im Sprechen des Einzelnen gewinnt in dieser Sichtweise den Status eines eigenen Untersuchungsgegenstands und wird als **parole** bezeichnet. Die Beschreibung der **langue** als einem über-individuellen, komplexen Zeichensystem mit festen, geordneten Strukturen tritt dem gegenüber. Gleichzeitig wird Sprachwissenschaft ganz explizit als eine **deskriptive Wissenschaft** etabliert: Ihre Aufgabe ist die neutrale, unbeteiligte Beschreibung des Sprachgebrauchs. Sie hat nicht den Auftrag, die Einhaltung von Regeln zu fordern, also eine normative Grammatik zu formulieren. Besonders folgenreich wurde de Saussures Auffassung vom sprachlichen **Zeichen** als Grundelement der Sprache. Mit Zeichen kann ein Wort gemeint sein oder auch ein Morphem (vgl. Kap. 1.2).

Der strukturalistische Ansatz und die damit verbundene Konzentration auf eine synchrone, theoriegeleitete Beschreibungsperspektive hat für die moderne deskriptive Linguistik wesentliche Grundlagen gelegt. Im weiteren 20. Jahrhundert entwickeln sich dann sehr verschiedene linguistische Strömungen, die darauf einerseits aufbauen (z. B. die sog. Prager Schule oder der amerikanische Strukturalismus), andererseits sich kritisch davon abgrenzen und in verschiedener Weise versuchen, der starken Fokussierung auf die **Struktur** in der Sprache wieder eine dynamische Sichtweise an die Seite zu stellen.

Die traditionelle strukturalistische Analyse nimmt sich also die Beziehungen in einem als statisch angenommenen System vor. Ganz anders in der **Generativen Grammatik,** die vor allem mit dem Namen des US-amerikanischen Linguisten Noam Chomsky verbunden ist: Dieser Ansatz setzt sich nicht das Ziel, bestehende Sprachstruktur zu beschreiben, sondern die Operationen anzugeben, nach denen Sätze „generiert", also erzeugt werden. Eng verbunden mit diesem Beschreibungsziel ist die Frage, wie die Sprecherinnen und Sprecher einer Sprache grammatische von ungrammatischen Sätzen unterscheiden können – und für dieses Urteil ihre grammatische **Kompetenz** einsetzen. Kompetenz wird in diesem Ansatz als das grundsätzliche Wissen über die Grammatik verstanden, über das alle Sprachbeteiligten verfügen – und das in ihrem tatsächlichen Sprechen, der **Performanz,** manchmal eben nicht (vollständig) abgebildet wird. Das Ziel der verschiedenen Ansätze der Generativen Grammatik ist eine Theorie, die für alle Sprachen gültig ist. Das Funktionieren von Sprache soll mithilfe von universellen Einheiten und Strukturen so beschrieben werden, dass auf dieser Basis eine **Universalgrammatik** (UG) formuliert werden kann. Dabei steht ausschließlich die Grammatikalität der betrachteten Sätze im Fokus. Es geht also um die Beschreibung abstrakter Regeln, die es erlauben (würden), die korrekte Konstruktion von Sätzen in allen Sprachen der Welt gleichermaßen zu erklären. Bedeutung wird in diesem Ansatz – zumindest in der ursprünglichen Fassung – als nicht relevant angesehen. Die von der Generativen Grammatik angenommenen Regeln sind also auf strukturelle Abhängigkeiten begrenzt. Die Forscher dieses Ansatzes nehmen an, dass solche Regeln bei allen Menschen in Form eines selbständigen Moduls der Kognition angeboren sind – Sprache wird also letztlich als ein biologisches Organ angesehen. (Für eine detailliertere Darstellung der Genese und weiteren Ausdifferenzierung des Ansatzes, einschließlich zentraler Kritikpunkte, vgl. Elsen 2014, Kap. 8).

Sprachbeschreibung mit einem weiteren Horizont – Funktionen, Kontexte, Sprecherziele
Die Konzentration auf strukturelle Eigenschaften der Sprache lässt viele andere relevante Zusammenhänge unberücksichtigt. Deshalb ist im Verlauf des 20. Jahrhunderts der Blick auf die Sprache wesentlich vielfältiger geworden. Die Linguistik heute ist entsprechend nicht einem einzelnen Ansatz verpflichtet, sondern bietet ein spannungsreiches Bild von Forschungsrichtungen und Teildisziplinen, die durch unterschiedliche Beschreibungsziele und Herangehensweisen gekennzeichnet sind. Um die Orientierung in dieser Landschaft zu erleichtern, sollen im Folgenden drei grundlegende Perspektiven kurz – und sicherlich vereinfachend – charakterisiert werden, die die neuere sprachwissenschaftliche Arbeit geprägt haben. Die weiteren Kapitel werden einige dieser Stränge wieder aufnehmen.

Die funktionale Perspektive
Die Grundidee ist hier, dass Sprache nicht ausschließlich aus ihren internen Strukturen heraus zu erklären ist, sondern dass diese Strukturen jeweils im Zusammenhang mit ihrer Funktion bei der Lösung sprachlicher Aufgaben gesehen werden müssen. Zur Theoriefamilie der sogenannten *Funktionalen Grammatik* gehören eine Reihe von untereinander verknüpften Ansätzen der Sprachbeschrei-

bung. Wir gehen hier nur auf einige ihrer elementaren Annahmen ein; sie können inzwischen weithin zum Grundkonsens in der Linguistik gezählt werden. (vgl. auch die weiterführende Literatur am Ende des Kapitels).

Für funktionale Ansätze ist Sprache eine Form des Handelns. Entsprechend muss die Kommunikationssituation, in der eine Äußerung geschieht, Teil der Analyse sein. Eine Grammatik kann also aus dieser Sicht nicht ohne die Berücksichtigung der kommunikativen Funktion einer sprachlichen Form auskommen. Ein früher und einflussreicher Gründervater funktionaler Ideen war **Karl Bühler**, dessen *Sprachtheorie* im Jahr 1934 erschien. Er erweiterte das Modell des sprachlichen Zeichens zum **Organonmodell**, das zwei wichtige Neuerungen enthält: Zum einen erscheinen hier Sprecherin und Hörer zum ersten Mal als wesentliche Beteiligte beim Gebrauch von Sprache; er nennt sie in der Diktion der damaligen nachrichtentechnischen Leitmetaphorik für Kommunikation „Sender" und „Empfänger". Zum anderen wird jetzt angenommen, dass drei Grundfunktionen der Sprache in einer Art Dreieckskonstellation zusammenwirken: **Darstellung** – es wird etwas über die Welt ausgesagt; **Ausdruck** – ein Sprecher sagt etwas über sich; und **Appell** – eine Hörerin wird angesprochen. Das sprachliche Zeichen nach Bühler ist also

> Symbol kraft seiner Zuordnung zu Gegenständen und Sachverhalten, Symptom (Anzeichen, Indicium) kraft seiner Abhängigkeit vom Sender, dessen Innerlichkeit es ausdrückt, und Signal kraft seines Appells an den Hörer, dessen äußeres oder inneres Verhalten es steuert wie andere Verkehrszeichen. (Bühler 1965: 28)

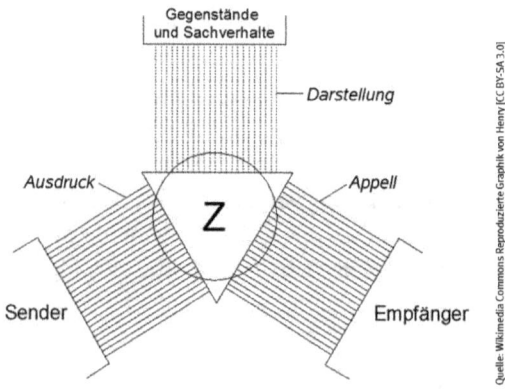

Abbildung 3: Das Organonmodell, vgl. Bühler (1965: 60).

In dieser neuen Sicht als „Werkzeug" gewinnt die Beschreibung des Sprachzeichens an Komplexität. Sprachliche Äußerungen vermitteln jetzt einerseits zwischen den Sachverhalten der Welt und den Sprachverwendern, andererseits zwischen den Sprachverwendern untereinander. Gleichzeitig entsteht eine **Sprechsituation**, in der den beteiligten Sprecherinnen und Hörern eine gestaltende Rolle zukommt. Bühler (1965: 51ff.) etabliert bereits den Begriff der **Sprechhandlung** und wird damit auch zu einem der Wegbereiter der Pragmatik.

Fokus auf sprachliches Handeln: die pragmatische Perspektive
In den 70er Jahren verändert und modernisiert sich die Linguistik in Deutschland sehr grundlegend – der Einschnitt wird auch als **Pragmatische Wende** bezeichnet. Die Linguistik wird zu dieser Zeit gefordert, sich mit praktischen, gesellschaftlichen Problemen zu beschäftigen, z. B. der sprachlichen Qualifizierung von Jugendlichen. In der Folge wird die alltägliche Sprache zum Gegenstand wissenschaftlicher Beschreibung. Zu ihrer Untersuchung werden zunehmend empirische Methoden eingesetzt – eine technische Voraussetzung dafür ist z. B., dass Gespräche immer einfacher über die Aufzeichnung mit Tonbandgeräten analysierbar werden. Die Ziele linguistischer Analyse umfassen seit diesem Perspektivenwechsel immer stärker auch nicht-sprachliche Einflüsse auf den Gebrauch von Sprache. Das Beschreiben und Erklären sprachlichen Handelns bezieht also ein immer größeres Netzwerk von Zusammenhängen ein – zwischen sprachlichen Formen unterschiedlicher Komplexität einerseits und den je individuellen und gesellschaftlichen Funktionen, den Sprecherinnen und Sprechern, ihren Motiven und Rollen andererseits.

Ein Wegbereiter für diese Entwicklung ist u. a. die **Sprechakttheorie**, denn schon hier rückt der Handlungscharakter von Sprache ganz in den Mittelpunkt. John L. Austin und sein Schüler **John Searle** fragen aus Sicht der Sprachphilosophie danach, wie ein Satz zu einer sprachlichen Handlung werden kann. Unter dem Mikroskop der Sprechakt-Analyse haben gesprochene Sätze also nicht nur eine bestimmte Form und müssen hörbar geäußert werden (Aspekt der **Lokution**), sondern sie dienen auch dazu, etwas über die Welt auszusagen (Aspekt der **Proposition**). Vor allem aber ist mit ihnen jeweils eine Absicht mit Bezug auf den Gesprächspartner verbunden: die **Illokution**. So kann mit der Äußerung „*das Ei ist hart*" je nach Kontext bzw. Sprechsituation verschiedenes **gemeint** sein. Wir können uns entsprechend unterschiedliche Fortsetzungen vorstellen: „*du kannst es jetzt pellen und vierteln*" oder „*wieso hast du beim Kochen nicht auf die Uhr gesehen?*". Im ersten Fall wäre die Illokution der Äußerung eine Feststellung, die als Aufforderung verstanden werden kann; im zweiten Fall ein Vorwurf. Der Aspekt der **Perlokution** schließlich beschreibt die Wirkung des Sprechakts auf die Gesprächspartnerin. So kann man Fälle analysieren, in denen eine Illokution zwar glückt, die beabsichtigte Wirkung des Sprechakts aber dennoch nicht eintritt (zur Sprechakttheorie vgl. Kap. 11.2).

Das Beispiel zeigt, dass wir nicht umhinkommen, Sagen und Meinen beim Sprachgebrauch als getrennte Ebenen zu unterscheiden. In vielen Fällen kann man das Gesagte durchaus knapphalten, denn wir können auf die Erfahrung bauen, dass unser Hörer mitdenkt und eine sehr sparsame Äußerung wenn nötig aus seinem **Wissen** so ergänzen kann, dass sie sinnvoll interpretierbar wird. Was im gemeinsamen Wissen von Gesprächsbeteiligten präsent ist, muss also nicht explizit ausgesprochen werden, wird aber wenn nötig als Mit-Gemeintes verstanden. Wir werden diese Verknüpfung in vielfältiger Weise wieder aufnehmen.

Den Kontext einer Äußerung wirklich in die Analyse einzubeziehen bedeutet deshalb, nicht einzelne Sprechhandlungen isoliert zu betrachten, sondern sie im Gesamtzusammenhang des jeweiligen **Gesprächs** zu interpretieren. Denn erst hier wird durch den Zusammenhang und die Bezugnahmen aufeinanderfolgender Gesprächsbeiträge beschreibbar, was eine Sprecherin mit ihrer Äußerung (wahrscheinlich) gemeint hat. Ausgehend von der ursprünglich soziologisch grundierten amerikanischen **Konversationsanalyse** hat sich in diesem Sinn die **Gesprächslinguistik** in den letzten Jahrzehnten zu einer wichtigen Teildisziplin der Linguistik entwickelt. Sie beschreibt und erklärt einerseits Gesprächsverläufe, -verfahren und -strategien und deren jeweilige kontextuelle Einbettungen; sie bearbeitet andererseits aber auch grammatische Phänomene, die für gesprochene Sprache charakteristisch sind (näher dazu die Kap. 4 und 11). Fragestellungen der Gesprächslinguistik betreffen damit nicht nur die Perspektive des **Sprachgebrauchs**, sondern erweitern gleichzeitig die detaillierte Beschreibung des **Sprachsystems**.

Zum erweiterten Horizont der Linguistik trägt auch die Entstehung der **Soziolinguistik** bei. Ihre Entdeckung ist, dass Sprecher durchaus verschiedene Varianten ihrer Sprache verwenden können, und zwar z. B. je nach Bildung, sozialem Stand, Alter oder auch geografischem Standort. Jede einzelne Sprache (hier: das Deutsche) lässt sich also bei genauerem Hinsehen auch als ein Bündel von **Varietäten** beschreiben – also als Summe von spezifischen, systematisch vorkommenden Sprachvarianten (vgl. genauer Felder 2016: 9). Damit ist die für lange Zeit als selbstverständlich angenommene Homogenität der Einzelsprache als Abstraktion erkennbar geworden: Man kann zwar durchaus mit Recht das Deutsche unter dem Blickwinkel untersuchen, es gebe eine einheitliche „Standardsprache" – man kann aber auch den Blick auf die Dialekte wenden oder auf die Sprechstile von Jugendlichen in der Großstadt (Kap. 12).

Sprache als Fenster zum Denken: die kognitive Perspektive
Seit mehr als zwei Jahrzehnten wird in der Linguistik noch ein anderer Blickwinkel relevant: Sprache repräsentiert unsere Gedanken und unser Wissen über die Welt, und beides entwickelt sich ja in engem Bezug aufeinander. Unser Weltwis-

sen bildet sich also gewissermaßen in unserer Sprache ab – und umgekehrt lassen sprachliche Strukturen auch Rückschlüsse auf die Organisation unseres konzeptuellen Wissens zu. So stellt unser Wortschatz keine ungeordnete Ansammlung von Wörtern dar, sondern er zeigt sich bei genauem Hinsehen als **vernetzt** durch eine Vielfalt von Beziehungen, z. B. der Ähnlichkeit, des Gegensatzes und vor allem der Über- und Unterordnung: Ein Wort zu kennen bedeutet immer auch, es in diesem Sinn in einen größeren Zusammenhang einordnen zu können. Sobald wir das Wort *Libelle* lernen, lernen wir gleichzeitig, dass es ein *Insekt* bezeichnet. Da wir auf dem gleichen Wege wissen, dass Insekten *Tiere* sind, können wir mühelos alle Wissensbestände, die wir über *Tiere* haben, auch für die *Libelle* „übernehmen": sie lebt, frisst, vermehrt sich, wird irgendwann sterben etc. Diese **Hierarchisierung** kennzeichnet unseren Wortschatz gleichermaßen wie unser Wissen und stellt eine in beiden Bereichen analoge wesentliche Ordnungsstruktur dar. Wir kommen in Kapitel 6.2 darauf zurück.

Ein weiterer Beitrag kognitiv inspirierter Ansätze liegt darin, den Blick auch auf die konkreten **Prozesse** der Sprachproduktion und des Sprachverstehens zu lenken. Die damit verbundenen Fragen werden in der **Psycholinguistik** – und auch in der Psychologie – untersucht. Dabei wird z. B. deutlich, dass auch die charakteristischen Möglichkeiten und Begrenzungen unserer mentalen Verarbeitungsfähigkeit für sprachliche Information einen Einflussfaktor für die Gestalt der menschlichen Sprache darstellen können. Wir kommen in den Kapiteln 4 und 5 darauf zurück.

2.2 Methoden der Linguistik

Das Wort *Methode* stammt von dem altgriechischen μέθοδος (méthodos) ab, das so viel wie ›Gang einer Untersuchung‹ bedeutet und seinerseits aus den Wörtern μετά (metá) ›hinter, nach‹ und ὁδός (odós) ›Weg‹ zusammengesetzt ist. Eine Methode ist also der Weg, den man beschreitet, um ein Erkenntnisziel zu erreichen. Auch wenn wir uns im Folgenden – wie das in Einführungsbüchern üblich ist – vor allem den Ergebnissen und Erkenntnissen der linguistischen Forschung widmen, erscheint es uns nützlich, sich vor Augen zu führen, auf welchem Weg dieses Wissen zustande gekommen ist. Das ist auch deshalb von Bedeutung, weil jede wissenschaftliche Erkenntnis an Methoden gebunden ist und nur über diese beurteilt werden kann. Die Wahl einer neuen Methode bringt deshalb oft auch neues Wissen hervor. Hier stellen wir kurz die wichtigsten Methoden in der Linguistik zusammen und wollen wenigstens andeuten, welche Rolle sie in unserem Fach spielen. Allgemein in Methoden in der Linguistik führen Albert und Marx (2016) ein.

Eine oft verwendete Methode der Linguistik ist die **Introspektion**, also die kontrollierte Beobachtung des eigenen Sprachverhaltens. Sie basiert auf der Annahme, dass es Aufgabe der Linguistik sei, die Regeln zur Bildung von Wörtern, Phrasen und Sätzen innerhalb eines Sprachsystems zu beschreiben, die grundsätzlich allen Sprecherinnen und Sprechern der Sprache gleichermaßen verfügbar sind. Mit introspektiven Methoden haben wir alle im Deutschunterricht gearbeitet, etwa bei der Verschiebe- oder der Ersetzungsprobe zur Ermittlung von Satzgliedern (vgl. Kap. 7). Als wissenschaftliche Methode wird die Introspektion vor allem in strukturalistischen Ansätzen, in der Generativen Grammatik und manchen Richtungen der kognitiven Linguistik eingesetzt. Diese Methode hat natürlich den Vorteil, dass man kein Material sammeln und keinen Aufwand zur Sammlung von Sprachdaten betreiben muss. Außerdem dient sie gerade in der Ausbildung dazu, die Regelhaftigkeit sprachlicher Formen zu erfahren und damit das unbewusste Sprachkönnen in ein bewusstes Sprachwissen zu überführen. In wissenschaftlichen Forschungssettings können so grammatische und semantische Feinheiten herausgearbeitet werden, die überhaupt nur theoriegeleitet bei der Selbstbeobachtung durch sehr gut ausgebildete Forscherinnen und Forscher sichtbar werden. Der Nachteil daran ist, dass vorausgesetzt, nicht aber gezeigt wird, dass die eigene Sprachkompetenz repräsentativ für die gesamte Sprechergemeinschaft ist. Daher wird die introspektive Methode heute meist mit anderen empirischen Ansätzen kombiniert.

Großflächige Erkenntnisse gewinnt man durch **Auswertung von Sekundärquellen**. Damit sind Wörterbücher, Grammatiken und Werke der linguistischen Fachliteratur gemeint, die Aufschluss über den Forschungsstand zu bestimmten sprachlichen Phänomenen geben. Auf Sekundärquellen greift man vor allem immer dann zu, wenn Sprachen oder Sprachstufen miteinander verglichen werden sollen. Anwendungsbereiche sind dementsprechend sprachvergleichende und -typologische und historische Studien. Sekundärquellen bieten einen schnellen Zugriff auf sprachliches Wissen und ermöglichen so den Überblick über große und vielfältige Datenmengen. Allerdings kann in den meisten Fällen die Auswahl und Interpretation der zugrundeliegenden sprachlichen Phänomene nicht geprüft werden. Weil oft ganz unterschiedliche sprachtheoretische Voraussetzungen oder Kategorisierungsprinzipien gelten, wenn z. B. historische Wörterbücher oder Grammatiken verschiedener Sprachen miteinander verglichen werden, ist die Gefahr groß, sprichwörtlich Äpfel mit Birnen zu vergleichen.

Die verschiedenen Methoden der **empirischen Linguistik** basieren daher auf der Auswertung von **Primärquellen**. Viele empirische Ansätze in der Linguistik basieren darauf, dass die Forscherinnen und Forscher sprachliche Daten untersuchen, die in **natürlichen Sprachverwendungssituationen** – also in der alltäglichen Kommunikation – entstanden sind. Die wichtigsten sind die Gesprächsanalyse, die linguistische Forschung an einzelnen Texten und die Korpuslinguistik. Die **Gesprächsanalyse** beschäftigt sich mit der mündlichen Interaktion auf der Basis transkribierter, also verschriftlichter Gespräche. Diesen Ansatz stellen wir in den Kapiteln 4 und 11 ausführlicher dar und nennen ihn deshalb hier nur.

Qualitative Ansätze gehen im Kern kategorienbildend vor. Es geht also dabei nicht darum herauszufinden, wie oft ein Phänomen in einem Datensatz vorkommt, sondern unter welchen Kategorien sich die untersuchten Phänomene subsumieren lassen. Dazu ist es erforderlich, die sprachlichen Phänomene im Text- oder Gesprächszusammenhang zu erfassen und ihre Funktion in der Kommunikation zu verstehen. Man beschäftigt sich in der qualitativen Forschung daher mit eher kleinen Datensätzen, dafür analysiert man diese aber möglichst umfassend. In einem qualitativen Ansatz kann es durchaus sinnvoll sein, genau einen Text (z.B. eine Werbeanzeige, einen Liebesbrief, ein Wahlprogramm) zu analysieren, um möglichst präzise herauszuarbeiten, nach welchen Prinzipien er gemacht ist.

Natürlich lässt sich auf diese Weise nichts über die Verbreitung einer sprachlichen Kategorie oder eines sprachlichen Bauprinzips aussagen. Dazu muss man zusätzlich einen **quantitativen** Forschungsansatz wählen. Dabei geht es darum, das Vorkommen einer oder mehrere Instanzen einer qualitativ bestimmten Kategorie in einer gegeben Datenpopulation zu messen. Forschungsansätze, die auf Kategorisierung, Messung und Interpretation sprachlicher Phänomene in digitalen Datenpopulationen beruhen, bilden das Methodenfeld der **Korpuslinguistik**. Dabei handelt es sich um einen dynamischen Forschungsbereich, in dem in den letzten Jahren zu praktisch allen Teilgebieten der Linguistik neue Erkenntnisse erzielt wurden. In diesen Studien kommt dem Kategorisieren, Messen und Interpretieren jeweils unterschiedliche Bedeutung zu, auch die Kombinatorik dieser drei grundlegenden Verfahren unterscheidet sich. Wichtig ist, dass man nichts messen kann, was man nicht vorher auch qualitativ kategorisiert hat. Gemeinsam ist allen korpuslinguistischen Ansätzen, dass sie auf digitalen Sprachdaten beruhen, die im Hinblick auf ein Forschungsziel gesammelt und zusammengestellt wurden, mehr oder weniger ausführliche Information zu ihrer Produktion erhalten (sog. **Metadaten**, z.B. Sprecherin/Autor, Publikationsdatum, Datenquelle), oft mit linguistischer Information angereichert sind (**Annotation/Tagging**, z.B. Lemma, Wortart, s.u.), in strukturierten Umgebungen gelagert werden (z.B. in Datenbanken) und mit **digitalen Werkzeugen** analysiert werden – oft mithilfe elektronischer tool kits, die vorgefertigte Algorithmen zur Korpusanalyse enthalten. Auch qualitative Verfahren profitieren davon, wenn Forschungsdaten so aufbereitet werden: Ergebnisse können so leichter dokumentiert und überprüft werden, außerdem kann man mit digital aufbereiteten Daten über zeitliche und räumliche Entfernungen hinweg **kollaborativ** arbeiten. In der heutigen Forschungspraxis werden qualitative und quantitative Ansätze sehr oft miteinander verknüpft. Da der Korpuslinguistik eine große Bedeutung innerhalb der gegenwärtigen Linguistik zukommt und auch einige empirische Teile unseres Buchs (vor allem in Kap. 7 und 8) auf digitalen Korpora beruhen, stellen wir die wichtigsten Grundbegriffe und Verfahren im Kasten unten vor. Darüber hinaus kann man sich z. B. in dem Buch von McEnery und Hardie (2012) informieren. Eine gute Einführung in deutscher Sprache geben Andresen und Zinsmeister (2019).

Alle Ansätze, die auf der Beobachtung von Sprache in natürlichen Situationen beruhen, teilen aber das Problem, dass wir Sprecherinnen und Sprecher nicht gerade darauf gewartet haben, linguistisch untersucht zu werden – weil sprachliche Kommunikation so vielfältig und variantenreich ist, ist es oft schwierig, natürliche Sprachdaten miteinander zu vergleichen. Außerdem weiß man oft nicht, wenn man Texte oder Gesprächstranskripte sammelt, in welchen Situationen, vom wem genau und unter welchen Bedingungen sie produziert wurden. Je mehr sprachliche Daten man sammelt, desto weniger weiß man normalerweise über die Entstehung einzelner Texte oder mündlicher Äußerungen. Um diesen Problemen zu entgehen, gibt es die Möglichkeit, die Produktion von Sprache, die man analysieren möchte, unter kontrollierten Bedingungen selbst zu veranlassen. In der **experimentellen Linguistik** werden daher sprachliche Daten untersucht, die für diesen Zweck **elizitiert** werden. Das heißt, dass man andere Sprecherinnen und Sprecher dazu auffordert, eine sprachliche Aufgabe zu lösen – das kann z. B. in einem eigens dafür konzipierten Setting stattfinden. Zum Beispiel können Versuchspersonen gebeten werden, ein Bild oder einen kurzen Film zu beschreiben oder sich beim gemeinsamen Aufbauen eines Möbelstücks zu unterhalten. Die wichtigsten Anwendungsfelder für diesen Typ von Datenerhebung sind die kognitive Linguistik, die Spracherwerbsforschung, die Soziolinguistik und die Pragmatik. Mit dieser Methode erreicht man eine gute Vergleichbarkeit der Untersuchungsdaten und man kann die Rahmenbedingungen der Untersuchung gut kontrollieren. Man muss aber immer abschätzen, inwiefern die untersuchte Sprache vom eigenen Versuchsaufbau abhängt und inwieweit die Ergebnisse verallgemeinerbar sind. Zur experimentellen Linguistik gibt ein gutes Kapitel in dem bereits genannten Methoden-Buch von Albert und Marx (2016).

Grundbegriffe der Korpuslinguistik
Als Fallbeispiel für eine korpuslinguistische Analyse möchten wir hier das Auftreten des Wörtchens *aber* in Reden vor dem Deutschen Bundestag messen. *Aber* kommt darin 783.559-mal vor. Da man nichts messen kann, was man vorher nicht qualitativ bestimmt hat, setzt diese Messung voraus, dass wir *aber* als ein Wort kategorisiert haben. Sucht man nämlich nur die Zeichenkette *aber*,

findet man 795.551 Belege, darunter *Inhaber, Vergaberichtlinien, Rechthaberei* und *Produktionsaufgaberente*. Die Kategorisierung einer Zeichenkette als Wort nennt man **Tokenisierung**. Aussagekräftiger wird die Messung, wenn man berücksichtigt, dass *aber* in verschiedenen Wortklassen vorkommen kann, von denen sich hier zwei Klassen unterscheiden lassen, nämlich erstens Adverb (genauer: Konjunktionaladverb und Modalpartikel, die nach jetzigem Stand automatisch nicht verlässlich differenziert werden können: *Das erreicht man **aber** nicht durch die verlogene Hetze!* – 409.834 Belege – 52,35 %) und zweitens koordinierende Konjunktion (*Deutschland braucht Europa, **aber** Europa braucht auch Deutschland.* – 373.025 Belege – 47,65 %). Dieser Qualifizierungsschritt heißt **Wortartenkategorisierung** – meist wird der englische Terminus **Part-of-Speech-Tagging** dafür verwendet. Dieser Schritt geht in der Regel Hand in Hand damit, die einzelnen Flexionsformen eines Wortes (vgl. Kap. 7.3) einer Grundform zuzuordnen, wie wir sie auch im Wörterbuch finden. Das nennt man **Lemmatisierung**, die Grundform heißt **Lemma**. Da *aber* nicht flektiert wird, ändert sich hier nichts; bei einem Verb würden aber beispielsweise die Formen *(ich) las, (wir hätten) gelesen,* und *(sie hatte) gelesen (gehabt)* auf das Lemma *lesen* bezogen. Um mehr über Verwendungseigenschaften von Wörtern, darunter deren Bedeutung, zu lernen, wendet man in der Korpuslinguistik oft eine **Kookkurrenzanalyse** (engl. **collocational analysis**) an. Darunter versteht man eine Messung, die in einem vorher definierten **Kookkurrenzfenster** (engl. **collocation window**), das aus einer bestimmten Anzahl an Wörtern vor und/oder nach einem zu analysierenden Wort besteht, diejenigen Wörter bestimmt, die häufiger vorkommen, als man es erwarten würde mit der Hilfsannahme, dass alle Wörter in einem Text gleichmäßig verteilt sind.

Tabelle 2: Kookkurrenzpartner 1-2 Wörter rechts von *aber* als Konjunktion und Adverb mit der jeweils größten Effektstärke

Wortart	Lemma	Gesamtfrequenz im Korpus	Erwartete Häufigkeit der Kookkurrenz	Beobachtete Häufigkeit der Kookkurrenz	In Anzahl der Texte	Effektstärke (Mutual Information Score)
*aber*_Konjunktion	*immerhin*	17.523	52,281	1.649	1579	4,979
*aber*_Adverb	*gleichzeitig*	36.157	118,522	2.279	2213	4,265

Daraus können wir die weiter zu prüfende These ableiten, dass die Konjunktion *aber* häufig in Teilsätzen verwendet wird, in denen eine negative Aussage durch eine positive eingeschränkt wird, während das Adverb *aber* oft direkte argumentative Entgegnungen markiert, in denen ein Argument anerkannt, ihm aber ein weiteres entgegengestellt wird. Solche Befunde kann man letztlich nur am Text prüfen – und da wir es mit sehr vielen Texten zu tun haben, wählt man oft eine Darstellung, in der jeder gefundene Suchausdruck im Korpus samt Kontext in einer nummerierten Zeile steht. Diese nennt man **Konkordanz**. Das Darstellungsformat, in dem der Suchausdruck jeweils in der Zeilenmitte steht, und rechts und links davon eine jeweils vordefinierte Anzahl an Kontextwörtern, nennt man **Keyword-in-Context (KWIC)**.

1	*?) die mühsame,*	***aber immerhin***	*nicht erfolglose Arbeit am Bildungsgesamtplan*
2	*kein Ergebnis von UNO-Politik,*	***aber immerhin***	*erfreulich für die UNO,*
3	*hätte schneller gehen können,*	***aber immerhin***	*! (Beifall bei der*
4	*wird der Ulbricht-Besuch stattfinden.*	***Aber immerhin***	*dürfe die ägyptische Regierung eine*
5	*wir ihr zustimmen könnten.*	***Aber immerhin***	*, sie haben sich,*
6	*Das war zu spät,*	***aber immerhin***	*ist dort etwas gemacht worden*

Ein gemeinsames Problem aller Ansätze, in denen sprachliche Primärdaten erforscht werden, ist das Sammeln geeigneter Daten. Sprachdaten sind dann geeignet, wenn sie einen kontrollierten und überprüfbaren Rückschluss auf den untersuchten Kommunikationsbereich zulassen. Dabei muss man sich folgende Fragen stellen:
– Welche Daten geben Aufschluss über mein Untersuchungsinteresse? (**Adäquatheit**)
– Welche unterschiedlichen Textsorten, Sprechergruppen, Produktionsräume muss ich berücksichtigen? (**Ausgewogenheit**)
– Worüber kann ich mit meinem Korpus aussagen machen? (**Repräsentativität**)
– Welche Daten stehen mir zur Verfügung? (**Forschungspraxis**)

2.3 Fokus deutsche Sprache: Was ist Deutsch?

Es sollte bis hierhin deutlich geworden sein, dass Sprache sich nicht einfach „in einem Rutsch" beschreiben und erklären lässt, sondern dass es vielfältiger Perspektiven bedarf, um dem Phänomen gerecht zu werden. Das gilt auch, wenn wir im Folgenden das Deutsche als eine Einzelsprache charakterisieren möchten. Die scheinbar einfache und harmlose Frage, was eigentlich das Deutsche sei, was also zur deutschen Sprache gehöre und was nicht, eröffnet eine ganze Reihe von Teilfragen: Welche sprachlichen Äußerungen sollen überhaupt als repräsentativ für eine Einzelsprache gewertet werden? Gehört der syntaktisch falsche Satz eines Lerners oder einer Lernerin zum Deutschen dazu? Oder sollen wir nicht vielmehr davon ausgehen, dass in einem solchen Fall das Deutsche (als ein System von Regeln) noch nicht vollständig erworben wurde? Andererseits haben wir oben gesagt, dass die Regeln einer Sprache im Gebrauch immer wieder neu bestätigt – oder eben modifiziert – werden müssen. Mancher (schmerzlich wahrgenommene) Regelverstoß ist die Regel von morgen. Zum Beispiel kommen uns Dialoge wie der folgende, den die Soziolinguistin Diana Marossek (2013: 328) an einer Berliner Hauptschule aufgenommen hat, schon recht vertraut vor:

i)   Jaqueline: *Wenn ich Nil so sehe, hab ich voll Bock Urlaub zu fahren!*
      Aischa: *Reicht ja, wenn wir mal Schwimmbad gehen.*

Marossek zeigt in einer breit angelegten empirischen Studie, dass das Weglassen von Artikeln und – insbesondere – von Verschmelzungen aus Präposition und Artikel (*ins, ans, ums*) ein Phänomen ist, das sich weder auf den Sprachgebrauch von Migrantinnen und Migranten noch auf den Kontext Hauptschule beschränkt. In derselben Studie zitiert sie einen Lehrer, der sich ganz unironisch an eine Schülerin wendet mit den Worten: „Machst du fertig und lässt Computer an?" (Marossek 2013: 329) Solche Konstruktionen gehören offensichtlich dazu, wenn wir das Deutsche der Gegenwart beschreiben wollen, auch wenn sie nicht zur akzeptierten Norm gehören. Aber wie ist es mit dem folgenden Beleg?

ii)   *Dienstag günü Arbeit yazıyorum, Mittwoch günü Arbeit yazıyorum.*
     [Ich schreibe am Dienstag eine Arbeit, am Mittwoch eine Arbeit.]
     Banaz (2002: 87)

Hier wechselt der Sprecher zwischen dem türkischen und dem deutschen Vokabular hin und her, wobei die Grammatik des Satzes dem Türkischen entstammt. Man spricht hier vom **Code Switching**. Das ist ein übliches und gut beschriebenes Verfahren, das eingesetzt wird, wenn Sprecher zweier oder mehrerer Sprachen sich unterhalten. Wir würden einen solchen Satz aber nicht zum Deutschen (als Sprachsystem) rechnen, obschon es ein wichtiges Sprachgebrauchsphänomen im Sprachgebiet des Deutschen ist.

Im Falle des nächsten Belegs hätten wohl die wenigsten Zweifel daran, dass es sich um einen deutschen Satz handelt, zumal er von einem renommierten deutschen Kultursoziologen, Andreas Reckwitz, in einem Gastbeitrag für DIE ZEIT geschrieben wurde:

iii)   *Diese spätmoderne Kultur wird in entscheidender Weise vom Kulturkapitalismus getragen, einer postindustriellen creative economy, in deren Zentrum kulturelle Güter, Dienste, Medien und Events stehen.*
      Andreas Reckwitz, Die ZEIT Nr. 51 vom 08.12.2016

Hier macht es den gehoben-mondänen Tonfall gerade aus, dass gut 40 % der Wörter in diesem Satz ihren Ursprung im Lateinischen haben. Das Wort *Event* beispielsweise ist aus dem Englischen ins Deutsche entlehnt worden. Ins Englische gelangte es über das Altfranzösische *event*, das vom lateinischen *eventus* abstammt. *Eventus* wiederum ist eine Nominalisierung des Partizips II von *evenire* (›heraus-, hervorkommen; sich zutragen, ereignen‹ – Duden Herkunftswörterbuch 2020). Dennoch würden wir selbstverständlich alle Wörter in dem Zitat als deutsche Wörter bezeichnen – außer wohl *creative economy*, die hat der Autor selbst durch die Kleinschreibung als ‚englisch' markiert. Allerdings hat die *New Economy* wie auch die *Old Economy* einen Eintrag im aktuellen Duden (2017) und sind also nach Auffassung der Redaktion deutsche Wörter.

Was zur deutschen Sprache gehört, kann also nicht über die Herkunft, nicht über die Form und nicht über ein grammatisches Inventar entschieden werden. Es reicht natürlich auch nicht zu sagen, Deutsch sei das, was von Deutschen oder in Deutschland gesprochen werde. Da würden sich zu Recht die Sprecherinnen in Österreich, der Schweiz, Luxemburg und den deutschsprachigen Gebieten z. B. in Pennsylvania in den USA oder Brasilien beschweren – genauso wie die deutschen Sprecher und Sprecherinnen des Sorbischen oder Dänischen. Es hilft nichts: Was das Deutsche ist, ist Verhandlungssache und muss immer wieder aufs Neue von den Angehörigen der Sprachgemeinschaft, den Wörterbuchmachern und Grammatikschreiberinnen, den Rhetorikpäpsten und Popliteraten ausgehandelt werden.

Das bedeutet natürlich nicht, dass wir alle im Alltag in den allermeisten Fällen nicht sehr genau und instinktiv sagen könnten, was zur deutschen Sprache gehört und was nicht. Die hier diskutierten Phänomene schärfen eher das Bewusstsein dafür.

2.4 Zur Entwicklung der deutschen Sprache

Was wir heute *deutsch* nennen, hat sich ab dem 8. Jahrhundert n. Chr. entwickelt als ein Ergebnis vieler Angleichungs- und Ausgleichsprozesse, in denen die westgermanischen Dialekte und die spätlateinische Schriftsprache die Hauptrollen spielten. Man zählt das Deutsche zur Sprachfamilie der indoeuropäischen Sprachen. Es weist in Wortschatz und Grammatik systematische Ähnlichkeiten auf mit z. B. dem Indischen, dem Russischen, dem Griechischen und dem Lateinischen (sowie den romanischen Sprachen, die sich aus dem Lateinischen entwickelt haben).

Von den genannten Sprachen unterscheidet sich das Deutsche dadurch, dass es eine systematische Verschiebung der Verschlusslaute (der Fachterminus lautet

‚Plosive', vgl. Kap. 4) durchlaufen hat. Diese Veränderungen werden auf das erste Jahrtausend vor Christus datiert und betreffen die sogenannte **germanische Sprachfamilie**, zu der neben dem Deutschen z. B. Englisch, Niederländisch, Dänisch, Schwedisch und Norwegisch gezählt werden. Konkret betreffen die Änderungen u. a. die stimmlosen Verschlusslaute [p], [t] und [k], die zu Reibelauten (Frikativen) verschoben wurden. Das kann man daran sehen, dass es z. B. im Lateinischen *pater*, im Italienischen *padre*, im Englischen aber *father* und im Deutschen *Vater* heißt. Diese Veränderungen führen also dazu, dass sich der Verbund der germanischen Sprachen von allen anderen indoeuropäischen Sprachen unterscheidet. Sie sind von dem Indogermanisten Rasmus K. Rask entdeckt, von Jacob Grimm aber systematisiert worden. Daher heißt diese Strukturverschiebung international auch „Grimm's Law", im Deutschen spricht man von der **ersten Lautverschiebung**.

Damit sind wir aber noch längst nicht bei der Sprache angelangt, die wir heute ‚Deutsch' nennen. Es sollte noch einmal 1000 Jahre dauern, bis sich das sogenannte **Althochdeutsche** (abgekürzt Ahd.) wiederum durch systematische Verschiebungen der Verschlusslaute aus einigen westgermanischen Dialekten langsam formierte. Das geschah in einem Sprachgebiet, dessen äußerster südlicher Rand das langobardisch beherrschte Oberitalien war und das im Norden durch eine Linie von Eupen, Aachen und Düsseldorf bis nach Berlin, Frankfurt an der Oder und das polnische Poznań begrenzt war. Diese nördliche Sprachgrenze (Isoglosse) nennen wir nach einem Vorschlag des Sprachwissenschaftlers Georg Wenker die **Benrather Linie**. Benrath bei Düsseldorf ist nämlich der Ort, an dem die Isoglosse den Rhein überquert.

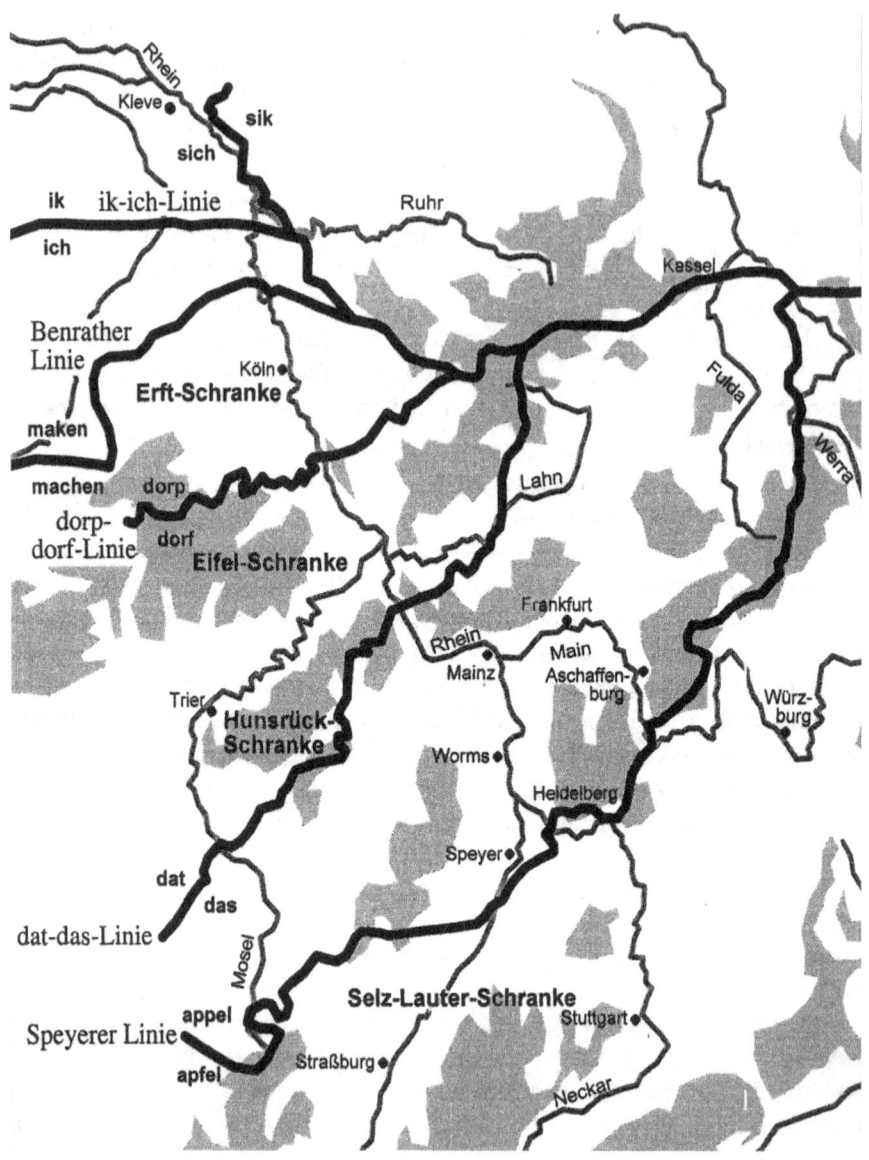

Abbildung 4: Der Rheinische Fächer, aus: Meineke/Schwerdt (2001: 215).

Diese Lautveränderung nennt man die **zweite** oder **hochdeutsche Lautverschiebung**. Sie betraf wieder die stimmlosen Verschlusslaute [p], [t] und [k], die sich an bestimmten Positionen im Wort, z.B. im Anlaut, zu den Affrikaten [pf], [ts] und [kx] verschoben (z.B. engl. *pool* vs. dt. *Pfuhl*; nl. *toorn* vs. hochdt. *Zorn*). Als einfache Konsonanten nach einem Vokal entwickelten sie sich zu Frikativen (z. B. engl. *open* vs. dt. *offen*; niederdt. *dat* vs. hochdt. *das*; engl. *book* vs. hochdt. *Buch*). Die germanischen stimmhaften Verschlusslaute [b], [d] und [g] wiederum entwickelten sich an bestimmten Stellen zu den stimmlosen Verschlusslauten [p], [t], [k], (z. B. engl. *good* vs. hochdt. *gut*, engl. *day* vs. hochdt. *Tag*). Diese Veränderungen nahmen wohl ihren Anfang im 5. Jh. n. Chr. in Oberitalien, griffen im Sprachgebrauch der Sprecherinnen im alemannischen Sprachgebiet (der Schweiz und dem heutigen Südwestdeutschland) besonders systematisch (z. B. schweizerdt. *k^{x}uk^{x}ik^{x}äschtli* vs. hochdt. *Küchenschränkchen*), und betrafen dann nach Norden hin immer weniger Laute. So findet man noch heute in den Dialekten westlich des Rheins (ab Speyer) und nördlich des Neckars (ab Eberbach) den unverschobenen Verschlusslaut in Wörtern wie *Appel* (vs. hochdt. *Apfel*). Wir sprechen auch von der „Speyerer Linie". Wegen ihres fächerartigen Verlaufs nennt man die Isoglossen, die zwischen Kleve und Straßburg den Rhein überqueren, den **„Rheinischen Fächer"**. Nördlich davon sind die Verschlusslaute in ihrem unverschobenen Zustand belegt, wir fassen die entsprechenden Dialekte mit der Bezeichnung *Niederdeutsch* zusammen (z. B. niederdt. *water* vs. hochdt. *Wasser*; niederdt. *solt* vs. hochdt. *Salz*; niederdt. *melk* vs. hochdt. *Milch*).

Wenn wir davon sprechen, dass durch diese Lautverschiebung sich das Althochdeutsche formiert hat, müssen wir zumindest drei Dinge hinzufügen: Erstens hat *hoch* in *Althochdeutsch* nicht dieselbe Bedeutung, wie wir sie verstehen, wenn wir heute vom *Hochdeutschen* sprechen. Da bedeutet *hoch* so viel wie ›an der Standardsprache orientiert, literatursprachlich‹. Im Wort *Althochdeutsch* dagegen bezieht sich *hoch* lediglich auf das Verbreitungsgebiet: *Althochdeutsch* bezeichnet die Summe aller Dialekte südlich der Benrather Linie. Zweitens war das Althochdeutsche kein homogener Sprachraum in unserem heutigen Sinne, sondern ein Nebeneinander vieler einander mehr oder weniger ähnlicher Dialekte, die mehr oder weniger von der zweiten Lautverschiebung betroffen waren. Drittens ist darauf hinzuweisen, dass die wenigen schriftlichen Quellen, in denen uns das Althochdeutsche erhalten ist, in der überwiegenden Mehrzahl theologische Texte, und zwar Übersetzungen aus dem Lateinischen sind. Dabei wurde nicht nur das lateinische Alphabet, sondern auch die in der lateinischen Schriftkultur gewachsene Idee von Grammatik übernommen.

Das Deutsche hat vom Lateinischen nicht nur jede Menge Wörter (*familia – Familie, fenestra – Fenster, discus – Tisch, murus – Mauer* etc.) geerbt, sondern auch die Markierung von Singular und Plural, die Personen, die Zeitformen, den Konjunktiv sowie die Unterscheidung zwischen Aktiv und Passiv. Zum Beispiel hatte das frühe Althochdeutsch nur zwei Zeitformen, Präsens und Präteritum. Es ist zwar letztlich nicht zu beweisen, aber sehr wahrscheinlich, dass die jahrhundertelange Auseinandersetzung und Überlagerung mit der lateinischen Schriftkultur zur Herausbildung des heutigen Systems mit sechs Tempora (Plusquamperfekt, Imperfekt, Perfekt, Präsens, Futur I und II) geführt hat. Das zeigt, dass die oben dargelegte sprachtypologische Einordnung des Deutschen als germanische Sprache, die ja im Kern auf Beobachtungen des Wandels des Konsonantensystems beruht, nur eine Seite der Medaille angemessen beschreibt.

An diesem Beispiel können wir auch sehen, dass die Sprache, die wir *deutsch* nennen, sich nicht etwa wie eine Pflanze organisch aus dem Nährboden des Germanischen entwickelt hat, sondern vielmehr gerade in ihrem strukturellen Kern, der Grammatik, ein **Produkt vielfältiger Einflüsse** ist, das auf der kulturellen Begegnung mit anderen Sprachräumen beruht. Die meisten uns überlieferten Quellen aus dieser Zeit, die in den ahd. Dialekten wie Alemannisch, Bairisch (den Namen für den ostoberdeutschen Dialekt, der etwa das heutige Bayern und weite Teile Österreichs umfasst, schreibt man mit „i") und Rheinfränkisch verfasst wurden, sind in benediktinischen Klöstern entstanden. Dort hat man sich im Zuge der von Karl dem Großen angestoßenen Kirchen- und Bildungsreform, die man auch „karolingische Renaissance" nennt, weil sie auf eine „Wiedergeburt" antiker Traditionen zielte, um ein möglichst angemessenes Verständnis lateinischer Quellen bemüht. Zu diesem Zweck hat man volkssprachliche Vokabeln in und um den lateinischen Text eingefügt, die man Glossen (ausgesprochen mit gedehntem /o/) nennt (Riecke 2016: 18f.). Daneben sind in den Klöstern durchaus auch ganze Texte in ahd. Sprache entstanden, meist aber als Übersetzungen theologischer Texte. Die uns in der Volkssprache überlieferten Texte finden demgegenüber, wie Gerhard Köhler (1992: 139) schreibt, „trotz Aufnahme auch des kürzesten und verderbtesten Stückes in fünf modernen Buchbänden Platz".

Um die Veränderung des Deutschen seit dem 8. Jh. zu beschreiben, greift man auf Begriffe zurück, die jeweils einen Zeitraum von 300 Jahren als eine sprachhistorische Epoche charakterisieren: Nach dem Althochdeutschen spricht man vom **Mittelhochdeutschen** (Mhd.), welches das Hochmittelalter von der Mitte des 11. Jhs. bis ca. zur Mitte des 14. Jhs. umfasst. Die wichtigsten Gründe dafür, um 1050 einen Umbruch in der Sprachgeschichte des Deutschen zu sehen, liegen in der politischen und kulturellen Entwicklung: Durch die wachsende politische Bedeutung der Fürstentümer und die Entstehung des Dienstadels formierte sich erstmals außerhalb von Klöstern und Königs- bzw. Kaiserhöfen eine Schicht von kulturell und literarisch interessierten Personen. Entsprechend rückt neben die Beschäftigung mit theologischen Texten das Interesse an weltlichen literarischen Traditionen. Im Fokus stehen aus dieser Zeit besonders die deutschen Fassungen der europäischen **Heldenepik**, z. B. der *Parzival* Wolframs von Eschenbach oder der *Erec*-Roman Hartmanns von Aue, sowie der **Minnesang** mit Vertretern wie Walther von der Vogelweide, Heinrich von Morungen oder Konrad von Würzburg. Auch der Minnesang ist eine europäische Gattung. Er hat sich aus der altokzitanischen Trobadordichtung in Südfrankreich entwickelt, die wiederum wohl stark von Dichtungstraditionen im maurischen Andalusien geprägt war. Da beide Gattungen im mhd. Sprachraum über das Altfranzösische rezipiert wurden, finden hier französische Lehnwörter wie *Dame* (*la dame*) oder *Fest* (*la fête*) Eingang in die deutsche Sprache. Allerdings ist die höfische Literatursprache, die ihren Höhepunkt im 12. Jh. hat, ein Sonderfall der deutschen Sprachgeschichte. Von ihr führt kein direkter Weg zu der Sprache, die wir heute *Hochdeutsch* nennen. Neben ihr gibt es aber eine – wesentlich weniger gut erforschte – Kontinuität im Gebrauch und der Verschriftlichung der regionalen oberdeutschen Dialekte und ein langsam zunehmendes Bewusstsein über deren Zusammengehörigkeit.

Auf die Zeit bis ca. zur Mitte des 17. Jhs., **Frühneuhochdeutsch** (Frnhd.), kommen wir gleich zu sprechen. Im Kasten zeigen wir, um uns die wichtigsten Veränderungen des deutschen Sprachsystems vor Augen zu führen, zeitgenössische Übersetzungen des Vaterunsers (Matthäus 6, 9–13) zu vier verschiedenen Sprachstufen. Wenn wir die ahd. Textfassung in diesem Zusammenhang sehen, können wir einige Entwicklungen erahnen, die zur heutigen Form unserer Sprache geführt haben. Ohne dass uns das Vaterunser geläufig wäre, wären uns aber die meisten Wörter unverständlich. Dass Wörter wie *rihhi*, *tagalihhaz* oder *uuillo* der deutschen Sprache angehören und heute noch geläufig sind, muss man schon wissen. Das liegt zuvorderst an der Schreibung, aber auch daran, dass an den unbetonten Stellen in den Wörtern Vokale wie [i], [a] und [o] stehen, wo wir heute ein [e] sprechen und schreiben. Auch wenn man das Partizip ahd. *giheilagot*, mit den Entsprechungen in den anderen Textfassungen, mhd. und frnhd. *geheiliget*, nhd. *geheiligt* vergleicht, fällt auf, dass sich die Vokale der nicht betonten Silben geändert haben: Von [i] und [o] im Ahd. zu [e] und [e] im Mhd. und Frnhd. Im Nhd. schließlich fällt der hintere Vokal ganz weg. Das Sprachwandelphänomen, das sich hier zeigt, nennt man **Nebensilbenabschwächung**.

> **Zeitgenössische Übersetzungen des Vaterunsers (Matthäus 6, 9–13)**
>
> **Althochdeutsch**
>
> Fater unser, thu thar bist in himile,
> si giheilagot thin namo,
> queme thin rihhi
> si thin uuillo
> so her in himile ist, so si her in erdu,
> unsar brot tagalihhaz gib uns hiutu,
> inti furlaz uns unsara sculdi
> so uuir furlazemes unsaren sculdigon
>
> inti ni gileitest unsih in costunga
> uzouh arlosi unsih fon ubile.
> Tatian 34,6; Fulda, ostfränkisch, aus: Müller (2007: 172–174).
>
> **Mittelhochdeutsch**
>
> Vatir unsir der da bist in den himelen.
> Geheiliget werde dîn name
> Zue kueme dîn rîche.
> Dîn wille der werde alse in dem himele und in der erden.
> Unsir tegeliche brôt gip uns hûte
> Und vorgip uns unsir schulde,
> alse ouch wir vorgebin unseren schuldigêren.
> Und in leite uns nicht in bekorunge.
> Sundern lôse uns von ubele.
> Matthias von Beheim (1343); aus: Bechstein (1867: 17).
>
> **Frühneuhochdeutsch**
>
> Vnser Vater in dem Himel.
> Dein Name werde geheiliget.
> Dein Reich kome.
> Dein Wille geschehe
> auff Erden wie im Himel.
> Vnser teglich Brot gib vns heute.
>
> Vnd vergib vns vnsere Schulde
> wie wir vnsern Schüldigern vergeben.
>
> Vnd füre vns nicht versuchung.
> Sondern erlöse vns von dem vbel.
> Martin Luther: Lutherbibel 1545 (unrevidiert),
> Matthäus 6; aus: Luther (1972).
>
> **Neuhochdeutsch**
>
> Unser Vater im Himmel,
> dein Name werde geheiligt,
> dein Reich komme,
> dein Wille geschehe
> wie im Himmel, so auf der Erde.
> Gib uns heute das Brot, das wir brauchen.
> Und erlaß uns unsere Schulden,
> wie auch wir sie unseren Schuldnern erlassen haben.
> Und führe uns nicht in Versuchung,
> sondern rette uns vor dem Bösen.
>
> Die Bibel (1980: 1093 f.).

Im Althochdeutschen konnten mit den Endungen von Substantiven und Verben noch sogenannte **Flexionsformen** markiert werden, man konnte also mit der Wortendung anzeigen, ob man z. B. ein Substantiv im Nominativ oder im Dativ verwendete. Zum Beispiel heißt es im ahd. Vaterunser *in himile* (nhd. *im Himmel*) und *in erdu* (nhd. *auf der Erde*). Wir sehen, dass im Nhd. stattdessen jeweils der bestimmte Artikel verwendet wird, um die Flexionsform des Substantivs anzuzeigen. Je weniger Information wir also durch das Wort selbst bekommen, desto mehr sind wir auf Hinweise im Satz, also z. B. Artikelwörter oder die Wortstellung, angewiesen, um die Flexionsformen von Satzelementen, und damit die Beziehung der Wörter untereinander im Satz, richtig interpretieren zu können. Man spricht aus diesem Grund davon, dass sich das Deutsche vom **synthetischen** zum **analytischen Satzbau** entwickelt habe. Synthetisch ist ein Satzbau dann, wenn die grammatische Information, welche das Verhältnis der Wörter zueinander im Satz anzeigen, vor allem in den Wörtern steckt, wie bei *in erdu*. Von einem analytischen Satzbau spricht man, wenn die Information durch eigene grammatische Wörter markiert wird wie bei *auf der Erde*. Es gilt allgemein die Regel: Je mehr grammatische Informationen im Wort enthalten sind, desto freier ist die Wortstellung einer Sprache.

Das Vaterunser ist natürlich ein Sonderfall, weil es sich um einen stark formelhaften Text mit ritueller Funktion handelt, dessen Textform so stabil geblieben ist, wie sonst nur ganz wenige Texte. Dennoch gibt es auch hier Fälle, wie sie den Studierenden auch noch in der mhd. und auch frnhd. Literatur zuhauf begegnen, in denen sich nicht nur die äußere Form von Wörtern gewandelt hat, sondern die Wörter zur Bezeichnung eines Sachverhalts einfach nicht mehr üblich sind, z. B. steht anstelle des Wortes *Versuchung*, welches die Übersetzung von *temptatio* in der lateinischen Ausgangsfassung ist, ahd. *costunga* und mhd. *bekorunge*. Den Wortstamm des Substantivs *costunga* können wir uns noch gut erschließen, wenn wir an das Verb *etw. kosten* ›etw. versuchen‹ denken. In *bekorunge* wiederum erkennen wir bei genauer Betrachtung eine Verwandtschaft mit dem nhd. Adjektiv *auserkoren*. Beide hängen zusammen mit dem heute (gerade noch) bekannten Verb *kiesen* ›versuchen, (aus)wählen‹.

Wir möchten nun ausgehend vom **frühneuhochdeutschen** Text auf deren sprachhistorischen Hintergrund eingehen: Er stammt aus der Bibel-Übersetzung Martin Luthers. Von den drei hier abgedruckten historischen Textfassungen ist diese am nächsten am Neuhochdeutschen – natürlich, möchte man sagen. Schließlich ist sie von den historischen Textfassungen auch die zeitlich nächste. Der Wiedererkennungs-Effekt wäre aber deutlich geringer, hätten wir einen zeitgenössischen Text z. B. aus dem ripuarischen Dialektgebiet (der rheinischen Gegend zwischen Benrath und Bad Honnef) oder dem alemannischen Raum (dem südlichen Schwarzwald und der deutschen Schweiz) ausgewählt. Das liegt daran, dass die Sprache, die Luther für seine Bibelübersetzung verwendet hat, einen großen Einfluss auf unser heutiges Schriftdeutsch ausgeübt hat. Das hängt mit einer ganzen Reihe von Faktoren zusammen, die wir hier kurz aufführen möchten, weil sie uns mitten hinein in die Entstehungsgeschichte der nhd. Schriftsprache führen. Erklärungsbedürftig ist dabei die Tatsache, dass wir bis ins 16. Jh. hinein die uns aus der deutschen Sprachgeschichte überlieferten Quellen in der Regel sehr genau nach ihrer geographischen Herkunft bestimmen können. Die Schriftform der Texte bildete bis dahin das jeweilige Dialektgebiet ihrer Entstehung ab. Dass sich das ab dem 16. bis ins 18. Jh. hinein ändert und sich eine im gesamten deutschen Sprachgebiet **einheitliche Schriftsprache** ausbildet, und zwar inklusive der vormals niederdeutschen Gebiete, hat viel mit der zunehmenden Bedeutung und Ausbreitung des Deutschen als Sprache von Theologie, Handel, Wissenschaft und Unterhaltung zu tun und war ein komplexer Prozess, der sich über viele Jahrhunderte hinzog.

In Leben und Werk **Martin Luthers** bündeln sich aber fast alle wichtigen Faktoren, die zur Ausbildung der neuhochdeutschen Schriftsprache geführt haben: Die zunehmende Mobilität in seiner Zeit, technische Innovationen wie der Buchdruck mit beweglichen Lettern und die Lesebrille, der Aufstieg der Städte und damit des Bürgertums, damit verbunden die sich ausbreitende Lesekompetenz waren der Nährboden, auf dem Luthers an der antiken Rhetorik geschulte, damals revolutionäre Bibelsprache sich ausbreiten konnte. Die reformatorischen Schriften und insbesondere die Luther-Bibel verbreiteten sich rasend schnell, gerade auch im niederdeutschen Sprachgebiet. Mitte des 16. Jhs. waren nach Riecke (2016: 126) bereits eine halbe Millionen Exemplare von Luthers Bibelübersetzung im Umlauf, „ein großer Teil im Besitz von Laien". Die Luther-Bibel wird das Medium der sich ausbreitenden Alphabetisierung der bürgerlichen Schichten in den reformierten Gebieten. Hinzu kommt, dass Luthers Schreibdialekt, das Ostmitteldeutsche, die Sprache eines der kulturellen Zentren des Reichs darstellte, durch die deutschsprachige Besiedelung Osteuropas im 12. Jh. auch geographisch ins Zentrum des Sprachgebiets gerückt war, eine Schnittstelle zwischen dem ostoberdeutschen Raum und den niederdeutschen Gebieten darstellte und andere dialektale Einflüsse integrierte.

Der gesellschaftliche und kulturelle Wandel bedingt, dass sich im Laufe der frühneuhochdeutschen Zeit das Verhältnis der verschiedenen systematischen Realisierungsformen des Deutschen (Varietäten, s. Kap. 12) zueinander ändert. Dialekte, Literatur, Fachsprachen und sakrale Sprachen existieren im Bewusstsein der Sprecherinnen und Sprecher spätestens ab dem 18. Jh. nicht mehr gleichwertig nebeneinander, sondern sind mit unterschiedlichem Prestige versehen und gleichsam übereinander angeordnet. Der Sprachhistoriker Oskar Reichmann (1988) hat dafür den Begriff **Vertikalisierung des Varietätenspektrums** geprägt. Unter diesem Vorzeichen einer zunehmenden kulturellen Vereinheitlichung des deutschen Sprachraums und der Entwicklung einer deutschen Hochsprache – nun im modernen Wortsinne – steht etwa ab Mitte des 17. Jhs. das **Neuhochdeutsche** (Nhd.). Es werden erstmals einflussreiche Grammatiken und Wörterbücher verfasst. Es bildet sich überregional das Ideal einer richtigen, hochstehenden, angemessenen Art zu sprechen und zu schreiben aus. Damit geht einher, dass die bisherigen Dialekte, Stadt- und Berufssprachen als lokale, situationale und schichtenspezifische Abweichungen von der schriftsprachlichen Norm gesehen werden. Die Normierung der nhd. Schriftsprache fand ihren Höhepunkt in der orthographischen Konferenz im Jahr 1901 in Berlin, auf der erstmals für alle deutschsprachigen Länder (inklusive Österreichs und der Schweiz) eine einheitliche Rechtschreibung beschlossen wurde. 1902 wurde die seit dem Jahr 1872 von Konrad Duden herausgegebene Regelsammlung zur deutschen Rechtschreibung für verbindlich erklärt.

Es gibt Sprachhistoriker, die ab der Mitte des 20. Jhs. eine neue Sprachepoche des Deutschen ansetzen. Bär hat dafür den Terminus „Spätneuhochdeutsch" (2009: 76) vorgeschlagen. Auch wenn das vielleicht etwas apokalyptisch klingt und wir die Einordnung unserer Gegenwart gerne den sprachhistorisch Forschenden der Zukunft überlassen, gibt es gute Gründe – neben dem 300-Jahres-Rhythmus – um 1950 eine sprachhistorische Zäsur zu sehen: die Migrationsbewegungen der deutschsprachigen Bevölkerung in Europa im Zuge des Zweiten Weltkriegs, die zunehmende globale Mobilität, die Entwicklung der Massenmedien und eine neue Rolle der Schriftlichkeit, der Einfluss des Englischen im Zuge der Weltwirtschaftsordnung sind nur einige Schlagworte in diesem Zusammenhang.

Natürlich sind die hier skizzierten sprachhistorischen Epochen Setzungen, die helfen sollen, die Erscheinungen des Sprachwandels, die man in den jeweiligen Zeiträumen beobachtet hat, auf den Begriff zu bringen und die politischen, kulturellen und ökonomischen Entwicklungen herauszustellen, die mit dem Sprachwandel in Zusammenhang stehen.

Zum Weiterlesen

Elsen, Hilke (2014): Linguistische Theorien. Tübingen: Narr.
McEnery, Tony; Hardie, Andrew (2012): Corpus Linguistics: Method, Theory and Practice. Cambridge: Cambridge University Press.
Riecke, Jörg (2016): Geschichte der deutschen Sprache. Eine Einführung. Stuttgart: Reclam.

3 Wissen und Sprache

3.1 Was hat Sprache mit Wissen zu tun? —— 44
3.2 Wissensschemata —— 46
3.3 Perspektivität —— 50
3.4 Wissensexpansion: Metapher und Metonymie —— 53
3.5 Implizites Wissen und Verständigung —— 56

3.1 Was hat Sprache mit Wissen zu tun?

Was hat Sprache mit Wissen zu tun? Darauf wollen wir zunächst eine ganz einfache Antwort geben: *Wissen* ist erst einmal ein Wort. Das heißt, dass wir das komplexe und diffuse Konzept, das wir *Wissen* nennen, überhaupt nur dadurch thematisieren und uns begreiflich machen können, weil wir ein Wort dafür haben, das seinerseits typischerweise in bestimmten Zusammenhängen gebraucht wird: Wir sprechen davon, dass *Wissen erworben* wird, *Wissen* kann *vermittelt* werden, nachdem es in der *Wissen*schaft *hergestellt* wurde. Die Bedeutung des Konzeptes ‚Wissen' wird schon dadurch deutlich, dass die Gesellschaft, in der wir leben, auch eine *Wissens*gesellschaft genannt wird. Auf der anderen Seite bedeutet eine Sprache sprechen Wissen über die Welt mit anderen teilen. Diesen beiden Fährten wollen wir im Folgenden nachgehen.

Mit dem Wort *Wissen* meinen wir hier nicht etwas, dass objektiv wahr oder falsch sein kann, sondern vielmehr bezeichnen wir damit die Summe aller Annahmen über die Welt, die in einer Gruppe oder Gesellschaft geteilt werden und als wahr gelten. Zum Beispiel würden wir sagen: „Ich weiß, dass im Frühling die Obstbäume blühen." Nicht aber: „Ich weiß, dass Äpfel besser schmecken als Birnen." Und zwar deswegen, weil das eine als geteilte unbestrittene Annahme gilt und das andere als subjektives Urteil.

Wenn wir als Kleinkind eine Sprache erwerben, lernen wir, uns bewusst konkreten, gestalthaften Sachverhalten zuzuwenden und diese mit einem Wort oder einer Phrase zu verbinden (vgl. Kap. 1). Durch die beständige Wiederholung solcher Bezugnahmen bilden sich so nach und nach Konzepte heraus, die wir thematisieren und damit auch reflektieren können. **Konzepte** sind ›mentale Informationsbündel zu Kategorien‹ (vgl. Barsalou 1992: 31). Das machen wir natürlich nicht alleine, sondern in der **Triade** von Bezugsperson (z. B. Mutter, Vater oder Erzieherin), Kind und dem Wahrnehmungsobjekt. Tomasello und Farrar (1986) haben diese Ursituation des Spracherwerbs ausführlich beschrieben und deutlich gemacht, dass dieses Moment der geteilten Aufmerksamkeit („joint attention") eine Grundbedingung des Erwerbs von Konzepten ist. In diesem Sinne ist Sprache ohne Wissen nicht vorstellbar.

Wissen bezieht sich zu Beginn unserer Sprachbiographie also auf einzelne, konkrete Gegenstände, zu denen wir mentale Kategorien ausbilden. Die einzelnen Wahrnehmungskategorien, die wir ‚Konzepte' nennen (z. B. ‚Ball', ‚Tisch', ‚Baum') können wir miteinander in Beziehung bringen, weil wir sie nicht einfach so, sondern in konkreten Situationen erlernt haben. Hier sehen wir einen Ausschnitt aus dem Gespräch einer Mutter mit ihrem einjährigen Sohn, die gemeinsam eine Spielkarte betrachten:

```
CHI: ein Fisch [x 2].
MUT: das is(t) ein Fisch, was macht [/] was macht (ei)n der
     Fisch?
CHI: +< Fisch angeln.
MUT: der Fisch kann geangelt werden und was kann der Fisch sel-
     ber?
MUT: der Fisch kann +...
CHI: ++ angeln.
MUT: +< schwimmen, der Fisch kann schwimmen.
MUT: du kannst den Fisch angeln, Leo.
MUT: der Leo kann angeln, der Fisch selber kann (.) schwimmen.
MUT: hm, der schwimmt durch (da)s Wasser.
CHI: schsch@o.
MUT: schsch@o [: Schwimmgeräusche], genau.
```
CHILDES Datenbank, DOI:10.21415/T5N01B

Das Kind nimmt mit dem ihm bereits bekannten Substantiv *Fisch* Bezug auf ein Bild, das vor ihm liegt. Die Mutter nimmt den Ausdruck auf und bestätigt dem Sohn damit, dass er den Ausdruck korrekt verwendet hat. Gleichzeitig führt sie ihm einen grammatisch vollständigen Satz vor, mit dem man auf das Bild referieren kann („Das ist ein Fisch") und regt ihn durch Nachfragen an, sich typische Fisch-Situationen vorzustellen. Der Sohn reagiert mit dem ihm verfügbaren Vokabular und grammatischen Regelwissen. Im Fortgang des Gesprächs werden zwei typische Situationen aufgerufen, die jeweils das Konzept ‚Fisch' charakterisieren: ‚jmd. angelt einen Fisch' und ‚ein Fisch schwimmt'. Außerdem wird der Lebensraum des Fischs, das Wasser, thematisiert. Das geschieht dadurch, dass Mutter und Sohn ihre **gemeinsame Aufmerksamkeit** auf das Bild richten und dabei bemüht sind, ihre sprachlichen Bezugnahmen aufeinander auszurichten und abzustimmen. Dazu verwenden sie alle Sinne und Ausdrucksmittel. Die Verständigung mit Sprache und Lautmalerei verschränkt sich mit dem optischen Sinneseindruck und der Erinnerung des Kindes an ähnliche Situationen, in denen ein Fisch eine Rolle gespielt hat. Auf diese Weise verfestigt sich das Wissen erstens über Fische, zweitens über sprachliche Konstruktionen, mit denen man Fische thematisieren kann, und drittens über das, was man tut, wenn man über Fische spricht.

3.2 Wissensschemata

Situationen, in denen Konzepte zueinander in Beziehung gesetzt werden, werden also dadurch, dass wir sie in ähnlicher Weise regelmäßig erleben, als Muster internalisiert (also verinnerlicht und kognitiv verfestigt) und durch sprachliche Konstruktionen repräsentiert, typischerweise durch Verbalphrasen („der Fisch kann schwimmen"). In Kapitel 1 haben wir geschildert, wie Situationswissen vor allem über den Erwerb von Verben aufgebaut wird. **Musterhaftes Wissen** über den Zusammenhang von Konzepten ist in **Schemata** (die Singularform lautet *Schema*) organisiert, die man **Frames** nennt, wenn das Wissen statische Beziehungen zwischen Sachverhalten betrifft, und **Scripts**, wenn es dynamische Abläufe beinhaltet (vgl. Konerding 2015). Diese Termini bilden eine wichtige Brücke, um den Zusammenhang von Formulierungspraktiken und Wissen zu verstehen. Mit ihnen bezeichnet man, ausgehend von Modellen in der Kognitionsforschung und kognitiven Linguistik, eine strukturierte Menge an Wissensbeständen, die Sachverhalten oder Gegenständen, auf die man sich kognitiv, aber auch sprachlich bezieht, eine geordnete Menge an Prädikaten zuweist. Der Linguist Charles Fillmore hat das folgendermaßen ausgedrückt:

> There are certain schemata or frameworks of concepts or terms which link together as a system, which impose structure or coherence on some aspects of human experience, and which may contain elements which are simultaneously parts of other such frameworks. (Fillmore 1975: 123)

Zum Beispiel haben wir uns im Verlauf unserer Sozialisationsgeschichte das Wissen angeeignet, dass ein Fahrrad ein Lenkrad, zwei Räder und einen Sattel hat oder in einem Restaurant Tische, Kellner und Speisekarten zu erwarten sind. Dieses Erfahrungswissen hilft uns nicht nur, uns in der Welt zu orientieren, sondern es reguliert auch die Art und Weise, wie wir über Gegenstände sprechen (vgl. ausführlich Busse 2012). Umgekehrt lassen sich die kognitiven Ordnungsstrukturen rekonstruieren, in denen in sozialen Gruppen auf Sachverhalte zugegriffen wird. Dazu analysiert man die sprachlichen Muster, mit denen über Sachverhalte kommuniziert wird. Oft sind die Grundstrukturen von Frames über viele Kontexte hinweg identisch, ihre konkreten Realisierungen unterscheiden sich aber. Wenn wir also in einem Restaurant zumindest in ganz Europa Tische, Kellner und Speisekarten erwarten, heißt das für die Frame-Semantik: Die kognitiven Restaurant-Repräsentationen („Restaurant-Frames") in Europa weisen Positionen für ‚Tisch', ‚Kellner' und ‚Speisekarte' auf.

Diese Positionen nennt man **Leerstellen** oder **Slots** des Frames. Die konkreten Realisierungen dieser Slots nennt man **Füllwerte** oder **Fillers**. Im Restaurant-Frame würden diese sich je nach Region und Kategorie ggf. unterscheiden (z. B. professionelle Kellnerinnen vs. Aushilfskellner; gebundene Speisekarte vs. beschriebene Kreidetafel). Frames und Scripts können wir rekonstruieren, wenn wir analysieren, wie Personen über bestimmte Sachverhalte oder Abläufe sprechen. Das kategoriale Schema (Frame oder Script) wird dabei im Deutschen typischerweise durch das Subjekt eines Satzes aufgerufen, die Leerstellen des Schemas werden durch das erweiterte Prädikat spezifiziert (oder „gefüllt"). Den konzeptuellen Gehalt eines Satzes nennt man auch die **Proposition**. Die Proposition besteht aus Referenz (in der Regel das Subjekt) und Prädikation (das erweiterte Prädikat). Das führen wir in Kapitel 8 näher aus, wenn es um den Satz geht.

Frames und Scripts sind also kognitive Ordnungsstrukturen, in denen sich unser Wissen über die Welt, aber auch über den Gebrauch von sprachlichen Ausdrücken formiert. Sie bauen sich im Laufe unsere Sozialisationsgeschichte auf, indem wir entweder die Welt um uns herum unmittelbar körperlich erfahren oder indem wir Erfahrungen anderer über Medien (Texte, mündliche Erzählungen, Bilder, Diagramme) verarbeiten und in unseren Wissensschatz integrieren.

Kognitive Schemata im Sprachgebrauch
Wenn wir den Sprachgebrauch beobachten, finden wir Evidenz dafür, dass unser Wissen tatsächlich in einer derart strukturierten Form unser Schreiben, Lesen, Sprechen und Hören prägt. Zum Beispiel kann man das an dem Umgang von Schreiberinnen und Schreibern mit Artikeln sehen. In dem folgenden Vorspanntext eines Artikels im Wirtschaftsteil (i) wird beispielsweise in der Phrase „der Aktienkurs" das entsprechende Konzept als bekannt vorausgesetzt, obwohl vorher weder von „Aktienkursen" noch von „Aktien" die Rede war:

i) *„Der Erfolg von „Pokémon Go" hat auch die Fantasien von Anlegern beflügelt. Nun stellte Hersteller Nintendo klar: Das Handyspiel wird keinen Gewinnsprung bringen. Der Aktienkurs bricht ein."*
SPIEGELonline vom 25.07.2016. Online unter: https://www.spiegel.de/wirtschaft/unternehmen/nintendos-pokemon-hoch-ist-schon-wieder-vorbei-a-1104525.html, zuletzt am 12.10.2019.

Offensichtlich wird vorausgesetzt, dass wir die Situation, in der man erwartbarerweise über Aktienkurse spricht, bereits durch die Signalwörter *Anleger* und *Gewinnsprung* im Text erkannt haben. Wir lernen und verarbeiten diese Konzepte also nicht jeweils autonom, sondern immer in strukturierten Netzwerken, in denen sie sich gegenseitig Bedeutung zuweisen. Diese Netzwerke sind jeweils zentriert nach dem Konzept, das gerade in einer Situation thematisch ist. Zu den Rändern hin haben die konzeptuellen Netzwerke keine Grenze, sondern prinzipiell unendlich viele Verknüpfungen zu anderen konzeptuellen Netzwerken. In unserem Textbeispiel wird zum Beispiel über das ökonomische Konzept ‚Hersteller' eine Verknüpfung des ‚Aktienmarkt'-Frames zum ‚Computerspiel'-Frame hergestellt. Manche dieser Verknüpfungen werden dabei so oft aufgerufen und sind deshalb so stabil, dass die entsprechenden Konzepte zu einem Netzwerk zusammenwachsen – die Kognitionswissenschaftlerinnen sprechen dann von „**Entrenchment**" (Schmid 2007). Mit diesem Prinzip arbeitet zum Beispiel die Werbung: Wenn man die Konzepte ‚Schokoriegel' und ‚Sport' immer wieder über Bilder und Texte miteinander in Verbindung bringt, dann verfestigt sich diese Verknüpfung derart, dass in Vergessenheit gerät, dass die meisten Schokoriegel auf der Couch vor dem Fernseher konsumiert werden. Auch in der Politik wird versucht, mittels kommunikativer Verknüpfung von Konzepten kognitive Verfestigungen zu erreichen, wenn zum Beispiel die SPD mit dem Ausdruck *Gerechtigkeit* oder die CDU mit *Sicherheit* wirbt (vgl. für entsprechenden Analysen Ziem 2009). Andere Verknüpfungen sind **okkasionell**, d. h. dass sie nur in einer spezifischen Situation hergestellt werden und durch **Inferenzen**, also kognitive Schlüsse, hergestellt werden müssen, so wie im obigen Textbeispiel ‚Aktienmarkt' und ‚Computerspiel'. Dieses Prinzip der Bedeutungsbildung von Zeichen hat der Philosoph Charles Saunders Peirce (Collected Papers 2.303) bereits vor 100 Jahren erkannt. Man hat es als „**unendliche Semiose**" beschrieben (Nöth 2000: 64): Wir interpretieren Zeichen immer im Hinblick auf andere Zeichen, die wieder nur in Bezug auf andere Zeichen Sinn haben und immer so weiter. Wer einmal ein Wort einer Sprache, die er nur schlecht beherrscht, in einem Wörterbuch nachgeschlagen hat und die dortige Erklärung wieder nachschlagen musste usw., kennt das Phänomen. Die unendliche Semiose wird aber begrenzt durch die Situation, in der man sich befindet – man gibt sich in der Regel mit den nächstliegenden Konzeptverknüpfungen zufrieden.

Da sich kognitive Schemata aus der Erfahrung des Einzelnen speisen, sind sie einerseits ganz individuell ausgestaltet. Welches Erfahrungswissen jemand zum Konzept ‚Zahnarzt' aufbaut, hängt von den Umständen ab, z. B. der Beschaffenheit des eigenen Gebisses, der Qualität der lokalen Zahnärzte, der Art der Versicherung oder evtl. der Tatsache, dass die eigene Mutter oder der Lebenspartner selbst Zahnärztin oder Zahnarzt ist. Da Frames, wie dargestellt, aber immer auch semiotisch gebunden sind und – mit zunehmender Komplexität – auch oft „nur" sprachlich vermittelt sind, haben sie eine sehr starke **soziale Dimension** (vgl. dazu Konerding 2015: 68–72). Auch solche vermeintlich individuellen Erfahrungen wie ein Zahnarztbesuch sind durch Stereotype und allgemeine Vorannahmen geprägt.

Deklaratives und prozedurales Wissen
Das Frame-Modell dient also dazu, uns verständlich zu machen, wie Wissen, über das wir reflexiv und kommunikativ verfügen können, sich dadurch formiert, dass wir aktiv und in der sprachlichen Interaktion mit anderen die Welt erleben. Dabei beeinflussen sich dasjenige, was wir können und dasjenige, über das wir zu sprechen in der Lage sind, gegenseitig. Im Folgenden führen wir Termini ein, mit denen sich dieser Zusammenhang noch präziser fassen lässt. Wissen, das sich auf sprachlich, numerisch, bildlich oder diagrammatisch reproduzierbare Gegenstände und Sachverhalte bezieht, nennt man **deklaratives Wissen**. Deklaratives Wissen entsteht durch intentionale Hinwendung zu einem Sachverhalt. Solche Sachverhalte können konkret sein (,der/dieser Stein'), generisch (,alle Steine') oder abstrakt (,die Demokratie'). Dieses ist zu unterscheiden von körperlichem Wissen, dass unserer Reflexion nicht zugänglich ist. Solches Wissen – auch **Können** genannt – versetzt uns in die Lage, Tätigkeiten auszuüben, die wir eingeübt haben, die wir aber selbst nicht im Einzelnen beschreiben könnten, z. B. Fahrradfahren, Essen oder eben Sprechen. Diese Art von Wissen nennt man **prozedurales Wissen**. Konerding (2015: 63), der die Fachdiskussion dazu zusammenfasst, spricht von einem „intrikaten Verhältnis" der beiden Wissensarten. Damit ist Folgendes gemeint: Wenn wir sprechen, schreiben, hören und lesen, dann führen wir Tätigkeiten aus, die auf körperlichen und geistigen Prozeduren beruhen, welche wir zwar lange eingeübt haben, die wir aber selbst zum Großteil im Einzelnen nicht bewusst steuern und schon gar nicht erklären können. Fordern Sie einmal Ihre Nachbarin oder Ihren Bäcker auf, einen Satz mit ditransitivem Prädikat und eingebettetem konzessiven Adverbialsatz zu bilden. Das wird in der Regel nicht gelingen, andererseits hätte dieselbe Person wohl kein Problem, z. B. den Satz *Ich gebe dem Kind ein Eis, obwohl es schon drei Gummibärchen hatte* zu formulieren. Beim Schreiben ist das Verhältnis von dem Wissen, das uns reflexiv verfügbar ist, zu demjenigen, das wir nicht reflektieren können, etwas anders, da wir das Schreiben zu einem verhältnismäßig späten Zeitpunkt unserer sprachlichen Sozialisation bewusst als Kulturtechnik lernen. Deswegen nehmen wir das Schreiben auch viel stärker als das Sprechen als etwas wahr, das manche besser können als andere. Wenn wir Grundschulkinder dabei beobachten, wie sie Schreiben (und Lesen) lernen, dann können wir sehen, wie aus einem Vorgang, bei dem jeder einzelne Buchstabe bewusst gemalt wird, nach und nach einer wird, bei dem nach automatisierten Abläufen Konzepte mit gestalthaften Schriftsegmenten („Wörtern") repräsentiert werden. Den Unterschieden zwischen dem Sprechen

und Hören und dem Schreiben und Lesen werden wir in den Kapiteln 4 und 5 nachgehen. Hier ist erst einmal entscheidend, dass beim Kommunizieren mit Sprache deklaratives Wissen über Gegenstände und Sachverhalte, das wir in Propositionen ausdrücken können, und prozedurales Wissen Hand in Hand gehen. Dabei kann deklaratives Wissen durch die Praxis des Kommunizierens zu prozeduralem Wissen werden, z. B. eben beim Schreibenlernen. Umgekehrt kann prozedurales zu deklarativem Wissen werden: Wenn wir Linguistik als die Kunst und Lehre verstehen, dasjenige, was wir intuitiv über Sprachgebrauch wissen, also ohne dass wir es benennen und analytisch fassen können, uns selbst gegenüber begreifbar zu machen, dann können wir in den hier eingeführten Termini sagen: Es geht darum, die prozeduralen Anteile des Sprachwissens in deklaratives Wissen zu überführen.

3.3 Perspektivität

Die kognitive Kategorisierung und Schematisierung von Wissen sind also grundlegende menschliche Fähigkeiten, die uns nicht nur Orientierung in der Welt ermöglichen, sondern auch die Grundlage unserer Sprachfähigkeit bilden. Die **Semantisierung** sprachlicher Ausdrücke, also das Zuweisen von Bedeutungen, geht einher mit der **Konzeptualisierung** von Gegenständen und Sachverhalten. Und da wir unsere Umwelt immer nur von einem bestimmten gesellschaftlichen, lebensweltlichen oder weltanschaulichen Standpunkt aus konzeptualisieren können, ist Wissen immer perspektivisch geprägt. Stellen wir uns vor, wir stehen in einer Gruppe um einen Gegenstand, z. B. eine Skulptur im Museum, und beschreiben uns gegenseitig, was wir sehen. Jeder von uns wird sich dann mit seiner Beschreibung auf denselben Gegenstand beziehen, trotzdem werden wir jeweils eine ganz eigene Wahrnehmung haben, und zwar, weil wir – abhängig von unserem jeweiligen Standpunkt – eine eigene Perspektive auf die Skulptur einnehmen. Entsprechend werden wir auch andere Wörter wählen, um die Skulptur zu beschreiben. Die Perspektive ist also eine Relation zwischen dem Wahrnehmenden und dem Wahrgenommenen, die abhängig von den jeweiligen Standpunkten ist. Ein entscheidender Punkt dabei ist, dass es keine Wahrnehmungssituation gibt, die aperspektivisch ist, in der sich also *keine* Perspektive ergibt. Für uns ist es nun von Bedeutung, dass unser aller Fähigkeit, Sprache zu verwenden – wie wir schon in Kapitel 1 gesehen haben – damit beginnt, dass wir gemeinsam mit einer Bezugsperson unsere Umwelt wahrnehmen und so Benennungen für Gegenstände und Situationen einüben. Deshalb ist die Sprache notwendigerweise durchdrungen von der **Perspektivität** der Wahrnehmungssituation. Darauf hat vor allem der Sprachphilosoph Wilhelm Köller (2004) hingewiesen.

Abbildung 5: David, Michelangelo Buonarroti, aus verschiedenen Perspektiven.
Quelle: Wikimedia Commons.

Je mehr Erfahrungen wir in unserer Bildungsgeschichte sammeln, desto abstrakter sind die Gegenstände und Sachverhalte, die wir wahrnehmen und thematisieren können. Wir können von der sozialen Gerechtigkeit oder dem Konzept der individuellen Freiheit in westlichen Gesellschaften sprechen. Dementsprechend ergeben sich Perspektiven nicht mehr durch lokale Beziehungen zwischen zwei Punkten im Raum, sondern vielmehr durch soziale Positionen und Standpunkte, die wir einnehmen, indem wir uns einer gesellschaftlichen Gruppierung oder einem Milieu und den zugehörigen Meinungen und Anschauungen zugehörig fühlen. Innerhalb unserer Gruppe und unseres Milieus machen wir Erfahrungen, die unsere Positionen zu bestätigen scheinen und unsere Perspektiven auf die Welt verfestigen. Ob wir zum Beispiel jemanden, der sich beruflich um die Aufrechterhaltung und Durchsetzung der öffentlichen Ordnung kümmert, *Polizist*, *Ordnungshüter*, *Herr Wachtmeister* oder *Bulle* nennen, hängt von der Perspektive unserer sozialen Position und unseren Erfahrungen ab. Natürlich können wir – situativ, vielleicht auch strategisch – zwischen den Bezeichnungen wechseln. Das geht aber nur, weil wir die sozialen Positionen, die jeweils mit den Bezeichnungen verbunden sind, zu erkennen in der Lage sind. So trägt jeder sprachliche Ausdruck die kognitiven und sozialen Perspektiven auf das Konzept, das er repräsentiert, mit sich. Wenn wir miteinander kommunizieren, dann tauschen wir uns nicht nur über Konzepte aus, sondern wir **gleichen** – quasi nebenbei – unsere kognitiven und sozialen **Perspektiven auf die Welt ab** und können uns so besser verstehen, indem wir uns gleichzeitig anzeigen, welche sozialen Positionen wir einnehmen. Das geschieht meistens unbewusst. Gerade in der politischen Debatte aber werden lexikalisch kodierte Perspektiven auf Sachverhalte auch strategisch eingesetzt, um mit der öffentlichen Akzeptanz eines bestimmten Wortes auch die Akzeptanz der damit verbundenen Perspektive zu erreichen. Ein berühmtes Beispiel dafür ist die Bezeichnung, die der damalige Bundespräsident Richard von Weizsäcker in seiner Gedenkrede am 08.05.1985 für das Ende des Zweiten Weltkriegs 40 Jahre zuvor gewählt hat: „Der 8. Mai war ein Tag der Befreiung. Er hat uns alle befreit von dem menschenverachtenden System der nationalsozialistischen Gewaltherrschaft." Zuvor war dieses Ereignis stets als *Niederlage* bezeichnet worden. Rothenhöfer (2011) hat gezeigt, wie sich der Diskurs zu diesem Tag nach von Weizsäckers Rede verändert hat und hat das Wortfeld untersucht, das jeweils ganz unterschiedliche Perspektiven auf das Kriegsende enthält: *Kapitulation, Niederwerfung, Niederlage, Unterwerfung, Untergang, Zerfall, Zusammenbruch – Anfang, Befreiung, Geburtsstunde, Neubeginn*. Mit einem Terminus, den der Politiker Kurt Biedenkopf für die politische Debatte geprägt hat und der von Felder (2006) auf andere Kommunikationsbereiche übertragen wurde, kann man solche Konkurrenzen um die Durchsetzung einer sprachlichen Perspektive **semantische Kämpfe** nennen. Das Ringen um die Durchsetzung einer als angemessen eingestuften Bezeichnung für das Kriegsende kann man noch genauer als **Bezeichnungskonkurrenz** fassen, während es umgekehrt auch Fälle gibt, in denen aus verschiedenen Positionen heraus derselbe Ausdruck mit jeweils unterschiedlicher Bedeutung zur Bezeichnung desselben Sachverhalts verwendet wird. Das nennen wir **Bedeutungskonkurrenz**. Spieß (2009: 321) gibt dafür ein Beispiel aus der Bioethikdebatte:

Tabelle 3: Bedeutungskonkurrenz am Beispiel des Ausdrucks *Lebensbeginn* in der Bioethikdebatte, aus: Spieß (2009: 321).

Ausdruck	Bedeutungsaspekt
Lebensbeginn	a) ‚stufenweiser Prozess' b) ‚bei Vorhandensein bestimmter Eigenschaften' c) ‚mit Verschmelzung von Ei- und Samenzelle' d) ‚mit der Nidation' e) ‚mit dem Vorkernstadium' f) ‚mit der Geburt' g) ‚mit der Verbindung mit dem Mutterleib'

Welche der Bedeutungsaspekte man mit dem Ausdruck *Lebensbeginn* verknüpft, hängt davon ab, von welchem gesellschaftlichen Standpunkt man den entsprechenden Sachverhalt adressiert. Ein gläubiger Katholik wird den Ausdruck in anderer Bedeutung verwenden als eine Reproduktionsmedizinerin.

Perspektivität gibt es nun aber nicht nur auf der Ebene der Wortbedeutung. Auch wenn wir Wörter in einem Satz disponieren, also syntaktische Konstruktionen produzieren, legen wir Perspektiven fest. Zum Beispiel macht man mit dem Satz: *Erika hat das Auto gewaschen* eine Aussage über Erika, während der Satz *Das Auto ist von Erika gewaschen worden* eine Aussage über das Auto ausdrückt. Der Sachverhalt, auf den man sich mit den beiden Sätzen bezieht, ist aber identisch (vgl. zum Passiv Kap. 8.3). Auch die Wahl eines bestimmten Textmusters impliziert die Entscheidung für Perspektiven. Ob ich einem Freund von einem Autounfall, den ich persönlich erlebt habe, berichte oder ob ein Journalist darüber eine Zeitungsmeldung verfasst, hat nicht nur Konsequenzen für die Wahl und Disposition der Wörter und grammatischen Formen im Text. Es vermittelt auch jeweils eine andere Perspektive auf das Ereignis (Teilnehmerperspektive vs. Beobachterperspektive).

3.4 Wissensexpansion: Metapher und Metonymie

Der Aufbau sprachlicher Kompetenz geht also einher mit der Herausbildung eines auf unsere Umwelt gerichteten Bewusstseins. Beides geschieht, so haben wir dargestellt, im kommunikativen Geschehen zwischen dem Kind, das eine Sprache erwirbt und einer Bezugsperson – durch Zeigen, Sagen und Bedeuten. Die Verknüpfung sprachlicher Zeichen mit Konzepten vollzieht sich dabei durch den – zuerst tentativen, dann immer sichereren – wechselseitigen Nachvollzug von Bewusstseinsinhalten durch Kind und Bezugsperson. Entscheidend für den Spracherwerb ist also unsere Fähigkeit zur **Empathie**. Diese wird geschult an Einzelpersonen in **Nähesituationen** (also Situationen, in denen wir mit uns vertrauten Personen zur selben Zeit am selben Ort über konkrete Gegenstände sprechen, so wie in unserem Fisch-Beispiel oben), wird aber im Laufe unserer sprachlichen Sozialisation nach und nach übertragen auf immer größere Sprechergruppen, mit denen wir den Gebrauch sprachlicher Zeichen teilen. Wir sprechen dann von **Distanzsituationen**.

Bei der Entwicklung von abstrakten Distanzsituationen aus konkreten Nähesituationen spielen kognitive Prozesse der Übertragung und Verschiebung eine große Rolle. Übertragungen, die auf Ähnlichkeit basieren, nennt man **Metaphern**. Metaphern entstehen auf der Basis **ikonischer** Semioseprozesse (vgl. Kap. 2.1). Verschiebungen, die auf Verhältnissen der Nachbarschaft (im weitesten Sinne) basieren, nennt man **Metonymien**. Sie entstehen durch **indexikalische** Semioseprozesse (vgl. Kap. 2.1). Metapher und Metonymie sind grundlegende Entwicklungsprinzipien sprachlicher Bedeutungen. Wir geben ein Beispiel aus der Kunstgeschichtsschreibung (Beleg i), wo es in Überblicksdarstellungen – wie immer in der Geschichtsschreibung – darum geht, eine sehr komplexe Abfolge von vielen Tausenden oder Millionen Ereignissen zu beschreiben:

> i) *Während alle Gattungen der Kunst in den Jahrzehnten des Dreißigjährigen Krieges daniederliegen, erlebt die Flugblattgraphik eine außerordentliche Blüte. [...]* **Jetzt dringen Bilder in die anspruchsvolle Lektüre aller Gebildeten ein.**
> Warnke, Martin (1999): Geschichte der deutschen Kunst. Bd. 2. Spätmittelalter und frühe Neuzeit 1400-1750. München: Beck, S. 438.

Der Autor verwendet hier die Verben bzw. Verbalphrasen *daniederliegen, eine Blüte erleben, eindringen*. Diese Verben kennen wir aus **konkreten Situationen**, z.B. wenn ein Kind nach einem sportlichen Wettkampf erschöpft daniederliegt, wir im Park die Blüte der Frühlingsblumen erleben oder wenn auf dem Baggersee Wasser ins Schlauchboot eindringt. Die mit solchen Situationen verbundenen Körpererfahrungen und Emotionen, aber auch das Wissen über Folgen und Implikationen solcher Situationen, werden in dem zitierten Textausschnitt aufgerufen und auf komplexere und abstraktere Situationen, in denen es um Kunstgattungen und Medien geht, übertragen. So sind wir in der Lage, solche komplexen Situationen kognitiv zu verarbeiten – oder um mit einer weiteren Metapher zu sprechen – zu begreifen.

Solche kognitiven Übertragungen werden aber nicht nur zum besseren Verständnis benutzt, sondern auch, um durch den metaphorischen Bezug auf eine konkrete Situation Emotionen und Schlussfolgerungen auszulösen und damit Stimmung für eine bestimmte Position zu machen, z.B. in der Politik (vgl. Beleg ii).

> ii) *Der riesige Zustrom an Flüchtlingen aus aller Welt hat unser Land an die Grenze seiner Möglichkeiten gebracht.*
> Aus dem Leitantrag für den CSU-Parteitag am 20./21.11.2015 in München, zitiert aus Bundeszentrale für politische Bildung (2016): Zuflucht Deutschland. Falter Aktuell, Nr. 7. Online unter: www.bpb.de › system › files › dokument_pdf › Falter_Flucht_und_Asyl_VS, zuletzt am 12.10.2019.

Der Linguist George Lakoff und der Philosoph Mark Johnson (1980) haben in einem berühmten Buch deutlich gemacht, dass Metaphorik nicht mehr einfach nur einzelne Ausdrücke betrifft, sondern vielmehr ein **Grundprinzip der kognitiven Erschließung der Welt** ist, dessen Spuren sich allerorts in der Sprache finden.

Metaphern entstehen nach der Bestimmung Lakoffs und Johnsons, wenn zwei Konzepte aufeinander bezogen werden. Ein ‚Ausgangsbereich' und ein ‚Zielbereich' der Metapher werden demnach in einem metaphorical concept übereinander projiziert. Im letzten Beispiel etwa ‚Wasser' und ‚Migration'. Der metaphorische Prozess findet also nicht zwischen zwei Ausdrücken statt, sondern vielmehr zwischen zwei mentalen Bereichen. Metaphorische Verfahren zur kognitiven Erschließung der Welt sind also einerseits ubiquitär, d.h. sie durchziehen die gesamte Sprache, andererseits werden sie aber immer in Verdichtungen greifbar. Wir können also zwischen **transparenten** und **salienten** metaphorischen Verfahren unterscheiden. Den lexikalischen Aspekt von Metaphern betrachten wir in Kapitel 10.3.

Metonymien spielen eine ebenso elementare Rolle in Sprachwandel, Spracherwerb und Sprachgebrauch. Man betrachte die folgenden beiden Belege:

iii) *Unsere Weine haben wenig Sulfite, die Kopfschmerzen verursachen. Wenn Sie ein Glas zu viel trinken, dann macht das nichts.*
Internetbeleg (Der Weinproduzent Gaetano Marzotto im Interview mit welt.de vom 16.08.2015) https://www.welt.de/print/wams/wirtschaft/article145266606/Ein-Glas-zu-viel-macht-nichts.html (zuletzt am 27.05.2020)

iv) *„Das Stadion tobt – die Aufstiegsschals sind vorbereitet. RB Leipzig ist erstklassig."*
Internetbeleg (Leipziger Volkszeitung online vom 08.05.2016) https://www.lvz.de/Sportbuzzer/RB-Leipzig/News/Liveticker-RB-Leipzig-will-heute-in-die-erste-Bundesliga-aufsteigen (zuletzt am 27.05.2020)

Wieder werden hier Verben mit Konzepten in Verbindung gebracht, die wir nicht erwarten würden, wenn wir die Verben „wörtlich" verstehen würden. Ein Glas kann man schließlich nicht trinken, sondern nur dessen Inhalt. Genauso wenig kann ein Stadion toben, sondern nur die Menschen darin. Durch die **Verschiebungen** auf Sachverhalte, die sich in der Welt in Nachbarschaft zu den erwarteten Konzepten befinden, werden Effekte erreicht, die einerseits mit Kommunikationsökonomie zu tun haben (mehr dazu in Kap. 11), andererseits die kulturellen und gesellschaftlichen Erwartungen an Kommunikation bedienen. Es ist z.B. eleganter davon zu sprechen, *ein Glas zu viel* zu trinken, anstatt *sich zu besaufen* – durch die Fokussierung auf das typischerweise wohlgeformte und edle Weinglas wird der Kulturcharakter des Alkoholkonsums beleuchtet und dessen bedenkliche Aspekte für Gesundheit und Gesellschaft werden versteckt. Wenn das *Stadion tobt*, anstatt nur die Menschen darin, nehmen wir sofort die Wucht der massenhaften Emotion wahr, weil damit die Ganzheitlichkeit des Ereignisses besonders betont wird. Etwas wissenschaftlicher und als Definition formuliert: Einen Prozess der kognitiven Verschiebung von Sachverhalt A auf Sachverhalt B innerhalb einer Wissensdomäne auf der Basis von Kontiguitätsbeziehungen nennen wir **Metonymie** (vgl. Croft/Cruse 2004: 216; zum lexikalischen Aspekt der Metonymie vgl. Kap. 10.3).

Diese Beispiele sind aber nur die Spitze des Eisbergs einer großen Menge solcher metonymischen Verschiebungen, die unsere Sprache und unser Denken durchziehen. Die häufigsten Typen von metonymischen Verschiebungen führen Croft/Cruse (2004: 217) auf. Die dortigen englischen Termini haben wir übersetzt und deutschsprachige Beispiele hinzugefügt:

a) Teil-Ganzes
   Teil für das Ganze: *Washington tritt dem Klimaabkommen bei.*
   Ganzes für den Teil: *Kann ich das Badezimmer benutzen?*
b) Individuum-Klasse
   Individuum für eine Klasse: *Er ist ein Herkules.*
   Klasse für ein Individuum: *Lass uns heute Abend zum Italiener gehen.*
c) Entität-Attribut
   Entität für ein Attribut: *Dann hat der Trainer den Erfolg eingewechselt.*
   Attribut für eine Entität: *Da kommt die große Nase.*
d) Verschiedene Werte auf derselben Skala
   Hyperbel/Übertreibung: *Ich lache mich tot.*
   Understatement/Untertreibung: *Deine Kochkünste sind ausbaufähig.*
e) Gegensätze
   Ironie: *Der Kunde ist wütend aus dem Laden gerannt – das Verkaufsgespräch ist ja prima gelaufen.*

3.5 Implizites Wissen und Verständigung

Die lexikalische Bedeutung und die grammatische Prägung sprachlicher Ausdrücke sind aber nicht die einzigen Erscheinungsformen von Wissen in der Sprache. Wir haben oben schon darauf hingewiesen, dass Wissen eine soziale Natur hat und wir uns nur deswegen mit sprachlichen Zeichen verständigen können, weil wir darauf vertrauen, dass ein sprachliches Zeichen, z.B. *Fisch*, bei allen Sprecherinnen und Sprechern ähnliche Wissensschemata aufruft. Diese Annahme ist im Grunde eine ziemlich abstrakte Angelegenheit. Schließlich wissen wir in vielen Situationen der Sprachverwendung noch nicht einmal, wer genau uns zuhört oder das von uns Geschriebene liest. Noch viel weniger können wir wissen, welche Erfahrungen unsere Gesprächspartner und Leserinnen gemacht haben und von welchen Annahmen über die Welt sie sich leiten lassen. Trotzdem vertrauen wir normalerweise darauf, dass der Wissens- und Erfahrungsschatz unserer Kommunikationspartner mit dem unseren ausreichend viele Übereinstimmungen aufweist, um uns zu verstehen. Das muss etwas damit zu tun haben, dass wir in kleineren, überschaubaren Sprechsituationen die Erfahrung gemacht haben, dass es funktioniert, Vertrauen in das gemeinsame Wissen, das zum Verständnis relevant ist, zu haben. Wir haben oben schon versucht zu zeigen, wie mit den Mitteln von Metapher und Metonymie Wissen aus unserem unmittelbaren Erfahrungsumfeld in den abstrakten Bedeutungshaushalt unserer Sprache überführt wird. Am Beispiel des Gesprächs von Mutter und Kind über einen Fisch im Bilderbuch haben wir thematisiert, welchen zentralen Anteil die kommunikative Ursituation von Sprecherin, Hörer und Redegegenstand beim Aufbau von Wissen über die Welt hat. Nun wollen wir uns Modellen zuwenden, die erklären, wie wir uns bei der sprachlichen Verständigung wechselseitig Wissen unterstellen und wie unser Vertrauen in das verstehensrelevante Wissen des Anderen entsteht und am Leben erhalten wird. Solche Modelle setzen meistens bei der erwähnten Ursituation an und betonen die Beziehung zwischen dem Kontext, also dem Umfeld der Kommunikation, dem Wissen der Beteiligten und demjenigen, was sie zur Verständigung miteinander tun. Anders ausgedrückt: Es geht darum zu erklären, wie Kommunizierende jeweils ihr Wissen, ihre Erfahrungen und ihre Annahmen über die Situation, in der sie sich gerade befinden, als Ressource der Verständigung nutzen.

Der Psychologe Herbert H. Clark (1996) hat dieses geteilte Wissen **Common Ground** genannt. Dieser Begriff ist ein gutes Beispiel dafür, wie wir mit einer Metapher unsere Alltagserfahrung als Ressource nutzen können, um uns Abstraktes begreiflich zu machen. Das englische *Ground* hat wie das deutsche *Grund* die Bedeutungen ›Boden‹ und ›Begründung‹ (auch wenn die kausale Bedeutung im Deutschen wesentlich präsenter ist). Der Begriff erklärt, wie das Vertrauen in eine gemeinsame Wissensbasis erfolgreiche Verständigung ermöglicht. Der Terminus ‚Common Ground' ist vielfach aufgegriffen worden und hat sich gegenüber anderen Terminologie-Vorschlägen wie „common knowledge" (Lewis 1969) oder „mutual belief" (Schiffer 1972) durchgesetzt, womöglich weil er eine bildliche Vorstellung von dem Konzept, das er thematisiert, ermöglicht. Auch oder gerade weil der Terminus so assoziationsmächtig ist, ist er aber dennoch erläuterungsbedürftig: Clark (1996: 92ff.) leitet eine längere Diskussion darüber mit einer Szene ein, in der er sich selbst mit seinem kleinen Sohn am Strand imaginiert. Beide finden eine Muschel, das Meer rauscht, die Sonne scheint, und der Erzähler ist sich der Situation und seiner Rolle darin bewusst. Ebenso hat der Sohn ein Bewusstsein davon. Der Vater weiß, dass sein Sohn ein Bewusstsein über die Information über Muschel, Meeresrauschen usw. hat. Drittens weiß er, dass sein Sohn weiß, dass er ein Bewusstsein über die Situation hat und immer so weiter. Wichtig ist an dieser Stelle, dass das Wissen über die prinzipiell unendliche Schleife der aufeinander bezogenen Bewusstseinsinhalte von der grundlegenden Erkenntnis, dass sich beide in derselben (hier: physischen) Situation befinden, abgesichert wird und es für beide rational ist anzunehmen, dass beide dieselbe Information in ähnlicher Weise verarbeiten, reflektieren und in ihr kommunikatives Handeln einfließen lassen. Dass man sich bei solchen Annahmen auch irren kann (z. B. weil die vermeintliche Muschel sich als Einsiedlerkrebs entpuppt und der Sohn das längst bemerkt hat) spricht nicht gegen unser Modell. Schließlich würde sich der Irrtum dann herausstellen, wenn das Handeln des Sohnes nicht mehr mit der Rationalitätsannahme des Vaters konform ginge, wenn er also z. B. den Vater davor warnte, gekniffen zu werden. Stellte sich der Irrtum nicht heraus, würde die Verständigung als erfolgreich wahrgenommen. Basis des Common Ground ist also das gemeinsame Vertrauen auf die Wechselseitigkeit (**Reziprozität**) und **Reflexivität** des gemeinsamen Wissens. Dieses Vertrauen entsteht unter den Bedingungen, dass wir unseren Gesprächspartnern unterstellen, erstens unsere Sprache und ihre Konventionen in ähnlicher Weise zu beherrschen und zweitens unsere Perspektiven auf die Situation grundsätzlich nachvollziehen zu können. Wir würden zum Beispiel bei einem Fußballspiel als Fan von Borussia Dortmund nicht von einem als Schalke-Fan erkennbaren Nachbarn erwarten, dass er den Schiedsrichter (wie wir es im Beispiel tun) für unfähig hält, weil er einem Dortmunder Spieler die rote Karte gezeigt hat. Dieser angenommene Unterschied in den jeweiligen verstehensrelevanten Vorannahmen würde sich auf kleine, aber wichtige Elemente in der Kommunikation auswirken. Wir würden z. B. besser nicht sagen: *Der Schiedsrichter ist* **eben** *eine Flasche*. Mit dem Wörtchen *eben* würden wir nämlich unterstellen, dass die Annahme, der Schiedsrichter sei eine Flasche, zum geteilten Wissen gehört oder eigentlich gehören müsste. Wahrscheinlicher wäre es, dass wir sagten: *Der Schiedsrichter ist* **doch wohl** *eine Flasche*. Damit würden wir die reflexive Vorannahme markieren, dass wir wüssten, dass es keinen Konsens in dieser Frage gäbe. Unser Nachbar würde uns wohl widersprechen – die Chance, ohne blaues Auge davonzukommen, wäre aber größer.

Nun unterhalten wir uns nicht immer mit Kindern am Strand über Muscheln oder mit Fußballfans über den Schiedsrichter, manchmal schreiben wir auch Artikel in Fachzeitschriften für eine uns unbekannte Gruppe von Menschen. Um zu erklären, wieso auch diese Art Kommunikation grundsätzlich gelingen kann, müssen wir uns auch solche Konstellationen als Situationen vergegenwärtigen, denen prinzipiell dieselben Eigenschaften zukommen wie der Situation am Strand oder im Fußballstadion. Mit dem Unterschied, dass man weder die Dinge vor Augen hat, über die gesprochen wird, noch die Kommunikationspartner präsent sind. Nach Clark (1996: 101ff.) sind solche Übertragungsmechanismen deswegen erfolgreich, weil wir **kulturelle Gemeinschaften** („cultural communities") gleichsam als Surrogate solcher physischen Situationen (Strand, Fußballstadion) auffassen können. Der gemeinsame Strand würde beispielsweise durch das gemeinsame akademische Fach (Linguistik), die gemeinsame soziale Gruppe oder die gemeinsame Religion ersetzt.

Ein zentrales Modell, mit dem man erklären kann, wie Common Ground durch sprachliche Handlungen hergestellt wird, ist das der **Präsupposition** (abgeleitet von lat. präsupponere ›etwas voraussetzen‹). Eine Präsupposition ist die Wissensvoraussetzung, welche die Sprecherin oder der Sprecher macht, damit ihre oder seine Äußerung überhaupt sinnvoll gelten kann. Da es sich also um vorausgesetztes Wissen handelt, erkennt man eine Präsupposition daran, dass sie immer noch gilt, auch wenn die Äußerung, von der sie ausgelöst wird, negiert, also verneint wird. Betrachten wir Beleg (i):

i) *Wichtig ist aber auch, dass die Energiewende sowie der Kampf gegen den CO_2-Ausstoß und den menschengemachten Klimawandel eine Gemeinschaftsaufgabe sind.*
Klaus Mindrup (SPD), 03.12.2015. In: Plenarprotokolle des Deutschen Bundestags, CPQWeb-Edition auf discourselab.de

Hier gibt es eine Reihe von Aussagen, die gelten müssen, damit die Wahrheitsbehauptungen, die dieser Satz enthält, überhaupt sinnvoll geäußert und von anderen geprüft werden können. Zum Beispiel muss die Aussage gelten: ‚Es gibt den menschengemachten Klimawandel.' Auch wenn jemand den Satz bestreiten möchte (wie im konstruierten Beleg ii), hat er oder sie damit nicht bestritten, dass der Klimawandel menschengemacht ist. Diese Aussage gilt immer noch, weswegen ‚Es gibt den menschengemachten Klimawandel' als Präsupposition zu Satz (i) klassifiziert werden kann. Levinson (1983: 178) beschreibt dieses Testverfahren folgendermaßen: „We can simply take a sentence, negate it, and see what inferences survive – i.e. are shared by both the positive and the negative sentence." Wir sprechen auch vom **Negationstest**.

ii) *Es ist nicht der Fall, dass es aber auch wichtig ist, dass die Energiewende sowie der Kampf gegen den CO_2-Ausstoß und den menschengemachten Klimawandel eine Gemeinschaftsaufgabe sind.*

Präsuppositionen, mit denen die Existenz eines Sachverhalts vorausgesetzt wird, damit eine Aussage über diesen sinnvoll gemacht werden kann, nennt man **referentielle Präsuppositionen** oder eben **Existenzpräsuppositionen**. „Referentiell" nennt man diesen Typ, weil die Form der Determination eines referentiellen Ausdrucks angezeigt wird, dass die Sprecherin oder der Sprecher von der Existenz des entsprechenden Sachverhalts ausgeht.

Um das zu tun, hätte es für den Redner in Beleg (i) genügt, einen einfachen Aussagesatz zu bilden: *Der Kampf gegen den CO_2-Ausstoß und den menschengemachten Klimawandel sind eine Gemeinschaftsaufgabe.* Auch hier hätte man die Existenz des menschengemachten Klimawandels nicht durch einfache Negation bestreiten können, sondern nur, dass es sich beim Kampf dagegen um eine Gemeinschaftsaufgabe handelt. Man müsste schon gleichsam einen Schritt zurücktreten: *Moment mal, den menschengemachten Klimawandel gibt es gar nicht, deshalb müssen wir auch nicht gemeinschaftlich gegen ihn kämpfen.* Der Redner „verpackt" die Präsupposition aber noch besser: Indem er die Aussage in einen Ergänzungssatz (vgl. Kap. 8.2) auslagert und seine Einschätzung dazu (*wichtig ist aber auch*) als Hauptsatz formuliert, wird auch die Zuschreibung, der Kampf gegen den menschengemachten Klimawandel sei eine Gemeinschaftsaufgabe, präsupponiert. Die Behauptung der Existenz desselben wird also gleichsam in mehrere präsupponierte Schichten eingewickelt. In der engen Taktung einer Bundestagsdebatte fällt es Klimaskeptikern so deutlich schwerer, schnell mit einer Negation zu intervenieren. Betrachten wir eine andere Aussage über den Klimawandel (iii):

iii) *Journalisten und Vertreter anderer Gemeinden wollen wissen, wie Sunset Harbour es geschafft hat, den Folgen des Klimawandels zumindest mittelfristig zu trotzen.*
taz, die tageszeitung vom 27.07.2018

Hier wird nicht nur wieder eine Existenzpräsupposition bzgl. des Klimawandels ausgelöst (man sagt auch: **getriggert**), sondern auch andere, ineinander verschachtelte Präsuppositionen: Erstens löst das W-Fragepronomen (*wie*), das den Nebensatz einleitet, die Präsupposition (iv) aus, und zweitens steckt in dem Nebensatz selbst eine Präsupposition, die durch die lexikalische Semantik (vgl. 10.1) des Verbs *etw. schaffen* ausgelöst wird (v):

iv) ‚Sunset Harbour hat es geschafft, den Folgen des Klimawandels zumindest mittelfristig zu trotzen.'
v) ‚Sunset Harbour hat versucht, den Folgen des Klimawandels zumindest mittelfristig zu trotzen.'

Wissensvoraussetzungen wie in (v), deren Geltung von der Bedeutung eines referentiellen Ausdrucks ausgelöst werden (hier: *etw. versuchen*), nennt man **semantische Präsuppositionen**. Diese bleibt auch bestehen, wenn wir den Satz negieren: *Sunset Harbour hat es **nicht** geschafft, den Folgen des Klimawandels zumindest mittelfristig zu trotzen.*

Präsuppositionen darf man nicht mit **Implikationen** verwechseln. Implikationen sind Zuschreibungen an Sachverhalte, die mit einer bestimmten Äußerung automatisch mit ausgelöst werden. Zum Beispiel hat der oben schon genannte Satz *Sunset Harbour hat es geschafft, den Folgen des Klimawandels zumindest mittelfristig zu trotzen* die Implikation ‚Sunset Harbour trotzt den Folgen des Klimawandels'. Implikationen kann man von Präsuppositionen dadurch unterscheiden, dass sie gelöscht werden, wenn man den Satz, der sie auslöst, verneint, während Präsuppositionen in einem solchen Fall erhalten bleiben. Also: Im Falle des negierten Satzes *Sunset Harbour hat es* **nicht** *geschafft, den Folgen des Klimawandels zumindest mittelfristig zu trotzen* wird die genannte Implikation gelöscht, sie gilt nicht mehr, während die Präsupposition ‚Sunset Harbour hat versucht, den Folgen des Klimawandels zumindest mittelfristig zu trotzen' immer noch gilt.

Gesagtes und Gemeintes: Implikaturen
Das Konzept der Präsupposition ist deswegen so wichtig, weil mit seiner Hilfe quasi flächendeckend die Welt, die jemand beim Sprechen und Schreiben voraussetzt, rekonstruiert werden kann. Präsuppositionen können präzise und überprüfbar angegeben werden. Nun gibt es aber – gerade in der mündlichen Interaktion (vgl. Kap. 11) – sehr oft Äußerungen, die wir ganz problemlos verstehen, die aber formal gar nicht auf dasjenige, was wir verstehen, zurückgeführt werden können. Wir wissen also gar nicht, warum überhaupt wir verstehen, was wir verstehen. Mit diesem Problem hat sich der Philosoph Paul Grice (1975) beschäftigt und herausgefunden, dass es einen kommunikativen Mechanismus jenseits des grammatischen und semantischen Regelwissens geben muss, den wir als Sprecherinnen und Sprecher beherrschen müssen, um indirekte Kommunikation meistern zu können. Diesen Mechanismus nennt Grice das **Kooperationsprinzip**. Damit ist eine grundlegende Anforderung an die Gestaltung von sprachlichen Äußerungen gemeint, die wir zwar in der Regel nicht explizit lernen, die wir aber im Laufe des erweiterten Sprach- und Diskurserwerbs als Basisannahme internalisieren. Wir geben Grice' Ausformulierung in der deutschen Übersetzung von Meibauer wieder (2008: 24):

> Gestalte deinen Gesprächsbeitrag genau so, wie es der Punkt des Gesprächs, an dem er erfolgt, erfordert, wobei das, was erforderlich ist, bestimmt ist durch den Zweck oder die Richtung des Gesprächs, an dem du teilnimmst!

Um dieses Grundprinzip operationalisierbar zu machen, hat Grice (angelehnt an die Kategorien Immanuel Kants: Quantität, Qualität, Relation und Modalität) vier sogenannte **Konversationsmaximen** formuliert, welche jeweils Aspekte des Kooperationsprinzips darstellen. Auch hier richten wir uns in der deutschen Formulierung nach Meibauer (2008: 25):

Maxime der Qualität
Obermaxime: Versuche einen wahren Gesprächsbeitrag zu machen!
1. Sage nichts, was du für falsch hältst.
2. Sage nichts, wofür du keine adäquaten Evidenzen hast!

Maxime der Quantität
1. Mache deinen Beitrag so informativ wie erforderlich.
2. Mache deinen Beitrag nicht informativer als erforderlich!

Maxime der Relation: Sei relevant!

Maxime der Art und Weise
Obermaxime: Drücke dich deutlich aus!
1. Vermeide Ambiguitäten!
2. Fasse Dich kurz! (Vermeide unnötige Weitschweifigkeit!)
3. Gehe geordnet vor!

Natürlich möchten wir (und möchte auch Grice) nicht behaupten, dass die Interaktionspartner sich beim Sprechen immer an all diese Maximen halten. Vielmehr sagen wir ständig Dinge, die wir anders meinen als wir sie sagen und bei denen wir darauf vertrauen, dass unser Gesprächspartner die Diskrepanz zwischen Sagen und Meinen in unserem Sinne aufzulösen in der Lage ist. Jedem von uns fallen sofort Beispiele aus den letzten Stunden ein. Vielleicht haben Sie am letzten Montag kurz vor der ersten Vorlesung der Woche im Gespräch mit der Kommilitonin oder dem Kommilitonen geseufzt: *Endlich geht es wieder los, gut, dass das blöde Wochenende vorbei ist.* Und haben damit gegen die Maxime der Qualität verstoßen. Oder Sie haben auf die Frage, wie denn das Versöhnungsgespräch mit ihrer Partnerin oder dem Partner gelaufen ist, knapp geantwortet: *Geht so, was sollten wir für heute noch einmal lesen?* Und damit gegen die erste Untermaxime der Quantität verstoßen. Oder Sie hätten auch auf dieselbe Frage antworten können: *Schalke 04 hat ja schon wieder verloren.* Damit hätten Sie gegen die Maxime der Relevanz verstoßen. Oder Sie hätten auf die Frage antworten können: *Pi pa po, jetzt sind wir wieder froh.* Das wäre mutmaßlich als unangemessene Antwort und entsprechend als Verstoß gegen die Maxime der Art und Weise aufgefasst worden. In jedem der Fälle aber hätte Ihr Gesprächspartner Ihnen wohl nicht entrüstet vorgeworfen, Sie hätten gegen das Kooperationsprinzip verstoßen, vielmehr hätte er oder sie versucht, Ihre Antwort so lange umzuinterpretieren, bis man sie wieder als einen kooperativen Gesprächsbeitrag verstehen kann. Er oder sie wäre dann schnell darauf gekommen, dass Sie im ersten Fall (Verstoß gegen die Qualitätsmaxime) ironisch waren, in den anderen Fällen, darauf hinweisen wollten, dass Sie es bevorzugen, nicht über das Thema zu sprechen. Ein solcher uneigentlicher Sinn einer Äußerung, den man sich erschließt, weil ein mutmaßlicher Verstoß gegen das Kooperationsprinzip eine Inferenz (ein kognitives Schlussverfahren) auslöst, nennt man nach Grice **konversationelle Implikatur**. Der entsprechend ausgelöste Äußerungssinn wird in der Situation **implikatiert**. Konversationale Implikaturen sind also nicht an bestimmte Ausdrücke geknüpft. Sie hängen vom Kontext und den Konversationsmaximen ab. Entsprechend lassen sie sich löschen, indem man sie explizit aufhebt. Zum Beispiel könnte man der Antwort *Schalke 04 hat schon wieder verloren* den Satz folgen lassen *Aber um auf deine Frage zurückzukommen: Wir haben uns wieder versöhnt und heiraten nächste Woche*.

Davon zu unterscheiden ist die **konventionelle Implikatur**. Konventionelle Implikaturen sind kontextunabhängig und Bestandteile der konventionellen Bedeutung von bestimmten Ausdrücken. Wenn jemand über den neuen Kollegen sagt: *Er kommt aus Ostwestfalen, **im Grunde** ist er **aber** sehr gesprächig*. Dann ergibt sich daraus die Annahme, dass Menschen aus Ostwestfalen in der Regel nicht sehr gesprächig seien. Diese Annahme hat aber nichts mit Konversationsmaximen zu tun, sondern ergibt sich aus den lexikalischen Bedeutungen der Ausdrücke *im Grunde* und *aber*. Wie alle Implikaturen kann man auch konventionelle Implikaturen im Kontext aufheben, z. B. kann man den Satz oben fortführen mit: *... wie übrigens ja die meisten Ostwestfalen*. Diese kommunikative Relativierbarkeit unterscheidet Implikaturen von Implikationen, welche die Wahrheitsbedingungen der sie auslösenden Aussage erben und daher nicht relativiert werden können.

Man kann trefflich darüber diskutieren, ob die Konversationsmaximen wohl trennscharf gegeneinander abgrenzbar sind – wichtig ist vielmehr die Grundeinsicht, dass wir uns offensichtlich wechselseitig Kooperativität unterstellen *müssen*, damit Kommunikation überhaupt funktionieren kann.

In diesem Kapitel haben wir die Bedeutung von Wissen für den Spracherwerb, für die Entwicklung von Bedeutungen in der Sprache und für das Gelingen von Verständigung beim Sprechen und Schreiben herausgestellt. Und wir hoffen gezeigt zu haben, dass diese drei Aspekte des Verhältnisses von Wissen und Sprache unauflöslich miteinander verbunden und aufeinander bezogen sind.

Zum Weiterlesen

Croft, William; Cruse, David A. (2005): Cognitive Linguistics. Cambridge: Cambridge University Press.
Konerding, Klaus-Peter (2015): Sprache und Wissen. In: Ekkehard Felder; Andreas Gardt (Hgg.): Handbuch Sprache und Wissen. Berlin, Boston: De Gruyter, S. 58–80.
Linke, Angelika; Nussbaumer, Markus (2000): Konzepte des Impliziten. Präsuppositionen und Implikaturen. In: Brinker, Klaus; Antos, Gerd; Heinemann, Wolfgang; Sager, Sven F.: Text und Gesprächslinguistik. Ein internationales Handbuch zeitgenössischer Forschung (HSK 16.1). Berlin, New York: De Gruyter, S. 435–448.

4 Sprechen und Hören

4.1 Sprechen und Hören als primäre Realisierungsform von Sprache —— 64
4.2 Einzelne Sprachlaute – wie werden sie produziert, gehört und interpretiert? —— 68
4.3 Laute in Äußerungen: Ko-Artikulation, Prosodie und Informationsstruktur —— 75
4.4 Planungsschritte und Musterorientierung beim Sprechen —— 79
4.5 Transkription und Analyse gesprochener Sprache —— 84

> *Mit dem fast immer zuverlässig arbeitenden Werkzeug des Sprechens ergeht es dem Menschen fast ebenso wie mit seinem Herzen. Solange es klaglos funktioniert, merkt er kaum, dass er es hat. (Herrmann/Grabowski 1994: 17)*

Sprache begegnet uns im Wesentlichen in zwei Modalitäten: Sie trifft als gesprochene Sprache auf unser Ohr oder wir nehmen sie als geschriebene Sprache über das Auge auf. In diesem Kapitel hören wir in die gesprochene Sprache hinein – und stoßen auf eine Reihe von sehr unterschiedlichen Fragen: Wie sind die Situationen typischerweise beschaffen, in denen wir sprechen und Sprache verstehen? (4.1) Welche Sprachlaute gibt es im Deutschen und nach welchen Prinzipien kann man sie beschreiben? (4.2) Wie lässt sich die Reichhaltigkeit der Information aufschlüsseln, die uns im Sprachschall einer gesprochenen Äußerung jeweils zugänglich wird (4.3), und in welchen Schritten entsteht diese Äußerung überhaupt – vom Gedanken bis zum Aussprechen der einzelnen Wörter und Laute? (4.4) Und schließlich: Wie können wir Gesprochenes festhalten, um es analysierbar zu machen? (4.5)

4.1 Sprechen und Hören als primäre Realisierungsform von Sprache

Alle unsere Leserinnen und Leser bringen Erfahrung darin mit, Sprache zu untersuchen – nämlich Sprache in geschriebenen Texten. Ob rhetorische Analyse literarischer Texte im Deutschunterricht, ob Übersetzung aus der Fremdsprache – sprachliche „Produkte" als Untersuchungsgegenstand erscheinen uns dann vertraut, wenn es sich um geschriebene Sprache handelt. In diesem Modus liegen die einzelnen Elemente scheinbar offen und geordnet vor uns: Sätze sind durch Interpunktion getrennt, Wörter durch Zwischenräume als Einheiten erkennbar. Für den gedruckten Text haben wir darüber hinaus viel Zeit: Er kann als Untersuchungsobjekt beliebig lange und intensiv bearbeitet werden, z.B. indem er wiederholt gelesen oder mit farbigen Markierungen versehen wird.

Geschriebene Sprache als Ausgangspunkt für die linguistische Beschreibung hat nicht nur lange Zeit die sprachwissenschaftlichen Methoden geprägt, sondern sie bestimmt auch sehr spürbar unser aller Vorstellung davon, was Sprache ist und wie sie funktioniert. Sprache von ihrer schriftlichen Realisierung her anzugehen bedeutet aber, eine durchaus spezifische und deshalb in einem gewissen Sinn einseitige Perspektive einzunehmen. Es war deshalb nützlich, diese Verzerrung selbstkritisch zu thematisieren. Das geschah, indem ein sogenannter „**written language bias**" beschrieben und kritisiert wurde. Linell (1982: 1) bestimmt ihn für die Herangehensweisen der Linguistik folgendermaßen:

> It seems to me that a great number of our explicit or implicit theories, our methods and preferences are heavily influenced by the very long traditions of analyzing mainly, or only, certain kinds of written language. Even when we are in fact focussing on spoken language, we seem to approach it with a theoretical apparatus which is more apt for the analysis of written language.

Wir haben in Kapitel 2 gesehen, dass sich seither doch einiges verändert hat. Es hat für die Linguistik deutliche Folgen gehabt, dass die gesprochene Sprache inzwischen als (nahezu) gleichberechtigter Untersuchungsgegenstand anerkannt wird. Zum einen hat die Analyse gesprochener Sprache mehr Bedeutung erhalten, indem neue Teildisziplinen der Linguistik entwickelt wurden, v. a. die Linguistische Gesprächsanalyse. Zum zweiten erhalten die Sprachgebrauchsformen, die vor allem oder ausschließlich in mündlicher Rede verwendet werden, seither den Status einer eigenständigen und gleichberechtigten Form, sie werden also nicht mehr vorrangig im Kontrast zu einer als korrekt dagegengesetzten Schriftsprache beschrieben. Ein deutliches Zeichen dieser Veränderung ist die Aufnahme des Kapitels zur Grammatik der gesprochenen Sprache in der 7. Auflage der Duden-Grammatik (Duden 2005). Drittens macht sich diese Veränderung der Blickrichtung auch in anderen Bereichen der Linguistik bemerkbar: Wenn man Sprache als Kommunikationsmittel ansieht, das in erster Linie in der direkten Interaktion – also von Angesicht zu Angesicht – eingesetzt wird, erscheint es natürlich, die damit als zentral erkannte Kontextgebundenheit sprachlicher Mittel auch zum Ausgangspunkt bei der Erklärung sprachlicher Strukturen anzusetzen.

Welche Gründe kann man dafür nennen, die gesprochene Sprache nicht nur als gleichberechtigte, sondern als primäre und vorrangige Realisierungsform von Sprache anzusehen? Die ersten beiden Argumente beziehen sich auf die individuelle bzw. kulturelle Entwicklung: Kinder erwerben ihre Sprache(n) zunächst in dieser Modalität, erst später lernen sie (in der Regel) auch schreiben und lesen. Und soweit wir wissen, wird in allen menschlichen Kulturen gesprochen, aber nicht alle entwickeln eine Schrift. Sprechen ist damit sowohl ontogenetisch als auch phylogenetisch vorgängig. Wir kommen in Kapitel 5 darauf zurück.

Ein weiteres Argument: Seine Gedanken mündlich auszudrücken bedarf keiner Hilfsmittel – und es ist auch für Erwachsene noch natürlicher, schneller und müheloser als eine Botschaft in schriftlicher Form. Das hat zur Folge, dass Menschen miteinander reden, wo immer sie sich treffen – auch quantitativ steht also sicher das Reden an erster Stelle. Man kann hinzufügen: Sprechen erscheint uns gleichzeitig auch „intuitiver", denn es bezieht den Körper mit ein. Wo das Schreiben eher Distanz herstellt, verbindet uns Sprechen eng mit unserem Gegenüber, denn es vermittelt u. a. mithilfe der Stimme Informationen, die in der Schrift nicht wiedergegeben werden können. Gleichzeitig ist gesprochene Sprache die wesentliche Arena der Begegnung mit anderen Menschen. Schwitalla (2012: 15) formuliert das so:

> Beim genauen Hinhören entdeckt man aber auch die innere Gesellschaftlichkeit der Sprache: Gesprochenes zeugt immer vom Sprecher, zielt aber auf Andere, nimmt deren Äußerungen auf und mögliche Reaktionen vorweg.

Gesprochene Sprache begegnet uns in alltäglichen Situationen in der Regel nicht „pur", sondern eingebettet in eine **soziale Situation**: Wir stehen typischerweise einem anderen Menschen gegenüber und wenden uns ihm oder ihr zu. Wir nehmen also gleichzeitig z. B. wahr, wie er gekleidet und frisiert ist, wie er steht oder sitzt, wie er sich bewegt. Häufig kennen wir ihn darüber hinaus und können deshalb auf eine gemeinsame Geschichte in dem Sinn zurückgreifen, dass wir schon über vieles miteinander gesprochen haben. Je nach Erfahrung können wir damit schon vor dem Beginn eines Gesprächs aus diesen Wahrnehmungen Erwartungen ableiten, wie das, was unser Gesprächspartner sagt, zu interpretieren sein wird. So können auch Außenstehende erahnen, worüber sich die Handballer in Abbildung 6 unterhalten.

Abbildung 6: Gespräch unter Handballern. Quelle: Wikimedia Commons.

Das heißt: Der Bereich des allgemeinen Wissens und der **nonverbalen Information** stellt einen wichtigen Hintergrund für das Verstehen des Gesprochenen dar. Wesentliche Bereiche der Körpersprache sind Körperhaltung und Gestik (Bewegungen der Hände und Arme, die das Sprechen begleiten), aber auch der Blickkontakt. So kann eine erfahrene Lehrerin über die aufmerksame Beobachtung von Sitzhaltung, Körperspannung und Blickrichtung ihrer Schülerinnen und Schüler eine relativ genaue Einschätzung darüber gewinnen, wie aufmerksam die Klasse ihren Ausführungen gerade folgt.

Das Gesagte selbst – also die **verbale Information,** wie sie sich in den sprachlichen Äußerungen manifestiert – wird andererseits auch durch die Art und Weise des Sprechens gerahmt und auf diese Weise interpretierbar gemacht: Stimmqualität, Lautstärke, Intonation und Sprechtempo stellen als **paraverbale Information** für den Hörer eine weitere Quelle des Wissens dar, also als eine Information, die mit der sprachlichen Äußerung gleichzeitig zugänglich wird, aber doch eine eigene Qualität hat. Diesen Typ von begleitender Information nehmen wir meist eher „unterschwellig" wahr und bei seiner Deutung gibt es sicherlich mehr Spielraum als bei der Interpretation der sprachlichen Äußerung selbst. Wenn eine Einladung mit abgewendetem Blick und leiser Stimme zögerlich ausgesprochen wird, wird man sich vielleicht in manchen Fällen fragen, ob sie nur aus Höflichkeit gemacht wird (und besser ebenso höflich ausgeschlagen werden sollte). Vielleicht kennen wir den Einladenden aber auch gut genug, um zu wissen, dass er fast immer so spricht und es doch ernst meint. Wenn die Kollegin, die in einer Besprechung neben mir sitzt, dagegen flüsternd, aber mit besonderer Emphase sagt *was ist das doch wieder eine spannende Sitzung heute!*, weiß ich, dass sie es ironisch meint. Über bestimmte markierte Sprechweisen signalisieren wir also sowohl sehr individuelle als auch durchaus konventionalisierte Bedeutungen und beziehen uns dabei auf gemeinsame Prinzipien des kooperativen Sprechens (dazu auch Abschnitt 4.3 sowie Kap. 3.5 und 11.1).

Zusammenfassend kann man sagen: Sprechen und Hören findet in einer konkreten **Situation** statt, in der die gesprochene Äußerung immer von anderen Sinneseindrücken begleitet wird, die wir gleichzeitig interpretieren; und sie erfolgt an einem bestimmten Zeitpunkt im Verlauf einer Interaktion und erhält erst so ihren vollständigen Sinn. Selbst in besonderen Fällen, wo wir den Gesprächspartner nicht sehen, z. B. am Telefon, erfahren wir mittels Stimme und Sprechweise mindestens sein Geschlecht und annäherndes Alter; darüber hinaus ergeben sich häufig noch weitere Indizien, z. B. zur regionalen Herkunft (Akzent) oder zur physischen (z. B. Müdigkeit) und psychischen Verfassung (Wut, Traurigkeit etc.). Die Körperlichkeit des Sprechens und seine situative Einbettung sorgen also dafür, dass mehr mitgeteilt wird, als in den Worten der sprachlich formulierten Botschaft ausgedrückt wird.

4.2 Einzelne Sprachlaute – wie werden sie produziert, gehört und interpretiert?

Das gesprochene Wort wird auch als eines der Meisterwerke der Biologie bezeichnet (Miller 1993: 83), denn es setzt das Zusammenspiel besonderer anatomischer Anlagen mit erworbenen physiologischen Prozessen voraus. Anatomisch ist nur der menschliche Vokaltrakt dafür eingerichtet, eine so große Vielfalt an Lauten zu produzieren, wie es für sprachliche Äußerungen notwendig ist. Dafür hat sich in der Evolution im Vergleich zu anderen Primaten u.a. ein vergrößerter Rachenraum gebildet. Noch bei Säuglingen verursacht der relativ hochgelegene Kehlkopf einen eher kleinen Rachen und eine dadurch begrenzte Auswahl an Vokalen bei ihren ersten Schreien. Neurophysiologisch setzt das Sprechen die schnell getaktete Koordination einer großen Zahl einzelner Muskeln voraus – mehrmals pro Sekunde erhält das Muskelsystem bis zu 100 Impulse (vgl. Herrmann/Grabowski 1994: 26). Dabei werden die Artikulationsbewegungen beim Hervorbringen von Wörtern über Impulsmuster gesteuert, die im Verlauf der Sprachentwicklung gelernt werden. Komplementär zu solchen Artikulationsmustern muss das Kind im Verlauf des Spracherwerbs auch lernen, den Klang eines Worts vom Klang eines anderen zu unterscheiden, auch wenn sie sich so ähnlich sind wie *lachen* und *machen* oder *Brezel und Rätsel* – d.h. auch für die Wahrnehmung und Interpretation von Sprachlauten sind Muster aufzubauen.

Einzelne Sprachlaute sind die Elemente, in die man analytisch den Schallstrom der gesprochenen Sprache zerlegen kann. Wird die Tonaufnahme einer gesprochenen Äußerung visuell dargestellt, zeigt sich, dass der Schallstrom akustisch gesehen eher kontinuierlich verläuft, i.e. keine deutlichen Einteilungen für Wörter oder Laute enthält.

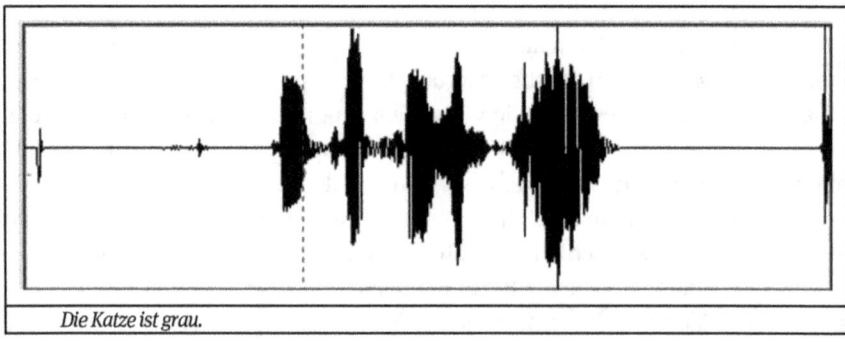

Abbildung 7: Oszillogramm (Screenshot des Programms Praat, eigene Darstellung)

Dem akustischen Signal, das auf unser Ohr trifft, Wörter zuordnen zu können, ist also eine Leistung unseres Sprachvermögens: Die Segmentierung erfolgt über sprachliches Wissen. Diese Tatsache wird für uns z. b. dann direkt erfahrbar, wenn wir jemanden in völlig unbekannter Sprache sprechen hören: Es gelingt uns in diesem Fall typischerweise nicht, Einheiten zu „erhören", sondern die Äußerungen stellen für unser Ohr einen ununterbrochenen Fluss dar. Wie sich damit schon andeutet, können Sprachlaute unter verschiedenen Blickwinkeln betrachtet werden:

i) Ihre physikalische Beschaffenheit wird von der **akustischen Phonetik** beschrieben. Mit dem Einsatz technischer Geräte zur Aufzeichnung und Analyse des Schallsignals (über Oszillogramme und Sonagramme) kann zu dieser Ebene ein beschreibender Zugang gewonnen werden.

ii) Die **artikulatorische Phonetik** analysiert dagegen, wie Sprachlaute von unserem Sprechapparat hervorgebracht werden, indem der Luftstrom aus der Lunge in mehreren Schritten „geformt" wird.

iii) Die **auditive Phonetik** widmet sich dem Aspekt der Wahrnehmung – und kann zeigen, dass wir typischerweise „mehr" hören, als die physikalische Aufzeichnung eines Schallereignisses erwarten lassen würde, weil in die Interpretation einer Lautfolge sprachliches Wissen eingeht: Wir hören sozusagen intelligent.

iv) Die Einordnung der so zunächst vorrangig als physikalische Ereignisse beschriebenen Laute in das Sprachsystem einer Einzelsprache leistet dagegen die **Phonologie**. Hier wird danach gefragt, welche Unterschiede zwischen Lauten in einer Sprache jeweils bedeutungsunterscheidend wirken – während andere Unterschiede nur als mehr oder weniger zufällige Variante wahrgenommen werden (dazu schon oben Kap. 2.1).

Erst durch die Zusammenschau dieser verschiedenen Aspekte können wir annähernd nachvollziehen, wie der erstaunliche Vorgang des Sprechens und Sprachverstehens überhaupt möglich wird. Im folgenden Abschnitt sollen Produktion und Rezeption gesprochener Sprache nur in ihren wesentlichen Grundzügen dargestellt werden; für ein detaillierteres Bild verweisen wir auf die Literatur am Ende des Kapitels.

Ausgangsbasis der Sprachlaute: Luftstrom und Stimmgebung im Kehlkopf

Wie jeder schon erfahren hat, z. B. nach sehr schnellem Laufen: Ohne Luft können wir nicht sprechen. Der Luftstrom, der aus der Lunge ausströmt, ist die Basis für das gesprochene Wort. Dabei wird die Luft zunächst durch den Kehlkopf, dann durch den Vokaltrakt (Rachen und Mund, vgl. unten genauer) kontrolliert ausgestoßen. Miller (1993: 85) geht auf die Dynamik des Luftstroms näher ein:

Atemaufzeichnungen während des Sprechens zeigen, dass es sich um zwei Komponenten handelt: eine ziemlich langsame, ruhige Komponente, die auf die Kontraktion der Bauchmuskulatur während des Ausatmens zurückzuführen ist, und, die langsame Komponente überlagernd, eine Reihe kürzerer Luftstöße, wenn sich die interkostalen, zwischen den Rippen befindlichen Muskeln schlagartig zusammenziehen, um dadurch während jeder Silbe Luft nach oben zu pressen. Im Deutschen, im Englischen und in vielen andern Sprachen enthält jede Silbe einen Vokal, so dass sich normalerweise Vokale und Konsonanten im Sprachfluß regelmäßig abwechseln. Die Energie einer Silbe liegt in ihrem Vokal; Konsonanten sind nur unterschiedliche Arten, einen Vokal an- und abzustellen.

Bevor wir auf die hier thematisierte Unterscheidung der Laute in Vokale und Konsonanten näher eingehen, soll zunächst der **Prozess der Klangbildung** im Kehlkopf eingeführt werden: Die Luft passiert beim Ausströmen in den Rachen den Kehlkopf, dessen Hauptfunktion darin besteht, die Luftröhre (vor allem beim Essen) gegen das Eindringen von Fremdkörpern zu schützen. Die für das Sprechen relevante Funktion des Kehlkopfs ist allerdings die Erzeugung des Stimmtons, auch als **Phonation** bezeichnet: Dazu werden die Stimmlippen durch den Luftstrom in Schwingung versetzt; sie lassen auf diese Weise einen Klang entstehen. Als **Klang** – im Unterschied zu einem Geräusch oder Rauschen – wird ein akustisches Signal bezeichnet, das sich aus der Überlagerung periodischer (rhythmischer) Schwingungen ergibt. Geräuschen liegen dagegen aperiodische (also sozusagen unregelmäßige) Schwingungen zugrunde. Auch im nichtsprachlichen Bereich können wir Klänge und Geräusche so unterscheiden – z. B. ist die Schiffshupe für einen weithin hörbaren Klang konstruiert; wenn wir eine Papiertüte zusammenknüllen, entsteht dagegen „nur" ein Geräusch.

Zwischen den Stimmlippen liegt die schmale Öffnung der **Glottis** oder Stimmritze. Ihr Öffnungsgrad entscheidet darüber, ob die Luft frei durchströmen kann – wie beim Atmen oder beim Sprechen von stimmlosen Konsonanten – oder eben wie oben beschrieben in Schwingung versetzt wird, um mit dem entstehenden Klang Vokale oder stimmhafte Konsonanten zu bilden. Ein vollständiger Verschluss der Glottis mit plötzlicher Öffnung im Anschluss lässt einen besonderen Laut entstehen, den sogenannten **Knacklaut**: Er erscheint bei Wörtern, die mit einem Vokal beginnen. Spricht man z. B. das Wort [ʔapfel], ist er vor dem [a] zu hören. Wird die Glottis dagegen nur ganz leicht verengt, entsteht beim Ausströmen der Laut [h], auch Hauchlaut genannt. Da wir unsere Sprechorgane immer dabeihaben, können wir Lautbildungsprozesse jeweils selbst beobachten: Also bitte gleich ein langes [h] hauchen …! – Was nehmen wir dabei wahr?

Dass z. B. Männer typischerweise mit tieferer Stimme sprechen als Frauen oder Kinder, liegt an der Länge und Stärke der jeweiligen **Stimmlippen**; auf diese Weise unterscheidet sich die Stimmlage auch individuell.

Artikulation: der zweite Schritt in der Lautproduktion
Die wesentlichen Unterscheidungen zwischen Sprachlauten werden allerdings erst dann produziert, wenn die Luft durch den Mund und Rachenraum ausströmt: Hier wird das vorbereitete Schallsignal für jeden Sprachlaut in differenzierter Weise weiter „bearbeitet". Man kann sich Mund und Rachen als veränderbaren Resonanzraum vorstellen, also im Prinzip ähnlich wie ein Musikinstrument. Die verschiedenen Artikulationsorgane – also Zunge, Lippen, Zähne und Zahndamm, Gaumen mit Gaumensegel und Zäpfchen – wirken bei jeder Sprechbewegung raumverändernd und lassen auf diese Weise verschiedene Laute entstehen.

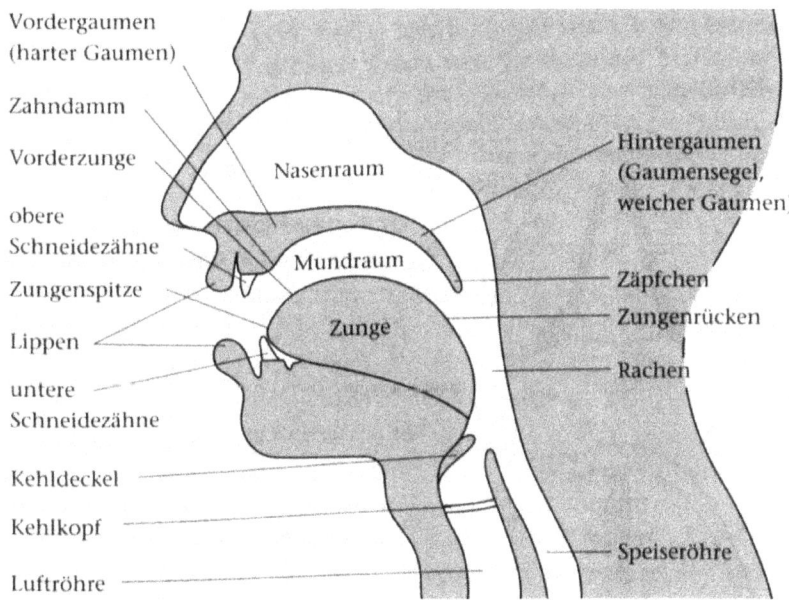

Abbildung 8: Artikulationsapparat des Menschen, aus: Eisenberg (1998: 49).

Für die Bildung von **Vokalen** wird der durch die Phonation vorbereitete Grundklang durch eine Veränderung des Resonanzraums in Mund und Rachen bzw. Nase in seiner akustischen Qualität so modifiziert, dass dabei verschiedene und jeweils charakteristische Frequenzmuster entstehen. Als Analogie kann man z. B. an eine Flöte denken: Je mehr Löcher geschlossen werden, desto tiefer klingt ihr Ton. Die beteiligten Artikulationsorgane verändern dabei ihre Lage in drei Dimensionen; man kann auch hier die Kontraste durch Selbstbeobachtung beim Sprechen jeweils gut nachvollziehen:

Grad der Mundöffnung – z. B. [a] vs. [i]
Lage der Zunge – z. B. [e] vs. [u]
Grad der Lippenrundung – z. B. [u] vs. [y]

Vokale unterscheiden sich beim Sprechen also nur durch die relative Stellung der Artikulationsorgane zueinander. Das erklärt, warum wir Vokale, nacheinander gesprochen, als Kontinuum sozusagen ineinander übergehen lassen können: die Lautfolge [*aeiou*] weist entsprechend keine klaren Binnengrenzen auf. Das ist anders bei der Produktion von **Konsonanten**. Diese Gruppe von Sprachlauten ist dadurch charakterisiert, dass mithilfe der Artikulationsorgane jeweils kurzzeitig eine Engstelle oder ein Verschluss gebildet wird, sodass der Luftstrom behindert wird oder kurzzeitig auf eine Art Barriere trifft. Wie man durch Ausprobieren leicht nachvollziehen kann, werden dafür diejenigen Artikulationsorgane eingesetzt, die sich jeweils ungefähr gegenüberliegen – also z. B. für die Produktion von [b] und [p] die Ober- und Unterlippe (labial), für [s] bzw. [z] Zungenspitze und Zahndamm (alveolar) und so weiter. Die Bereiche, die auf diese Weise eine Enge oder einen Verschluss erzeugen, werden **Artikulationsorte** genannt. Damit können Konsonanten über drei Eigenschaften eingeordnet werden: neben dem Artikulationsort wird auch die Art der Behinderung des Luftstroms genauer unterschieden, also die **Artikulationsart**, und darüber hinaus nach **Stimmhaftigkeit** (nach der sich die Beispiel-Laute oben zusätzlich unterscheiden).

Die folgende Tabelle stellt die Konsonanten des Deutschen und ihre Notation dar. Verschlusslaute werden im Deutschen an bestimmten Stellen aspiriert (›behaucht‹). **Aspiration** wird in der Tabelle durch ein hochgestelltes [ʰ] notiert (Becker 2012: 24). Die Artikulationsorte in der ersten Spalte sind hier von vorn (Lippen) nach hinten unten (Glottis) geordnet, die Artikulationsarten in den weiteren Spalten nach der Stärke des Hindernisses.

Tabelle 4: Konsonanten des Deutschen und ihre Lautschriftzeichen, aus: Becker (2012: 24).

Pa*p*st	pʰ, p	*Pf*erd	pf	*G*enie	ʒ	*m*uss	m
*B*ier	b	*Z*ahl	tˢ	di*ch*	ç	*N*uss	n
Ta*s*te	tʰ, t	*F*ach	f	*J*ahr	j	Ri*ng*	ŋ
*d*ir	d	*w*ach	v	Da*ch*	x, χ	*L*ast	l
*K*oks	kʰ, k	rei*ß*en	s	*H*ast	h	*R*ing	r, ʀ, ʁ
*G*ier	g	rei*s*en	z				
Ver'ein	ʔ	*Sch*ach	ʃ				

Die Tabelle macht auch das oben schon genannte Merkmal der Stimmhaftigkeit an Beispielen erkennbar: Konsonanten kommen sowohl als „Geräusche" (stimmlos, ohne Klang) vor, als auch mit Klanganteilen (stimmhaft). Kontrastieren Sie z. B. im Selbstversuch die Veränderung, wenn man den Anfangslaut von *Schokolade* – [ʃ] – mit dem stimmhaften [ʒ] wie im Namen *Jean* vergleicht: Stellung und Abstand der Zunge zum vorderen Gaumen bleiben (fast) gleich (und damit Artikulationsort und -art), aber der Laut wird aus einer je anderen Qualität von Klang geformt.

Zusammenfassend: Für die Produktion von Sprachlauten wird ein Schallsignal auf der Basis ausströmender, in Schwingung versetzter Luft weiter differenziert. Dies geschieht, indem dem Artikulationsraum – also dem Mund- und Nasenraum – durch schnell aufeinanderfolgende Muskelbewegungen je verschiedene Resonanzeigenschaften verliehen werden.

Sprachlaute hören und interpretieren setzt sprachliches Wissen voraus
Konkrete Laute im sprachlichen Austausch zu verstehen und zu interpretieren stellt hohe Anforderungen: Sie sind einerseits in eine kontinuierliche Lautfolge eingebettet, was ihre Erkennbarkeit einschränkt (dazu auch unten 4.3). Andererseits weisen sie darüber hinaus eine große Variabilität zwischen konkreten Sprecherinnen und Sprechereignissen auf. Im Prinzip ist ja z. B. kein gesprochen realisiertes [o] genau der gleiche Laut wie ein anderes [o], sondern beide unterscheiden sich in ihren akustischen Eigenschaften – wenn auch vielleicht nur minimal. Und trotzdem werden Sprachlaute „richtig" verstanden, denn auch bei uneindeutigem akustischen Signal ordnen wir als Hörer unsere Lautwahrnehmung jeweils genau einer Lautkategorie zu. Die Verarbeitung der Wahrnehmung erfolgt hier nach dem Prinzip, dass eine **eindeutige Zuordnung** zwischen Gehörtem und einem spezifischen Laut der Sprache erforderlich ist. Dies wird auch als kategoriale Wahrnehmung charakterisiert.

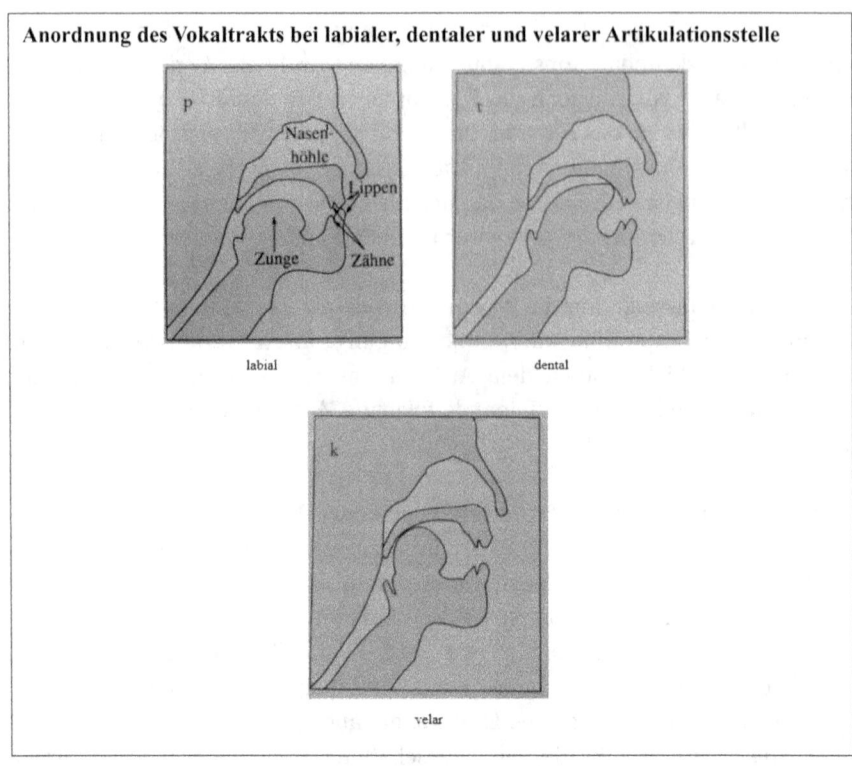

Abbildung 9: Anordnung des Vokaltrakts bei labialer, dentaler und velarer Artikulationsstelle, um die Konsonanten [p], [t] und [k] zu produzieren, aus: Miller (1993: 94).

Diese Leistung setzt unter anderem voraus, dass im Spracherwerb die relevanten Lautkontraste der Muttersprache(n) gelernt werden. Das geschieht im späteren Säuglingsalter: Während Neugeborene noch alle potentiellen Lautkontraste erfassen, konzentrieren sie sich ab ca. einem halben Jahr auf die typischen und möglichen Lautfolgen und -kontraste in ihrer Umgebungssprache – mit der Folge, dass andere Unterscheidungen u. U. nicht mehr wahrgenommen werden (dazu genauer Klann-Delius 2016: 27 ff.). Das Beispiel aus einer Dialekt-Varietät kann das veranschaulichen:

> Ältere Ostfranken differenzieren in einem Diskriminationstest mit einzelnen Wörtern kaum zwischen t/d in leiten/leiden – ohne Kontext müssen sie raten, welches Wort gemeint ist; sie unterscheiden sie auch nicht in der Produktion. Sprecher des Standarddeutschen hingegen diskriminieren die beiden Konsonanten zu 100 % und nehmen sie damit als zwei verschiedene Kategorien wahr. (Lindner 2014: 64)

Phoneme: Laute im Sprachsystem
Damit die bedeutungsunterscheidende Funktion der Laute zustande kommen kann, muss also bei aller Variabilität der einzelnen Realisierung eine stabile Zuordnung zu einem **Laut-Typ** beibehalten sein. Welche Laute für das Deutsche diese Ordnung ausmachen, kann über eine Analyse sogenannter **Minimalpaare** herausgefunden werden – also Wörter, die sich nur durch einen minimalen lautlichen Kontrast unterscheiden: *mein* vs. *dein* unterscheidet sich nur durch den jeweiligen Anlaut – auf diese Weise kann man zeigen, dass /m/ und /d/ Phoneme des Deutschen darstellen. Wie wir oben schon gesehen haben, sind Phoneminventare immer nur spezifisch für eine Einzelsprache zu beschreiben.

Im Deutschen dient z. B. auch die Stimmhaftigkeit eines Lauts der Bedeutungsunterscheidung. Ein einschlägiges Beispiel zeigt, wie gering die artikulatorischen Unterschiede sein können, die wir zur Herstellung von Unterscheidbarkeit bei Wörtern einsetzen (Miller 1993: 98):

> Die Wörter *Bass* und *Pass* beispielsweise sind in jeder Hinsicht gleich, nur das [b] von *Bass* ist stimmhaft und das [p] von *Pass* stimmlos; das bedeutet, dass die Stimmbänder vibrieren, während das [b], nicht jedoch während das [p] gesprochen wird. Da man diese beiden Wörter im Deutschen als verschiedene Wörter mit verschiedener Bedeutung behandelt, wissen wir, dass der Unterschied in der Stimmhaftigkeit ein distinktives Merkmal sein muss. Wenn die Stimmhaftigkeit kein distinktives Merkmal wäre, dann handelte es sich bei *Bass* und *Pass* lediglich um zwei unterschiedliche Arten der Aussprache bei ein und demselben Wort.

4.3 Laute in Äußerungen: Ko-Artikulation, Prosodie und Informationsstruktur

Oben wurde bereits thematisiert, dass Sprachlaute ja normalerweise nicht einzeln vorkommen – sondern eben in Wörtern, die in ganzen Äußerungen verwendet werden. In Bezug auf ihre Einbettung kann man zunächst den Mikro-Kontext betrachten, also die direkte Nachbarschaft zu den vorausgehenden und folgenden Lauten. Die jeweilige Auswirkung dieser Nachbarschaft wird als **Ko-Artikulation** bezeichnet. Ein Beispiel: Je nach konkreter Umgebung wird der Laut [k] etwas verschieden geformt:

vor hellen Vokalen – wie in *Küsse* oder *Kissen* – als palatales (vorverlegtes) k,
vor dunklen Vokalen – wie in *Kohl* oder *kungeln* – als uvulares (nach hinten verlegtes) k

Wenn wir uns die zugrundeliegenden Prozesse der Muskelbewegung vor Augen führen, ist es nicht erstaunlich, dass sie sich gegenseitig beeinflussen. Die artikulatorischen Gesten müssen in schneller Folge miteinander koordiniert werden. Dadurch verändert sich in manchen Lautumgebungen die Stellung der Artikulatoren im Vorgriff auf den jeweils folgenden Laut geringfügig. Diese Lautveränderungen sind also durch die Logik der Artikulation bedingt und wirken sich nicht bedeutungsunterscheidend aus: beide Varianten bleiben Realisierungen des Phonems /k/. Sie sind also **Allophone** voneinander.

Im Gegensatz dazu sind die im Folgenden kurz beschriebenen **phonologischen Prozesse** durchaus relevant für die Beschreibung des Sprachsystems, denn sie beschreiben regelhaft auftretende Veränderungen der Lautstruktur in lexikalisch zusammengehörenden Wörtern. Je nach Kontextbedingung kann die Tendenz zur Vereinfachung der Aussprache verschiedene Ausgleichsprozesse entstehen lassen.

Assimilation und Tilgung
Vereinfachung erfordert Anpassung der Merkmale eines Lautes an die des vorausgehenden oder folgenden Lautes. Diesen Prozess nennen wir Assimilation: Dass wir das Wort *fünf* meistens eher als [fymf] aussprechen, ist dadurch zu erklären, dass wir den Nasal zwar beibehalten, seinen Artikulationsort aber dem folgenden labiodentalen [f] annähern.

Ein häufiges Phänomen in gesprochener Sprache ist die Kombination aus Tilgung und Assimilation. So wird das Wort *haben* je nach Sprechgeschwindigkeit verschieden ausgesprochen, und kann bei schnellerem Sprechen immer stärker assimiliert werden – hier wird aus dem [n] durch Angleichung an das bilabiale [b] ein [m] – bis aus dem eigentlich zweisilbigen ein einsilbiges Wort wird (vgl. Lindner 2014: 66).

[ha:bən] – [ha:bn] – [ha:bm] – [ham]

Die Analyse besonders erfolgreicher „Zungenbrecher" zeigt, dass auch über größere Entfernungen in einer Äußerung hinweg offenbar artikulationsbezogen Abhängigkeiten zwischen den Lautfolgen bestehen – die dann eben schwerer oder leichter gesprochen werden können. So ist *Blaukraut bleibt Blaukraut und Brautkleid bleibt Brautkleid* für die meisten Sprecherinnen und Sprecher fehlerträchtiger als *Fischers Fritz fischt frische Fische*.

Neutralisierung
Unter Neutralisierung versteht man, dass Phoneme in manchen Umgebungen ihre Eigenschaft, bedeutungsunterscheidend zu sein, verlieren können. Ein wichtiges Beispiel dafür ist im Deutschen die sogenannte **Auslautverhärtung**. Das bedeutet: Im Auslaut, also am Ende des gesprochenen Wortes, treten nur stimmlose Realisierungen von Frikativen und Plosiven auf (beide Gruppen von Konsonanten werden auch unter dem Überbegriff der Obstruenten zusammenge-

fasst). Einige kontrastierende Beispiele verdeutlichen die Allgegenwärtigkeit dieses Prozesses:

das **brave** [braːvə] Pferd — das Pferd ist **brav** [braːf]
stürmische **Tage** [taːgə] — der **Tag** [taːk] wird kalt
alte **Lieder** [liːdɐ] singen — ein neues **Lied** [liːt] komponieren

Statt am Wortende kann die Auslautverhärtung auch innerhalb des Wortes vorkommen, wenn nämlich eine Morphemgrenze folgt – wir sprechen eher [taːk.traum] für Tagtraum und [liet.guːt] für Liedgut.

Prosodie und Informationsstruktur
Bei der Verwendung von Sprachlauten im Sprechen kommt eine Informationsebene hinzu, die der Äußerung eine jeweils individuelle Kontur gibt: Variationen der Lautstärke, Tonhöhe, Stimmqualität und Sprechgeschwindigkeit überlagern die gesprochenen Lautsequenzen in spezifischer Weise. Am Fehlen solcher Eigenschaften erkennen wir z. B. in Bahnhofs- oder Telefonansagen, dass sie künstlich aus einzelnen herausgeschnittenen Abschnitten kombiniert und eben keine „natürlichen" Sprachproduktionen sind. Da diese lautlichen Eigenschaften jeweils über mehrere Einzellaute hinweg, also sozusagen übergreifend wirken, werden sie auch **Suprasegmentalia** genannt. Sie tragen in vielen Fällen wesentlich zur Bedeutungskonstitution von gesprochenen Äußerungen bei. Dafür betrachten wir einen Ausschnitt aus dem Transkript einer konversationellen Erzählung, das die Verwendung des Gesprächsanalytischen Transkriptionssystems (GAT) illustriert (vgl. Selting et al. 2009). Die zugehörige Aufnahme kann über die Homepage von GAT 2 am IDS Mannheim heruntergeladen werden (vgl. Link am Ende des Kapitels; dort findet sich auch die komplette Übersicht über die verwendeten Transkriptionszeichen – hier beschränken wir uns auf die Notation der Prosodie).

```
01 S1: ja:; (.) die ↑`VIERziger genera`tion so;=
02     =das_s: ↑`!WA:HN!sinnig viele die sich da ham [↑`SCHEI]
       den
03 S2:                                              [ja;  ]
       lasse[n.=
04 S2:      [hm,
05 S1: =<<dim> oder schEiden lassen ↑`Überhaupt.>
06 S2: ↓hm,
07     (-)
08 S1: <<pp> heute noch- >
09     ((atmet 2.1 Sek. aus))
```

```
10      <<p> s_is der ↑`UMbruch.>
11 S2:  n besonders ↑`Gutes beispiel das war n mal unsere
        ↑`NACHbarn.
```

Eine der Hauptfunktionen, die prosodische Mittel erfüllen, ist die Hervorhebung bzw. **Akzentuierung** bestimmter Teile der Äußerung gegenüber anderen bzw. bestimmter Äußerungen gegenüber anderen. Die eingesetzten Mittel sind dabei aus akustischer Sicht durchaus komplex: Um einen akzentuierenden Effekt zu erreichen, werden Lautstärke, Dauer und Tonhöhe in je verschiedenen Kombinationen eingesetzt. Wir sehen im Transkriptausschnitt, dass zur Hervorhebung des Wortes *wahnsinnig* in Zeile 2 sowohl die erste Silbe besonders betont gesprochen wird (Fokusakzent, hier dargestellt durch Großbuchstaben), eine Längung des Vokals [a] beteiligt ist (wiedergegeben durch die Längungspunkte) und darüber hinaus ein Tonhöhensprung im Vergleich zum vorausgehenden Wort artikuliert wird (im Transkript dargestellt durch Pfeile). Dabei ist der Bezugsmaßstab für die Wahrnehmung in jedem Fall die entsprechende Qualität der Umgebung: Hervorhebung funktioniert nicht absolut, sondern immer in Bezug zu einer Grundlinie. Akzenttragende Silben sind auf diese Weise für die Wahrnehmung hervorgehoben – sie werden besser behalten und auch unter schlechten Bedingungen gehört. Deutlich zu erkennen ist auch, wie der Einsatz von Lautstärke-Unterschieden den Beginn der Erzählung strukturiert. Diese Veränderungen beziehen sich auf ganze Äußerungsabschnitte, nicht nur auf einzelne Wörter: In Zeile 5 wird zunehmend leiser gesprochen (dargestellt mit dem Kommentar <dim> und dem Radius seiner Erstreckung innerhalb der spitzen Klammern). Die Äußerung in Zeile 8 wird sehr leise (<pp>), in Zeile 10 – nach dem Ausatmen – dann leise gesprochen (<p>). Die zugrundeliegenden, prosodisch abgrenzbaren Einheiten beim Sprechen werden als **Intonationsphrasen** bezeichnet. Für die Interpretation einer solchen Einheit ist der Tonhöhenverlauf am Ende der jeweiligen Phrase besonders relevant. So signalisiert S1 im Beispiel mit fallender Intonation (Z. 10, dargestellt durch den Punkt) am Ende der Äußerung *s is der Umbruch* die Beendigung des Beitrags – und bietet damit dem Gesprächspartner S2 an, den nächsten Gesprächsschritt zu übernehmen.

Wortakzent und Satzakzent

Der Wortakzent gilt im Deutschen als „fest" – in dem Sinn, dass die Akzentpositionen, die Sprachbenutzer setzen, konventionalisiert sind. Wo Wörter betont werden, wird im Spracherwerb mitgelernt, gehört damit zum grammatischen Wissen. In der Regel bleibt der Wortakzent auch im Zusammenhang der Äußerung auf der gewohnten Silbe. Bei einigen Wörtern wird er bedeutungsunterscheidend eingesetzt: *um′fahren* bedeutet etwas anderes als *úmfahren*, und der Monatsname

Au´gust unterscheidet sich vom Vornamen durch den kontrastierenden Wortakzent. Der Satzakzent wird dagegen in flexibler Weise gesetzt. Er übernimmt vor allem die Funktion, die Qualität der Information in verschiedenen Teilen der Äußerung zu markieren: neue im Vergleich zu bekannter, fokussierte im Vergleich zu weniger fokussierter. In der Regel wird dabei der Satzakzent auf die Silbe eines Wortes gelegt, die auch den Wortakzent trägt. Selting et al. (2009: 372) zeigen die unterschiedlichen Wirkungen der jeweiligen Fokussierung an der systematischen Variation eines einfachen Beispielsatzes:

> Die Lage des Fokusakzentes innerhalb einer Intonationsphrase hat Auswirkungen auf die semantische Bedeutung der Äußerung. Dies wird im folgenden Beispielset intuitiv deutlich:
> a. ich sehe diesen text auf meinem BILDschirm
> b. ich sehe diesen TEXT auf meinem bildschirm
> c. ich sehe DIEsen text auf meinem bildschirm
> d. ICH sehe diesen text auf meinem bildschirm
> Jede dieser Akzentuierungen erzeugt einen anderen Fokus, d. h. legt eine andere Bedeutung und Interpretation nahe, die wir – auch ohne die dahinterstehenden Regeln zu kennen – intuitiv erfassen können. Im Beispielset hat das Beispiel (a.) weiten Fokus, d. h. der ganze Satz steht im Fokus. Demgegenüber haben die Beispiele (b.) bis (d.) alle einen engeren Fokus, der jeweils eine Alternative zu den fokussierten Satzgliedern nahe legt. So ist in (b.) „(diesen) TEXT" eng fokussiert und es wird eine Alternative wie z. B. „nicht (jenes) Bild" nahegelegt; in (d.) wird „ICH" eng fokussiert und es wird eine Alternative wie z. B. „und nicht DU" oder „nicht ER" nahegelegt. Dies zeigt, dass es für die Transkription unabdingbar ist, die Akzentuierung zu notieren, da sich sonst Missverständnisse in Bezug auf die ausgedrückte Bedeutung der transkribierten Äußerung ergeben können.

4.4 Planungsschritte und Musterorientierung beim Sprechen

Wie wir über etwas sprechen und wie es verstanden wird, setzt immer die Orientierung in der aktuellen Situation voraus. Die jeweiligen Gesprächsziele und das Wissen, das als Hintergrund („common ground") für die Gesprächspartner verfügbar ist, sind dabei wichtige Faktoren (vgl. auch Kap. 3.4). Die Formulierung einer Bitte hängt z. B. sehr davon ab, worum wir bitten und wer es gewähren soll: Treffe ich meine Freunde beim Rauchen vor der Tür, reicht ein kurzes *Kann ich auch eine haben?* Möchte ich dagegen von meiner Tante das Auto für den Urlaub ausleihen, ist wahrscheinlich eine längere Einleitung mit Begründung angemessen. In beiden Fällen ist der Ausgangspunkt der Äußerung ein Gedanke – hier: ein Wunsch bzw. Bedürfnis –, der in eine sprachliche Fassung „übersetzt" wird.

Der Weg vom Gedanken bis zum Aussprechen der sprachlichen Äußerung kann vereinfacht als dreistufiger Prozess beschrieben werden (für eine etwas genauere Darstellung vgl. Bremer 2018: 206 ff.): Zunächst wird in der Phase der **Kon-**

zeptualisierung die Äußerung in ihren wesentlichen Komponenten geplant. Darauf folgt die Phase der **Formulierung**, in der die ausgewählten gedanklichen Inhalte in eine sprachliche Form gebracht werden. Die Phase der **Artikulation** schließt den Prozess ab: Das sprachliche Muster wird in Laute übersetzt, deren Produktion wir oben schon kurz vorgestellt haben; dieser letzte Schritt wird entsprechend über das motorische System realisiert.

Perspektivierung über Auswahl und Linearisierung der Inhalte
Eine entscheidende Anforderung bei diesen Planungsschritten – die uns ja fast nie bewusst werden – ist die Übersetzung von gedanklichen Inhalten in eine „sprachfähige" Form. Zwei Aufgaben sind dabei zu lösen: Zum einen, aus einem komplexen Ganzen relevante Aspekte auszuwählen, die wir für die aktuelle Situation thematisieren wollen; zum anderen, über die lineare Anordnung der einzelnen ausgewählten Informationsbausteine zu entscheiden, die ja zunächst noch in einem ganzheitlichen Format gegeben sind.

Ein Beispiel: Nach einer Wohnungsbesichtigung gewinnt man eine Vorstellung von dieser Wohnung, indem sich die einzelnen Eindrücke zusammenfügen und sich in eine Art bildlich repräsentierter Erinnerung niederschlagen. Um jemandem davon zu berichten, müssen einerseits die Aspekte ausgewählt werden, die in dieser konkreten Gesprächskonstellation thematisiert werden sollen: Wir entscheiden z. B., ob über den Grundriss oder die Lage, die Helligkeit oder die Ausstattung, oder aber über den unfreundlichen Vermieter etwas gesagt werden soll. Das entscheidet sich unter Umständen an der Erinnerung, am spezifischen Interesse des Gesprächspartners, aber nicht zuletzt auch an der Zeit, die für den Bericht zur Verfügung steht: Durch die Länge des geplanten Gesprächsbeitrags ist gleichzeitig ja eine Vorgabe für die Detailliertheit gemacht, die die Planung der sprachlichen Darstellung ebenfalls beeinflusst.

Andererseits muss für jede Äußerung des Berichts entschieden werden, womit der Anfang gemacht wird, und was darauf folgen soll. Denn eine wesentliche Eigenschaft, die die sprachliche Darstellung eines Sachverhalts von anderen Formaten unterscheidet, ist ihre lineare Struktur: Sie funktioniert nur als einfaches Nacheinander. Gleichzeitigkeit, wie sie in der Gedächtnisrepräsentation der dreidimensionalen Raumkonstellation in unserem Beispiel gegeben ist, ist grundsätzlich ausgeschlossen. Die Planung für das Sprechen erfordert damit immer eine **Linearisierung** der zu erwähnenden Sachverhalte: Selbst, wenn es nur zwei sind, muss über ihre Reihenfolge entschieden werden, und auf diese Weise ergibt sich ein jeweils etwas veränderter Blickwinkel auf die gleiche Sache. Es macht nämlich einen Unterschied, ob im Bericht gesagt wird *Es gibt eine große Küche und daneben ein kleines Wohnzimmer* oder *Es gibt ein kleines Wohnzimmer und daneben eine große Küche*. Aus diesem Grund ist es in gewissem Sinn einfacher, über Sachverhalte zu sprechen, die von vornherein als Sequenz strukturiert sind, z. B. komplexe Handlungen – sie sind ja bereits als Folge von Einzelschritten organisiert. So erinnern wir ein Kochrezept als Folge von Handlungsschritten, die eine Art natürliche Ordnung aufweisen. Diese Ordnung kann beim Formulieren der Kochanweisung zugrunde gelegt werden und erleichtert so die geforderte Linearisierung. In Kapitel 9 wird dieser Gedanke weiterverfolgt.

Konsequenz dieser Auswahlprozesse ist damit die notwendige **Perspektiviertheit** jeder sprachlichen Darstellung: Es ist nicht möglich, einen Sachverhalt vollkommen neutral („objektiv") zu beschreiben oder von einem Ereignis zu erzählen, ohne im oben angedeuteten Sinn Entscheidungen zu treffen, die diese Darstellung zu einer jeweils individuellen machen. Drei Nacherzählungen zur gleichen Filmszene werden wahrscheinlich Gemeinsamkeiten aufweisen, aber in jedem Fall auch erkennbare Unterschiede.

Die sprachliche Form der Äußerung: grammatische Enkodierung und Artikulation
Durch die Phase der Konzeptualisierung ist der intendierte Bewusstseinsinhalt dafür vorbereitet, sprachlich ausgedrückt zu werden. Bis zum Aussprechen der fertigen Äußerung steht aber ein weiterer wichtiger Schritt noch aus: Im sogenannten **lexikalischen Zugriff** werden die „passenden" Wörter für die geplante Äußerung aktiviert und – durch eben diese lexikalischen Einheiten auch gesteuert – in einen syntaktischen Rahmen hineinkomponiert. Dieser Schritt der **grammatischen Enkodierung** kann nur deshalb in so eng verzahnter Weise zwischen Bedeutung und Struktur erfolgen, weil bei jedem abstrakten Wortschatzeintrag unseres mentalen Lexikons drei Informationsebenen gebündelt sind: Informationen zur Bedeutung des jeweiligen Wortes, zu seinen syntaktischen Verwendungsmöglichkeiten im Satz und zu seiner phonologischen Kodierung (i.e. seiner Aussprache bzw. dem entsprechenden akustischen Signal, das wir hören).

Die **lautliche Realisierung** bildet dann den Abschluss des Prozesses: Die Äußerung wird artikuliert und damit hörbar. Dabei sichert eine kontextbezogene phonetische Repräsentation, dass „Anpassungen" zwischen den einzelnen Wörtern das Aussprechen erleichtern: So können z. B. identische aufeinanderfolgende Laute wegfallen. Parallel zu den Abläufen der Lautbildung wird die Äußerung dann jeweils noch **prosodisch** geformt: vor allem über Akzentuierungen und Intonation (vgl. Abschnitt oben), aber auch über variierende Sprechgeschwindigkeit und Pausen, Lautstärke und Deutlichkeit der jeweiligen Segmente. Diese suprasegmentalen Eigenschaften beeinflussen sich auch gegenseitig – so ist die Artikulation von Lauten in betonten Silben mit einem höheren artikulatorischen Aufwand verbunden als die von Lauten in unbetonten Silben. Wie wir oben schon angesprochen haben, sind prosodische Informationen für den jeweiligen Hörer deshalb wichtig, weil sie das Gesagte kontextualisieren: Die Art und Weise, **wie** eine Äußerung ausgesprochen wird, gibt uns wichtige Hinweise darauf, wie sie verstanden werden soll: als Feststellung oder Frage, als zarter Hinweis oder deutliche Warnung.

Zeitlicher Ablauf und Korrektur beim Sprechen
Durchaus nicht alle Fragen zum Ablauf des Sprechens können als geklärt gelten. In der bisherigen Darstellung wurde deshalb z. B. die Frage ausgeklammert, wie groß die jeweils geplanten und dann schrittweise realisierten sprachlichen Einheiten eigentlich sind: Sind es Wörter, Satzteile oder ganze Sätze? Die bisherige Forschungslage deutet darauf, dass der Prozess auch in dieser Hinsicht wahrscheinlich sehr flexibel ist: Je nach Aufgabe werden kleinere oder größere Abschnitte „verarbeitet". Sicher ist dagegen, dass die Teilschritte des Prozesses jeweils parallel – d. h. **inkrementell** verlaufen: Man beginnt zu sprechen, bevor alles geplant ist, und während man spricht, erfolgt die Planung der nächsten Abschnitte. Unumstritten ist auch, dass das Sprechen von einer automatisierten Selbstkontrolle begleitet wird. Sie macht sich in zweierlei Weise bemerkbar: Zum einen werden **Versprecher** typischerweise von der Sprecherin selbst bemerkt und korrigiert; zum anderen sind **Verzögerungen und Umplanungen** ein charakteristisches Merkmal gesprochener Sprache.

Als Beteiligte an einem Gespräch fallen uns diese Oberflächensymptome des Planungsprozesses nur selten auf, denn hier steht der Inhalt im Vordergrund. Deshalb ist es für die meisten Menschen ein erstaunliches Erlebnis, beim Transkribieren gesprochener Sprache eine Äußerung sehr genau und wiederholt zu hören (vgl. unten 4.5). Erst dann wird deutlich, wie viele Einzelheiten der lautlichen Form wir beim normalen, einmaligen Hören eben nur flüchtig oder gar nicht bewusst wahrnehmen. Trotzdem erfüllen auch solche eher nebenbei wahrgenommenen Signale ihren Zweck in der Verständigung: Sie lassen z. B. den Hörer in einem gewissen Maß am Formulierungsprozess der Sprecherin teilhaben und ermöglichen so, dass die Formulierung eines Gedankens im Gespräch wenn nötig auch gemeinsam bearbeitet werden kann. Solche **Ko-Konstruktionen** erfolgen z. B., wenn die Sprecherin zu erkennen gibt, dass sie auf das aktuell gesuchte Wort nicht zugreifen kann – und der Gesprächspartner daraufhin mögliche Kandidaten anbietet.

Musterorientierung beim Sprechen und Hören: die Rolle sprachlicher Routinen
Wie wir bisher gesehen haben, verlangt Sprechen die konzentrierte Koordination verschiedener Wissensbereiche. Dass es über viele Jahre gelernt werden muss,

wird spürbar, wenn man z. B. ein zehnjähriges Kind nach dem Weg fragt: Die Beschreibung wird sehr wahrscheinlich bruchstückhaft, eher stockend und insgesamt wenig hilfreich sein. Denn für eine Wegauskunft die erforderlichen Angaben auszuwählen, zu linearisieren und schließlich in die passenden sprachlichen Äußerungen zu „verpacken" muss durchaus gelernt werden. Erst über die Erfahrung mit mehreren solchen Situationen erkennen wir als Sprecher, welche Informationen für den Fragenden nützlich sein werden – und wie sie der Reihe nach strukturiert sein sollten.

Komplexe Anforderungen erleichtern wir uns gerne durch **Routinen**, um auf diese Weise die Erwartbarkeit des Neuen zu verbessern. Deshalb können beim Lösen häufig auftretender sprachlicher Aufgaben Schematisierungen nützlich sein: Sie helfen dabei, die Aufmerksamkeit für Planungsaufgaben auf höherer Ebene freizumachen. Für die Bearbeitung vieler wiederkehrender kommunikativer Aufgaben (und nicht nur in gesprochener Sprache, vgl. Kap. 5) greifen wir deshalb auf **Muster** verschiedenen Umfangs zurück. So stehen uns für komplexe Aufgaben wie das Erzählen einer Begebenheit oder das Anweisen einer Handlung jeweils bewährte **Makrostrukturen** zur Verfügung, auf die wir zurückgreifen können. Hier sind – rahmenartig – jeweils die wesentlichen Teile und auch deren typischer Inhalt und interne Strukturierung festgehalten. So sollte der Beginn einer Erzählung einige Angaben zu Situation und Beteiligten enthalten, der Hauptteil ein Ereignis enthalten, das in irgendeiner Weise „bemerkenswert" ist, und der Schluss einen Hinweis dazu geben, wie die Sprecherin selbst zum Geschehen steht. Auf diese Weise geben sie einerseits der Sprecherin einen roten Faden für ihre Konzeptualisierung an die Hand. Andererseits dienen solche Muster auch der Orientierung der Zuhörer: Sobald an spezifischen Einleitungs-Hinweisen erkennbar wird, dass ein Gesprächsbeitrag als Erzählung zu interpretieren ist, hegen sie von da an durchaus spezifische Erwartungen darüber, was als Nächstes kommen wird (oder kommen sollte). Gelernte Makrostrukturen helfen damit, das Gesagte im Zusammenhang richtig einzuordnen.

Auch auf der Ebene der einzelnen Sprechhandlung stehen uns eine Vielzahl von „vorgefertigten" **Formeln** zur Verfügung – sodass wir eben <u>nicht</u> in jedem Fall über eine mögliche Formulierung neu nachdenken müssen. Formeln gibt es für das Begrüßen und Verabschieden, fürs Entschuldigen oder Einladen – und für alle kommunikativen Aufgaben, die sich häufig wiederholen. So z. B. auch für die Einleitung von Gesprächsbeiträgen (*ich habe eine frage; kann ich dazu was sagen*), ihre kommentierende Einordnung (*soweit ich es gehört habe; ehrlich gesagt finde ich*) und viele weitere Zwecke. Solche Formulierungsroutinen werden uns im Lauf des Spracherwerbs verfügbar.

Weil Sprechen immer in begrenzter Zeit stattfindet, sind wir in vielen Fällen darauf angewiesen, das, was wir letztlich sagen wollen, schrittweise „einzukreisen". Dabei sind Wiederholungen, Paraphrasen und auch Korrekturen als Formen der **Reformulierung** natürlicher Teil der Arbeit an der Formulierung. Solche sogenannten Formulierungsverfahren beziehen sich sowohl prospektiv auf das Kommende, also die folgenden Inhalte und ihren Ausdruck in der Sprache, als auch rückverweisend auf das bereits Gesagte. Schwitalla (2012: 173) fasst die Bedeutung dieser Eigenschaft gesprochener Sprache so zusammen: „Auf der Äußerungsoberfläche unterscheidet sich das Sprechen vom Schreiben durch nichts so sehr wie durch den Paraphrasecharakter des schrittweisen Formulierens."

4.5 Transkription und Analyse gesprochener Sprache

Ein weiterer wesentlicher Unterschied zur geschriebenen Sprache ist, dass wir gesprochene Äußerungen erst dann untersuchen können, wenn sie aufgezeichnet und verschriftlicht – transkribiert – wurden. Das bedeutet paradoxerweise, dass gerade die gewöhnliche, alltägliche Sprache, wie sie uns täglich umgibt, nur über einen relativ aufwändigen Vermittlungsprozess festgehalten werden kann und nur so für eine Beschreibung zugänglich wird.

Voraussetzung für die Aufzeichnung von Daten gesprochener Sprache ist der Zugang zu relevanten Situationen, die Verfügbarkeit eines entsprechenden technischen Geräts, vor allem aber das Einverständnis aller beteiligten Personen: Ohne diese Bedingung sind Aufnahmen für wissenschaftliche Zwecke grundsätzlich nicht zulässig. Zugang zu bereits aufgezeichneten Gesprächsdaten für Analysezwecke bieten inzwischen aber verschiedene Datenbanken (vgl. dazu vor allem die Angebote am Institut für Deutsche Sprache in Mannheim.)

Transkription – Prinzip und Varianten
Verschriftet kann gesprochene Sprache ganz verschieden aussehen. Im Alltag finden wir – z. B. in den Printmedien – eine Form der Wiedergabe, in der sich die dort dargestellte gesprochene Sprache kaum vom sonstigen Geschriebenen unterscheidet. So fehlen in Zeitungsinterviews oder einzelnen Zitaten gesprochener Äußerungen, die innerhalb einer Nachricht wiedergegeben werden, typischerweise alle Hinweise auf die charakteristischen Merkmale gesprochener Sprache: Sie lesen sich wie „normale" Texte. Was uns dabei meist nicht bewusst wird: Sie sind erst durch eine intensive redaktionelle Arbeit in diese Form gebracht worden.

Für die wissenschaftliche Analyse mündlicher Kommunikation sind andererseits Notationssysteme entwickelt worden, die nicht nur den Wortlaut des Gesagten, sondern weitere Aspekte des spezifischen Höreindrucks in unterschiedlicher Genauigkeit festhalten und damit sozusagen lesbar machen. Der Übergang vom mündlichen ins schriftliche Medium der Darstellung wird dabei davon beeinflusst, dass unsere Vorstellung vom Sprachgebrauch sehr von der schriftlich orientierten „Standardsprache" geprägt ist (vgl. 4.1 oben). So muss für die Wiedergabe lautlicher Phänomene, die keine konventionellen Wörter sind (wie schreibt man z. B. ein genervtes Seufzen auf – oder ein *ts ts ts* als Ausdruck belustigten Zweifels?) eine Darstellung oft erst „erfunden" werden. Und auch andere Standards an Korrektheit und Flüssigkeit der Sprache, die uns vorher selbstverständlich erschienen, werden bei diesem Übergang infrage gestellt. Diese Herausforderung beschreibt Deppermann (2008: 39) folgendermaßen:

> Formulierungskorrekturen, Wort- und Konstruktionsabbrüche, Interjektionen, Verzögerungen, Schweigephasen, dialektale Lautungen und anderes, was gängige, also schriftsprachliche Grammatiken als Fehler und Abweichung ansehen, ist in Alltagsgesprächen an der Tagesordnung. Gespräche galten daher lange als zu chaotisch, um in ihren Details wissenschaftlich untersucht werden zu können. Konversationsanalytische und linguistische Forschungen zur gesprochenen Sprache haben jedoch gezeigt, daß solche scheinbar unordentlichen und belanglosen Phänomene systematisch eingesetzt werden und regelhaften Verwendungen und Interpretationen unterliegen.

Als wesentliches Ergebnis der bisherigen Forschung zur gesprochenen Sprache kann man tatsächlich festhalten: Es lohnt sich, beim Aufschreiben genau zu sein – erst dann wird die faszinierende innere Geordnetheit nachvollziehbar, die sowohl den einzelnen Gesprächsbeitrag jeweils auszeichnet, als auch die Abstimmung zwischen den Beteiligten in einem Gespräch. So hat erst die systematische und genaue Analyse von Gesprächsdaten gezeigt, dass verschiedenen intonatorischen Varianten der Rückmeldepartikel *mhm* auch verschiedene interaktive Funktionen zugeordnet werden können. Auch hier kann eine Art Selbsttest aufschlussreich sein: Was können wir alles mit der Partikel *mhm* ausgedrücken, wenn wir sie in ihren vielen intonatorischen Varianten durchspielen?

Nicht für alle Analysezwecke ist allerdings die gleiche Detailgenauigkeit erforderlich. Ein gutes Transkriptionssystem sollte tendenziell widersprüchliche Anforderungen gleichzeitig erfüllen: Einerseits eine möglichst umfassende, präzise und nicht vorschnell interpretierende Darstellung dessen möglich machen, was in der Aufzeichnung zu hören (und bei zusätzlicher Video-Aufzeichnung möglicherweise zu sehen) ist. Andererseits sollte es einfach zu lernen sein, keinen zu großen Zeitaufwand erfordern, und die entstehenden Transkripte sollten möglichst auch für Laien lesbar bleiben. Deshalb enthalten Transkripte im sogenannten Kopf Metadaten zu folgenden Bereichen: zur Situation und ihren Bedingungen, zu den beteiligten Sprecherinnen und Sprechern, zum zeitlichen Verlauf.

Im oben schon kurz vorgestellten Transkriptionssystem GAT 2 sind je nach Analysebedarf drei Stufen der Notationsgenauigkeit vorgesehen: ein Minimal-, ein Basis- und ein Feintranskript. Das Minimaltranskript enthält neben dem Wortlaut Angaben zur präzisen zeitlichen Abfolge der Gesprächsbeiträge – also inklusive der Anschlüsse oder Überlappungen, zu den wichtigsten prosodischen Eigenschaften wie Pausen, Lautstärke und Sprechgeschwindigkeit. Notiert wird darüber hinaus auch alles, was nicht direkt das Gesprochene betrifft, aber für das Verständnis einer Gesprächssequenz wichtig sein kann: nicht-lexikalisierte Laute wie Lachen, hörbares Einatmen, u. U. aber auch Geräusche, die im Hintergrund zu hören sind oder als Höreindruck die Handlungen der Gesprächsteilnehmer begleiten (schreiben, aufstehen, in Unterlagen blättern). Basis- und Feintranskript erweitern die Notation prosodischer Eigenschaften des Gesprochenen (vgl. Selting et al. 2009 für die detaillierte Darstellung).

Für die Transkription nonverbaler Aspekte von Gesprächen, die als Videoaufnahme vorliegen, stehen besondere Notationssysteme zur Verfügung (vgl. dazu Stukenbrock 2009). Die hohe Komplexität dieser Daten erfordert allerdings noch stärker eine gezielte Beschränkung auf einzelne Aspekte als die Audio-Transkription. Solche Transkripte zeigen besonders deutlich, dass große Detailgenauigkeit beim Festhalten vieler gleichzeitig wahrnehmbarer Gesprächsaktivitäten die Notation tendenziell an die Grenzen der Lesbarkeit führt.

Untersuchungsbereiche bei der Analyse gesprochener Sprache
Der wichtigste Forschungsbereich, für den Daten gesprochener Sprache erhoben werden, ist sicher die Analyse von Gesprächen. Auf Ziele und Ergebnisse dieses Forschungszweigs der Linguistik werden wir in Kapitel 11 näher eingehen. Daneben gewinnen inzwischen aber auch andere Bereiche zunehmend an Bedeutung. So wurde nach langen Vorarbeiten die Duden-Grammatik seit der 7. Auflage im Jahr 2005 um ein Kapitel zur Grammatik der gesprochenen Sprache erweitert. Damit wird anerkannt, dass dieser Realisierungsform unserer Sprache eine eigenständige Bedeutung zukommt, die in ihren spezifischen Regularitäten nur gesondert angemessen beschrieben werden kann. Ein Beispiel für diesen Bedarf ist der Bereich der Syntax: Sprecherinnen und Sprecher verwenden zum Ausdruck ihrer Äußerungsabsichten z.T. spezifische Formen, die lange Zeit als ungrammatisch gewertet wurden – wenn man sie nämlich mit Analysekategorien für Sätze der geschriebenen Sprache beschreibt. Setzt man aber neu an, und analysiert ihre Struktur aus einer neutralen Sicht, können sie als eigenständige syntaktische Muster beschrieben werden, die spezifisch an die Bedürfnisse der mündlichen Kommunikation angepasst sind.

Zum Weiterlesen

Bremer, Katharina (2018): Sprechen und Hören. In: Birkner, Karin; Janich, Nina (Hgg.): Handbuch Text und Gespräch. Berlin, Boston: De Gruyter, S. 200–229.

Fuhrhop, Nanna; Peters, Jörg (2013): Einführung in die Phonologie und Graphematik. Stuttgart, Weimar: Metzler.
Leibniz-Institut für deutsche Sprache (2018): Gesprächsanalytisches Transkriptionssystem (GAT). Online unter: http://agd.ids-mannheim.de/gat.shtml, zuletzt am 21.01.2020.
Miller, Georges A. (1993): Wörter. Streifzüge durch die Psycholinguistik. (Herausgegeben und aus dem Amerikanischen übersetzt von Joachim Grabowski und Christiane Fellbaum). Heidelberg, Berlin, New York: Spektrum Akademischer Verlag.
Schwitalla, Johannes (^{4}2012): Gesprochenes Deutsch. Eine Einführung. Berlin: Erich Schmidt.

5 Schreiben und Lesen

5.1 Warum schreiben wir? Neue und alte Funktionen von Schrift —— **88**
5.2 Wie wir schreiben: das deutsche Schriftsystem —— **96**
5.3 Lesen und schreiben lernen: Literalisierung —— **102**
5.4 Zum Stellenwert geschriebener Sprache – und seiner Veränderung durch die Neuen Medien —— **110**

Schreiben und Lesen nehmen in unserem Alltag inzwischen großen Raum ein – und seit der Etablierung elektronischer Kommunikation verbringen viele Menschen noch mehr Stunden damit. Es lohnt sich also, die schriftbasierten sprachlichen Praktiken näher ins Auge zu fassen. Einführend ist dazu die Frage interessant, warum Menschen ursprünglich Schrift entwickelt haben, und wie sich diese neue Realisierungsmöglichkeit auf die Sprache als ganze ausgewirkt hat (5.1). Im zweiten Abschnitt wird es um die Charakterisierung des deutschen Schriftsystems gehen (5.2). Der darauffolgende Abschnitt widmet sich den Mühen, die es für Kinder bedeutet, dieses System zu erwerben – und den Belohnungen, die mit dem Erwerb schriftsprachlicher Fähigkeiten verbunden sind (5.3). Der letzte Abschnitt blickt auf die Schrift in ihrer Komplementarität zur gesprochenen Sprache und versucht, neuere Entwicklungen unserer Schriftkultur einzuordnen.

5.1 Warum schreiben wir? Neue und alte Funktionen von Schrift

> Die Entstehung der gesprochenen Sprache ermöglichte es, Gedanken nach außen zu kehren, aber es war die Erfindung der Schrift, die es ermöglichte, externalisierte Gedanken zu erhalten – mit bedeutenderen Konsequenzen für die menschliche Rasse als alle je geschlagenen Schlachten. (Miller 1993: 80)

Ein Gedanke wird erhalten, wenn wir ihn aufschreiben – und er wird auf diese Weise unabhängig von der einen, flüchtigen Sprechsituation, in der wir ihn sonst geäußert hätten. Er kann damit an anderem Ort, zu einer anderen Zeit und von mehreren Adressaten rezipiert werden: Das ist wohl der Kern der Schrift-Erfindung. Die Produktion der sprachlichen Handlung, das Schreiben, wird dabei von ihrem Verstehen beim Lesen abgetrennt. Während die sprachliche Botschaft z. B. im Gespräch in direkter Bezugnahme auf einen Gesprächspartner abgestimmt werden kann, steht sie jetzt sozusagen allein. Konrad Ehlich (1994: 19) spricht in diesem Zusammenhang von einer „zerdehnten Sprechsituation." Auf diese Weise entsteht mit dem geschriebenen Text eine Art Produkt, das den mitzuteilenden Gedanken in eine dingliche, feste Form bringen muss. Blicken wir also etwas genauer auf die einzelnen Aspekte des Prozesses der „Verdauerung" (Ehlich 1994: 18) sprachlicher Kommunikation durch das Schreiben – und die Konsequenzen, die es für unsere Kommunikation und die Sprache selbst gehabt hat.

Der Bedarf, für praktische Zwecke Informationen festzuhalten, war einer der wesentlichen Ausgangspunkte bei der Erfindung von Schrift. Das zeigen z. B. alte Tontafeln aus der sumerischen Kultur, in denen zur Verwaltung der Vorräte Mengen und Warenangaben der Händler mit Piktogrammen festgehalten wurden. Solche Schrifttafeln gehören zu den ältesten Zeugnissen von Schriftnutzung: sie wurden vor ca. 5000 Jahren im heutigen Irak gefertigt.

Abbildung 10: Vorderseite einer Tontafel mit altsumerischer Schrift aus Uruk, ausgehendes 4. Jahrtausend v. Chr, aus: Haarmann (2002: 31).

Diese Funktion lebt bis heute fort und ist z. B. unverzichtbar für die Organisation eines Wirtschaftssystems: Erst wenn ein Warenbestand schriftlich festgehalten ist, wird er im Prinzip für verschiedene Beteiligte zugreifbar. Bestandslisten und Preise, Aufträge und Abrechnungen können dann überprüft und verglichen werden. Schriftzeugnisse – hier z. B. in Form einer Buchführung – können also sowohl konkrete Waren als auch Prozesse wie An- und Verkäufe repräsentieren und auf diese Weise organisierbar machen.

Ein zweiter Bereich, in dem das Schreiben früh relevant wurde, sind die „heiligen Texte" – hier steht die Schriftform eigentlich für eine zweite Stufe der Verdauerung. Denn die in einer Kultur bedeutsamen religiösen Texte waren typischerweise bereits vorher für die mündliche Überlieferung in eine festgelegte (mündliche) **Textform** gebracht worden. Auf diese Weise wurde dafür gesorgt, dass die jeweilige Erzählung auch über große Zeiträume situationsentbunden zuverlässig weitergegeben werden konnte. Werden solche überlieferten Texte darüber hinaus dann in schriftliche Gestalt gebracht, gewinnen sie zusätzlich an Bedeutung und Macht. Das zeigen z. B. die drei sogenannten Buch-Religionen Judentum, Christentum und Islam, in denen die Thora, die Bibel bzw. der Koran Zentrum und Bezugspunkt des gemeinsamen Glaubens darstellen. Da es sich um Offenbarungsschriften handelt, wird auf Überlieferungstreue besonders großer Wert gelegt. Diese ist auch deswegen wichtig, um beim mündlichen Vorlesen oder Rezitieren von Textteilen auf eine verlässliche Fassung vertrauen zu können.

Allgemein übernimmt im historischen Prozess die Entwicklung von Schriftkultur für eine Gesellschaft die Funktion, diejenigen **Wissensbestände** festzuhalten, die in der jeweiligen Gesellschaft als relevant gelten. Sie werden dadurch für die jeweiligen Leser **verfügbar** gemacht und können entsprechend auch **Verbindlichkeit** beanspruchen. Der Kreis der Leser, der Zugang zu solchem schriftbasierten Wissen hat, war allerdings für lange Zeit auf bestimmte bevorrechtigte „Schriftgelehrte" beschränkt. Ein Beispiel für diesen Zusammenhang ist ein schriftbasiertes Rechtssystem, wie es in westlichen Gesellschaften etabliert ist. Hier rückt der Aspekt der (u. U. vermeintlich) unveränderlichen Zuverlässigkeit von schriftlich fixierten Aussagen ins Zentrum: **Gesetze** entfalten ihre gesellschaftliche Wirkung und normative Kraft in unserer Kultur vor allem dadurch, dass jeder und jede sie – im Prinzip – bei Bedarf nachlesen und sich damit auch auf sie berufen kann. (Es ist deshalb gut, dass seit einigen Jahren die Formulierung von Gesetzestexten auch von linguistischer Sprachberatung begleitet wird, um für möglichst gute Verständlichkeit auch bei Laien zu sorgen.)

Mit verbrieften Rechten wird in einer Schriftkultur allerdings nicht nur Realität dokumentiert, sondern diese Realität wird gleichzeitig konstituiert: Davon zeugen Verträge im Allgemeinen, besonders drastisch aber Grundbucheinträge, die den Besitz von Land verbriefen. Hier besteht ein Kontrast zu oralen Kulturen, in denen z. B. das Land jeweils der Person gehört, die es in angemessener Weise bewirtschaftet.

Schrift als Basis für die Tradierung von Wissen
Im Verlauf der Zeit hat sich Schrift in unserem Kulturraum zu einem relativ leicht lehrbaren, zugänglichen und in vielfältiger Praxis gepflegten Werkzeug entwickelt, mit dem Wissen festgehalten werden kann. Damit wird an die nächste Generation weitergegeben, was in einer Gesellschaft als relevant gilt: Erst durch den immer weiter wachsenden Fundus an schriftlichen Texten, in denen Erfahrungen und Erkenntnisse niedergelegt, Fragen formuliert, Kritik und Kommentare fest-

gehalten werden können, kann das einmal geschöpfte gesellschaftliche Wissen für andere zugänglich gemacht werden. Der Einzug der Schrift ist damit zum Ursprung für entscheidende Entwicklungen unserer Kultur geworden:

> Durch die Schrift entstehen Möglichkeiten einer neuen Kontinuitätsbildung innerhalb von Gesellschaften – die freilich zugleich in größerem Maße gefährdet ist. Die gesellschaftliche Identitätsbildung gestaltet sich bei entwickelter Schrift anders als ohne sie. (Ehlich 1994: 38)

In besonderem Maß trifft die Prägung durch Schrift-Kommunikation für die **Wissenschaft** zu – hier ist sie unabdingbare Voraussetzung. Das betrifft bereits das Gewinnen von neuen Erkenntnissen im Prozess der Forschung. Schon eine wissenschaftliche Fragestellung bezieht sich regelmäßig auf einen Hintergrund von Aussagen, zu denen die Forschenden vor allem über das Lesen vorhandener Texte Zugang finden. Die Forschungsarbeit selbst ist dann typischerweise davon geprägt, dass immer wieder Zwischenergebnisse festgehalten werden. Dabei wird Schrift nicht nur zur Wiedergabe sprachlicher Äußerungen im engen Sinn – also herkömmlichem Text – genutzt, sondern auch mit anderen symbolischen Zeichensystemen wie Zahlen, Formeln und graphischen Darstellungen verknüpft. Schließlich gibt nur ein Forschungsbericht, in dem das Vorgehen und die Ergebnisse nachvollziehbar fixiert sind, den Kolleginnen in der *scientific community* die Möglichkeit, das Ergebnis z. B. mit den eigenen Befunden zu vergleichen, zu bestätigen, Überprüfungen vorzuschlagen oder es grundsätzlich in Frage zu stellen. Und ebenso sind wiederum schriftliche Texte die prototypische Form, in der wissenschaftliches Wissen auch für Laien zugänglich wird, z. B. über vermittelnde Texte von Wissenschaftsjournalisten. In diesem Sinn ist „Textarbeit", die gesellschaftliches Wissen weitergibt, inzwischen Teil vieler Berufe – und wo früher Bibliotheken der Archivierung und Systematisierung des Wissens dienten, werden sie heute durch Datenbanken und Internetquellen verschiedener Form ergänzt oder auch ersetzt. Die zugrundeliegende Transformation von *Aussagen über Welt* in sprachlichen Texten hat sich dabei aber nicht grundsätzlich verändert – die Schriftform bleibt die Basis für die Weitergabe von Wissen.

Wir haben bisher vor allem den Aspekt der Stabilität und Zugreifbarkeit betrachtet, die sprachliche Aussagen durch schriftliche Fixierung gewinnen. Voraussetzung dafür, dass das Aufschreiben zu einem so mächtigen Werkzeug für die kulturelle Entwicklung werden konnte, war aber gleichzeitig **die innere Weiterentwicklung der Sprache**, die sich durch die Möglichkeit des Schreibens und Lesens ergeben hat. Darauf nimmt der folgende Abschnitt Bezug.

Geschriebene Sprache als Anlass zur konzeptionellen Veränderung sprachlicher Inhalte

Wir haben bereits zu Beginn von Kapitel 4 gesehen, dass es vor allem die geschriebene Sprache ist, die unser Konzept dessen prägt, was Sprache ist. Beim Schreiben verändern sich zwei Aspekte der Sprache: Einerseits brauchen wir jetzt Werkzeuge in irgendeiner Form – Tafel und Kreide, Papier und Bleistift oder Bildschirm und Tastatur. Denn anders als im phonischen Medium (beim Sprechen) werden sprachliche Zeichen ja erst durch Schreibtechniken visuell wahrnehmbar, sie werden also in das graphische **Medium** überführt. Zum anderen verändert sich in diesem Prozess aber auch die Kommunikation grundlegend: Wenn man schreibt, kann man in vielen Fällen nur sehr bedingt voraussehen, über welches Wissen ein potentieller Leser verfügen wird. Darüber hinaus wendet man sich häufig auch an Menschen, die man nicht kennt – vielleicht sogar an „alle", an die gesamte potentielle Öffentlichkeit. Deshalb ist auch eine tendenziell andere Herangehensweise bei der Versprachlichung gefordert, damit das Geschriebene unter den Bedingungen einer solchen kommunikativen Distanz trotzdem verstanden werden kann. Äußerungen der geschriebenen Sprache sind also typischerweise auch **konzeptionell** anders gefasst als gesprochene, nämlich *schriftsprachlich*. In solchen Äußerungen verzichten wir z.B. darauf, sehr spezifisches Vorwissen beim Leser anzunehmen und gehen allgemein von einer größeren Distanz zum Adressaten aus; wir verwenden einen etwas anderen Wortschatz und bemühen uns häufig um Höflichkeit etc. (dazu im nächsten Abschnitt mehr). Es ist klar, dass geschriebene Texte mündlich verwendet werden können (z.B. bei einem Vortrag oder den Nachrichten im Radio) – und umgekehrt gesprochene Äußerungen aufgeschrieben werden können: Das Medium der Darbietung und der innere Charakter der Formulierung – die Konzeption – sind also im Prinzip trennbar.

> Die prinzipielle Unabhängigkeit von Medium und Konzeption steht nicht im Widerspruch dazu, dass einerseits zwischen dem phonischen Medium und konzeptionell mündlichen Äußerungsformen, andererseits zwischen dem graphischen Medium und konzeptionell schriftlichen Äußerungsformen eine ausgeprägte Affinität besteht [...]. Ein familiäres Gespräch verbleibt eben normalerweise im phonischen Medium, ein Gesetzestext wird in aller Regel graphisch gespeichert. (Koch/Österreicher 1994: 587)

5.1 Warum schreiben wir? Neue und alte Funktionen von Schrift — 93

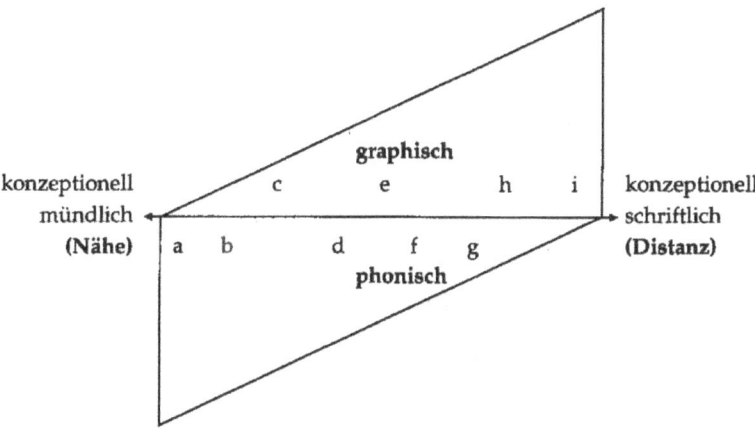

Abbildung 11: Schematische Anordnung verschiedener Äußerungsformen im Feld medialer und konzeptioneller Mündlichkeit/Schriftlichkeit (a = familiäres Gespräch, b = Telefongespräch, c = Privatbrief, d = Vorstellungsgespräch, e = Zeitungsinterview, f = Predigt, g = wissenschaftlicher Vortrag, h = Leitartikel, i = Gesetzestext), aus: Koch/Österreicher (1994: 588).

Das Modell von Koch und Österreicher hat insgesamt eine prägende Wirkung in der Textlinguistik entfaltet und ist seither in verschiedener Weise fortgeführt, aber auch kritisiert worden. Eine kritische Würdigung dieser Diskussion gibt der von Feilke und Henning 2016 herausgegebene Sammelband.

Zum „Ausbau" von Sprachstrukturen bei der Entwicklung von Schriftsprachen

Um einen Gedanken in verständlicher Weise aufzuschreiben, ist in vielen Fällen größere **Explizitheit** gefordert als bei der mündlichen Mitteilung – die ja in der Regel in eine konkrete Situation eingebettet ist. Die Veränderung des Repertoires an sprachlichen Mitteln, die sich dafür im Verlauf der Zeit als nützlich erwiesen hat, wird auch als **Ausbau** der jeweiligen Sprache bezeichnet. Solche Ausbauprozesse verändern eine Sprache durch die Schriftnutzung sozusagen von innen heraus; sie betreffen verschiedene Ebenen:

Organisation der Kommunikation, referenzielle Mittel und Kohärenz

Die gesprochene Sprache kann in der Regel auf Situationsbezug und Dialog setzen, um Inhalte in passender Weise für die jeweilige Adressatin schrittweise deutlich zu machen. Beim Schreiben muss mitgedacht werden, was dem Leser an Wissen zugänglich ist, und im Zweifel muss fehlende Information ergänzt werden. Das betrifft z. B. schon die **Adressierung** selbst: Texte vermitteln in den meisten Fällen auf irgendeine Weise, an wen sie gerichtet sind. So verwendet man einen Briefumschlag, wenn unbefugte Leser ausgeschlossen werden sollen. Dagegen werden am Zeitungskiosk besonders große Lettern und zusätzlich rote Druckfarbe eingesetzt, um die Aufmerksamkeit einer möglichst großen Leserschaft einzufangen.

Aber auch die gemeinsame Orientierung der Kommunizierenden mit Bezug auf **Ort und Zeit**, die in einer Gesprächssituation selbstverständlich ist, muss im Fall der schriftlichen Mitteilung typischerweise ersetzt werden. Im Brief wird diese Funktion von der Kopfzeile mit Ort und Datum erfüllt. In der elektronischen Kommunikation ist zwar der Absender und die zeitliche Verankerung einer Botschaft automatisch mitnotiert, nicht aber der Ort: Schreibe ich meinem Partner unangekündigt aus dem spontanen Urlaub, muss der Ortswechsel sprachlich signalisiert werden, um die dann folgenden Aussagen interpretierbar zu machen.

Allgemein erfordert die Aufgabe, im geschriebenen Text identifizierbar zu machen, wovon die Rede ist – also situationsunabhängige **Referenz** – typischerweise ein Mehr an sprachlichem Aufwand. In einer Gesprächssituation ist eine Äußerung vom Typ *„stell **das** doch grad mal **da** hin – ich räum´s dann selber wieder **hinter**"* normal und verständlich. Als Nachricht auf einem Zettel für den Paketdienst wäre mindestens erforderlich, die – hier fettgedruckten – situationsabhängigen Ausdrücke in eine explizitere Form zu übersetzen, also etwa: *„Bitte stellen Sie die Kiste auf dem Vorplatz vor der Haustür ab, ich werde sie selbst in die Garage tragen."*

Auch für die Aufgabe, den Zusammenhang einer Kette von Aussagen deutlich und damit den Text **kohärent** zu machen, haben sich im Lauf der Zeit für das Schreiben nützliche Routinen etabliert. So stärkt eine Textgliederung, in der gedankliche Relationen explizit ausgedrückt sind (z. B. *einerseits ... andererseits* oder *zwar ... aber ...; erstens ...*) die Verständlichkeit, weil man durch sie einzelne Gedanken als Teile eines gegliederten Ganzen einordnen kann. Eine solche Differenzierung und Präzisierung der logischen Verknüpfung zwischen Sätzen ist ein charakteristisches Merkmal von Ausbauprozessen – und muss im Erwerb schriftsprachlicher Konventionen erst gelernt werden. Darauf werden wir in Abschnitt 5.3 zurückkommen.

Syntaktische Ebene – Satzbau
Etwas vereinfacht kann man sagen: Sprechen vertraut meist auf relativ kurze Äußerungen, die **parataktisch** aneinandergereiht werden – ein Hauptsatz folgt dabei dem anderen. Schreiben ermöglicht uns dagegen durch die längere Planungszeit, längere und **hypotaktische** Strukturen zu konstruieren, in denen Haupt- und Nebensätze zu komplexeren Gebilden zusammengefügt sind. Wenn z. B. in wissenschaftlichen Texten ein abstrakter Zusammenhang in Worte zu fassen ist, kann sich ein komplexer Satz leicht über einige Zeilen ausdehnen. Ein Zitat aus einem literaturwissenschaftlichen Text zu unserem Themenbereich (Schlaffer 1991: 9) zeigt, wie der Autor in typisch schriftsprachlichem Satzbau eine Folge von Teil-

sätzen zu einem informationsreichen Gewebe verbindet, das unter anderem durch eine ganze Reihe von zeitbezogenen Ausdrücken (*bereits, zunächst, später, erst, bald wieder, erst, noch nicht ...*) inhaltlich strukturiert wird:

> Anfänge einer Reflexion über das Verhältnis von mündlicher und schriftlicher Kultur reichen bis ins Altertum selbst zurück. Bereits Flavius Josephus hatte um 100 n. Chr. vermutet, dass die *Ilias* und *Odyssee* zunächst mündlich tradiert und später erst schriftlich redigiert wurden – ein bald wieder vergessener Gedanke, dem erst 1795 Friedrich August Wolf zu wissenschaftlicher Dignität verhalf, indem er darlegte, dass die Griechen zur Zeit Homers noch nicht schreiben konnten, den >Autor< Homer zur Fiktion erklärte und an den Werken, die unter seinem Namen überliefert sind, die Eingriffe einer späteren schriftlichen Bearbeitung kenntlich machte.

Lexikalische Ebene – Wortwahl
Neben der charakteristischen syntaktischen Komplexität finden wir im gerade genannten wissenschaftssprachlichen Zitat auch Belege für eine entsprechend spezifische Wortwahl: Das sind hier einerseits fachsprachliche Ausdrücke mit lateinischem Ursprung (*Reflexion, tradiert, redigiert, Dignität, Fiktion*), andererseits aber auch Verben, die sich um eine möglichst präzise Beschreibung der jeweiligen abstrakten Handlung bemühen: *darlegen, einer S. zu wissenschaftlicher Dignität verhelfen, an e. S. etwas kenntlich machen*. Mit dieser Auswahl aus dem sprachlichen Repertoire des Deutschen signalisiert der Autor aber nicht nur allgemein die Zugehörigkeit des Texts zum Stil der (Geistes-)Wissenschaften – er zeigt auch, dass sein Text Wissen über Fachtermini und das Mitdenken über viele Zeilen hinweg absichtsvoll voraussetzt. Mit anderen Worten: Er signalisiert mit diesen Mitteln die Adressierung an eine bestimmte Leserschaft.

Im Kontrast dazu erlaubt es die Kontexteinbettung gesprochener Sprache häufig, sich mit wenig spezifischen Wörtern, zum Teil auch mit sogenannten passe-partout-Ausdrücken wie *Dings, mach doch, dieser Typ*, dennoch verständlich auszudrücken. Auch die Wortwahl muss nicht unbedingt sehr variationsreich sein – denn Lebendigkeit kommt beim Sprechen ja aus vielen Quellen. Beim Schreiben sollte dagegen jeweils klar sein, auf wen oder was wir jeweils referieren (also z. B.: *der Freund, von dem du gestern erzählt hast* statt *der Typ*) und auch die jeweils gewünschte emotionale Tönung einer Botschaft kann im geschriebenen Text nur durch sprachliche Mittel erreicht werden.

Eine im besten Fall präzise, komprimierte und gleichzeitig variationsreiche Ausdrucksweise wird beim Schreiben auch deshalb möglich, weil uns mehr Zeit zur Verfügung steht. Dadurch sind Überarbeitungen und Korrekturen möglich – wenn gewünscht auch mit Rückgriff auf externe Hilfsmittel wie z. B. Wörterbücher oder Enzyklopädien. Auf diese Weise kann bei der Arbeit mit elektronischen Schreibmedien eine Vernetzung mit bestehenden schriftlichen Texte genutzt werden, die einerseits neue Möglichkeiten der kreativen Textproduktion eröffnet – die andererseits aber auch neue Risiken der bloßen Vervielfältigung von eigenen und fremden „Textbausteinen" und des Plagiierens von Gedanken birgt.

5.2 Wie wir schreiben: das deutsche Schriftsystem

Mehrere Möglichkeiten für Schriftsysteme
Grundsätzlich gibt es nicht nur eine Möglichkeit, sprachliche Inhalte schriftlich zu fassen – und für diese Aufgabe wurden z. T. sehr unterschiedliche Lösungswege gefunden. Während für uns heute zwar selbstverständlich ist, dass wir Texte „in unserer Sprache" schreiben, nutzen wir gleichzeitig auch immer wieder **Piktogramme**, die Konzepte ohne die Vermittlung über sprachliche Ausdrücke oder Wörter festhalten. Solche graphischen Zeichen stellen die Verbindung zwischen Zeichenform und Bedeutung über Ähnlichkeit her, funktionieren also als ikonische Zeichen. Ein Beispiel ist das lächelnde Gesicht ☺, mit dem wir eine Botschaft freundlicher gestalten, ohne dass dabei ein bestimmtes Wort mitgedacht wird. In ähnlicher Weise wird ♀ als Symbol für *weiblich* verwendet; auch hier ist damit keine festgelegte Formulierung verbunden. Der Spiegel, der die Form dieses Zeichens einmal motiviert hat und damit eine Form der Ähnlichkeit nutzt, ist allerdings wohl für die meisten Leserinnen und Leser längst vergessen.

Ganz analog zu dieser Vorgehensweise einer Zuhilfenahme von Ähnlichkeitsbeziehungen haben historisch frühe Schriften Objekte und Klassen von Objekten durch mehr oder weniger wiedererkennbare Zeichen dargestellt. Eine solche Darstellung folgt dem **semasiographischen Prinzip** – dabei verweisen Zeichen sozusagen direkt auf Dinge oder abstrakte Konzepte. In einem langen Prozess, der sich über Jahrtausende erstreckt hat, haben Menschen in verschiedenen Kulturen dieses Prinzip dann zu Schriftsystemen weiterentwickelt, die durchaus unterschiedlich organisiert sind, sich aber immer auch auf die gesprochene Sprache der jeweiligen Sprachgemeinschaft beziehen und dabei die jeweiligen sprachlichen Formen als Bezugspunkt für das Festhalten von Bedeutungen nutzen.

Ein interessantes Beispiel ist das Chinesische. Es wird im Wesentlichen in einer **logographischen Schrift** geschrieben, d.h. hier stehen die Schriftzeichen, vereinfacht gesagt, für einzelne Wörter (eigentlich für Morpheme, die aber in der chinesischen Sprache meist gleichzeitig Wörtern und Silben entsprechen, vgl. genauer z. B. Dürscheid 2016: 68 ff.). Dabei gilt – anders als bei den Piktogrammen – eine feste Verbindung von Inhalts- und Ausdrucksseite: ein Zeichen steht für ein spezifisches, sprachlich gefasstes Konzept. Das hat zur Folge, dass zum Erlernen dieser Schrift mehrere tausend graphisch komplexe Zeichen erworben werden müssen – eine große Aufgabe für die Kinder dieser Kultur.

Ökonomischer ist in dieser Hinsicht eine **Alphabetschrift**, in der Sprache mit relativ wenigen und einfachen konventionalisierten Zeichen festgehalten wird, die jeweils Lautwerten zugeordnet sind. Solche Schriften folgen damit dem **phonographischen Prinzip**. Ihre Erfindung geht auf die Griechen zurück, die auf der Basis von phönizischen Vorläufern das erste vollständige Alphabet entwickelten – und entsprechend leitet sich der Name *Alphabet* von den ersten Buchstaben der griechischen Schrift (i. e. *alpha* und *beta*) ab. Das älteste überlieferte Zeugnis der griechischen Schrift ist die auf einer Tonvase erhaltene Inschrift, die auf das 8. Jh. v. Chr. datiert wird.

Abbildung 12: Dipylon-Kanne mit Inschrift, Quelle: https://deacademic.com/dic.nsf/dewiki/338122, zuletzt am 12.12.2019.

Auch im deutschen Schriftsystem steht dieses Prinzip im Mittelpunkt; es bestimmt aber nicht durchgängig alle Schreibungen. Denn im Verlauf der Nutzung von Schrift hat sich gezeigt, dass die Umsetzung von sprachlichen Einheiten in Ketten graphischer Symbole Vereinfachungen braucht, damit sie ökonomisch funktioniert und leicht gelesen werden kann. Um diesen Zusammenhang zu verstehen, kann man sich vorstellen, wie es wäre, das Deutsche grundsätzlich in phonetischer Schrift zu schreiben – also als möglichst genaue Transkription. In dieser Schreibung würden alle dialektalen und individuellen Varianten der jeweiligen Sprachbenutzerinnen ziemlich genau abgebildet – und auf diese Weise würden auch die jeweils gleichen Wörter ganz verschiedene Schrift-„Bilder" ergeben. Für das Lesen ist aber gerade die schnelle und zuverlässige Wiedererkennbarkeit der Verknüpfung zwischen graphischem Bild und Bedeutung nützlich – und unser Schriftsystem berücksichtigt genau diesen Bedarf:

> Die Analyse der deutschen Orthographie kann nicht durch die Folie von Transkriptionen gesprochener Sprache geschehen, sondern sie muss im Feld der konkurrierenden möglichen Lösungen für die Aufgabe erfolgen, Texte in deutscher Sprache optimal erlesbar zu machen. (Maas 1992: 11, zit. n. Schlobinski 2014: 222)

Der folgende Abschnitt wird diesem Zusammenhang noch etwas genauer nachgehen.

Zu den Prinzipien des Schreibens im Deutschen
Das phonographische Prinzip: die Graphem-Phonem-Korrespondenz
Wie oben schon angesprochen, basiert das deutsche Schriftsystem im Kern auf dem phonographischen Prinzip: Die Laute der deutschen Sprache werden mit einem Inventar von einfachen (<a>, <b>, <d>, <e>, <f>, usw.) und komplexen Graphemen (<qu>, <ch>) wiedergegeben. Die Zuordnung erfolgt nach den Graphem-Phonem-Korrespondenzregeln (GPK-Regeln), in denen die regulären Entsprechungen festgehalten sind. Grapheme werden dabei in der Regel in spitzen Klammern notiert.

Tabelle 5: Konsonantische Phonem-Graphem-Korrespondenzen, aus: Fuhrhop/Peters (2013: 209).

Konsonantische Phonem-Graphem-Korrespondenzen								
/p/	→	<p>	/f/	→	<f>	/h/	→	<h>
/t/	→	<t>	/S/	→	<s>	/m/	→	<m>
/k/	→	<k>	/z/	→	<s>	/n/	→	<n>
			/s/	→	<ß>			
/b/	→	<b>	/ʃ/	→	<sch>	(/ŋ/	→	<ng>)
/d/	→	<d>	/ç/	→	<ch>	/l/	→	<l>
/g/	→	<g>	/v/	→	<w>	/R/	→	<r>
			/j/	→	<j>			

Tabelle 6: Vokalische Phonem-Graphem-Korrespondenzen, aus: Fuhrhop/Peters (2013: 209).

Vokalische Phonem-Graphem-Korrespondenzen					
/i/	→	⟨ie⟩	/ɪ/	→	⟨i⟩
/y/	→	⟨ü⟩	/ʏ/	→	⟨ü⟩
/e/	→	⟨e⟩	/ɛ/	→	⟨e⟩
/ø/	→	⟨ö⟩	/œ/	→	⟨ö⟩
/æ/	→	⟨ä⟩			
/ɑ/	→	⟨a⟩	/a/	→	⟨a⟩
/o/	→	⟨o⟩	/ɔ/	→	⟨o⟩
/u/	→	⟨u⟩	/ʊ/	→	⟨u⟩
/ə/	→	⟨e⟩			

Diese Regeln ergeben in vielen Fällen die korrekte Schreibung eines Wortes, aber nicht immer – schon deshalb nicht, weil den ca. 40 Phonemen im Deutschen nur 24 Grapheme der **neuen lateinischen Schrift** gegenüberstehen, in der wir heute schreiben. Das bedeutet: Ganz genauso schreiben „wie man spricht" können wir nicht, denn es haben sich neben und zusätzlich zu den GPK-Regeln Schreibungskonventionen historisch herausgebildet, die man lernen muss. Diese Konventionen der **Rechtschreibung** – und Schreibung ist eben immer *Recht*schreibung, darauf kommen wir in 5.3 zurück – kann man auf die folgenden weiteren Prinzipien zurückführen.

Das silbische Prinzip
Es hat sich gezeigt, dass das Lesen davon profitiert, nicht nur für Laute, sondern auch für Silben graphische Äquivalente zu nutzen; diese werden als **Schreibsilben** bezeichnet. Die Worterkennung wird ökonomischer, wenn solche Schreibsilben ungefähr gleich lang gehalten werden, die optische Länge von Silben spielt deshalb bei der Wortschreibung eine wichtige Rolle. Dieses Ziel motiviert z. B. dazu, das Phonem /ʃ/ in *Straße* oder *Spielen* nicht mit ⟨sch⟩ wiederzugeben, sondern nur mit ⟨st⟩ bzw. ⟨sp⟩: Eine Überlänge des Silbenanfangsrands wie *⟨schtr⟩ oder ⟨schp⟩ soll damit vermieden werden.

Der Erhaltung einer möglichst transparenten Silbenstruktur dienen auch die Schreibungen in den folgenden beiden Fällen, die von den Regeln der GPK abweichen:
i) Mit Doppelkonsonant-Graphemen werden sogenannte **Silbengelenke** gekennzeichnet: Hier nutzen wir beim Sprechen einen Konsonanten sowohl

zum Beenden der ersten und zum Anlaut der zweiten Silbe – er wird also sozusagen doppelt „beansprucht". Das kann wieder durch lautes Lesen propriozeptiv überprüft werden: *Sonne, Hummer, komme, Kuppe* ... Dieses Muster ist für viele Wörter des Deutschen relevant. Statt einer Verdopplung kann auch ein anderer Mehrgraph die Funktion übernehmen, das Silbengelenk anzuzeigen (wie in *ku**ck**en, Zu**ck**er* oder *Kü**ch**e*). Und auch wenn der Konsonant des Silbengelenks bereits durch den optisch umfangreichen Trigraphen <sch> dargestellt wird, kann die Verdopplung wegfallen: wir schreiben dann also nicht **Maschsche*, sondern nur *Masche*.

ii) Ebenso als eine Art Lesehilfe dient das Einfügen eines <h>, wenn der vorausgehende Vokal lang gesprochen werden soll (z. B. *kahl, Lohn, nehmen):* das sogenannte **Dehnungs-h**. Zur Markierung des Getrenntsprechens von angrenzenden Vokalen (wie in *leihen, muhen*) wird ein **silbeninitiales h** eingefügt: Es wird nicht gesprochen, sorgt aber dafür, dass man beim Lesen die beiden Silben nicht zusammenzieht, wie es ohne das eingeschobene <h> geschehen würde.

Das morphologische Prinzip

Für die Wörter unserer Sprache haben wir einerseits Lautbilder im Kopf, andererseits sind sie aber auch jeweils Teil eines Netzes verwandter Wörter, einer Wortfamilie. So werden Nomen sowohl im Singular wie im Plural verwendet, ein Verb wird in vielen konjugierten Formvarianten verwendet. Diese Verwandtschaften sollen im Schriftbild immer sichtbar bleiben, auch wenn beim Sprechen voneinander abweichende Varianten gebraucht werden. Ein Beispiel ist die sogenannte **Auslautverhärtung**: Wir sprechen zwar – aus Gründen der Assimilation von Sprachlauten, s. o. Kapitel 4 – im Singular [mo:nt], schreiben aber <Mon**d**>, weil der Bezug zu morphologisch abgewandelten Formen wie z. B. *die Monde, des Mondes, der Monde* beim Lesen deutlich werden soll.

Umgekehrt kann unterschiedliche Schreibung dazu beitragen, gleich gesprochene Wörter mit verschiedener Bedeutung auseinanderzuhalten: *Mohr* und *Moor, Waagen, Wagen* und *wagen* sind zwar im Grundschuldiktat Gemeinheiten, helfen uns aber beim Lesen von Texten, Homonyme „auf einen Blick" zu differenzieren.

Das morphologische Prinzip legt also Wert auf die Herkunft von Wörtern – oft kann man auch an der Orthographie erkennen, dass ein Wort ursprünglich aus einer anderen Sprache entlehnt wurde und deshalb nach den dort geltenden Prinzipien geschrieben ist: *Cognac, Champagner* und *Whisky* sind Wörter, deren Herkunft aus dem Französischen bzw. Englischen jeweils noch erkennbar geblieben ist. In anderen Fällen hat sich die Schreibung den deutschen Regeln angepasst, z. B. kann man inzwischen *Likör* schreiben oder *Haarschampo*, zum Teil sind auch

Varianten im Gebrauch, etwa bei *Fotograf* und *Photograph*. Aber nicht für alle Entlehnungen ist die Anpassung an die orthographischen (oder *orthografischen*?) Regeln des Deutschen erwünscht: *Philosophie* möchten wir offenbar nicht als *Filosofie lesen, *Füsioterapie kann vorerst nicht *Physiotherapie* ersetzen. Im Bereich der Fremdwortschreibung herrscht also eine gewisse charmante Unordnung, die man möglicherweise auf das Wirken weiterer, nicht leicht festzuhaltender Prinzipien zurückführen könnte. So spielt auch die Ästhetik des Schriftbilds eine Rolle, das Festhalten an übernommenen Routinen und die Analogiebildung für untereinander ähnliche Fälle, die Lernbarkeit, das Prestige der Herkunftssprache – und sicher noch weitere Aspekte. Zusammenfassend kann man hier sagen, dass in der Fremdwortschreibung etwas besonders deutlich wird, was die Wortschreibung im Deutschen insgesamt kennzeichnet: Der Zusammenhang zwischen gesprochenen und geschriebenen Versionen eines Worts ist durchaus komplex, sodass er nicht immer in allen seinen Facetten systematisch und widerspruchsfrei geregelt werden kann (vgl. dazu das Kapitel „Phonem und Graphem" in der Duden-Grammatik: Duden 2016).

Zur Variabilität und Veränderbarkeit von Schreibweisen
Ein Grund für den Wandel bei Schreibweisen und dem Fortbestehen von Uneinheitlichkeit ist die Wechselwirkung zwischen dem tatsächlichen **Schreibusus** der Sprachbenutzer und der festgelegten **Norm**, an der sie sich orientieren – oder orientieren sollten. Ob eine alternative Schreibung mangels besseren Wissens gewählt ist oder aus dem Wunsch nach mehr Aufmerksamkeit durch innovative Extravaganz (wie in der Werbung häufig) – auf jeden Fall macht sie einen Eindruck auf ihre Leser und kreiert die Erwartung, diese Schreibung sei jedenfalls eine mögliche. Denn was wir einmal „so" gelesen haben, hinterlässt ein Bild in unserem Sprachgedächtnis.

Zu dieser Variabilität durch den Sprachgebrauch selbst stellt die **Normierung** durch das Regelsystem der Rechtschreibung einen Gegenpol dar. Sie ist für das Deutsche im Rechtschreib-Duden (Duden 2017) festgehalten. Wie wir schon oben gesehen haben, setzt Lesbarkeit eine verlässliche Basis von Wörtern mit jeweils wiederkehrendem Schriftbild voraus. Darauf können wir heute in der Regel vertrauen – trotz der z.T. erbitterten Kämpfe um jede neue Rechtschreibreform, zuletzt der von 1996. Dem ist ein langer historischer Prozess vorausgegangen: Wie wir oben (Kap. 2) beschrieben haben, gab es lange keinen Konsens darüber, wie Deutsch zu schreiben wäre. Diese Vereinheitlichung musste erst erarbeitet werden – und erst im Verlauf dieses Prozesses wurde erkennbar, was als gemeinsame deutsche Sprache gelten würde. In einer Zeit, in der vermehrt Schreib-Medien genutzt werden, um mit Freunden zu kommunizieren, stehen orthographische Norm und damit gleichzeitig die Einheitlichkeit der Schriftsprache wieder neu unter Druck – und müssen möglicherweise aufs Neue verteidigt werden (dazu Kunkel-Razum 2018).

5.3 Lesen und Schreiben lernen: Literalisierung

Anders als Sprechen lernt man Lesen und Schreiben in der Schule. Aus der Sicht des sechsjährigen Kindes, das seine sprachlichen Fähigkeiten bisher vor allem im Gespräch mit vertrauten Personen erworben hat, bedeutet das meist einen deutlichen Einschnitt. Denn die typischen Kommunikationssituationen, in denen Sprache vor dem Schuleintritt erworben wird, sind durch eine starke Einbindung des Sprechens in die Situation, durch Spontaneität und meist durch eine stützende, kooperative Haltung der erwachsenen Dialogpartner gekennzeichnet. Hier konnte also beim Reden ganz alltäglich ein reichhaltiger gemeinsamer Wissenshintergrund vorausgesetzt werden.

Im Schulunterricht dagegen verändern sich die Bedingungen des Sprachgebrauchs für die Kinder in mehrfacher Hinsicht: Die Sprechsituation wird öffentlich, statt Dialog steht jetzt die Gruppe als Adressat im Vordergrund. Das bedeutet neue Regeln der Beteiligung – man muss sich melden, wenn man etwas sagen will –, aber auch, dass gemeinsames Wissen nicht mehr im gleichen Maß selbstverständlich ist. Vor allem aber bringt der Unterricht in der Grundschule eine neue Fokussierung auf Sprache als Gegenstand mit sich: Die Verwendung sprachlicher Formen wird bewusst betrachtet, u. U. kommentiert und korrigiert. Dabei geht es nicht mehr nur um das gegenseitige Verständnis, wie üblicherweise bei unseren metasprachlichen Aktivitäten im Alltag – jetzt geht es in vielen Fällen um das Bewusstmachen und Einhalten von **Normen** und darüber hinaus um die Bewertung von Leistungen.

Den Hintergrund für das Lesen-und-Schreiben-Lernen bildet damit eine übergreifende Aufgabe, die sich für den gesamten späteren Spracherwerb stellt, und die man unter den Begriff der **Re-Kontextualisierung** fassen kann: Kinder müssen in dieser Altersstufe lernen, die Beziehungen zwischen sprachlich und kontextuell vermittelter Information jeweils situationsangepasst zu handhaben. Das erfordert zunächst, überhaupt zu erkennen, wann verstehensrelevantes Wissen nicht mehr in ausreichender Weise durch die Situation oder das Vorwissen der Adressaten gegeben ist. Es ist dann erforderlich, diese gemeinsame Wissensbasis – sozusagen ersatzweise – über sprachliche Mittel zugänglich zu machen. Von den Erlebnissen am Wochenende bei der Großmutter im Montags-Stuhlkreis zu erzählen, ist etwas anderes, als den Eltern oder Geschwistern davon zu erzählen: Damit die geschilderten Ereignisse für alle Zuhörer nachvollziehbar werden, müssen wesentliche Rahmen-Informationen erst vorausgeschickt werden.

Im Zusammenhang des Schulunterrichts wird darüber hinaus noch ein weiterer neuer Aspekt sprachlichen Handelns für das Kind deutlich, der für geschriebene Sprache besondere Bedeutung hat: Für eine sprachliche Handlung stehen im Prinzip fast immer verschiedene **Varianten** sprachlicher Ausdrucksformen zur Verfügung. So kann eine Bitte knapp oder wortreich, höflich oder fordernd, mit oder ohne Begründung formuliert werden. Je nach konkreter Situation wird allerdings jeweils nur ein Ausschnitt aus diesen Möglichkeiten als angemessener Sprachgebrauch angesehen. Die Schule macht durch Lob, Tadel und Korrektur deutlich, welche dieser Varianten mit sozialer Wertschätzung honoriert werden. Ein wichtiger Aspekt dieser Variation ist Dialekt: Viele Kinder erfahren erst in der Grundschule den Unterschied zwischen dialektalen und standardsprachlichen Ausdrucksweisen – und dass damit in schulischen Zusammenhängen meist auch eine **Bewertung** verbunden ist.

Die standardsprachliche Norm, die mit dem Schreibenlernen so explizit in den Mittelpunkt rückt, stellt vor allem auch für die zweisprachigen Schüler eine Herausforderung dar, die in der Familie eine andere Sprache als Deutsch sprechen. In hohem Maß entscheiden also die mitgebrachten sprachlichen Voraussetzungen darüber, wie ein Kind **Literalisierung** erlebt: als Freude, endlich den Erwachsenen im Umgang mit Büchern nachzueifern oder als Schrecken, sich durch die damit verbundenen Anforderungen immer wieder überfordert zu fühlen. Dass ungleiche Startpositionen beim Weg in die Literalisierung noch lange nachwirken, zeigen Defizite im Bildungserfolg z. B. von Kindern mit Migrationshintergrund. Auch durch vielfältige Förderprogramme konnten diese Nachteile bisher nicht ausgeglichen werden.

Elementare Schritte im Schriftspracherwerb
Vom Gelingen des Eintritts in die literalisierte Welt hängt also für jedes Kind viel ab, denn schriftsprachliche Kompetenzen sind Voraussetzung für den gesamten weiteren Wissenserwerb und die gesellschaftliche Teilhabe in vielen Bereichen. Als Basis für guten Unterricht in diesem Bereich ist gefordert, die relevanten Prozesse beim Lesen- und Schreibenlernen zu verstehen: Welche Schritte sind dabei von den Kindern im Einzelnen zu bewältigen – und wie kann entsprechend eine sinnvolle Hilfestellung vonseiten der Schule aussehen? Der Schriftspracherwerb wird dabei immer als integrierter Prozess gesehen, in dem Lesen und Schreiben nicht nacheinander, sondern gleichzeitig erworben werden und bei dem sich beide Fähigkeiten gegenseitig unterstützen.

Zwar gibt es im Detail viele Kontroversen über didaktische Modelle zum Schrifterwerb – es kann aber doch als Konsens gelten, dass Kinder dabei drei große Abschnitte bewältigen müssen. Eine solche Stufenfolge kann darüber hinaus deutlich machen, dass der Prozess beim einzelnen Kind in groben Zügen den Prozess der Schriftentwicklung nachvollzieht, wie wir ihn zu Beginn des Kapitels skizziert haben: einer direkten Kopplung zwischen Bildzeichen und Bedeutung folgt zunächst die Entdeckung des Prinzips der Alphabetschrift (also des Phonem-Graphem-Zusammenhangs), erst dann werden die Geheimnisse der Orthographie erkundet. Im folgenden Zitat wird noch einmal deutlich gemacht, dass es sich eben bei der Schrift nicht um ein Lernen einfacher eins-zu-eins-Zuordnungen handelt, sondern um die Aneignung der Prinzipien eines überaus komplexen Systems:

> Während Generationen von Schreibern 5400 Jahre damit beschäftigt waren, Schriften auszufeilen, muss das Gehirn unserer Kinder sie heute in wenigen Jahren aufnehmen. [...] Zwei oder drei Jahre Leseunterricht reichen aus, damit sie die Wörter ihrer Sprache entschlüsseln können. In diesen für die Autonomie des Kindes entscheidenden Jahren wandelt sich die Schrift von seltsamen Markierungen auf dem Papier plötzlich zu lebendigen und bedeutsamen Buchstaben. (Dehaene 2010: 222)

Mit Bezug auf das klassisch gewordene Drei-Phasen-Modell von Frith (1985) können vereinfacht die im folgenden Abschnitt vorgestellten Etappen des Lernprozesses unterschieden werden. Sie sollten allerdings nicht als starres Ablaufschema verstanden werden, sondern die zeitliche Ausdehnung der Phasen kann individuell durchaus verschieden verlaufen und darüber hinaus auch Überschneidungen aufweisen.

In der **logographischen Phase**, die häufig dem eigentlichen Lesen- und Schreibenlernen vorausgeht, werden ganzheitlich wahrgenommene Wortbilder wiedererkannt und einer Bedeutung zugeordnet, ohne dass das Kind sie in ihrer inneren Struktur analysiert. Im nächsten Schritt sind es vor allem die Anforderungen des Schreibens, die das Kind dazu bringen, den „zweiten Leseweg" zu entdecken – bei dem nämlich dann die innere Zusammensetzung der Wörter und damit der Zusammenhang zwischen Phonemen und Graphemen im Mittelpunkt steht. In dieser **alphabetischen Phase** wird gelernt, Laut für Laut vorzugehen:

> Das Kind lernt, auf die kleinen Bestandteile der Wörter zu achten, ganz gleich ob es sich dabei um einzelne Buchstaben oder komplexere Grapheme (ch/ eu/ ie/ usw.) handelt. Es erlernt die Zusammenhänge zwischen jedem dieser Elemente und den Phonemen der Sprache und übt sich darin, Letztere zu Wörtern zusammenzusetzen. [...] Es bedarf einer geistigen Revolution, damit es herausfindet, dass Sprache in Phoneme zerlegt werden kann und man den Laut ba durch die Kombination der Phoneme b und a erhält. (Dehaene 2010: 228)

Diese Phase ist damit durch die schrittweise phonologische **Rekodierung** der einzelnen Wörter gekennzeichnet – sowohl beim Schreiben als auch beim Lesen. Das ist ein relativ mühevolles Vorgehen, Buchstabe um Buchstabe muss entziffert und einem Lautwert zugeordnet werden. Diese Aufgabe gelingt umso besser und schneller, je mehr phonologisches Bewusstsein über die Strukturen der Wörter seiner Sprache das Kind bereits aufgebaut hatte, z. B. über Singspiele und Reime. Allerdings lenkt auch das Erlernen der Buchstaben die Aufmerksamkeit in neuer Weise auf die Laute – und so ist der phonologische Lernprozess während der Grundschuljahre durch eine ständige Wechselwirkung zwischen beiden Ebenen charakterisiert. Das zeigen Texte, die während dieser Phase entstehen und in denen sich die Entdeckungsleistung spiegelt, den Korrespondenzbeziehungen zwischen gesprochenen und geschriebenen Wörtern nach und nach auf die Spur zu kommen. Überlegen Sie beim folgenden Wunschzettel, wie einige der auffälligen Schreibungen zustande gekommen sein könnten.

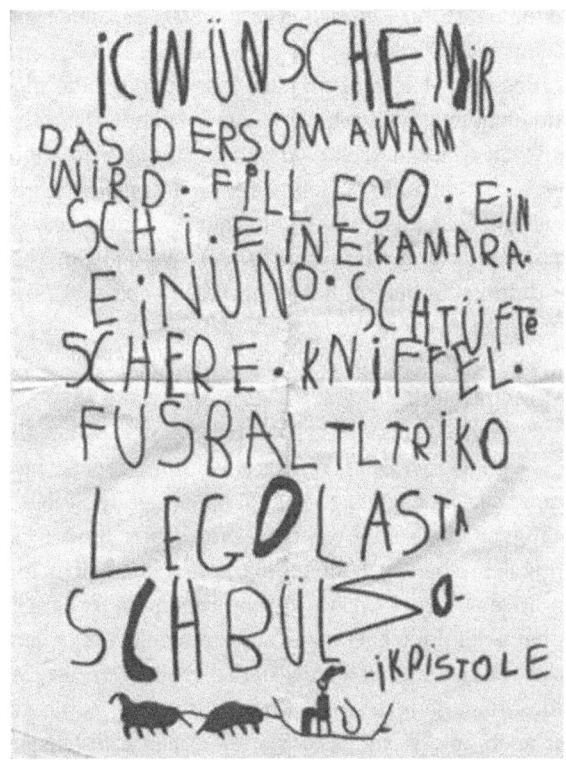

Abbildung 13: Wunschzettel, Titelblatt des SZ-Magazins (Ausschnitt), Nr. 45 vom 08.11.2013.

Im Verlauf des Lesens und Schreibens eignen sich die Lernenden dann einen großen Bestand an wiedererkennbaren visuellen Einheiten unterschiedlicher Größe an. Dadurch werden in der abschließenden **orthographischen Phase** Vereinfachungen über Routinisierung möglich. Auf diese Weise tritt neben den Weg über eine Graphem-Phonem-Erschließung zunehmend ein lexikalischer Weg: Bekannte Wörter werden jetzt ganzheitlich erkannt – das Lesen und in der Folge schrittweise auch das Schreiben gelingt dem Kind jetzt leichter und schneller. Orthographische Regeln werden zunehmend beachtet, die Groß- und Kleinschreibung kommt hinzu. Dabei bleibt die alphabetische Strategie als Grundlage bestehen, denn nur sie ermöglicht das Lesen und Schreiben unbekannter Wörter.

Diese knappe Beschreibung der wichtigsten Etappen thematisiert nicht, dass das Ergebnis dieser anspruchsvollen Lernaufgabe je nach individuellen Bedingungen sehr unterschiedlich ausfallen kann. Denn ihr Gelingen hängt von einem ganzen Bündel von Voraussetzungen ab: Dabei spielt die Art des Unterrichts eine wichtige Rolle, aber auch die Motivation, das Lesen und Schreiben wirklich zu lernen, z. B. weil man es – in irgendeinem Sinn – brauchen kann und die soziale Umgebung es erwartet und unterstützt. Das Lesen in seinen Grundzügen zu lernen, ist das Eine – es so einzuüben, dass es mit der Zeit zur mühelosen und Freude stiftenden Fähigkeit wird, die man nicht mehr verliert, das Andere. Auch in Deutschland lernen nicht alle Jugendlichen so lesen, dass es ihnen den Zugang zu allen Bereichen der Schriftkultur möglich macht. Im Rahmen der breit angelegten PISA-Studien zeigen die Untersuchungen zur Lesekompetenz immer wieder, dass es selbst unter den Abgängern von weiterführenden Schulen nicht wenige gibt, die das Lesen und Schreiben nur rudimentär gelernt haben und die nach der Schulzeit solchen Aufgaben wenn möglich aus dem Weg gehen.

Weitere Schritte im Schriftspracherwerb
Wie alle unsere Leserinnen und Leser selbst erfahren haben: Lesen wird schon allein durch Übung verfeinert, es wird mit der Zeit schneller und erfordert dann immer weniger Anstrengung. Beim Schreiben dagegen kommt außer der Routinisierung der konkreten Schreibtätigkeit noch eine weitere Anforderung hinzu: Es genügt nicht, die Wörter richtig schreiben zu können, man braucht darüber hinaus die Fähigkeit, **Texte** in angemessener Weise zu produzieren – also auch auf dieser Ebene den Erwartungen der Sprachgemeinschaft zu folgen. Wir haben in Kapitel 4.4 gesehen, dass bei der Planung von Gesprächsbeiträgen jeweils eine sprachliche Strukturierungsarbeit nötig ist, die z. B. das Wissen des Zuhörers berücksichtigt und sich dafür auch auf konventionalisierte Formen und Muster bezieht. In ähnlicher Weise haben sich auch für die schrifttext-bezogene Strukturierung von Informationen Konventionen herausgebildet, die vor allem das Verständnis und die Nachvollziehbarkeit unterstützen sollen. In diesem Zusammenhang haben wir oben die beim Schreiben geforderte Explizitheit und die über Sprache herzustellende Kohärenz in geschriebenen Texten herausgestellt. Auch wenn solche Konventionen über die „richtige Form von Texten" beim Lesen quasi nebenbei mit aufgenommen werden, reicht das zum Lernen offenbar nicht aus: Es

zeigt sich, dass trotz zusätzlicher expliziter Unterweisung in der Schule die Schreibentwicklung über viele Jahre eine Lernaufgabe bleibt. Im Wesentlichen kann man drei Dimensionen unterscheiden, die im Verlauf dieser Entwicklung relevant werden, und auf diese Weise einen Eindruck davon gewinnen, warum diese Lernaufgabe so komplex ist.

Schon unter dem *Prozessaspekt* betrachtet ist das Schreiben eine vielschichtige Fähigkeit: Dazu gehören die motorischen Aspekte verschiedener Schreibtechniken; die Orthographie, Zeichensetzung und genauere Kenntnis der Grammatik, aber auch Fragen der inhaltlichen Konzeptualisierung, Textgliederung und der individuellen Schreibstrategien.

Wird unter dem *Produktaspekt* der fertige Text selbst ins Zentrum der Aufmerksamkeit gerückt, wird deutlich, dass wir bei vielen Textsorten als Schreibende nicht mehr gänzlich „frei" in unseren Formulierungen sind – Leser erwarten, dass bestimmte Inhalte in bestimmte Formen gekleidet werden: Das gilt für Beschwerdebriefe und Gebrauchsanweisungen genauso wie für Wegbeschreibungen oder Kondolenzschreiben. Für die meisten Texte nutzen wir **Muster** und Konventionen, die zwar unterschiedlich strikt sind, aber doch gelernt werden müssen.

Im *Leseraspekt* kommt schließlich der Blick von den antizipierten Erwartungen der Leserinnen hinzu: Welches Wissen und welches Interesse können auf ihrer Seite vorausgesetzt werden, welches kommunikative Ziel soll andererseits vom Text erreicht werden? Im Verlauf der Schreibentwicklung gelingt es idealerweise immer besser, die Anforderungen der verschiedenen Dimensionen miteinander zu vereinbaren.

Traditionell wird Schreiben in der Schule anhand verschiedener **Textmuster** eingeführt, die jeweils durch ihre gemeinsamen Ziele und Strukturierungen charakterisiert sind (dazu auch Kap. 9.1). Dabei spielt das **Erzählen** aus verschiedenen Gründen eine prominente Rolle. Diese Textsorte ist sowohl über mündliches Erzählen im Alltag verankert als auch die Grundlage der ersten Bücher, die Kindern vorgelesen werden oder die sie später selbst lesen. Vielfach wird Erzählen deshalb als Prototyp für die Entwicklung von **Textkompetenzen** angesehen. Man kann an diesem Beispiel also exemplarisch beobachten, wie es Kindern, Jugendlichen und auch Erwachsenen immer besser gelingt, die verschiedenen Anforderungen an eine gelungene Textstrukturierung miteinander zu vereinbaren. So ist die Basis für die Erzählung jeweils ein konkretes Geschehen – selbsterlebt oder fiktiv – das in seinen Einzelheiten zunächst erinnert und für die Darstellung aufbereitet bzw. **konzeptualisiert** werden muss (vgl. schon Kap. 4.4 zur Musterorientierung beim Sprechen). Schon für diesen Schritt ist eine ganze Reihe von Festlegungen zu treffen: Was passierte wann und warum, wer war beteiligt und in welcher Weise; was war bedeutsam, was weniger wichtig etc. Gleichzeitig sind für die Gestaltung aber auch die spezifischeren Konventionen für Erzählungen wirksam: Sie fordern z. B., das Geschehen auch anschaulich darzustellen, etwa durch Redewiedergaben, und auch in seiner Bedeutung für die Erzählerin einzuordnen, z. B. mit kommentierenden Bemerkungen – sonst wäre die Darstellung ja eher als Bericht zu charakterisieren. Für manche Erzähltypen sind sogar bestimmte Merkmale auf der Ebene der Formulierung per Konventionalisierung vorgeprägt. So erkennt man Märchen an der Einleitungsformel *Es war einmal* ..., während Witze häufig mit einem Satz mit Verberststellung (*Kommt ein Papagei in eine Bar* ...) beginnen. Und je geübter eine Erzählerin, desto besser wird es ihr gelingen, bei der Planung ihres Texts auch die spezifischen Erwartungen und Wünsche ihrer Leserinnen und Leser im Auge zu behalten.

Typischerweise folgt eine Erzählung im Deutschen der chronologischen Folge der Ereignisse und stellt eine handelnde Person in den Mittelpunkt. Die Abfolge der äußeren Ereignisse wird im Verlauf der Entwicklung ergänzt durch ein Mitverfolgen auch der inneren Entwicklung einer Geschichte. Immer mehr gewinnen damit bei fortgeschrittener Erzählkompetenz auch beschreibende und kommentierende Stränge an Bedeutung, denn für Jugendliche und Erwachsene wird die Einordnung des Geschehens in eine Gesamtdeutung auf höherer Ebene zum zusätzlichen kommunikativen Ziel. Es ist also nicht erstaunlich, wenn vergleichende Untersuchungen zum Erwerb zeigen, dass die Präsentation von Selbsterlebtem in der typischen, ausgebauten Form einer Erzählung erst im späteren Jugendalter gelingt.

Zur Schreibentwicklung gehört darüber hinaus auch, neben dem Erzählen für die wesentlichen anderen Texttypen Muster zu erwerben: Wenn wir jemanden zu einer Handlung anleiten wollen, folgt unser Text meist dem Muster einer **Instruktion**. Auch sie folgt in der Regel dem chronologischen Strukturierungsprinzip – wir gehen auf ein Beispiel dieses Textmusters, das Kochrezept, in Kapitel 9 näher ein. In dieser Hinsicht unterscheidet sich das Textmuster **Beschreiben** deutlich, denn hier kann in der Regel nicht auf eine Chronologie zurückgegriffen werden. Autoren beschreibender Texte stehen deshalb vor der Aufgabe, eine für den Gegenstand angemessene Ordnungsstruktur für ihren Text erst zu entwerfen. Zur Wahl stehen dafür z. B. räumliche Beziehungen, die dazu beitragen können, eine Szene vor dem geistigen Auge des Lesers nach und nach entstehen zu lassen. Die folgenden drei Bildbeschreibungen zu einem schwarz-weiß-Foto in Postkartengröße sind in einem Seminar entstanden. Die Studierenden wurden gebeten, die abgebildete Szenerie in wenigen Zeilen zu beschreiben. Eine der Gemeinsamkeiten der entstandenen Texte ist erwartungsgemäß, dass die Autorinnen zur Strukturierung vor allem räumliche Bezüge nutzen – sie tun das allerdings auf durchaus verschiedene Weise.

Abbildung 14: Postkarte mit Sturmmotiv

1. *Auf dem Foto ist ein windiger Tag zu sehen.*
   Im Vordergrund befindet sich ein Mann, der den Baum hält.
   Anhand dieses Bildes lässt sich feststellen, dass der Mann über große Körperkraft verfügt.
   Im Hintergrund kann man unruhiges Meer und sich biegende Bäume sehen.
2. *Sturmflut – die Wellen schlagen auf die Strandpromenade.*
   Dünne Bäume biegen sich im Wind.
   Ein Mann stützt einen dünnen Baum, der im Wind umzuknicken droht.
   Auf dem Weg liegen Holzstücke, die das Meer angespült hat.
   Auf den Bänken sitzt niemand.
3. *Auf dem Bild erkennt man rechts im Vordergrund einen Mann,*
   der mit seinen zwei Händen einen Baum festhält.
   An der linken Bildseite sieht man neben vier Bänken zwei weitere Bäume,
   die zwischen Bänken stehen.
   Alle drei Bäume sind nach links geneigt wie bei einem starken Wind.
   Über/ vor den Bänken und Bäumen kann man eine Art Zaun sehen, und dahinter Wasser.

Mit dem Textmuster **Argumentieren** stehen schließlich Begründungsleistungen im Vordergrund: Es geht einerseits um die Relevanz und Folgerichtigkeit von Argumenten, andererseits darum, die Leser zu überzeugen – wieder hat also die Einschätzung der vermuteten Leserschaft einen hohen Stellenwert. In Kapitel 9 werden wir auf einige Prinzipien der Textstrukturierung zurückkommen.

Wir haben in diesem Abschnitt gesehen, wie weit der Weg für Kinder und Jugendliche ist, das Lesen und Schreiben (gut) zu lernen. Neben den Mühen stehen allerdings auch Belohnungen, die sich für die beiden Bereiche in einem gewissen Sinn komplementär darstellen. Durch das Lesen können wir in die Gedankenwelt anderer Schreibender eintauchen – so werden neue, auch phantastische Welten zugänglich, kann man erstaunlichen Helden auf ihren Reisen folgen, Perspektiven kennenlernen, die „in der realen Welt" nie erreichbar wären. Beim Schreiben dagegen kann man sich selbst begegnen: z. B. in der Vertiefung in den eigenen Gedanken, der sich ja manchmal schrittweise verändert, sobald man ihn aufschreibt.

5.4 Zum Stellenwert geschriebener Sprache – und seiner Veränderung durch die Neuen Medien

Schon im letzten Kapitel hatten wir eingangs thematisiert (4.1), dass das Sprechen (und Hören) aus verschiedenen Gründen als primäre Realisierungsform von Sprache gelten kann. Wir hatten uns dort andererseits vor Augen geführt, wie stark die geschriebene Sprache – u. a. durch ihre optische Macht – unsere Vorstellung dessen prägt, was Sprache überhaupt ausmacht. Das Verhältnis zwischen den beiden Modalitäten der Sprachverwendung ist also nicht eindimensional, sondern durchaus verwickelt und wird in der Linguistik u. a. unter den Begriffen der Dependenz- bzw. Autonomiehypothese diskutiert.

Zwar geht die gesprochene Sprache der geschriebenen im individuellen und kulturellen Erwerb voraus, sie wird noch immer im Alltag häufiger und zu mehr Zwecken eingesetzt und sie kann ganz grundsätzlich als Ausgangsbasis für das Schreiben betrachtet werden – das also entsprechend von der lautlichen Sprache „abhängig" ist (**Dependenzhypothese**). Das Schreiben hat jedoch im Verlauf der Jahrhunderte durch den vielfältigen und folgenreichen Gebrauch, den wir davon machen, einen erstaunlich eigenständigen Status gewonnen. Schreiben als Realisierungsform von Sprache hat also eine gewisse **Autonomie** entwickelt. Dafür sind vor allem zwei Argumente zentral (für weitere Argumente vgl. z. B. Dürscheid 2016): Zum einen werden geschriebene Wörter beim Lesen ohne lautliche Artikulation verstanden – und sie sind in gewissem Umfang unabhängig davon, wie man sie aussprechen würde. Das wird auch im Spracherwerb gehörloser Kinder deutlich: Für sie ermöglicht die Schrift einen Zugang zur gesellschaftlichen Teilhabe durch Sprache, ohne dass sie vorher eine lautsprachliche Entwicklung durchlaufen hätten. Zum anderen macht Schrift sprachliche Strukturen für die Beobachtung und Analyse zugänglich, unter anderem, weil sie – anders als gesprochene Sprache – aus diskreten Einheiten aufgebaut ist. Erst über die Dauerhaftigkeit des jeweils vorliegenden Schrifttexts wird eine systematische Analyse überhaupt möglich.

Schreiben und Lesen in den Neuen Medien
Durch die Nutzung neuer Medien verändert sich das Verhältnis zwischen geschriebener und gesprochener Sprache weiter. Das Schreiben übernimmt in den Formen elektronischer Übertragung einerseits neue Funktionen: Es bleibt nicht mehr überwiegend der geplanten, offiziellen und eher distanzierten Kommunikation vorbehalten, wie es noch vor ca. zwanzig Jahren typisch war. Sondern es übernimmt jetzt auch eine prominente Rolle in der „Nähe-Kommunikation" mit Freunden und Verwandten – mit denen man z. B. nicht mehr telefoniert, sondern denen man Botschaften über Online-Medien schickt. Dabei gelten in mancher Hinsicht die Voraussetzungen von Gesprächs-Kommunikation – nämlich ein intensives gemeinsames Vor-Wissen, eine enge Anbindung an gemeinsame Situationen und z. T. auch die (Fast-)Gleichzeitigkeit des Produzierens und Empfangens einer Nachricht. Entsprechend können Formulierungen aufgrund ihrer Orientierung an nahestehende Adressaten sehr ökonomisch und in Bezug auf die vermittelte Bedeutung voraussetzungsreich sein. Auf der anderen Seite können Posts in sozialen Medien auch buchstäblich die ganze Welt erreichen. Das passiert oft auch mit Äußerungen, die ursprünglich für den privaten Bereich gedacht waren, indem diese weitergeleitet oder durch Indizierungstechniken wie Hashtags oder @-Mentions rekontextualisiert werden, so dass Nähe und Distanz der Kommunikationssituation sich ständig verändern können und der Kontrolle des Einzelnen entziehen. Häufig wird ihr Format gleichzeitig auch durch die Vorgaben des jeweils genutzten technischen Mediums definiert, wie z. B. bei Messenger-Diensten wie WhatsApp oder Microblogging-Diensten wie Twitter.

Konventionen der äußeren Form beim Schreiben (vgl. oben 5.1) spielen in solchen Texten eine zurückgenommene Rolle. Dafür werden Graphie und Interpunktion verstärkt dazu verwendet, Funktionen der Nähesprache wie Adressierung oder Intensivierung auszudrücken (z. B. *das ist sooooooooo süß*). Komplementär entstehen neue Ausdrucksmittel wie Emojis und Emoticons sowie eine Vielfalt von Abkürzungen und prägen auf diese Weise einen ganz neuen Stil schriftlicher Sprache, der im Ausschnitt der Abbildung 14 illustriert ist.

Abbildung 15: Ausschnitt aus einer WhatsApp-Konversation.

Es ist klar, dass sich die Häufigkeit des Umgangs mit elektronischen Kurznachrichten darauf auswirkt, welches Konzept die Nutzer davon entwickeln, was ein typischer „geschriebener Text" ist. Möglicherweise erwerben sie aber zur gleichen Zeit auch genügend Erfahrungen mit anderen, „klassischen" Schrifttexten, die den oben beschriebenen Anforderungen an konzeptionelle Schriftlichkeit entsprechen – und bilden auf diese Weise vermutlich ein breiteres Repertoire von **„Registern des Graphischen"** (Androutsopoulos/Busch 2020) aus, als man es sich noch vor fünfzehn Jahren hätte vorstellen können. Damit wird ein schon lange bestehendes Spannungsverhältnis neu belebt, nämlich das zwischen dem Usus der neuen Generation – und der „hergebrachten" Norm. Diese Spannung begleitet das Schreiben vermutlich schon seit es gelehrt wird: Es gibt wohl kaum eine Generation von Deutschlehrern und Germanistik-Dozentinnen, die nicht über einen Mangel an sprachlicher Formulierungsfähigkeit, grammatischer Korrektheit, Beherrschung der Orthographie und Interpunktion bei ihren Schülern und Schülerinnen Klage führen würde – während sich Jugendliche wohl schon immer durch die Strenge der Vorgaben beim Schreiben in lästiger Weise eingeschränkt gefühlt haben. Sie fragen sich: Warum dürfen wir nicht so schreiben wie wir sprechen – oder wie es uns (anderweitig) gefällt? Aus linguistischer Perspektive kann man antworten: Es kommt eben auf den Kontext an und darauf, wer jeweils die Macht hat, Normen der Schreibung einzufordern und durchzusetzen. Durch Aushandlungsprozesse wird letztlich immer wieder eine neue Basis für Schreibnormen gefunden werden.

Zum Weiterlesen

Dehaene, Stanislas (2010): Lesen. Die größte Erfindung der Menschheit und was dabei in unseren Köpfen passiert. (Frz. Original 2007). München: Knaus.
Dürscheid, Christa (^{5}2016): Einführung in die Schriftlinguistik. Göttingen: Vandenhoeck & Ruprecht.
Ehlich, Konrad (1994): Funktion und Struktur schriftlicher Kommunikation. In: Helmut Glück; Ludwig, Otto (Hgg.): Schrift und Schriftlichkeit. Ein internationales Handbuch. Bd. I. Berlin, New York: De Gruyter, S. 18–41.
Kunkel-Razum, Kathrin (2018): Warum es nicht egal ist, wie wir schreiben. Berlin: Dudenverlag.

6 Wortschatz und Wortbildungskompetenz: Wörter verwenden, verändern und erfinden

6.1 Wörter als elementare sprachliche Zeichen – ein kurzer Rückblick —— 114
6.2 Das mentale Lexikon – vielfältige Verknüpfungen —— 117
6.3 Wörter verändern und erfinden – Wortbildungsprozesse und ihre Elemente —— 122
6.4 Produktivität und Dynamik im Wortschatz: Neologismen und Ad-hoc-Bildungen —— 131
6.5 Wörter mit Migrationshintergrund: Entlehnungen aus anderen Sprachen —— 134

Dieses Kapitel ist ganz der Einheit „Wort" gewidmet. Zunächst fassen wir kurz zusammen, warum Wörter so zentral für das Funktionieren der Sprache sind: Ihre Eigenschaft, Konzepte und Lautformen zu verbinden, ermöglicht uns erst, Gedanken auszudrücken und mit Anderen auszutauschen (6.1). Der zweite Abschnitt ist den vielfältigen Verknüpfungen zwischen den Wörtern in unserem Wortschatz gewidmet (6.2). Abschnitt 6.3 dringt sozusagen in das Innere der Wörter vor: Sie sind ja häufig nicht „aus einem Stück", sondern in kleinere Elemente – Morpheme – zerlegbar. Diese Eigenschaft birgt vielfältige kreative Möglichkeiten, bekannte Wörter zu verändern und neue zu erfinden. In 6.4 fragen wir danach, was Sprecher und Sprecherinnen zu kreativen Veränderungen an Wörtern motiviert – und warum sich einige der Neuerungen im kollektiven Wortschatz verankern, andere aber nicht. Zum Schluss blicken wir kurz auf ein viel diskutiertes Phänomen der Wortschatzerweiterung, die Entlehnung (6.5).

6.1 Wörter als elementare sprachliche Zeichen – ein kurzer Rückblick

Die prägende Eigenschaft von Wörtern ist es, zwei Seiten zu haben: eine **Formseite** – z. B. eine Lautgestalt wie [f i ʃ] –, die wir mit einer **Inhaltsseite**, dem gedanklichen Konzept, verbinden. Mit Rückbezug auf die strukturalistische Sprachbeschreibung spricht man hier auch von der „binären Struktur des Zeichens" (dazu schon Kap. 2). Diese beiden Seiten sind für uns so untrennbar miteinander verbunden wie die sprichwörtlichen Seiten einer Medaille. In einem berühmt gewordenen psycholinguistischen Experiment konnte man zeigen, dass es fast unmöglich ist, beim Lesen von Wörtern nicht auch ihre Bedeutung zu assoziieren:

Probanden wurden u. a. aufgefordert, nur die Farbe zu nennen, in der die Wörter gedruckt sind, während die Wörter selbst Farbbezeichnungen anderer Farben waren: Das Wort *braun* war z. B. in roter Farbe gedruckt. Die Reaktionszeit bei dieser Aufgabe war deutlich länger als beim normalen Vorlesen der Wörter. Damit konnte gezeigt werden, dass wir beim Erkennen einer Wortform unwillkürlich die ganze sprachliche Einheit wahrnehmen. Dieser sogenannte Stroop-Effekt ist vielfach erforscht und beschrieben worden, u. a. von linguistischer Seite (vgl. z. B. Dietrich 2016; Roelofs 2005).

gelb	blau	rot	grün	gelb
rot	braun	gelb	braun	blau
gelb	rot	blau	grün	braun
blau	grün	braun	rot	grün
grün	braun	rot	gelb	blau

Abbildung 16: Stroop-Effekt, Ausschnitt aus der Illustration von Dietrich (2016, Beiblatt zu S. 28 f.).

Diese elementare Verknüpfung zwischen den beiden Seiten eines Worts wird jeweils im Verlauf von alltäglichen Interaktionen aufgebaut und dabei gleichzeitig auch in ein Netz von anderen Wissenselementen eingegliedert. So konnte uns die kleine Unterhaltung zwischen Mutter und Kind über Fische in Kapitel 3 zeigen, dass das Etablieren dieser Doppelstruktur von Form und Bedeutung ein durchaus alltäglicher Prozess ist. Das gilt vorrangig natürlich für Kinder im Spracherwerb, aber es gilt auch darüber hinaus noch. Wissenserwerb ist fast unvermeidlich mit dem Lernen neuer Wörter verbunden – und umgekehrt. Besonders deutlich wird das z. B. beim Studieren, wo es täglich darum geht, sich neue Begriffe – und damit ja Form-Bedeutungs-Einheiten – einzuprägen. Aber auch in alltäglichen Gesprächen gibt es immer wieder Momente, in denen unsere Gesprächspartner Wörter verwenden, die uns nicht unmittelbar geläufig sind. Das können z. B. Dialektausdrücke oder fachsprachliche Wendungen sein, vielleicht aber auch Wörter, die neu oder aber aus der Mode gekommen sind. In solchen Situationen können wir meist aus dem Kontext erschließen, was damit (ungefähr) gemeint ist, in anderen Fällen fragen wir vielleicht danach und regen so eine Klärungssequenz an (dazu auch später Kap. 10.3). In ähnlicher Weise erweitern wir auch beim Lesen kontinuierlich und fast unbemerkt unseren Wortschatz – und erweitern gleichzeitig unser Wissen um neue Konzepte.

Der Prozess der Verknüpfung von Form- und Inhaltsseite kann aus zwei verschiedenen Blickwinkeln betrachtet werden, die ineinandergreifen: Einerseits wird jeweils wirksam, dass die beiden Seiten in der Sprachverwendung individuell assoziiert werden müssen. Wir lernen also eine Verknüpfung, behalten sie im Langzeitgedächtnis, verändern sie im Verlauf unserer Erfahrungen und des erlebten Sprachgebrauchs und können sie bei Bedarf aus dem Gedächtnis abrufen. Andererseits spiegeln sich in der Verknüpfung immer auch die Beiträge der Anderen – das Wort gehört uns nicht allein, es ist öffentlich und es ist in gewissem Sinn ein Denk- und Ausdrucks-Werkzeug einer Sprachgemeinschaft: Wörter sind die Münze, mit der wir eben **gemeinsam** Erfahrungen festhalten, reflektieren und ausdrücken können. Auf der Ebene der Sprechergemeinschaft tragen also neue Beiträge zum Diskurs dazu bei, das jeweilige gedankliche Konzept, das mit einem Wort verknüpft werden soll, zu variieren und in gewissem Umfang auch neu zu bestimmen. Das geschieht nicht immer im Konsens zwischen allen Beteiligten; so kreisen im Wahljahr 2017 viele politische Bemühungen u. a. darum, das komplexe gedankliche Konzept, das wir mit der Wortform *Gerechtigkeit* verbinden, neu auszuhandeln.

In der Sprachverwendung sind die Varianten der **Formseite** eines Wortes, die uns begegnen, durchaus vielfältig. Wie oben schon angesprochen (Kap. 4 und 5), können sie nicht nur in einem **Lautbild,** also z. B. der Lautfolge [f i ʃ] bestehen, sondern auch optisch dargeboten sein, als **Schriftbild** – für unser Beispielwort also Fisch oder *Fisch* oder FISCH oder ... In allen diesen Fällen wird die Wiedererkennbarkeit nicht dadurch beeinträchtigt, dass die jeweilige Realisierung (**Token**) „nur" eine Variante eines zugrundeliegenden Musters (**Types**) darstellt. Solange die Abfolge der Laute [f] [i] [ʃ] erkennbar ist, werden wir das Wort als „Fisch" identifizieren, und damit wissen, welches gedankliche Konzept assoziiert werden soll. Die Unterscheidung zwischen Types und Tokens wird vor allem dann relevant, wenn man einen Wortschatz genauer beschreiben will. Es macht beispielsweise einen großen Unterschied, ob bei einer Aufnahme spontaner Sprachdaten bei einem Kleinkind in der Auswertung gezählt wird, wie viele Wörter das Kind überhaupt in einer halben Stunde äußert (das wären Tokens, wir würden also auch alle wiederholten Formen mitzählen), oder ob analysiert wird, wie viele **verschiedene** Wörter das Kind in dieser Zeit spricht – damit würden Types oder Lexeme gezählt.

Bisher sind wir von dem intuitiv typischen Fall ausgegangen, dass Wörter „einfache" Einheiten sind – und damit z. B. in ihrer geschriebenen Form von Leerzeichen begrenzt. Beispiele dafür waren einfache, nicht zusammengesetzte Wörter wie *Vogel* oder *Fisch*, andere wären *singen* oder *schwimmen, schwarz* und *schillernd*. Solche Wörter werden als **Simplizia** (Sg. Simplex) bezeichnet. Aber bei weitem nicht alle Erscheinungsformen von Wörtern sind so eindeutig. Betrachten wir den schlichten Satz

Nach kurzer Rast flog der Graureiher wieder davon.

Wie viele Wörter sind hier verwendet, um die im Satz enthaltene Information mitzuteilen? Das Urteil hängt davon ab, ob wir *Graureiher* und *davonfliegen* jeweils als **ein** Wort werten – oder als zusammengesetzt aus **zwei** einfachen Wörtern. Solche Unsicherheiten in der Beschreibung von Wörtern sind kein exklusiver Sonderfall. Bei näherem Hinsehen müssen wir anerkennen, dass die Zuordnung von Oberflächeneinheiten zu Wort-Konzepten nicht durchgehend einem Eins-zu-eins-Muster folgt: Einfache Wörter können kombiniert werden wie im Kompositum *Graureiher* (dazu unter 6.3 genauer), zusammengesetzte Wörter können u. U. im Satz in getrennten Einheiten erscheinen, wie hier beim Partikelverb, wo das Verb *fliegen* und die Richtungspartikel *davon* im konkreten Satz auseinandergerückt verwendet sind.

Bei **idiomatischen Ausdrücken** wird die Frage nach der Bezugsgröße für den Begriff „Wort" noch deutlicher: *Jmd. einen Korb geben* können wir in vier Wörtern lesen und dann als konkrete Beschreibung einer Handlung verstehen. Der Ausdruck kann aber auch im übertragenen Sinn gemeint sein und dann ungefähr meinen, dass man die (Be-)Werbung von jemandem ablehnt. Die vier einzelnen Wörter sind dann sozusagen auf einer höheren Ebene zusammengefasst und bilden in dieser Form eine neue Bedeutungseinheit, nämlich einen sogenannten Phraseologismus (vgl. dazu Kap. 7.5). Simplizia und komplexe Wörter verschiedenen Typs werden beide unter den allgemeineren Begriff des **Lexems** gefasst, denn gemeinsam ist ihnen die oben genannte Funktion, jeweils eine Form mit einem Inhalt zu verbinden. Auch den vielen Formen, in denen ein Verb verwendet werden kann – *geflogen, fliegst, flog, ...* – liegt damit ein gemeinsames Lexem zugrunde, denn sie beziehen sich alle auf eine bestimmte Fortbewegung in der Luft. Als Konvention hat sich etabliert, dass die vielfältigen Varianten – also die Wortformen eines Lexems – unter seiner **Zitierform** zusammengefasst werden und über diesen Zugang z. B. im Wörterbuch suchbar werden. Verben werden im Deutschen ihrer Infinitivform zugeordnet, hier also *fliegen*, Nomina sucht man unter ihrer Nominativ-Form. Wir kommen auf die Bildung von Wortformen und komplexen Wörtern in 6.3 zurück.

6.2 Das mentale Lexikon – vielfältige Verknüpfungen

Man sollte Wörter nicht isoliert und jedes für sich untersuchen. Die lexikalische Komponente einer jeden Sprache ist ein Beziehungssystem und nicht eine alphabetische Liste; sie sollte als ganzes System untersucht werden. Es steht nämlich fest, dass der Verstand des Menschen Bedeutung durch die Errichtung von Beziehungen schafft: Wörter- und zwar sowohl

Wortformen als auch Wortbedeutungen – können ihre symbolbildende Rolle nur in Relation zu anderen Wortformen und Wortbedeutungen spielen. Was die Beschäftigung mit Wörtern über den Verstand des Menschen zum Vorschein bringt, ist keine Menge primitiver Konzepte und keine universale Reihe von angeborenen Vorstellungen, die jede Sprache zum Ausdruck bringen müsste. Es sind vielmehr **allgemeine Denkprozesse des In-Beziehung-Setzens und Strukturierens**, mit Hilfe derer die Wörter – die grundlegenden Einheiten der menschlichen Sprache – voneinander unterschieden werden und ihre Bedeutsamkeit erlangen. (Miller 1993: 301, unsere Hervorhebung)

In diesem Abschnitt geht es also um den Blick auf Wörter als Teil unseres Langzeitgedächtnisses. Wir verbinden die Wörter, die wir lernen, in unserem Wortschatz zu Netzen und sie gewinnen erst aus immer neu untereinander hergestellten Verknüpfungen und Kontrasten ihren genaueren Sinn. (Die Frage, wie wir Wörter nutzen, um Bedeutungen auszudrücken, wird in Kap. 10 wiederaufgenommen). Die vielfältigen Verbindungen, die im mentalen Lexikon zwischen Wörtern geknüpft sind, können nicht direkt beobachtet werden, aber mit etwas Glück gewinnen wir über Indizien einen indirekten Zugang zu ihnen – unter anderem aus aufschlussreichen Fehlleistungen bei der Wortsuche. Versprecher und Fehler in der Wortwahl zeigen bei allen Sprechern und Sprecherinnen systematische Gemeinsamkeiten und so können wir sie zu einem Blick „hinter die Kulissen" benutzen. Denn es hat sich gezeigt, dass fälschlicherweise produzierte Elemente immer in einer sprachlichen Beziehung zu den (eigentlich) beabsichtigten Elementen stehen. Auf diese Weise können sprachliche Fehlleistungen Hintergrundprozesse transparent machen, die sonst unsichtbar bleiben. Wenn ein Kind z. B. auf der Reise zur Großmutter fragt, wann man denn endlich nach *Weizenstadt* komme, während diese Großmutter tatsächlich in einem Ort namens *Korntal* wohnt, zeigt das zweierlei: Zum einen wird fast unmittelbar greifbar, dass das innere Lexikon tatsächlich über gedankliche Inhalte, also die zugrundeliegenden Konzepte der Wörter geordnet ist, denn *Weizen* und *Korn* können beide unter den Überbegriff *Getreide* eingeordnet werden. Zum anderen nutzt das Kind für seine „Erfindung" darüber hinaus auch ein strukturelles Muster zum typischen Aufbau von Ortsnamen im Deutschen: Sie enden häufig auf wiederkehrende Wortteile wie *-ingen, -berg,* oder eben *-stadt.* Das Kind hat sich also sowohl form- als auch inhaltsbezogene Strukturierungsmuster für die Wörter seiner Sprachgemeinschaft angeeignet und nutzt – unbewusst – beide Zugänge bei seinem Versuch, auf den richtigen Namen zuzugreifen.

Bedeutungsbeziehungen im Lexikon I: Über- und Unterordnung
Sinnrelationen als ein wesentlicher Aspekt der inneren Vernetzung von Wortschätzen werden auch dann relevant, wenn wir Wortbedeutungen beschreiben oder erklären wollen. In solchen Fällen werden ganz explizit Verbindungen zwi-

schen lexikalischen Konzepten deutlich gemacht. Eine zentrale Rolle für das Funktionieren von Worterklärungen spielen klarerweise Überbegriffe (Hyperonyme), denn sie sichern den Anschluss an die jeweils allgemeinere Ebene des Wissens: Worum handelt es sich überhaupt? Lexikographen greifen auf diesen Vernetzungsstrang der Über- und Unterordnung regelmäßig zurück. Wir betrachten kurz zwei Einträge im *Wahrig Deutsches Wörterbuch* (2006):

> Ma´krele <f. 19; Zool.> *als Speisefisch geschätzter Meeresfisch mit zahlreichen blau-weißen Querbinden am Rücken; scomber scombrus (...)*
> ´Karp fen <m. 4; Zool.> *Süßwasserfisch mit weichen Flossenstrahlen u. zahnlosen Kiefern mit zahlreichen Unterarten u. Rassen: cyprinus carpio (...)*

Die Einträge nutzen also den Bezug auf den Überbegriff ‚Fisch', ziehen aber durch die Spezifizierung in Meeres- bzw. Süßwasserfische gleichzeitig noch eine weitere Ordnungsebene ein. Jeweils im zweiten Schritt werden spezifische Merkmale angeführt, die diesen spezifischen Fisch von anderen unterscheiden. Das ist ein etabliertes Muster für Begriffserklärungen, sowohl im Alltag als auch z.B. in der Wissenschaft. Sie folgen damit der klassischen Struktur einer Definition, in der jeweils die übergeordnete Gattung durch ein spezifisches Merkmal (eine *differentia specifica*) zu ergänzen ist.

```
                    Fisch
         Süßwasserfisch      Meeresfisch
   Karpfen ... Forelle       Makrele ... Scholle ... Lachs
```

Wissenssystem und Wortschatz sind gleichermaßen in hierarchischer Weise strukturiert. Je nach Bedarf können wir ein und denselben Sachverhalt mit allgemeineren oder spezifischen Worten beschreiben. **Überbegriff (Hyperonym)** und **Unterbegriff (Hyponym)** sind dabei relational (und nicht absolut) bestimmt: Sie beziehen sich je nach Ausgangspunkt auf verschiedene Ebenen der Konzept-Hierarchie. Deshalb kann, abhängig von der Sichtweise, der Ausdruck *Süßwasserfisch* entweder als Über- oder Unterbegriff, aber auch als **Ko-Hyponym** zu *Meeresfisch* verstanden werden. Überbegriffe haben die besondere Qualität, auch sehr verschiedenartiges auf eine neue, abstrakte Weise zusammenfassen zu können; sie werden im Spracherwerb erst vergleichsweise spät gelernt. Gleichzeitig verlieren sie aber typischerweise im Vergleich zu Wörtern der unteren Hierarchieebenen etwas von der Anschaulichkeit, die mit konkreten Eigenschaften verbunden ist. Wir vergleichen als Beispiel die folgenden beiden Aussagen
i)   *Er möchte ein Instrument spielen lernen.*
ii) *Er möchte Flöte spielen lernen.*

Im Vergleich wird deutlich, dass nur im Satz ii) eine Art konkreter Szene vor unseren Augen entsteht: das Instrument als Überbegriff evoziert sozusagen kein Bild, sondern nur den Bezug zu einem abstrakten Wissensbestand.

Bedeutungsbeziehungen im Lexikon II: Ähnlichkeit und Verschiedenheit
Wörter sind auch darüber verknüpft, dass sie in einem Sachzusammenhang mögliche Alternativen bezeichnen. Für das Abendessen kann ich die Kartoffeln *kochen* oder *dünsten, braten* oder *frittieren*, vielleicht auch *schmoren*. Die verwendeten Verben gehören damit zu einem **Wortfeld**, das mit der Überschrift *garen* versehen werden könnte. Gemeinsam ist ihnen also eine Bedeutungskomponente, die mit der stofflichen Umwandlung durch Hitzeeinwirkung zu tun hat – unterschiedlich ist aber, welche Technik dabei genau eingesetzt wird, z. B. Wasser oder Fett als Medium, die Heftigkeit und Dauer der Hitzeeinwirkung etc. Das potentielle Hyperonym über eine solche Gruppe wird auch **Archilexem** genannt. Allerdings gibt es nicht für alle Wortfelder ein einzelnes Wort, das die zugehörigen Wörter übergreifend zusammenfassen könnte. So können wir *Sofa, Couch, Sessel, Stuhl* und *Hocker* relativ leicht unter *Sitzmöbel* fassen. Für das Wortfeld *quasseln, quatschen, tratschen, labern* (...) erscheint es dagegen sehr viel schwieriger, einen gemeinsamen Überbegriff festzulegen.

Man kann annehmen, dass ein Großteil der Wörter unseres Wortschatzes über Beziehungen der teilweisen **Ähnlichkeit** und teilweisen **Verschiedenheit** miteinander vernetzt sind. Solche Gruppenbildungen über Bündel gemeinsamer Eigenschaften sind also ein prägendes Charakteristikum des Wortschatzes und zeigen seine Geordnetheit besonders deutlich. Sogenannte *Wortfelder*, in denen ähnliche Wörter zusammengefasst und geordnet werden, sind deshalb bereits in der strukturalistischen Sprachbeschreibung relevant geworden (z. B. Trier 1931). Sie hatte das Ziel, Bedeutungsbeziehungen auch in ihren grundsätzlichen Gemeinsamkeiten transparent zu machen. Ein besonders prominent gewordenes Beispiel zur Illustration des Funktionierens solcher Wortfelder sind die Verwandtschaftsbeziehungen des Deutschen, denn dieser Sachverhaltsbereich ist sprachlich in sehr regelmäßiger Weise strukturiert: Die Dimensionen, die das Feld aufteilen, lassen sich einfach identifizieren und sind fast durchgehend konsequent eingehalten.

Ähnlichkeit verbindet Wörter übrigens nicht nur in Bezug auf ihre Bedeutung. Beim Reimen für ein Gedicht zeigt sich, dass uns auch die klangliche Ähnlichkeit zwischen Wörtern als eine Art Suchmerkmal für die Formseiten der Wörter in unserem Wortschatz zur Verfügung steht. Diese Suche ist allerdings mit

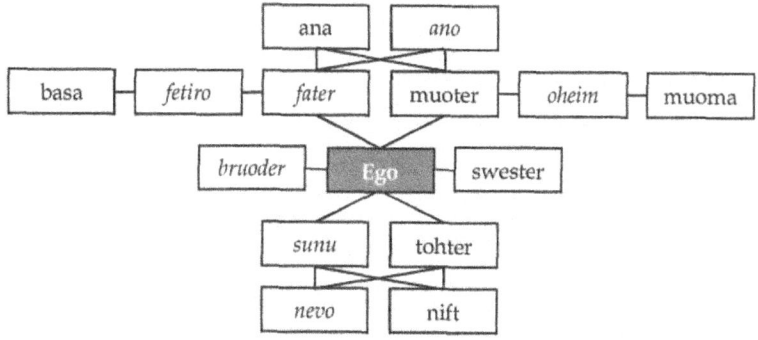

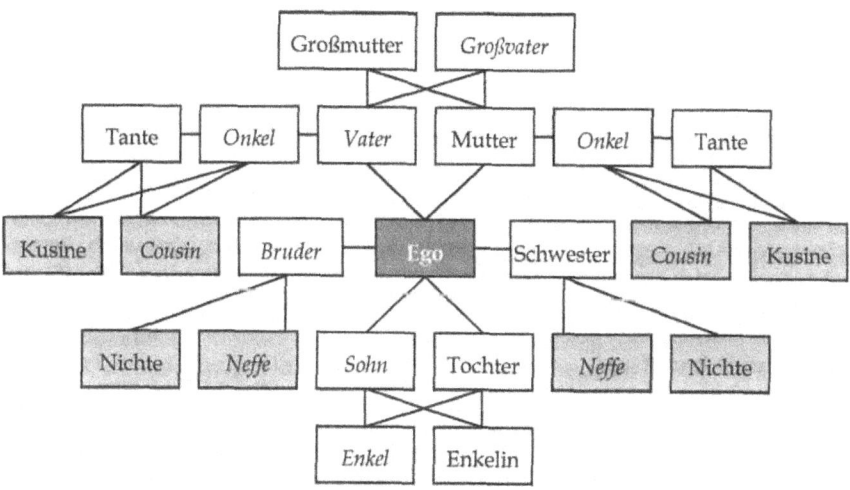

Abbildung 17: Wortfeld der Verwandtschaftsbeziehungen im ahd. und nhd. Vergleich, aus: Nübling et al. (2013: 144).

deutlich mehr Kopfzerbrechen verbunden, während wir in der Recherche nach einem ähnlichen oder gegensätzlichen Wort offensichtlich mehr Übung haben.

Synonymie – selten vollständig, meist partiell
Wie die Beispiele oben gezeigt haben, ist Ähnlichkeit zwischen Wörtern ein graduelles und flexibles Phänomen – manchmal stärker, manchmal schwächer ausgeprägt. Bei einigen Wortpaaren haben wir allerdings den Eindruck, dass hier mehr als nur Ähnlichkeit vorliegt: was sollte z.B. der Unterschied sein zwischen *anfangen* und *beginnen*, zwischen *Herbst* und *Spätjahr*, oder zwischen *grob* und

unsanft? Solche Ausdrucksalternativen werden als **Synonyme** bezeichnet – und davon gibt es in der Tat so viele, dass auch sie unseren Wortschatz prägen: *Samstag* und *Sonnabend*, *Baby* und *Säugling*, *Brötchen* und *Schrippe*, *langweilig* und *fad*, und viele weitere.

Aber sind die beiden Wörter in einem solchen Paar jeweils wirklich vollkommen gleichbedeutend? Nach einem strengen Kriterium sind nur dann zwei Ausdrücke als *echte Synonyme* anzusehen, wenn sie in jedem denkbaren sprachlichen Kontext gegeneinander austauschbar sind, ohne dass sich die Bedeutung des Gesamtausdrucks dabei ändert. Wendet man dieses strengere Kriterium an, zeigt sich, dass es wahrscheinlich keine Wortpaare gibt, die nach diesem Maßstab wirklich vollständig synonym sind. Denn in den meisten Fällen kommen doch kleine Unterschiede in der Verwendung zum Tragen – und sei es nur die „Alltagstauglichkeit" des jeweiligen Ausdrucks (und damit ein stilistisches Kriterium). So sind *Kopf* und *Haupt* trotz desselben Objekts, auf das sie sich beziehen, nicht beliebig austauschbar. Oder sagen Sie zu Hause: „*Ich habe mir das Haupt angestoßen*" (Beispiel aus Kopf 2014: 33)? Wir kommen in Kapitel 10 auf die Frage zurück, warum wir auch zwischen Synonymen in der Regel einen minimalen Bedeutungsunterschied aufspüren können.

6.3 Wörter verändern und erfinden – Wortbildungsprozesse und ihre Elemente

Nur über ihre Veränderbarkeit und Ergänzbarkeit wird Sprache zu dem mächtigen Ausdrucksmittel, das sie im Verlauf der Evolution für die Menschen geworden ist. Diese Eigenschaft, **produktiv** zu sein, hatten wir schon im ersten Kapitel als wesentlich für die menschlichen Sprachen herausgestellt. Das bedeutet: Unsere sprachlichen Mittel insgesamt – und vor allem auch die Wörter unserer Sprache – können in jeder Situation unseren Ausdrucksbedürfnissen sehr differenziert angepasst werden, und diese Flexibilität ist in der Sprache systematisch angelegt.

Wenn wir ein Lexem lernen, erwerben wir nicht nur Wissen über seine (Grund-)Form und Bedeutung(en), sondern verknüpfen im Lauf der Zeit eine Fülle weiterer sprachlicher Informationen mit diesem Eintrag. Dazu gehört auf der Formseite, wie es gesprochen und geschrieben wird (phonologische bzw. orthographische Information), vor allem aber auch vielfältiges Wissen zur **Grammatik des Wortes**, also zu seinen Abwandlungs- und syntaktischen Einsatzmöglichkeiten. Dazu gehört, dass das Lexem diesbezüglich einer Gruppe zugeordnet wird, die durch ihr analoges Funktionieren zusammengehört. So übernehmen Nomen bzw. Verben im Deutschen in verschiedener Weise jeweils eine spezifische Rolle in der Äußerung – und weisen gleichzeitig für diesen Zweck eine zielgerichtete Variabilität ihrer Formen auf: Nur Verben können z. B. konjugiert, Nomen dagegen im Singular oder Plural verwendet und in ihrem Kasus angepasst werden. Teil des wortstrukturellen Wissens ist damit immer, jedes Lexem auch einer **Wortart** zuordnen zu können. Die Veränderlichkeit von Wörtern gibt uns also unter anderem ein Mittel an die Hand, Wörter im Satz in spezifischer Weise aufeinander zu beziehen, und damit, Sinnstrukturen deutlicher werden zu lassen (vgl. dazu genauer Kap. 7.3).

Das kleine Kind aus dem Transkript in Kapitel 3.1 wird in Zukunft nicht nur ein buntes, im Wasser schwimmendes Tier als *Fisch* ansprechen können, sondern wird lernen, dass man auf ein einzelnes Exemplar mit *der Fisch*, auf eine Vielzahl aber mit **die** *Fische* verweist. Es wird mühelos verstehen, dass ein *Fischchen* ein kleiner Fisch ist; und dass man das Lexem einerseits in komplexere Wörter (*Fischbrötchen, Butterfisch, Fischerei*) „einbauen" kann, dass es aber auch Bestandteil von weniger transparenten Formen (z. B. im Verb *fisch***en** oder im Adjektiv *fisch***ig**) werden kann, die dann nach den Regeln der jeweils anderen Wortart funktionieren.

Es gibt also im Wortschatz nicht nur vielfältige Netze zwischen Bedeutungen, sondern auch Netze zwischen Lexikon-Elementen, die untereinander ähnliche Oberflächenmerkmale zeigen. Sie stehen damit in einem paradigmatischen Verhältnis zueinander. So enden die Grundformen von Verben im Deutschen auf -**en** (*schwimm***en**, *tauch***en**, *spring***en**). Adjektive, die auf Eigenschaften eines Nomens Bezug nehmen, häufig auf -**ig** (*eis***ig**, *frucht***ig**, *moder***ig**) – um nur zwei Beispiele solcher Ordnungsstrukturen zu nennen, die jeweils eine Form mit einer Funktion verknüpfen. Solche strukturellen Ähnlichkeiten verbinden Wörter damit nach ihrem jeweiligen Bildungsprinzip. Und wir nutzen diese Bauprinzipien in unserer eigenen Produktion von (mehr oder weniger) kreativen neuen Formen, die uns z. B. im konkreten Fall helfen, für einen ganz speziellen Ausdrucksbedarf das richtige Wort zu finden.

Prozesse der Wortbildung und beteiligte Morpheme
Die unterschiedlichen Wort-Elemente, die in Gebrauch und Abwandlung von Wörtern eine Rolle spielen, werden als **Morpheme** bezeichnet. Entsprechend nennen wir die Lehre von den Strukturen der Wörter **Morphologie**. Innerhalb der Morphologie werden zwei große Teilbereiche unterschieden:
i) die **Flexion**, zu der Konjugation, Deklination und Komparation gehören; mit diesen Prozessen werden **Wortformen** gebildet, also sozusagen grammatische Varianten eines bestehenden Wortes. Dazu werden jeweils an eine Stammform gebundene grammatische Morpheme angefügt. Auf diese Weise entstehen Wortvarianten (oder: **syntaktische Wörter**), die in besonde-

rer Weise auf die Verwendung im jeweiligen Satz zugeschnitten sind. (vgl. Kap. 7.3)
ii) die **Wortbildung**, zu der Komposition, Derivation und z. B. Kürzung gehören; durch diese Prozesse entstehen *neue* **Lexeme**, wie wir in den nächsten Abschnitten sehen werden.

Morpheme als kleinste bedeutungstragende Einheiten der Sprache werden unter verschiedenen Perspektiven unterschieden. Ein erstes Ordnungskriterium betrifft ihre Selbständigkeit: Solche, die potentiell allein als Wort auftreten können, werden als **freie Morpheme** bezeichnet (auch: Grund- oder Basismorpheme). Beispiele dafür sind Wörter wie *Fisch, Reiher, weg, bunt*. Sie tragen typischerweise konzeptuelle Bedeutung, beziehen sich also grob gesagt auf außersprachliche Konzepte. Damit wird bereits hier deutlich: Auch das Kriterium der Bedeutungshaltigkeit spielt eine Rolle bei der Unterscheidung von Morphemtypen.

Kann ein Morphem nicht allein auftreten, sondern nur in Kombination mit anderen, wird es als **gebundenes** Morphem bezeichnet (z. B. *-heit* in *Buntheit*). Gebundene Morpheme übernehmen in den meisten Fällen eine grammatische Funktion, tragen also vorrangig eine Art innersprachliche Bedeutung. Im genannten Beispiel hat das Morphem *-heit* die Funktion, auf der Basis des Adjektivs *bunt* ein Nomen entstehen zu lassen. Einige weitere Beispiele für gebundene Morpheme hatten wir bereits oben im Zusammenhang mit dem Wort *Fisch* durch Fettdruck hervorgehoben, aber nicht näher untersucht.

Im folgenden Abschnitt werden die Prozesse der Wortbildung etwas genauer vorgestellt – und in diesem Zusammenhang die Morphemtypen, die darin jeweils relevant werden. Die Flexion (und damit die Wort**formen**bildung) werden wir in Kapitel 7.3 thematisieren.

Wortbildung über Komposition
Im Prozess der Komposition werden **freie Morpheme** zusammengefügt, es treten also eigenständige Wörter (Lexeme) zusammen. Im Deutschen ist diese Form der Wortbildung sehr produktiv, viele neue Wörter entstehen auf diese Weise. Oben sind wir bereits dem Fischbrötchen und dem Butterfisch begegnet. Dieser Typ eines komplexen Wortes wird als **Kompositum** (Plural: Komposita) bezeichnet. In Bezug auf die Länge des entstehenden Wortes gibt es dabei zunächst kaum eine Beschränkung – wir können nicht nur zwei, sondern auch drei oder mehr Wörter aneinanderfügen. In der legendären Donau|dampf|schiff|fahrt|**s**|gesellschaft|(...) wird dieses Prinzip in witziger Absicht auf die Spitze getrieben. Aber wir begegnen „langen" Komposita durchaus auch in alltäglichen Wörtern oder z. B. bei der Bezeichnung von Gesetzen. In einem Suppenrezept heißt es:

> *Für die Kraftbrühe die frischen Pilze von Erde und Sand befreien und mit einem Tuch abreiben. Pilzstiele zu zwei Dritteln abschneiden und mit den weniger schönen Pilzhüten beiseite legen. Die eingeweichten Pilze in ein feines Haarsieb geben, abtropfen lassen, dabei das Einweichwasser in einem großen Suppentopf auffangen.*
> Online unter: https://www.daskochrezept.de/rezepte/steinpilzkraftbruehe-mit-kraeuter-flan_234899.html, zuletzt am 13.12.2019.

Schon ein alltäglicher Text zeigt also, dass Komposita häufig verwendet werden – sechs Komposita in vier Zeilen! – und dass darunter solche, die aus zwei Nomen bestehen, besonders typisch sind. Ihre Funktion ist häufig, Teil-Ganzes-Beziehungen deutlich zu machen (*Pilz-Stiele vs. Pilz-Hüte*) oder eine komprimierte Spezifizierung zum Grundwort zu geben: *Kraftbrühe* statt einfacher *Brühe*, *Haarsieb* statt simples *Sieb* etc. Zwar haben solche Wortbildungsprodukte aus nominalen Elementen sicher einen großen Anteil an den Komposita im Deutschen; aber natürlich können auch Wörter aus anderen Wortarten in analoger Weise zusammengefügt werden, bzw. die Bestandteile einer Komposition können verschiedenen Wortarten angehören:

> *hellgrün, Schlaumeier, tiefkühlen, hocherhitzen, ruckzuck, saublöd (...)*

Bei näherer Betrachtung zeigt sich dann, dass Komposita streng genommen nicht immer ausschließlich aus freien Morphemen komponiert sind. Denn in einigen Fällen werden sogenannte **Fugenelemente** zwischen die freien Morpheme geschoben, um dem entstehenden Wort eine abgerundete Gestalt zu geben – z. B. um es leichter aussprechbar zu machen. Diese Elemente können verschiedene Formen haben:

> *Sonne**n**blume, Mittag**s**schlaf, Autor**en**preisgeld (...)*

An einigen der bisher betrachteten Beispielen wird auch deutlich, dass der Prozess der Komposition **rekursiv** funktioniert: Komposita können ihrerseits Teile von neuen, komplexeren Komposita bilden. Auf die Möglichkeit einer Verschachtelung von Wortbildungsmöglichkeiten werden wir am Ende des Abschnitts 6.3 noch einmal zurückkommen.

Zur Interpretation der Bedeutung von Komposita
Im Prinzip ergibt sich die Gesamtbedeutung eines Kompositums zwar aus allen seinen Bestandteilen. Allerdings nimmt bei ihrer größten und wichtigsten Gruppe, den **Determinativkomposita** – das ist der Typ, den wir bisher in unseren Beispielen betrachtet haben – das rechts stehende Wort (oder **Grundwort**) eine besondere, nämlich prägende Rolle ein. Man spricht deshalb auch von der

„Rechtsköpfigkeit" dieser Wortprodukte: Das rechts oder zuletzt stehende Wort determiniert die Kategorie dessen, was hier insgesamt gemeint ist und bestimmt damit gleichzeitig auch Genus und Wortart des Gesamtprodukts (vgl. *das Türschloss* vs. *die Schlosstür*). Über dieses Grundprinzip hinaus sind wir allerdings bei der Art, wie die kombinierten Konzepte miteinander in Beziehung gesetzt werden können, sehr flexibel. Das zeigt z. B. der Vergleich zwischen oberflächlich – also strukturell – ähnlichen Komposita: *Ballett/schuh / Leder/schuh / Schnür/schuh / Hand/schuh*. In dieser Reihe steht das jeweilige **Bestimmungswort** in ganz verschiedenen Bedeutungsbeziehungen zum gemeinsamen Grundwort *Schuh*: Es kennzeichnet im ersten Beispiel den Verwendungszweck, dann das Material, die Schließungstechnik und schließlich den zu bekleidenden Körperteil. Natürlich könnte die Reihe mit anderen Komposita zu *Schuh* fortgesetzt werden – und aufs Neue müssten wir erschließen, welche Beziehung hier gemeint ist (z. B. *Hemmschuh*). Es ist also klar, dass bei Determinativkomposita das rechtsstehende Wort die Bedeutung grundsätzlich prägt; in welcher Weise das Bestimmungswort eine Spezifikation beiträgt, muss aber jeweils aus dem Gesamtausdruck erschlossen werden.

In der Gruppe der sogenannten **Kopulativkomposita** treten die beteiligten Wörter in semantisch gleichberechtigter Weise zusammen – eine bestimmende Wirkung durch eines der beteiligten Wörter fehlt also. Diese Gruppe ist im Deutschen wesentlich kleiner. Beispiele dafür sind vor allem die Zahlwörter: in *dreizehn* hat *zehn* keinen anderen Status als *drei,* sondern die beiden Zahlen müssen nach bestimmten, vorgegebenen Regeln aufeinander bezogen werden. In ähnlicher Weise sind auch in Farbausdrücken wie *schwarzweiß* oder *rot-bunt* die enthaltenen Farben als „irgendwie" miteinander kombiniert zu deuten, z. B. in Karos oder Streifen. Dagegen sind wir bei Komposita wie *graugrün, blaugrau* oder *rotbraun* geneigt, wieder nach dem Muster der asymmetrischen Bedeutungskomposition vorzugehen, nämlich jeweils von einer Grundfarbe (rechtsstehend) auszugehen, die von der jeweils anderen Farbe nur abgetönt wird.

Eine Randgruppe der Komposita wird durch die **Zusammenrückungen** gebildet. Auch sie folgen nicht dem Kopfprinzip und können – als sogenannte Phrasenkomposita – ganze Ausdrücke vorläufig-locker zu einer Art „Wort" zusammenbinden (z. B.: *dieser Typ ist doch ein Hans-Dampf-in-allen-Gassen*). Wir werden solche Übergänge zwischen Wörtern und Sätzen in Kapitel 7.1 näher betrachten.

Wortbildung über Derivation

Das Bildungsprinzip der Derivation besteht darin, dass bestehende Wörter (also unter dem neuen Blickwinkel: freie Morpheme) durch die Kombination mit spezifischen, **gebundenen Morphemen** in ihrer Bedeutung verändert werden. Diese

Morpheme werden nach ihrer Funktion auch **Derivationsmorpheme** genannt. Das Wort, an das sie angefügt werden, wird aus der Perspektive dieses Prozesses als **Stamm** bezeichnet, die anzufügenden Morpheme als **Affixe**. Das Deutsche verfügt zwar über einen umfangreichen Schatz an solchen Morphemen, die für eine Vielzahl von Funktionen eingesetzt werden. Trotzdem kann man im Prinzip eine abgeschlossene Liste dieser Morpheme angeben. Die Wortbildungs-Morpheme bilden also eine sogenannte geschlossene Klasse innerhalb des Lexikons. Das Funktionsprinzip der Derivation (auch: Ableitung) wird im folgenden Abschnitt an einigen Beispielen vorgestellt, die von der ganzen Vielfalt dieser Möglichkeiten nur einen kleinen Ausschnitt abbilden. Wir werden im Verlauf zwei Typen von sogenannten Affixen nach ihrer Stellung im Wortbildungsprodukt unterscheiden: **Suffixe** – das sind Affixe, die an das Wortende angefügt werden, und **Präfixe**, die vorangestellt werden.

Übergreifende Funktion: Bedeutungs- und Wortartveränderung
Charakteristisch für die Derivation ist eine Art Mehrfach-Wirkung beim Einsatz dieser oberflächlich betrachtet unauffälligen Morpheme. Sobald wir an das Grundmorphem *Fisch* nur das kleine **-ig** anhängen, geschieht eine erstaunliche Verwandlung: es entsteht mit *fischig* nicht nur ein neues Wort, sondern gleich eines, das einer anderen Wortart angehört – aus einem Substantiv wird ein Adjektiv; seine Bedeutung muss aus der Bedeutung beider Elemente geschlossen werden. Andere Morpheme mit ähnlicher Funktion sind **-bar** und **-lich**. Auch sie werden für die Bildung von Adjektiven eingesetzt, deren Bedeutung auf ein Nomen Bezug nimmt, z. B. *Fisch – fischbar, Wunder – wunderbar, Freund – freundlich*.

Die wortartverändernde Wirkung der Derivation kann viele ähnliche Verwandlungen herbeiführen. So können auf der Basis von Verben Substantive gebildet werden, indem wir z. B. das grammatische Morphem **-er** anfügen:

> z. B. *fahren – Fahrer / tapezieren – Tapezierer / laufen – Läufer usw.*

Hier ist zu beachten, dass der eigentliche **Verbstamm** erst durch das Wegnehmen der **-en**-Endung sichtbar wird, die im Deutschen den Infinitiv des jeweiligen Verb-Lexems kennzeichnet. Er lautet also für das Verb *fahren* nur *fahr-*. Umgekehrt kann auch auf der Basis eines Nomens ein Verb entstehen. Dafür wird wiederum ein Morphem **-en** eingesetzt, das damit wohlgemerkt eine andere Funktion übernimmt als das gerade vorgestellte gleichlautende Morphem.

> z. B. *Fisch – fischen / Unterricht – unterrichten / Gras – grasen usw.*

Wie schon diese drei Beispiele möglicher Derivations-Prozesse zeigen, ist die Interpretation der Gesamtbedeutung des jeweils entstehenden Verbs nicht schematisch aus den beiden Bestandteilen abzulesen, sondern setzt wieder sprachliches Wissen voraus.

Zwei spezifische Funktionen der Derivation: Diminuierung und Movierung
Eine besondere Gruppe der Derivationsmorpheme ist dafür zuständig, von Wörtern Verkleinerungsformen zu bilden: **-chen** und **-lein** sind grammatische Morpheme, die eine Verkleinerung im Verhältnis zum Ausgangswort anzeigen. Im Prozess der Diminuierung werden sie an Substantive angehängt. Auf diese Weise entstehen Diminutive, z. B. aus *Fisch – Fischchen* oder *Fischlein*. In vielen Fällen ist damit auch eine Veränderung des Stamms verbunden – Vokale werden z. B. zu Umlauten wie in *Haus – Häuschen* oder *Mutter – Mütterchen / Mütterlein* (vgl. dazu auch oben schon die Stamm-Veränderung bei *Läufer*). Durch die alternativen Verkleinerungsformen entstehen hier Synonyme – und wieder solche, die uns zwar als sehr ähnlich, aber nicht komplett austauschbar erscheinen.

Das Wortbildungsmittel der Suffigierung mit einem Derivationsmorphem wird auch dazu eingesetzt, das Geschlecht einer bezeichneten Person oder Personengruppe zu kennzeichnen. Diese Funktion wird **Movierung** genannt. Relevant wird sie u. a. in Berufsbezeichnungen, die traditionell in männlicher Form genannt wurden (und werden). Hier dient ein **-in** dazu, eine explizit weibliche Form davon abzuleiten. Beispiele sind *Lehrer – Lehrerin; Schaffner – Schaffnerin; Professor – Professorin*. Die Movierungsrichtung von der weiblichen zur männlichen Form wird seltener gebraucht, kommt aber auch vor – dafür wird das Suffix **-er** eingesetzt, bei Tieren auch **-erich**: *Hexe – Hexer; Witwe – Witwer; Maus – Mäuserich; Ente – Enterich* etc.

Derivations-Funktion: Negation
Wie oben schon angekündigt, werden zur Derivation auch Morpheme verwendet, die dem Wortstamm vorangestellt werden: sie werden **Präfixe** genannt. Eine eigene Gruppe von Präfixen wird z. B. dazu eingesetzt, die Bedeutung des Stamm-Wortes jeweils in sein Gegenteil zu verkehren. Dazu können verschiedene Präfixe eingesetzt werden, unter anderem **un-** und **ent-**:

sympathisch – unsympathisch / bar – unbar / klug – unklug (...)
sperren – entsperren / kleiden – entkleiden / mischen – entmischen (...)

Zur Negation von Adjektiven werden z. T. auch alternative negierende Präfixe eingesetzt, die dann jeweils spezifische Funktionen übernehmen, z. B. kann *sozial* in dreierlei Weise negiert werden – mit den Formen *unsozial, asozial* oder *antisozial*.

Zu den Kombinationsmöglichkeiten von Derivation und Komposition

Wir haben die beiden Wortbildungsprozesse Komposition und Derivation zunächst getrennt voneinander vorgestellt. Im Sprachgebrauch werden sie selbstverständlich auch in vielfältigen Kombinationen miteinander verwendet – und zwar, ohne dass uns solche Wörter besonders kompliziert vorkommen würden. So ist das Wort *Arbeitsunfähigkeitsbescheinigung* ein sehr normales Wort: eben eine *Bescheinigung* über *Arbeitsunfähigkeit*. Analytisch gesehen besteht es also zunächst aus zwei Wörtern, die über Komposition miteinander verbunden wurden. Allerdings sind beide beteiligten Wörter darüber hinaus intern komplex und können weiter auf ihren Bau hin untersucht werden. Betrachten wir zunächst den ersten Teil:

Arbeit/s/un/fähig/keit

Die freien und gebundenen Morpheme (bzw. das Fugenelement *s*) sind zunächst scheinbar leicht zu identifizieren. Aber wie ist dieses komplexe Wort entstanden? Möglicherweise ist hier ein Adjektiv (*fähig*) in drei Schritten abgewandelt worden: zunächst verneint (-*un*, Derivation), dann spezifiziert (*arbeit -s-* ...); schließlich wurde es über das Substantivierungsmorphem (-*keit*) in ein Nomen verwandelt. Dieser Werdegang klingt plausibel – aber auch andere Ausgangspunkte für die Analyse sind denkbar. So könnten wir wieder die beteiligte Komposition als ersten Schritt annehmen. Dann wäre hier eine *Fähigkeit* zunächst verneint, dann näher bestimmt worden.

Der zweite Teil unseres komplexen Wortes lässt sich in ähnlicher Weise transparent machen:

Be/schein/ig/ung

Hier erscheint naheliegend, von einem Verb als Ausgangspunkt auszugehen: *bescheinigen* wird über das Derivationsmorphem **-ung** zu einem Substantiv. Das Verb selbst wäre dabei wiederum von dem Nomen *Schein* abgeleitet (eine Tatsache, die uns durch die Morphemanalyse in Erinnerung gerufen wird, aber normalerweise bei der Verwendung von *bescheinigen* nicht mehr bewusst ist). Bei näherem Hinsehen ergeben sich allerdings weitere Fragen. Sind diese Morphem-Analysen überhaupt vollständig? Oder kann man – im Beispiel oben – *fähig* noch weiter aufspalten, etwa weil ja **-ig** zur Klasse der Derivationsmorpheme gehört? Aber was wäre dann das zurückbleibende *fäh-* für eine Form? Es ist sicher kein freies Morphem, gehört aber auch nicht zu den gebundenen Morphemen, die wir bisher vorgestellt haben. Solche Nachfragen machen deutlich, dass die Morphologie nur auf den ersten Blick eine Art einfacher Baukasten mit Elementen ist, die man zu Produkten mit jeweils erwartbaren und folgerichtigen Eigenschaften kombiniert. Der zweite Blick zeigt häufig Zweifelsfälle und Rätsel. So sind nicht immer alle Formen passgenau einer Funktion zuzuordnen. Und darüber hinaus ändern sich die Bedeutungen der Wortelemente, sobald sich ein komplexes Wort im Wortschatz etabliert hat: Das Wort *Abkommen* trägt einerseits sicherlich das Verb *kommen* als Element in sich, aber die ursprüngliche Bedeutung des Verbs erscheint in diesem neuen Wort doch verändert, verblasst sozusagen. Wir werden auf solche Effekte in Kapitel 10.1 zurückkommen.

Kurzwortbildung und Konversion
Nicht nur durch das Zusammenfügen von Elementen, auch durch das Weglassen von Wort-Teilen entstehen neue Wörter. Unser Streben nach Ökonomie – und wohl auch eine gewisse Freude am Experimentieren – macht diese Form der Wortbildung produktiv. Aus der gesamten Vielfalt, die dieser Typ der Wortbildung aufweist, sollen hier nur einige besonders häufige Bildungsmuster vorgestellt werden. Kürzungsprozesse werden nach der Position des verbliebenen Teils eines Wortes im Verhältnis zum Ausgangswort charakterisiert. Auf diese Weise kann man (u.a.) die folgenden Kurzwortbildungen unterscheiden:

a) **Kopfwörter**, bei denen nur mehr der erste Teil für das ganze Wort steht:
Uni(versität) / Studi(erende) / Kombi(nation)
b) **Schwanzwörter**, bei denen umgekehrt der letzte Teil beibehalten wird:
(Omni)Bus
c) **Silbenwörter**, bei denen charakteristische Silben aus dem Wort für die volle Form stehen:
Kita (für *Kindertagesstätte*); *Kripo* (für *Kriminalpolizei*)
d) **Initialwörter**, bei denen aus den Anfangslauten eines komplexen Ausdrucks ein neues Wort gebildet wird:
NATO (North Atlantic Treaty Organisation)

Eine Variante solcher Kürzungen stellt die Neu-Kombination von gekürzten Wortelementen in der sogenannten **Kontamination** dar (der deutsche Ausdruck dafür lautet **Kofferwort** oder auch **Wortkreuzung**). Hier verschmelzen z.B. *breakfast* und *lunch* zum beliebten *Brunch* oder *Tragödie* und *Komödie* zur *Tragikomödie*.

Zum Schluss unserer Betrachtung der Wortbildungsmöglichkeiten soll noch eine besonders unauffällige Facette der Produktivität im Wortschatz vorgestellt werden: Wir können ein Wort auch ohne Veränderungen an seiner Oberfläche in anderer Funktion verwenden – im Ergebnis ändert sich also „nur" die Wortart. Dieser Wortbildungstyp wird als **Konversion** bezeichnet. Beim Schreiben wird das vor allem durch die Groß- bzw. Kleinschreibung deutlicher als beim Sprechen:

Dank sagen vs. *dank beherzten Eingreifens konnte das Kind gerettet werden.*
→Wechsel aus der Wortart Nomen in die Wortart Präposition;

Das Spiel ist aus vs. *Das Aus für die Gespräche kam um Mitternacht.*
→Wechsel aus der Wortart Adjektiv in die Wortart Nomen;

Er geht heute fischen vs. *(Das) Fischen ist seine Leidenschaft.*
→Wechsel aus der Wortart Verb in die Wortart Nomen;

Eine große Orange zierte ihr T-Shirt vs. *Ihr neues T-Shirt ist orange.*
→Wechsel aus der Wortart Nomen in die Wortart Adjektiv;

Wir können also sagen, dass es sich beim Prozess der Konversion um eine nichtkombinatorische Form der Wortbildung handelt: am Stamm wird nichts hinzugefügt oder verändert, sondern es ändert sich allein die Wortart.

6.4 Produktivität und Dynamik im Wortschatz: Neologismen und Ad-hoc-Bildungen

Abschnitt 6.3 hat gezeigt: Mit dem Wortschatz erwerben wir gleichzeitig das lexikalische Wissen zu seiner Erweiterung, nämlich sprachliche Mittel für das Bilden neuer Wörter aus bekannten Elementen. Die Triebkräfte dafür, diese Mittel kreativ einzusetzen, erwachsen aus verschiedenen Anforderungen im Sprachgebrauch. In den folgenden beiden Abschnitten soll gezeigt werden, dass dabei verschiedene Zwecke unterschieden werden können.

Einen Benennungs- oder Perspektivierungsbedarf erfüllen: Neologismen
Eine Quelle für „stabile" neue Wörter ist, dass **neue Sachverhalte** benannt werden müssen. Dafür stehen z. B. Neuwörter wie *Pedelec, Videobeweis, Leihmutterschaft* oder *Genschere* – sie benennen Konzepte, die durch die technologische Entwicklung der letzten Jahre erst entstanden sind. Die kleine Liste zeigt nebenbei, dass tatsächlich für das Deutsche das Wortbildungsmittel Komposition für viele solcher Fälle eine nützliche Ressource ist, denn analog zu den Erfindungen selbst wird in diesen Lexemen eine Kombination aus bekannten Elementen nachvollzogen. So ist ja schon vorher das Wort *Schere* nach Bedarf vielfach erweitert worden, um dann mit dem jeweils entstehenden Determinativ-Kompositum speziellere Scheren präziser zu bezeichnen: *Papierschere, Astschere* oder *Nagelschere* zeigen uns an, dass das jeweilige Modell für verschiedene Materialien ausgerüstet ist. Wir sind damit gewissermaßen darauf vorbereitet, dass auch Gensequenzen in irgendeiner Weise *geschnitten* werden können.

Zum anderen können neue Lexeme aber auch darauf zielen, eine andere **Perspektive** auf bestehende Sachverhalte zu etablieren (vgl. Kap. 3.3). Das zeigt sich z. B. beim Sprechen über Menschen, die in Deutschland leben, aber nicht hier geboren sind – in diesem Wortfeld gibt es offenbar einen großen Bedarf, über sprachliche Fein-Differenzierung verschiedenen Blickrichtungen auf den Sachverhalt Ausdruck zu geben. Ein Beispiel aus dem Jahr 2016 ist der Ausdruck *Geflüchtete*, i.e. eine substantivierte Form des Partizips *geflüchtet*. Mit dieser neu eingebrachten Form wird versucht, den vorübergehenden Status der Eigenschaft, aus dem Heimatland geflüchtet zu sein, bei der bezeichneten Gruppe von Menschen hervorzuheben – sicher auch, um auf diese Weise um Mitgefühl zu werben. Das bis dahin etablierte Wort *Flüchtling(e)* scheint dagegen Person und Fluchtprozess eher in eine dauerhafte Verbindung zu bringen. Beide genannten Ausdrücke gewinnen die Bezeichnung für die gemeinten Personen über den Blick auf ihre Herkunft und das Motiv des Ortswechsels. Alternativ können wir aber auch auf das Ziel oder Ergebnis blicken – und solche Menschen z. B. als *Zugewanderte* bezeichnen. Alle diese Ausdrücke (und noch einige andere) werden dabei nebeneinander verwendet, mit unterschiedlichen Schwerpunkten bei verschiedenen Gruppen von Sprecherinnen und Sprechern. Wie fest sich das Wort *Geflüchtete(r)* im Wortschatz der Sprachgemeinschaft verankern wird, kann man wohl erst in einigen Jahren beurteilen. Ziemlich sicher aber werden im Verlauf der Zeit neue Ausdrücke hinzutreten, die sich aus veränderten Betrachtungsweisen ergeben haben. Der Prozess des Sprachwandels ist dadurch geprägt, dass immer wieder Sachverhalte in einem neuen Blickwinkel dargestellt werden sollen. Dadurch ergibt sich der Bedarf, Sachverhalte in neuer Weise zu perspektivieren – die sprachlichen Mittel dafür stellt vor allem die Wortbildung zur Verfügung.

Hat sich eine Form im Sprachgebrauch etabliert und wird dann allgemein verwendet, wird sie durch Lexikographen verzeichnet und mit ihrer Bedeutung beschrieben – u. a. in **Neologismen**-Wörterbüchern, aber nach entsprechender Prüfung auch im Duden. Das neue Wort ist damit als Teil des gemeinsamen Wortschatzes anerkannt.

Das Gemeinte aktuell auf den Punkt bringen: Ad-hoc-Bildungen
Nicht immer, wenn neue Wörter geprägt werden, sollen sie im Wortschatz Karriere machen. Unkonventionelle Worterfindungen übernehmen vielfältige Funktionen: Sie können dazu dienen, kurz die Aufmerksamkeit der Leserinnen und Leser einzufangen, etwa in Überschriften; oder dazu, im Text bereits eingeführte Informationen ökonomisch zusammenzufassen. Sie können auch dafür eingesetzt werden, einem Text Esprit zu verleihen, wie im folgenden Beispiel.

Abbildung 18: Wir waren Charlie (Titelbild), Luz (2019).

In der Rezension der Graphic Novel „Wir waren Charlie" (Abb. 18) heißt es unter der Überschrift *Das tintentiefe Schwarz* (SZ vom 10.12.2019):

> Luz zeichnete sich direkt nach dem Anschlag sein Trauma von der Seele, nein, das wäre zu einfach, er kämpfte mitten aus dem Trauma heraus mit seinem Stift dagegen an, gegen die Albträume und den Hass, gegen Angststürme und absurde Schuldgefühle, gegen die politische Vereinnahmung, gegen die erst allmählich einsetzende, aber dann kratertiefe Trauer. „Katharsis" hieß der Band, ein schütteres, erschütterndes Buch, ein Überlebensstenogramm aus schwarzen Zitterzeichnungen. Es erschien im Sommer 2015, kurz danach hörte Luz auf bei Charlie Hebdo, er konnte nicht mehr, alles in ihm war versiegt.

Die ad-hoc-Ausdrücke *Angststürme, kratertief, Überlebensstenogramm, Zitterzeichnungen* sind hier Teil eines Stils, der u. a. durch eigenwillige Satzreihung, Wiederholungen und eben die besondere Kreativität der Wortwahl seine Sympathie und Zugehörigkeit zur hier thematisierten Kunstszene der Graphiker andeutet.

Ob sich die in spezifischen Situationen kreierten Wortprodukte die Rolle eines „etablierten" Wortes erobern können, hängt von verschiedenen Einflussgrößen ab. Unter anderem scheint dabei relevant zu sein, wie präsent das benannte Konzept im öffentlichen Sprachgebrauch ist, aber auch wie prägnant, kurz, überzeugend oder witzig die entstandene Form uns erscheint. So kommen in der Neu-Bildung *Jamaika-Aus*, das im Jahr 2017 von der Gesellschaft für deutsche Sprache zum Wort des Jahres gekürt wurde, beide Aspekte besonders deutlich zusammen: Die Bildung bezeichnet nicht nur einen Sachverhalt, der das Interesse der Öffentlichkeit (zu diesem Zeitpunkt) sehr beschäftigt hat – es war immerhin eine dringlich erwartete Regierungsbildung, die durch das *Jamaika-Aus* eben nicht zustande kam. Darüber hinaus zeigt der Ausdruck aber noch eine sprachliche Verdichtung, wie sie uns als sprachspielfreudigen Benutzern offenbar gut gefällt.

6.5 Wörter mit Migrationshintergrund: Entlehnungen aus anderen Sprachen

Als Ressource für die Bezeichnung neuer Konzepte – und neuer Perspektiven auf bekannte Sachverhalte – stehen uns neben den Mitteln des deutschen Wortschatzes auch Wörter aus anderen Sprachen zur Verfügung. Dieser Prozess der **Entlehnung** ist keine neue Erscheinung, sondern schon seit den Anfängen der deutschen Sprache wirksam (vgl. Kap. 2.4). Das ist aber bei vielen Wörtern in Vergessenheit geraten, denn nach einiger Zeit empfinden wir ehemals fremde Wörter als ganz natürlich zum deutschen Wortschatz gehörig: Kaum jemand denkt mehr daran, dass *Pilz* auf das lateinische *boletus* zurückgeht, dass *Tante* ursprünglich aus dem Französischen stammt, oder dass *Supermarkt* eine nur leicht angepasste Form des englischen *supermarket* ist.

Nach dem Grad der Angepasstheit eines Wortes an den Kernwortschatz des Deutschen können **Fremdwörter** und **Lehnwörter** unterschieden werden. Danach werden als Fremdwörter diejenigen bezeichnet, denen man ihre Herkunft aus einer anderen Sprache anmerkt – sie fallen u.a. durch andere Lautstruktur, grammatische Eigenschaften und Schreibung auf (z.B. *Trattoria* oder *chatten*, vgl. auch Kap. 5). Bei den in neuerer Zeit eingewanderten empfinden wir z.T. noch Zweifel über die Aussprache oder darüber, wie man das Wort im Satz verwendet: *wo hast du die/ *den Avocado gekauft?* Sobald solche Fragen nicht mehr auftreten, gilt das betreffende Wort als **strukturell integriert**. Die Sprachgemeinschaft hat das übernommene Wort dann also schrittweise durch den Gebrauch in ihr Regelsystem eingepasst und es wirkt im Verlauf immer unauffälliger. Die Integration kann dabei drei Aspekte betreffen:

a) Die **Aussprache**, i.e. die phonetisch-phonologische Angleichung an deutsche Wörter – sie geschieht in nicht genau vorhersagbarer Weise, hängt sicher aber auch von der Häufigkeit der Verwendung ab. So ist es inzwischen kein Zeichen mangelnder Englischkenntnisse mehr, das Wörtchen *stop* „eingedeutscht" als [ʃtɔp] auszusprechen, sondern diese Aussprache-Variante ist für viele eine Art gleichberechtigter Usus geworden.

b) Die **graphematische Anpassung** an unsere Schreibkonventionen. Auch sie erfolgt durchaus nicht einheitlich – v. a. für Wörter aus dem Französischen wird sowohl „quellnah" geschrieben, etwa *Plateau, Chateaubriand, Chauffeur*, als auch „deutsch" wie bei *Likör*. Die Verwendung der Kleinschreibung für englische Nomina betont tendenziell ihren entlehnten Ursprung, während Großschreibung sie als inzwischen auch zum deutschen Wortschatz gehörend normalisiert (z. B. *workshop* vs. *Workshop*) – beides kann je nach Kontext passend sein.

c) Die **morphosyntaktische Integration**, also die Einbindung des entlehnten Worts in das grammatische System des Deutschen, betrifft z. B. die Entscheidung für ein Genus (*der* oder *das Joghurt?*) und die Wahl der Pluralbildung: Bestellen wir *zwei Cappuccinos* oder doch lieber *zwei Cappuccini?* Bevorzugt wird häufig eine Form, in der der Singular noch deutlich erkennbar bleibt: also eher *Pizzas* als *Pizzen*, eher *Babys* als *Babies*.

Bei der Wahrnehmung eines Wortes als noch „fremd" oder schon „integriert" kann es allerdings keine klaren, allgemeingültigen Einordnungen geben. Denn da die Sprachgemeinschaft kein homogenes Ganzes ist, werden sich in dieser Beziehung individuelle oder gruppenspezifische Unterschiede deutlich bemerkbar machen: was z. B. für Jugendliche selbstverständlicher Teil ihres Wortschatzes ist, erscheint möglicherweise den Eltern als fremd – und umgekehrt.

Zum Status und zur Beurteilung von Entlehnungen aus dem Englischen
In der Sprachgeschichte des Deutschen sind mit der kulturellen Begegnung zunächst viele ursprünglich lateinische, später auch französische Wörter in den Wortschatz eingewandert (für eine genauere Darstellung vgl. z. B. Riehl 2015). In Zeiten der Globalisierung wird vor allem die Entlehnung aus dem (häufig amerikanischen) Englischen sehr intensiv wahrgenommen.

Die Leichtigkeit, mit der wir Wörter gerade aus dem Englischen übernehmen, hängt auch mit der engen Verwandtschaft der beiden Sprachen zusammen. Nicht nur gemeinsame Teile des Wortschatzes (z. B. ein großer Fundus an „Eurolatein": damit ist das griechische und lateinische Erbe in den europäischen Sprachen gemeint, vgl. Munske 1996), sondern auch eine weithin analoge Wortbildung tragen dazu bei, dass wir für Übernahmen nur eine geringe Hürde verspüren. Denn sowohl Wortbildungsarten als auch die eingesetzten sprachlichen Mittel – Suffixe, Präfixe – funktionieren in beiden Sprachen im Wesentlichen in vergleichbarer Weise (vgl. dazu genauer Barz 2008). So sind z.B. auch im Englischen Komposita aus Nomen beliebt, weisen wie im Deutschen Rechtsköpfigkeit auf, erlauben komplexe Zusammensetzungen und geben eine relativ große Freiheit beim Kombinieren von Bedeutungen. Einen Unterschied stellt allenfalls dar, dass es für englische Nominalkomposita mehr Spielraum bei der Schreibung gibt, z.B. erscheinen sie auch mit Bindestrich. Auf dieser Basis sind Entlehnungen damit für unser Sprachgefühl gut handhabbar, auch wenn sich Variationen der Umsetzung finden (i–iv).

i) *Mitarbeiter Unternehmenskommunikation (m/w/d) mit Social-Media-Affinität*
DPRG e. V. 2019, online unter: https://dprg.de/singlejob/uid-310253/mitarbeiter-unternehmenskommunikation-m-w-d-mit-social-media-affinitaet/, zuletzt am 23.12.2019.

ii) *Office ManagerIn mit Social Media-Affinität (m/w)*
secretary.at 2013, online unter: http://www.secretary.at/index.php/ct-menu-item-9?layout=edit&id=1014, zuletzt am 23.12.2019.

iii) *Das bringst du mit: [...]*
 – *Social-Media Affinität*
Sagenta GmbH 2019, online unter: https://web.sagenta.de/assistentenin-kommunikation-online-marketing-social-media/, zuletzt am 23.12.2019.

iv) *Wir suchen ab sofort einen Fotograf m/w/d mit Social Media Affinität in Teilzeitanstellung.*
Indeed 2019, online unter: https://de.indeed.com/Jobs?q=Affinit%C3%A4t%20Social&vjk=4adc2b5c7180b358, zuletzt am 23.12.2019.

Nicht für alle, die an der deutschen Sprache teilhaben, stellt die in vielen Bereichen wahrnehmbare große Zahl von Neuzugängen aus dem Englischen allerdings eine Freude dar – viele sehen sie mit Besorgnis, vor allem, wenn einzelne Texte einen sehr hohen Anteil an Anglizismen zeigen oder die Integration in die Grammatik des Deutschen nicht überzeugt (*hast du die Datei gestern gedownloadet?*).

Aber wie viele Anglizismen nimmt das Deutsche eigentlich wirklich auf? Bei genauerer Analyse hat sich gezeigt, dass der bleibende Zustrom nicht so groß ist, wie es auf der Basis einzelner Texte oder Textgattungen manchmal den Anschein hat. Wertet man z.B. die Einträge des Rechtschreibdudens aus, hat sich von 1880 bis 1986 der Anteil der Anglizismen am Gesamtwortschatz nur von 1,36 % auf 3,46 % erhöht (Busse, zit. nach Zifonun 2002: 3). Dieser Anteil erscheint uns erstaunlich gering – ist aber durch zwei Tatsachen erklärlich: a) Der Großteil der Anglizismen findet sich im „peripheren Wortschatz", also in fachlichen Zusammenhängen (z. B. der Informatik) oder dem Spezialwortschatz bestimmter Gruppen. b) Der Anteil an umgangssprachlichen und kurzlebigen Anglizismen z. B. aus der Werbung erscheint bei dieser Bestandsaufnahme zurückgedrängt: Diese Wörter finden ja häufig keine Aufnahme in das Wörterbuch, weil sie nicht zum „Allgemeinwortschatz" gezählt werden. Texte, in denen uns ärgerliche Häufungen des sogenannten „Denglisch" begegnen, sind in dieser Perspektive also als vergängliche Einzelfälle wahrnehmbar, deren Sprachgebrauch wir übrigens auch nicht übernehmen müssen. Zifonun (2002: 6) formuliert das sehr prägnant:

> Überspitzt und vereinfacht gesagt: Wenn die Sprache der Telekom »kaputt« ist, tangiert dies meine Sprache nicht. Damit soll nicht geleugnet werden, dass natürlich die Sprachkompetenz und der Sprachgebrauch Einzelner und von Gruppen sich gegenseitig beeinflussen und dass letztlich auch das Sprachsystem verändert werden kann. Aber dies ist ein hochkomplexer und nur indirekt bewirkter Prozess. Wesentlich ist, dass jeder Einzelne, Institutionen und Gruppen zuallererst ihre Sprache sprechen, kultivieren und pflegen können. Damit üben alle Einfluss auf diese unsere Sprache aus. [...] Was wir kritisieren, auch wenn es sich auf einen übertriebenen, irreführenden, hässlichen usw. Gebrauch von Anglizismen bezieht, ist stets Sprachgebrauch Einzelner, vielleicht auch vieler (oder »zu vieler«) Einzelner, nicht »die deutsche Sprache«.

Diese Perspektive, dass wir alle am Wortschatz des Deutschen „arbeiten" – und damit für seine Gestalt in einem gewissen Sinn mitverantwortlich sind, gilt natürlich nicht nur für das Aufnehmen von Wörtern aus anderen Sprachen. Auch die kurzfristigen Prägungen, die wir in Gesprächen und Texten verwenden, gehen ja sozusagen in den Haushalt der Sprache ein – und werden von anderen Sprecherinnen und Sprechern aufgegriffen oder eben nicht. Die produktiven Mittel für neue Wörter können ganz verschieden genutzt werden: um neue Bedeutungsfacetten sichtbar zu machen, um einen Gegenstand noch genauer zu beschreiben – oder auch, um durch besonders kreative Schöpfungen zu überraschen, zu erfreuen oder zu provozieren.

Zum Weiterlesen

Dittmann, Jürgen; Schmidt, Claudia (2002): Über Wörter. Grundkurs Linguistik. Freiburg im Breisgau: Rombach.
Fleischer, Wolfgang; Barz, Irmhild (2012): Wortbildung der deutschen Gegenwartssprache. 4. völlig neu bearbeitete Auflage. Berlin: De Gruyter.
Haß, Ulrike; Storjohann, Petra (Hgg.) (2015): Handbuch Wort und Wortschatz. Berlin: De Gruyter.
Miller, Georges A. (1993): Wörter. Streifzüge durch die Psycholinguistik. (Herausgegeben und aus dem Amerikanischen übersetzt von Joachim Grabowski und Christiane Fellbaum). Heidelberg, Berlin, New York: Spektrum Akademischer Verlag.

7 Vom Wort zum Satz

7.1 Wo hört das Wort auf und fängt der Satz an? —— **138**
7.2 Phrasen und Satzglieder —— **141**
7.3 Wie kommt das Wort in den Satz? Flexion —— **144**
7.4 Entstehung grammatischer Formen: Analogie und Grammatikalisierung —— **151**
7.5 Konstruktionen als grammatische Einheiten —— **154**

In diesem Kapitel möchten wir uns mit den Bedingungen beschäftigen, unter denen Wörter zu Sätzen kombiniert werden. Dazu gehört als Vorklärung die Frage, wo genau die Grenze zwischen Wörtern und Sätzen verläuft (7.1). Das ist schwieriger, als man vielleicht meinen mag. Wörter übernehmen in Sätzen Rollen, allerdings nicht als einfache Wörter, sondern als Phrasen. Das erklären wir in Kapitel 7.2. Wir wenden uns dann den Prinzipien zu, nach denen Wörter, so wie wir sie im Wörterbuch vorfinden, mit Informationen über ihre Rolle in konkreten Sätzen versehen werden. Dieses Verfahren nennt man *Flexion* (7.3). In einer sprachgeschichtlichen Perspektive ist danach zu fragen, wie die Elemente, die grammatische Information in Wörtern tragen, entstanden sind und nach welchen Gesetzmäßigkeiten neue Elemente dieser Art entstehen. Wenn sich ein lexikalisches Morphem zu einem grammatischen wandelt, nennt man das Grammatikalisierung (7.4). Schließlich behandeln wir feste Fügungen unterhalb der Satzebene und fragen uns, in welchen Situationen des Sprachgebrauchs sie vorkommen können (7.5).

7.1 Wo hört das Wort auf und fängt der Satz an?

Wie wir schon in Kapitel 6 gesehen haben, gibt es einen Übergangsbereich zwischen Wörtern und Sätzen. Das Beispiel oben war die Zusammenrückung *Hans-Dampf-in-allen-Gassen*. Nicht nur durch die Bindestrichschreibung wird diese Phrase als wortartig ausgewiesen. Weitere Hinweise, dass es sich um ein Wort handelt, sind: Sie kann mit Artikelwörtern verwendet werden: *ein / der / dieser / kein Hans-Dampf-in-allen-Gassen*. Sie kann als Ganzes mit Attributen näher bestimmt werden: *der größte Hans-Dampf-in-allen-Gassen Süddeutschlands*. Sie referiert auf ein konkretes Konzept, nämlich eine umtriebige Person. Das haben wir in den Belegen (i) und (ii) dokumentiert.

i) *Eingeladen sind alle bisherigen Mitglieder, aber auch alle interessierten Einwohner, die mitmachen möchten. Dafür muss man kein Hans-Dampf-in-allen-Gassen sein – es ist auch eine passive Mitgliedschaft möglich, wirbt Reinhard Götz um Mitstreiter.*
NKU13/APR.03337 Nordkurier, 10.04.2013 – DeReKo-Beleg

ii) *Egon Behm, Rothenklempenows langjähriger Vorwende- und mit Unterbrechung auch Nachwendebürgermeister, ein Hans-Dampf-in-allen-Gassen, war damals als Vorsitzender des Gemeindeverbandes für das Fest mit verantwortlich.*
NKU16/APR.02526 Nordkurier, 19.04.2016 – DeReKo-Beleg

Es gibt aber auch Hinweise dafür, dass es sich bei der Fügung doch nicht um ein vollständiges Wort handelt. Wenn man sie dekliniert (also z. B. den Genitiv oder den Plural bildet), dann wird das nicht, wie bei Substantiven üblich, am Ende des Wortes markiert, sondern am Ende des Namens *Hans Dampf*. An Beleg (iii) sieht man auch, dass die Fügung typischerweise nicht mehr mit Bindestrichen als Wort markiert wird, wenn sie dekliniert wird:

iii) *Da trifft man die grauen Eminenzen, die Fürsten, die „Profilierer", die Angsthasen, die „Hans Dampfs in allen Gassen", die „James Bonds", die Alleskönner, die „Mafiosi", die Zaudernden und die Politiker, die vor allem wiedergewählt werden wollen.*
Lasko, Wolf W.; Busch, Peter (2003): Resulting – Projektziel erreicht!: So führen Sie Projekte kompetent und kreativ zum Profit. Wiesbaden: Gabler, S. 110.

In anderen Fällen können auch ganze Sätze in Komposita eingehen, wie z. B. beim *Was-ist-hier-los-Blick*. An den Belegen (iv) und (v) sehen wir, dass die Schreiberinnen und Schreiber selbst nicht sicher sind, wie sie die Worthaftigkeit der Fügung graphisch markieren sollen:

iv) *Dann drehte sie sich um und fixierte ihn mit ihrem patentierten: Was-ist-denn-hier-los? Blick.*
Nathschläger, Peter (2008): Geheime Elemente. Hamburg: Himmelstürmer, S. 28.

v) *Geschafft! hallte es nur in seinem Kopf wider, dann setzte er den „Was-ist-denn-hier-los-Blick" auf und schaute die Diener Innos' an.*
Online unter: https://forum.worldofplayers.de/forum/threads/552215-Aufgaben-eines-Siegelw%C3%A4chters/page5, zuletzt am 24.01.2018.

Auch semantisch gibt es eine Grauzone zwischen Phrasen und Wörtern. Das hängt damit zusammen, dass man Wörter nicht nur in Phrasen, sondern auch in

Komposita näher bestimmen kann. Zum Beispiel kann eine Liga, in der die Spitze des Mittelfelds schon kurz vor einem Abstiegsplatz steht, auch mal so wie in Beleg (vi) genannt werden:

vi) *Die Spitzenmittelfeldkurzvorabstiegsplatzliga*
ZEIT ONLINE vom 22.01.2018, online unter: http://www.zeit.de/sport/2018-01/fc-bayern-spd-sc-freiburg-serie, zuletzt am 24.01.2018.

Gemeint ist hier natürlich eine Liga, in der die Spitze des Mittelfelds (der Punktezahl nach) kurz vor einem Abstiegsplatz steht, in der es also knapp zugeht. Interessant dabei ist Folgendes: Im Kompositum sind die einzelnen Lexeme, welche uns Hinweise auf den repräsentierten Gedanken geben, einfach aneinandergereiht. Es gibt keine Markierung der grammatischen (und damit auch konzeptuellen) Beziehungen der Lexeme im Wort. Im Gegensatz dazu sind die einzelnen Segmente in ihrer Beziehung zueinander durchsichtig, wenn man das Kompositum paraphrasiert (wie vor vier Sätzen geschehen).

Wir sehen an diesen Beispielen, dass die Grenze zwischen dem, was wir als ‚Wort' wahrnehmen, und syntaktischen Phrasen fließend ist und dass Wortbildung – und hier insbesondere die Komposition – im Deutschen auch ein Mittel der Syntax sein kann. Wir haben uns Syntax (dt. „Satzbau") als eine Tätigkeit vorzustellen, die im Sprechen und Schreiben immer wieder aufs Neue ausgeübt wird. Sie gelingt für uns geübte Muttersprachler eben deshalb, weil wir Routine darin entwickelt haben, in den verschiedenen Situationen der Sprachverwendung Gestalten des mündlichen und schriftlichen Ausdrucks zu konstruieren, die als angemessen empfunden werden. Jede gelingende Sprachverwendung bestärkt uns in unserem Sprachgefühl und lässt uns das entsprechende Baumuster unserer Sätze als selbstverständlicher und natürlicher erscheinen. Das führt dazu, dass wir bestimmte syntaktische Bildungen als richtig und andere als falsch erleben und wir Syntax als etwas empfinden, das unsere Ausdrucksmöglichkeiten in bestimmte Bahnen lenkt. Zum Beispiel können wir im Deutschen im Normalfall in einfachen Aussagesätzen nur solche Konstruktionen bilden, in denen ein Satzglied am Satzanfang vor dem flektierten Verb steht:

vii) *Die Sarmaten feierten den Abgang ihres Seniors von der Akademie.*
Alexis, Willibald: Herr von Sacken. In: Novellenschatz, CQPWeb-Edition auf discourselab.de

Dafür haben wir die Möglichkeit, die verschiedenen Segmente des Satzes miteinander zu vertauschen – je nach Zusammenhang und je nachdem, was wir betonen oder welche kommunikative Funktion wir dem Satz geben wollen:

Den Abgang ihres Seniors von der Akademie feierten die Sarmaten
Feierten die Sarmaten den Abgang ihres Seniors von der Akademie?

Dagegen erscheinen uns die Sätze **Den Abgang ihres Seniors von der Akademie die Sarmaten feierten* und **Den Abgang feierten ihres Seniors von der der Akademie* unter keinen denkbaren Umständen als korrekte deutsche Sätze. In der Grammatikschreibung sagt man dann, solche Sätze seien ungrammatisch. Sie werden mit dem Symbol * gekennzeichnet. So machen wir es im Folgenden auch.

7.2 Phrasen und Satzglieder

Zu den Regularitäten, die wir beim Bilden von Sätzen feststellen können, gehört auch, dass wir ein sehr gutes Gefühl dafür haben, welche Wörter in einem Satz enger zusammengehören als andere. Das können wir testen, indem wir unseren Beispielsatz noch etwas ausschmücken und dann noch einmal versuchen, die Wörter im Satz zu verschieben. Das nennt man die **Verschiebeprobe** oder den **Kommutationstest**:

i) *Die letzten Monate liefen sehr gut für den deutschen Schuheinzelhandel.*
TextilWirtschaft, 11/2010, S. 46

Auch hier lassen sich die Segmente im Satz verschieben, aber eben nicht beliebig:
ii) *Für den deutschen Schuheinzelhandel liefen die letzten Monate sehr gut.*
iii) *Sehr gut liefen die letzten Monate für den deutschen Schuheinzelhandel.*
iv) *Sehr gut liefen für den deutschen Schuheinzelhandel die letzten Monate.*

Was z. B. nicht geht:
v) **Sehr für deutschen liefen Schuhhandel den Monate gut letzten die.*

Beim Verschieben der Segmente bekommen wir also ein gutes Gefühl dafür, welche Elemente im Satz enger zusammengehören als andere. Besonders aussagekräftig ist dabei das Verfahren, ein Segment vor das flektierte Verb (hier also „spielt") zu stellen. Das nennt man „Topikalisierung" (vgl. Zifonun et al. 1997: 1, 69f.). Diese Position im Satz nennen wir das „Vorfeld" (ausführlich dazu in Kap. 8.5). Die Elemente im Satz, die gemeinsam ins Vorfeld rücken können, bilden eine **Konstituente**. Im deutschen Aussagesatz kann immer nur eine Konstituente vor dem flektierten Verb stehen. Daher sprechen wir auch davon, dass in ihnen das flektierte Verb an der zweiten Position steht und nennen solche Sätze **V2-Sätze**. Das bezieht sich darauf, dass das flektierte Verb unmittelbar hinter der ersten Konstituente des Satzes kommt. Das heißt aber nicht, dass das flektierte

Verb das zweite Wort sein muss: Eine Konstituente kann grundsätzlich beliebig lang sein. In (vi) besteht die Satzkonstituente vor dem flektierten Verb *blinkten* aus drei miteinander koordinierten Phrasen. Durch die Umstellungsprobe können wir leicht sehen, dass diese dennoch zu einer Konstituente gehören. Zwar können wir den Satz wie in (vii) umformen, haben damit die Konstituente vor *blinkten* auseinandergerissen und dennoch einen grammatischen Satz produziert. Allerdings hat dieser seine Bedeutung im Vergleich zu Satz (vi) verändert, er ist sogar einigermaßen sinnlos geworden, wenn man sich vor Augen führt, was in Satz (vii) alles auf den Köpfen der Pferde blinkt.

vi) *Die gezogenen Hieber, die Federbüsche auf den deutschen Hüten und sarmatischen Mützen und die stolzen Reiherbüsche auf den Köpfen der Pferde blinkten um die Wette mit den Standarten und Fähnlein im Scheine der hellen Nachmittagssonne.*
   Alexis, Willibald: Herr von Sacken. In: Novellenschatz, CQPWeb-Edition auf discourselab.de

vii) ?Die gezogenen Hieber, die Federbüsche auf den deutschen Hüten und sarmatischen Mützen und die stolzen Reiherbüsche blinkten auf den Köpfen der Pferde um die Wette mit den Standarten und Fähnlein im Scheine der hellen Nachmittagssonne.

Ein weiteres Verfahren, Satzglieder zu ermitteln, ist die sogenannte **Ersetzungsprobe** oder der **Substitutionstest**. Hier ersetzen wir die einzelnen Segmente im Satz durch Pronomina und sehen dadurch, welche Elemente durch die Ersetzung wegfallen. Unser Beispiel in (viii) bezieht sich auf Satz (vi). Wenn man, wie wir in (viii), die Ersetzung durch Pronomen vornimmt, kann man auch vom Pronominalisierungstest sprechen. Daran sieht man erstens, dass durch die Ersetzung tatsächlich das ganze lange Segment vor *blinkten* wegfällt, und zweitens sieht man, dass sich *um die Wette* nicht sinnvoll ersetzen lässt (ix, x)

viii) Sie blinkten dort damit um die Wette.
ix) *Sie blinkten dort damit darum.
x) *Sie blinkten dort damit um drei Eis / um die Ecke / um den Verstand.

Das sagt uns, dass *um die Wette* keine eigenständige Konstituente sein kann, sondern sehr eng mit dem Verb *blinkten* zusammenhängt. Es muss sich um eine komplexe Verbalphrase mit einer eigenständigen Bedeutung handeln, die wir **idiomatisch** nennen. Darauf kommen wir in Kapitel 7.5 noch zurück.

Eine dritte Probe zur Ermittlung von Konstituenten – bekannt und beliebt aus dem Grundschulunterricht – ist die **Frageprobe**:

xi) Für wen liefen die letzten Monate sehr gut? Den deutschen Schuheinzelhandel.
xii) Wie liefen für den deutschen Schuheinzelhandel die letzten Monate? Sehr gut.
xiii) Was lief für den deutschen Schuheinzelhandel sehr gut? Die letzten Monate.

Wir differenzieren zwischen einfachen Konstituenten, die aus einem Wort bestehen (z. B. *sie, dort, damit*) und komplexen Konstituenten, die aus mindestens zwei Wörtern bestehen. Solche nennen wir auch **Phrasen**. Phrasen kategorisiert man nach dem Wort, welches den **Phrasenkopf** bildet, das heißt, welches festlegt, welche Eigenschaften die Phrase hat, also z. B., an welcher Stelle im Satz eine Phrase verwendet werden kann oder wie die anderen Wörter in der Phrase flektiert werden (vgl. 7.3). Wir unterscheiden folgende Typen von Phrasen:

> Nominalphrasen, z. B. *die letzten Monate, die Sarmaten*
> Präpositionalphrasen, z. B. *für den deutschen Einzelhandel, um die Wette*
> Adjektivphrasen z. B. *sehr gut*
> Adverbphrasen, z. B. *da drüben, ganz anders*
> Verbalphrasen, z. B. *blinkten um die Wette mit den Standarten und Fähnlein im Scheine der hellen Nachmittagssonne, liefen die letzten Monate sehr gut*

Man sieht an der Betrachtung unseres Beispiels für eine Verbalphrase, dass Phrasen oft nach dem Modell russischer Puppen funktionieren, dass also jeweils die kleinere Einheit in die größere Einheit eingeht. Wenn wir unsere Verbalphrase auseinandernehmen – oder fachlich ausgedrückt: **segmentieren**, dann ergibt sich das folgende Modell. Solche Segmentierungen stellt man oft in einem **Baumdiagramm**, auch **Stemma** genannt, dar, wie auch in unserem Fall:

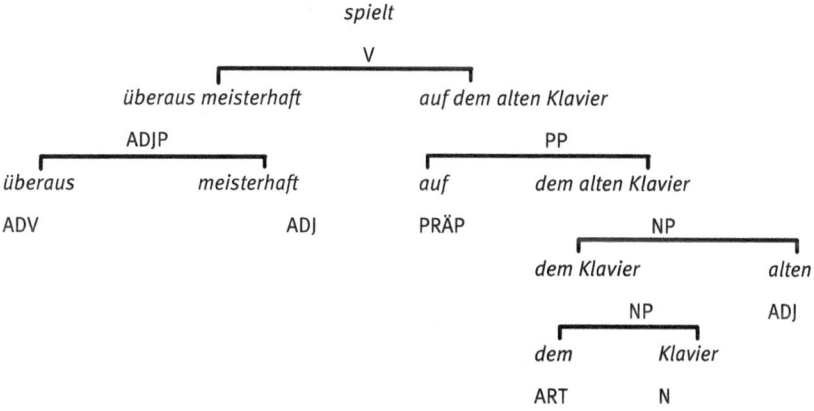

Legende:
Phrasenkategorien: ADJP = Adjektivphrase; NP = Nominalphrase; PP = Präpositionalphrase
Wortartenkategorien: ADJ = Adjektiv; ADV = Adverb, ART = Artikelwort; N = Nomen; V = Verb

Man sieht, dass sich die Phrasen bis auf die Wortarten zerlegen lassen. Bei den Einheiten, in die wir nun zerlegt haben, Wortarten und Phrasen, handelt es sich um **Kategorien** des Satzbaus. Welche Funktionen diese im Satz einnehmen können und wie man diese erkennt, zeigen wir in Kapitel 8.

7.3 Wie kommt das Wort in den Satz? Flexion

Die hier dargestellten Tests zum Erkennen und Kategorisieren von Satzgliedern beruhen auf einem intuitiven, vortheoretischen Verständnis der Zusammengehörigkeit von Wörtern in Sätzen, über das alle kompetenten Sprecherinnen und Sprecher einer Sprache verfügen. Die oben vorgestellte Frageprobe steht als Instrument der Grundschuldidaktik in der Kritik, weil es dieses vortheoretische Wissen zu einem Zeitpunkt aufruft, zu dem es noch gar nicht richtig entwickelt ist. Es ist nun aber nicht so, dass dieses Verständnis auf einer irgendwie magischen Entfaltungskraft syntaktischer Regeln beruhe; vielmehr nehmen wir – meist ohne darüber nachzudenken – Indizien oder – semiotisch gesprochen – indexikalische Zeichen (s. Kap. 1) wahr, die uns Hinweise auf die Zusammengehörigkeit von Wörtern in Phrasen und deren Funktion in Sätzen geben. Diese Zeichen werden ausgelöst vom Gebrauch grammatischer Morpheme und fallen unter den Bereich der **Flexionsmorphologie**. In Kapitel 6 haben wir uns bereits mit der Lehre von der Bildung der Wörter, der Morphologie, beschäftigt. Dort haben wir uns auf die Rolle von Morphemen bei der Wortbildung konzentriert. Hier ist es nun an der Zeit, die zweite wichtige Funktion von Morphemen, die Flexion ausführlicher zu thematisieren. Zur **Flexion** zählt man die **Konjugation**, also die Beugung der Verben, die **Deklination**, also die Beugung von Substantiven, Adjektiven, Artikeln und die **Komparation**, die Steigerung von Adjektiven. Auf diese Weise werden **syntaktische Wörter** gebildet, in denen die Beziehungen zu den Nachbarwörtern im Satz deutlich gemacht werden. Bei der Konjugation werden Verben im Hinblick auf Person, Numerus, Genus, Tempus, Modus (also die Unterscheidung von Imperativ, Indikativ und Konjunktiv) und Genus Verbi (Aktiv vs. Passiv) bestimmt. Wenn ein Verb solchermaßen bestimmt ist, spricht man von einem **finiten Verb**.

Wenn man die syntaktischen Wörter, die jeweils ein Lexem repräsentieren, zusammenstellt, ergeben sich Reihen flektierter Wörter. Diese Reihen bilden jeweils ein **Paradigma**. Als ein Beispiel dafür haben wir das Konjugationsparadigma von *gehen* abgedruckt.

Flexionsparadigma von *gehen* (Gegenwartsdeutsch)

	Präsens	Präteritum	Perfekt
1. P. Sg.	*ich gehe*	*ich ging*	*ich bin gegangen*
2. P. Sg.	*du gehst*	*du gingst*	*du bist gegangen*
3. P. Sg.	*er/sie/es geht*	*er/sie/es ging*	*er/sie/es ist gegangen*
1. P. Pl.	*wir gehen*	*wir gingen*	*wir sind gegangen*
2. P. Pl.	*ihr geht*	*ihr gingt*	*ihr seid gegangen*
3. P. Pl.	*sie gehen*	*sie gingen*	*sie sind gegangen*

	Plusquamperfekt	Futur I	Futur II
1. P. Sg.	*ich war gegangen*	*ich werde gehen*	*ich werde gegangen sein*
2. P. Sg.	*du warst gegangen*	*du wirst gehen*	*du wirst gegangen sein*
3. P. Sg.	*er/sie/es war gegangen*	*er/sie/es wird gehen*	*er/sie/es wird gegangen sein*
1. P. Pl.	*wir waren gegangen*	*wir werden gehen*	*wir werden gegangen sein*
2. P. Pl.	*ihr wart gegangen*	*ihr werdet gehen*	*ihr werdet gegangen sein*
3. P. Pl.	*sie waren gegangen*	*sie werden gehen*	*sie werden gegangen sein*

	Konjunktiv Präsens	Konjunktiv Präteritum	Imperativ
1. P. Sg.	*ich gehe*	*ich ginge*	–
2. P. Sg.	*du gehest*	*du gingst*	*geh! / gehe!*
3. P. Sg.	*er/sie/es gehe*	*er/sie/es ginge*	–
1. P. Pl.	*wir gehen*	*wir gingen*	–
2. P. Pl.	*ihr gehet*	*ihr ginget*	*geht!*
3. P. Pl.	*sie gehen*	*sie gingen*	–

Das Paradigma formiert sich, in dem an einen **Stamm** – im Indikativ und Konjunktiv Präsens *geh-*, im Indikativ und Konjunktiv Präteritum *ging-* – jeweils ein Flexionsmorphem, das die Flexionsform markiert, gehängt wird. Wenn sich wie hier der Stammvokal in den Präteritumsformen ändert, sprechen wir nach einem alten bildhaften Terminus von Jacob Grimm (1822) von einer starken Flexion. Diese systematische Vokaländerung ist bei vielen Verben, die aus dem Germanischen stammen, noch erhalten. Man nennt sie, ebenfalls nach Jacob Grimm, **Ablaut**. Die Verben, die stark flektiert werden, wie z.B. *gehen, stehen, schwimmen, bringen* nennt man entsprechend **starke Verben**. Umgekehrt nennt man Verben, deren Stamm sich zur Präteritumsbildung nicht ändert (wie zum Beispiel *ich mache – ich machte*), auch **schwache Verben**. Diese bilden das Präteritum mit dem Dentalsuffix -t-. Analogie- und Ausgleichsprozesse (s. u. 7.4) haben dazu geführt, dass es immer weniger starke und immer mehr schwache Verben gibt. Zum Vergleich stellen wir hier das Konjugationparadigma von ahd. *gân* mit der Parallelform *gên*:

Flexionsparadigma von *gân/gên*, althochdeutsch

	Präsens	Präteritum	Perfekt
1. P. Sg.	*gân / gên*	*gienc, gie*	–
2. P. Sg.	*gâst / gêst*	*gienge*	
3. P. Sg.	*gânt / gêt*	*gienc, gie*	
1. P. Pl.	*gân / gên*	*giengen*	
2. P. Pl.	*gât / gêt*	*gienget*	
3. P. Pl.	*gânt / gênt*	*giengen*	

	Plusquamperfekt	Futur I	Futur II
	–	–	–

	Konjunktiv Präsens	Konjunktiv Präteritum	Imperativ
1. P. Sg.	*gâ / gê*	*gienge*	*ganc!, gâ! / genc!, gê!*
2. P. Sg.	*gâst / gêst*	*giengest*	–
3. P. Sg.	*gâ / gê*	*gienge*	–
1. P. Pl.	*gân / gên*	*giengen*	*gât! / gêt!*
2. P. Pl.	*gât / gêt*	*gienget*	–
3. P. Pl.	*gânt / gênt*	*giengen*	–

Es ist auffällig, dass es sowohl im Ahd. als auch im Nhd. nicht wenige Formen im Konjugationsparadigma von *gehen* gibt, die mehrfach vorkommen. Das gilt im Ahd. und Nhd. für die erste Person Singular und die zweite Person Plural Indikativ. Im Nhd. sind die erste und die dritte Person Plural systematisch nur aufgrund der vorangestellten Personalpronomen zu unterscheiden. In den Konjunktivparadigmen fallen jeweils die erste und dritte Person im Singular und im Plural zusammen. Außerdem ist das Paradigma des Konjunktiv I in der ersten Person Singular und der ersten und dritten Person Plural identisch mit den jeweiligen Indikativformen.

Betrachtet man die ahd. und nhd. Flexionsparadigmen von *gân* bzw. *gehen* im Vergleich, so fällt auf, dass im Ahd. diejenigen Formen fehlen, welche man heute mit den Hilfsverben *sein* und *werden* bildet. Solche Flexionsformen, zu deren Bildung wir in ein weiteres Verb benötigen, nennen wir **analytische Formen**. Diejenigen, welche allein durch Flexionsmorpheme (wie bei *ihr geh-t*) bzw. die Beugung des Wortstamms (wie bei *ich ging*) angezeigt werden, heißen **synthetische Formen**. Die analytischen Konjugationsformen wurden in althochdeutscher Zeit noch nicht systematisch verwendet, sie haben sich erst im Mhd. entwickelt. Wir nehmen hier beispielhaft die Futurformen heraus: Der Bezug auf die Zukunft wurde im Ahd. in der Regel – wie auch heute noch üblich – mit der Präsensform und einem Temporaladverb oder mit Modalverben hergestellt. Im 13. Jh. kommt die Futurkonstruktion mit *werden* + Infinitiv auf, man bezog sich aber gleichermaßen auch mit den Modalverben *sollen, wollen* und *müssen* auf die Zukunft (i). Die Form *werden* hat sich erst im 16. Jh. fest als Futurmarkierung durchgesetzt.

i) *Ach Gott hilff / Ach Got hoere / Ach Got / wenn wil es ein end werden?*
Dietrich, 86, 24–25; Beleg aus Diewald/Habermann (2005: 232).

Auch heute haben Zukunftsthematisierungen mit der analytischen *werden*-Form im Deutschen oft den Beiklang von mehr oder weniger subjektiven Einschätzungen der Zukunft, z. B. von Wünschen (ii) oder Prophezeiungen (iii). Auch in Wettervorhersagen lässt das *werden*-Futur den Meteorologen noch ein Hintertürchen offen, was die Faktizität der Zukunftsaussage betrifft (iv).

ii) *Im Idealfall **wird** das Internet den Wählern der Moderne eines Tages die Agora zurückgeben, den Marktplatz der Demokratie.*
Stern vom 26.05.2011.

iii) *Wärst du doch in Düsseldorf geblieben, schöner Playboy, du **wirst** nie ein Cowboy sein.*
Schlagerzeile der Sängerin Dorthe Kollo, belegt in taz, die tageszeitung vom 26.04.2017.

iv) *Am Sonntag **wird** die Kaltluft aus dem Osten bereits deutlich in Deutschland zu spüren sein, teilt der Deutsche Wetterdienst (DWD) gestern in Offenbach mit.*
Hamburger Abendblatt vom 12.12.2009.

Mit *werden* + Infinitiv kann man aber noch andere sprachliche Handlungen ausführen. Man kann jemandem eine Anweisung oder einen Befehl geben (v), man kann sich selbst auf eine Handlung in der Zukunft verpflichten (vi) oder man kann eine Vermutung ausdrücken (vi).

v) *der z+ Brecht +z war also eingekeilt. er konnte nicht mehr aus./ darauf sprachen sie zu ihm s+ z+ (also) wirst du du **wirst** jetzt erklären ,+ wen von uns beiden du heiraten wirst +, +z +s . worauf der z+ Brecht +z sagte z+ beide +z . das hat die z+ Zoft +z sehr empört.*
IDS, Datenbank für Gesprochenes Deutsch (DGD), FR–_E_00126_SE_01_T_01, Online unter: http://dgd.ids-mannheim.de, zuletzt am 27.04.2020.

vi) *Wenn ihr mit uns etwas auszumachen habt, bei unsern Vätern, wir **werden** euch Rede stehen, wie es unter nobiles und guten Burschen Sitte ist, […].*
Willibald Alexis: Herr von Sacken, 1837. In: Novellenschatz, CQPWeb-Edition auf discourselab.de

vii) *Nimm diesen Ring, er ist ein Erbstück meiner Mutter, er **wird** wohl so viel werth sein, als du eingebüßt hast.*
Karl Immermann: Der Carneval und die Somnambule, 1830. In: Novellenschatz, CQPWeb-Edition auf discourselab.de

Wenn wir uns ohne jede Nuance von Subjektivität auf die Zukunft beziehen, verwenden wir wie schon im Ahd. in aller Regel nicht das *werden*-Futur, sondern das Präsens. Die Zeitreferenz bewerkstelligen wir dann durch Temporaladverben, wie in (ix):

ix) *Der Fernsehsender 3sat **zeigt morgen** die sehenswerte zweiteilige Dokumentation Volksvertreter.*
taz, die tageszeitung vom 04.09.2013.

Auch die **Deklination der Substantive** hat sich im Laufe der deutschen Sprachgeschichte verändert, und zwar in der Weise, dass die Markierungen für die verschiedenen Flexionsformen am Substantiv selbst weniger geworden sind und es dafür Veränderungen im syntaktischen Gebrauch von Substantiven gab. Wann immer die morphologische Markierung einer Flexionsform nicht ausreicht, um sie eindeutig identifizierbar zu machen, brauchen wir andere Hinweise, die uns eine Vereindeutigung – und damit eine korrekte Bestimmung der syntaktischen Beziehungen der Wörter im Satz ermöglichen. In der deutschen Sprachgeschichte können wir feststellen, dass die morphologischen Markierungen der Wörter sich mit der Zeit im Sprachgebrauch abgeschliffen haben, dafür haben syntaktische Markierungen und Wortstellungsregularitäten zugenommen. Das möchten wir hier an Belegen mit Flexionsformen des Verbs *gehen* aus verschiedenen Sprachepochen veranschaulichen. Dabei geht es uns nicht in erste Linie um das Verb *gehen*, sondern darum, wie das Objekt von *gehen* markiert ist: Im ahd. Beleg (x) aus der Übersetzung der Evangelienharmonie Tatians (um 830) können wir bemerken, dass das einzige Substantiv, das von einem Artikelwort spezifiziert ist, *ther heiland* ist. *Finstarnessin* wird in dem Satz ohne Artikel verwendet. Es ist Teil der Präpositionalphrase *in finstarnissen*, welche wiederum ein Lokaladverbial (s. Kap. 8.2) ist. Auch die beiden Nomina im Genitiv *mittiligartes* und *libes*, die jeweils als Genitivattribute fungieren, haben jeweils keinen Artikel. Man konnte also davon ausgehen, dass die syntaktischen Verhältnisse für die zeitgenössische Leserschaft so deutlich waren, dass es keiner Markierung durch Artikel bedurfte. Mit dem bestimmten Artikel wurde dagegen die Einzigartigkeit *heilants* herausgehoben. Allerdings war die Kasusmarkierung nur im Fall der beiden Genitivattribute eindeutig. Die Dativform *finstarnissin* dagegen war identisch mit dem Nominativ Singular.

x) *Abur sprah in ther heilant sus quedanti: ih bim lioht mittiligartes. Thie mir folget ni gêt in finstarnessin, ouh habet lioht libes.*
[Wiederum sprach ihn der Heiland an, indem er so sprach: Ich bin das Licht der Welt. Der mir folgt, geht nicht in die Finsternis, sondern besitzt das Licht des Lebens]
Tatian, In: Referenzkorpus Althochdeutsch: DDD-AD-Tatian_1.0 > T_Tat131 (edition 13–23)

Im mhd. Beleg, in Hermann von Fritzlars Mitte des 14. Jhs. verfasster Sammlung von Heiligenleben, (xi) dagegen steht in allen Nominalphrasen ein Artikelwort. Damit hat die zeitgenössische Leserschaft einen weiteren Anhaltspunkt, die Flexionsform zu erkennen. Das Objekt von *gehen* ist in diesem Fall die Präpositionalphrase *zv deme babiſte*. Im Vergleich zu der ähnlichen Phrase im Ahd. haben wir hier also schon einen definiten Artikel, außerdem noch die Markierung der Flexionsform Dativ von *babiſte* mit dem Flexionsmorphem -e. Das ist eigentlich schon zu viel des Guten, weshalb die morphologische Markierung des Dativs im Nhd. auch weggefallen ist, außer in formelhaften Wendungen wie *im Grunde genommen*. Der Artikel hat aber noch eine andere wichtige Funktion: Er markiert, ob eine Information von der Verfasserin oder dem Verfasser als ‚neu' oder als ‚bekannt' vorausgesetzt wird (vgl. dazu Kap. 8.1) – also: *ein priſter* und *eíne hufvrowen* sind neue Informationshappen, *d^s tufel* und *deme babiſte* werden dagegen als bekannt vorausgesetzt – schließlich gibt es jeweils nur einen.

xi) *Man ſchribet daz ein priſter in der ſelben kirchen waz der hiez paulīnus. Den bekorte d^s tufel alſo ſere mit vnkuſcheit daz her gínc zv deme babiſte vñ bat ín daz her yme erloubete eíne huſvrowen zu nemene.*
[Man schreibt, dass ein Priester, der Paulinus hieß, in derselben Kirche war. Den führte der Teufel derart mit Unkeuschheit in Versuchung, dass er zum Papst ging und ihn bat, dass er ihm erlaubte, eine Gattin zu nehmen.]
Hermann von Fritzlar: Heiligenleben; In: Klein, Thomas; Wegera, Klaus-Peter; Dipper, Stefanie; Wich-Reif, Claudia (2016). Referenzkorpus Mittelhochdeutsch (1050–1350), Version 1.0, https://www.linguistics.rub.de/annis/annis3/?id=000fad8a-0152-4fe4-aa87-fd54a9983de5

Im nhd. Beleg, aus der Novelle *Reich zu reich und arm zu arm* von Claire von Glümer von 1871 (xii) sehen wir, dass an den Flexionsmarkierungen der Substantive nur noch Singular und Plural unterschieden werden können. Für die Formbestimmung brauchen wir die Artikel (*der Thau, den Garten*).

xii) *Claudine trat ans Fenster; es war dumpfig in der engen Kammer, aber draußen winkte die Morgenfrische; über den Eichen lag ein rosiger Schimmer, zwitschernde Schwalben flogen hin und her, von den leichtbewegten*

Weinranken am Fenster tropfte der Thau; sie konnte der Lockung nicht widerstehen, schlüpfte vorsichtig hinaus und ging in den Garten.
Claire von Glümer, Reich zu reich und arm zu arm, 1910, aus: Deutscher Novellenschatz

Schließlich drucken wir einen Beleg aus der mündlichen Kommunikation unserer Gegenwart ab, einem Tischgespräch (xiii). Hier sehen wir, dass das Objekt von *gehen*, nämlich *kino*, weder mit einem Artikel spezifiziert wird noch syntaktisch in eine Präpositionalphrase integriert ist. Erschwerend kommt hinzu, dass der Konstruktionstyp der Verbalphrase, in der *kino* das Objekt repräsentiert, aus der (hier zweifach gestellten) Frage erschlossen werden muss, auf die *kino* die Antwort ist. Der Sprecher CM geht hier also davon aus, dass all die Information, die im standardkonformen Schriftdeutschen durch Konstruktion, Präpositionalphrase und Artikel gegeben wäre, hier durch das Sprachwissen der Beteiligten rekonstruierbar ist – dass also alle wissen, dass die Antwort auf die Frage *wo geht ihr da hin* im Regelfall eine Zielangabe ist, die im Schriftdeutschen durch Präpositionalphrase plus eingebettete Nominalphrase im Akkusativ realisiert ist.

xiii)
```
0533   SM    [wo geht ihr da hin]
0534         (0.72)
0535   HM    Hm
0536   SM    wo geh_sch da hin
0537   CM    Kino
0538   HM    kino da is premie[re]
0539   SM                     [ach s]o
```

Alltagsgespräch: Tischgespräch – Plauderei während des Mittagessens. IDS, Datenbank für Gesprochenes Deutsch (DGD), FOLK_E_00020_SE_01_T_02_DF_01, Online unter: http://dgd.ids-mannheim.de, zuletzt am 27.04.2020.

7.4 Entstehung grammatischer Formen: Analogie und Grammatikalisierung

Die Morpheme, mit deren Hilfe die Sprecherinnen und Sprecher des Deutschen sich Hinweise auf syntaktische Beziehungen zwischen den Wörtern geben, verändern sich im Laufe der Sprachgeschichte also. Manche Flexionsmarkierungen werden mehrdeutig, andere verschwinden ganz. Es entsteht demnach immer wieder Bedarf an neuen grammatischen Mitteln zur Markierung syntaktischer Relationen. Diese können nach Meillet (1912) auf zweierlei Arten entstehen: Erstens durch **Analogie** und zweitens durch Grammatikalisierung. Die grammatische Analogie ist ein durchaus bedeutsames Mittel der Grammatikbildung. Sie betrifft aber meist jeweils den Wandel einzelner Phänomene. Eine Analogiebildung liegt z. B. in der Konstruktion *des Nachts* vor (nach Keller 2004). Es handelt sich um eine im gehobenen Schriftdeutschen gängige temporale Adverbialphrase, die im Flexionsparadigma des Lexems *Nacht* überhaupt nicht vorkommt. Erklärbar wird die Form nur als Analogiebildung zu den maskulinen Genitivformen der übrigen Tageszeitbezeichnungen *des Morgens, des Mittags, des Abends*. Diese nämlich haben ein Korrelat in ihren jeweiligen Flexionsparadigmen, nämlich den Genitiv Singular (vs. Gen. Sing. von *Nacht*: *der Nacht*). Ausführlich über Analogiebildung informieren Wegera und Waldenberger (2012: 31–44).

Ein noch weiter reichender Prozess der Bildung grammatischer Morpheme ist die **Grammatikalisierung**. Darunter verstehen wir einen Prozess, in dessen Verlauf aus lexikalischen Morphemen grammatische Morpheme werden. Betrachten wir dazu die Entstehung des nhd. Wortbildungsmorphems *-tum* wie in *Reichtum* oder *Wachstum*. Das Ahd. kannte das freie lexikalische Morphem *tuom* in der Bedeutung ›Macht, Herrschaft, Urteil‹ (i). Schon in spätalthochdeutscher Zeit hat die ohnehin schon abstrakte Bedeutung des Lexems dazu geführt, dass man es oft in Kombination mit einem anderen Wort verwendet hat, um eine vollkommen abstrakte Bedeutung auszudrücken, nämlich die Perspektivierung eines Zustands oder Prozesses als Gegebenheit, die man thematisieren kann. Daraus hat sich das Wortbildungsmorphem *–tum* entwickelt, mit dem man heute aus Verben wie *wachsen* (ii), aus Adjektiven wie *reich*, oder aus konkreten Substantiven wie *Maulheld* (iii) abstrakte Substantive, die Prozesse oder Eigenschaften beschreiben, bilden kann.

i) *[…]; giloub ih fásto in thinan dúam!*
[[…]; glaube ich fest an deine Herrschaft!]
(Otfried, In: Referenzkorpus Althochdeutsch: DDD-AD-Otfrid_1.0 > O_Otfr.Ev.3.20)

ii) *Das Wachstum lag 2003 bei 1,2 Prozent und war damit besser als in allen anderen Bundesländern [...].*
Der Spiegel vom 20.09.2004. In: Heidelberger Korpus, CQPWeb-Edition auf discourslab.de

iii) *Und die Regierung Merkel glänzt beim Klimaschutz so wie immer – durch Maulheldentum.*
taz, die tageszeitung vom 29.02.2008.

Es ist an vielen Sprachen und in unzähligen Studien gezeigt worden, dass praktisch alle wichtigen grammatischen Morpheme solch einen Wandelprozess vom freien lexikalischen Morphem durchlaufen haben. Bei manchen jüngeren grammatischen Morphemen kann man das noch gut nachvollziehen. Nübling et al. (2013: 119) zeigen zum Beispiel, auf welche Weise die deutschen Intensitätspartikeln wie *sehr* und *arg* entstanden sind. So handelte es sich bei ahd. *sero*, und mhd. *ser* um Adjektive mit der negativen Bedeutung ›schmerzhaft, wund, verwundet‹. Heute kennen wir noch das Adjektiv *versehrt* mit der Bedeutung ›körperlich beeinträchtigt‹. Nhd. *sehr* dagegen hat erstens den konzeptuellen Gehalt vollständig verloren und dient lediglich der Intensivierung. Das kann man gut daran sehen, dass es auch in positiven Kontexten verwendet werden kann (iv). Zweitens ist es kein Adjektiv mehr, das flektiert und an verschiedenen Stellen im Satz verwendet werden kann, sondern ein Adverb, das unflektierbar ist und eingeschränkte Stellungseigenschaften hat. Ähnliches gilt für mhd. *arg* in der Bedeutung ›böse, übel schlecht‹, das die Eltern oder wenigstens die Großeltern unserer Leserschaft noch in der Wendung *Bist Du mir noch arg?* kennen dürften. Im 19. Jh. war das Adjektiv *arg* in dieser Bedeutung in der Schriftsprache noch sehr präsent (v). Im Gegenwartsdeutschen dagegen ist daraus ebenfalls eine Intensivierungspartikel geworden, die man auch in positiven Kontexten verwenden kann (vi). Allerdings sieht man auch, dass die Grammatikalisierung von *sehr* schon älter ist als die von *arg*; positive Kontexte wie (vi) sind nämlich die Ausnahme. Meistens finden wir *arg* als Intensivierer in negativen Kontexten. Dass *arg* typischerweise eine negative Aura hat, sieht man an dem Beleg (vii), wo *arg* eine kritische Perspektive auf das positive *harmonisch* markiert. Das geht mit *sehr* nicht mehr. Ebenso ist es mit jeweils zeitlicher Versetzung des Prozesses den Partikeln *furchtbar / fürchterlich / irre / ungeheuer / unheimlich / wahnsinnig* ergangen, die allerdings noch in unterschiedlichem Ausmaß in ihrer älteren konzeptuell reichhaltigen, negativ konnotierten Bedeutung Verwendung finden.

iv) *Aus dem ersten Schub hatte Müller sich zwei Zimmerer und einen Schreiner besorgt, mit denen er sehr zufrieden ist.*
Der Spiegel vom 19.02.1990. In: HeiDeKo, CQPWeb-Edition auf discourselab.de

v) *[...] auch war sie in ihrer Kindheit von der Mutter so arg behandelt worden, daß sie kein Gefühl für sie hatte [...].*
Moritz Reich, Mammon im Gebirge, 1910. In: Novellenschatz. CQPWeb-Edition auf discourselab.de

vi) *Wie das früher, ganz früher gewesen ist, hier im Dorf. Ach, es war immer arg schön.*
mündliche Erzählung, 1957; IDS, Datenbank für Gesprochenes Deutsch (DGD), ZW-_E_03309_SE_01_T_01, Online unter: http://dgd.ids-mannheim.de, zuletzt am 27.04.2020.

vii) *Das klingt arg harmonisch.*
Welt am Sonntag vom 03.06.2007. In: HeiDeKO, CQPWeb-Edition auf discourselab.de

Am Beispiel der Intensivierer sehen wir, dass Grammatikalisierung auch (evtl. vorläufig) bei freien Morphemen enden kann. Dennoch beobachten wir hier einen typischen Verlauf: Die Bedeutung wird erweitert, gleichzeitig werden die Möglichkeiten der Flexion und der Wortstellung eingeschränkt. Weiter fortgeschrittene Grammatikalisierungsprozesse finden sich z.B. bei Klitisierungen. Das sind Verschmelzungen zweier Wörter, wie sie etwa bei Präpositionen und Artikeln, die sehr oft miteinander verwendet werden, vorkommen. So wird aus der Fügung *zu dem > zum* und aus *in dem > im* (vgl. Diewald 1997: 11). Die Hilfsverben zur Bildung der analytischen Tempusformen, die – wie wir gesehen haben – erst ab dem Mhd. entstanden sind, sind Ergebnisse von Grammatikalisierungen der Vollverben *wesan* (ahd. für ›sein, existieren‹), *habēn* (auch heute noch: ›etwas besitzen‹) und *werdan* (›eine Entwicklung durchmachen, in einen Zustand kommen‹). Ein Ergebnis weit zurückliegender Grammatikalisierung ist das Flexionsmorphem *-te* zur Bildung des Präteritums bei schwachen Verben (wie in *back-te, mach-te, spiel-te*). Nach Szczepaniak (2011: 112) ist es auf das frühgermanische *dōn zurückzuführen, die Vorform unseres heutigen Verbs *tun*. Tatsächlich sind Tätigkeitsverben mit sehr allgemeiner Bedeutung in vielen Sprachen an Grammatikalisierungen beteiligt.

Der Prozess der Grammatikalisierung vollzieht sich in verschiedenen Stufen, die vollständig durchlaufen werden können, aber nicht müssen:

Desemantisierung
Der konzeptuelle Gehalt eines freien lexikalischen Morphems und damit die Möglichkeit, auf einen Gegenstand oder Sachverhalt zu referieren, geht verloren.

Extension
Das Lexem wird in neuen Kontexten verwendet.

Dekategorialisierung
Die Ursprungsform verliert morphosyntaktische Eigenschaften, u. a. kann es nicht mehr als freies Lexem verwendet werden, es verschmilzt mit anderen Lexemen.

Erosion
Die phonetische Substanz des Morphems nimmt ab, z. B. weil es als Flexionsmorphem unter den Prozess der Nebensilbenabschwächung fällt.
(Aufzählung aus Nübling et al. 2013: 273)

7.5 Konstruktionen als grammatische Einheiten

Wir haben bis jetzt Syntax im Einklang mit der traditionellen Forschung als ein Ergebnis der Kombinatorik von Wörtern in Sätzen beschrieben. Flexion haben wir als einen sprachgeschichtlichen Effekt dieser Kombinatorik gekennzeichnet. Es gibt nun aber eine ganze Reihe syntaktischer Erscheinungen, bei denen man nicht einfach sagen kann, dass bei ihnen Wörter nach syntaktischen Regeln miteinander kombiniert wurden. Die folgenden Belege liefern unterschiedliche Beispiele dafür:

i) *Die Mieten, so sagt er, sollen so festgesetzt werden, das heißt so erhöht werden, daß das Privatkapital, die Finanzspekulanten am Wohnungsbau stärker interessiert werden. Sie glauben **doch wohl** selber nicht, Herr Bundeskanzler, daß unter den heutigen Bedingungen der Teuerung, der steigenden Zahl der Konkurse und Betriebsstillegungen der Handwerker, der Kleingewerbetreibenden und der kleinen Hausbesitzer irgendwelche Mittel für den Wohnungsbau durch diese Personen selber gedeckt werden können.*
Max Reimann (KPD), 22.09.1949. In: Plenarprotokolle des Deutschen Bundestages, CQPWeb-Edition auf discourselab.de

ii) *Doch die Probleme mit der Schulter machten aus Christina Schwanitz ab und an eine nachdenklichere Person, sie konnte sich ja manchmal mit rechts kaum **die Zähne putzen**, **Haare kämmen** oder **im Auto anschnallen**.*
Süddeutsche Zeitung vom 14.08.2016, am Wochenende

iii) *Morgen werden wir wieder etwas von Herrn Schröder hören. Ich sage es Ihnen voraus, was er sagen wird: Er sagt den Alten, was sie hören wollen, den Jungen, was sie hören wollen, den Gewerkschaftern, was sie hören wollen, und den Arbeitgebern, was sie hören wollen. Aber ich kann ihn nicht mehr hören, weil er jedem nach dem Munde redet. Durch diese Art von Rentenpolitik werden die Leute **auf den Arm genommen**, und dagegen habe ich etwas.*
Dr. Norbert Blüm (CDU), Bundesminister für Arbeit und Sozialordnung, 02.09.1998. In: Plenarprotokolle des Deutschen Bundestages, CQPWeb-Edition auf discourselab.de

iv) *Beim ersten Verhör sagte die Staatsanwältin: „**Der frühe Vogel fängt den Wurm.**" Ich hatte schon länger mit meinem Anwalt über eine Selbstanzeige gesprochen und war deshalb ohnehin darauf vorbereitet, auszupacken. Das habe ich dann auch gleich getan und auf eine milde Strafe gehofft.*
Süddeutsche Zeitung vom 01.08.2008, „Eine Million Euro passen bequem in diesen Aktenkoffer", Interview mit Reinhard Siekaczek über die Siemens-Korruptionsaffäre

In Beleg (i) geht es uns um die zwei Wörtchen *doch* und *wohl* in dem Redebeitrag des Bundestagsabgeordneten. Man nennt sie **Modalpartikeln**. Das sind Wörter, die wir ständig verwenden, meist ohne es zu merken, und mit denen wir unsere Beziehung zum Inhalt unserer Äußerungen deutlich machen. In diesem Fall zeigt *doch* an, dass der Abgeordnete davon ausgeht, dass die Unterstellung, der Angesprochene glaube etwas selbst nicht, handele also unredlich, bei diesem auf Widerspruch stoße. Gleichzeitig markiert er mit *wohl*, dass der antizipierte Widerspruch nur eine Vermutung ist, aber eine mit hoher Plausibilität. Hier geht es uns nun darum, dass die Kombination von *doch* und *wohl* an dieser Stelle häufiger ist, als es rein statistisch zu vermuten wäre. Zum Beispiel ist im Korpus der Plenarprotokolle des Deutschen Bundestags mehr als jedes zehnte Mal, wenn eine Sprecherin oder ein Sprecher *wohl* sagt, die Kombination *doch wohl* im Spiel. Wenn man die statistische Hilfsannahme, die Wörter wären in der Sprache alle zufällig verteilt, zugrunde legt, dann dürfte *doch* vor *wohl* in den Plenarprotokollen nur 87 Mal auftreten. Tatsächlich kommt es aber 7877-mal vor. Damit ist es nach dem Wörtchen *sehr* das zweithäufigste Wort vor *wohl*. In einem Korpus von Presseartikeln kommt *doch* vor *wohl* aber erst an 15. Stelle, es gibt also 14 Wörter, die häufiger vor *wohl* stehen. Es scheint also so zu sein, dass die Phrase in Bundestagsdebatten dazu tendiert, eine syntaktisch autarke gemeinsame kommunikative Funktion im Satz zu übernehmen. Vereinfacht gesagt: *doch wohl* tendiert dazu, gemeinsam wie ein einzelnes Wort zu funktionieren. In anderen kommunikativen Gattungen ist das aber nicht zwangsläufig so. Im Beleg (ii) finden wir syntaktische Fügungen, deren Besonderheit sich erst erschließt, wenn wir versuchen, die Verben *putzen*, *kämmen* und *anschnallen* durch bedeutungsähnliche Verben zu ersetzen. Es spräche eigentlich nichts dagegen, sich die *Zähne zu waschen* (wie es die Leute in Frankreich – *laver les dents* – oder Italien – *lavare i denti* – tun), sich *das Haar zu ordnen* oder sich *im Auto anzubinden*. Zur Bezeichnung der entsprechenden Tätigkeiten greifen wir aber auf eine Kombination von Verben und Substantiven zurück, die nicht aussagelogisch, sondern kommunikationsgeschichtlich festgelegt ist. Unsere Sprache (und nicht nur unsere) ist durchdrungen von solchen Verfestigungen. Man nennt sie **Kollokationen**. Wer einmal eine Fremdsprache gelernt hat, dem ist das Phänomen bekannt. Im Beleg (iii) handelt es sich um einen **Phraseologismus**, also eine syntaktische Phrase (hier: *jemanden auf den*

Arm nehmen), deren Bedeutung sich nicht erschließt, wenn wir die Bedeutungen der einzelnen Komponenten kennen und die uns bekannten Regeln der deutschen Syntax anwenden, um ihre Beziehung zu analysieren. Vielmehr ergibt sich eine eigenständige Bedeutung, welche die Phrase so funktionieren lässt wie ein Wort. Das erkennt man auch daran, dass die syntaktischen Beziehungen innerhalb der Phrase nicht veränderlich sind, man kann jemanden eben nicht *auf die Arme nehmen* oder *unter den Arm nehmen*. Außerdem kann man nicht einfach die Wörter in der Phrase austauschen, also *jemand auf das Bein nehmen* oder *jemand auf den Arm heben*. Dasselbe gilt für das in (iv) belegte **Sprichwort**. Hier kommt hinzu, dass es sich um eine kommunikativ abgeschlossene Einheit handelt, meist um einen Satz, wie in unserem Beispiel. Solche festen Sätze nehmen oft in Alltagskonversationen die Rolle von Argumenten ein, weil darin das in einer Sprechergemeinschaft tradierte Alltagswissen über die Angemessenheit oder die Folgen von Handlungen in bildlicher und kondensierter Form abgerufen wird.

Die Belege (i) – (v) repräsentieren also unterschiedliche Beispiele dafür, dass es noch andere Regeln zur Kombination von Wörtern geben muss, als sie in der Syntax beschrieben sind. Wir nennen Phrasen aller Art, die nicht mit bloßer Kenntnis der Syntax und der Semantik einer Sprache vorhersagbar sind, **idiomatische Phrasen**. Sie werden in den letzten Jahren oft auch mit dem Terminus **Konstruktion** beschrieben. Und die Auswahl der Belege soll auch deutlich machen, dass es sich hier weder um randständige Bereiche der deutschen Sprache handelt noch um einige wenige Phänomene. Es gibt daher Linguistinnen und Linguisten, die postulieren, dass die gesamte Grammatik einer Sprache aus Konstruktionen aufgebaut ist, dass nicht nur idiomatische Phrasen wie die oben gezeigten, sondern auch abstrakte syntaktische Muster als sprachliche Zeichen mit einer (ggf. sehr abstrakten) Formseite und einer angebbaren kommunikativen Funktion beschrieben werden können. Eine gute Einführung in die Konstruktionsgrammatik des Deutschen geben Ziem und Lasch (2013). Idiomatische Fügungen regen die Sprecherinnen und Sprecher an, nach deren Beispiel weitere Bildungen vorzunehmen. Es finden also **Analogiebildungen** statt. Wir führen hier zwei etwas unterschiedliche Beispiele an:

v) *„Es ist wohl nicht übertrieben, zu sagen, daß in dem 97er Haushalt **der Wurm steckt** und daß es ein **sehr, sehr gefräßiger Wurm** ist."*
Dr. Christa Luft (PDS), 26.11.1996. In: Plenarprotokolle des Deutschen Bundestages, CQPWeb-Edition auf discourselab.de, unsere Hervorhebung

vi) *Früher kritzelten Studenten ihre Sprüche an die Klowand, heute benutzen sie eine App namens Jodel: Das deutsche Programm sammelt den Trash-Talk auf dem Campus und verbreitet Nachrichten und Bilder an die Studenten in der Nähe. [...] Das kann in einigen Fällen durchaus geistreich sein,*

doch oft setzen sich Scherzbolde durch mit Sprüchen wie: „**Wer anderen einen Döner brät**, der hat vermutlich das Gerät".
SPIEGELonline vom 17.04.2015, Jörg Breithut, BLOG „Anonymer Trash-Talk an der Uni" – unsere Hervorhebungen

In Beleg (v) wird der Phraseologismus *in etw. steckt der Wurm* im Fortgang der Äußerung wieder aufgegriffen und reaktualisiert, das heißt, die wörtliche Bedeutung wird sprachlich im Nachhinein evoziert, um damit einen rhetorischen Effekt zu erzeugen. Die im Alltagsgebrauch verblasste Bildlichkeit dieses Phraseologismus wird mit diesem Kniff wieder restauriert. In Beleg (vi) funktioniert der zitierte Spruch über syntaktische Analogiebildung zum Sprichwort *Wer anderen eine Grube gräbt, fällt selbst hinein*.

Im Folgenden haben wir einen Ausschnitt aus einer sogenannten Konkordanz des Verbs *reiten* in den Plenarprotokollen des Deutschen Bundestags abgedruckt. Eine Konkordanz ist die Zeilendarstellung des Auftretens eines bestimmten Wortes (oder einer syntaktischen Konstruktion) in einem Sprachkorpus. An diesen Belegzeilen lässt sich gut ablesen, wie das Verb *reiten*, das wir wörtlich in den Varianten *ich reite das Pferd* oder *ich reite auf dem Pferd* verwenden können, in ganz unterschiedlichen syntaktischen Zusammenhängen auftritt. Die Kombination eines syntaktischen Musters mit einem spezifischen Vokabular erzeugt dabei jeweils den rhetorischen Effekt:

1 *Ach, reiten Sie doch nicht so auf Ihrem Erfolg herum!*
2 *Wenn nicht, reiten wir in eine Situation hinein, die unerträglich ist.*
3 *Reitet doch den Voigt nicht noch tiefer rein mit euren Fragen*
4 *Was Sie aber geritten hat, [...] die Teilnahme der Bundeswehr am Golfkrieg nachträglich zu diskutieren*
5 *der heute Morgen gegen die Bundesregierung eine Attacke geritten hat.*
6 *der einen Seite glauben, auf der Welle der Ausländerfeindlichkeit reiten zu können, und auf der anderen*
7 *Welcher Teufel hat eigentlich die Bundesregierung geritten,*
8 *Aber in Ihrer Bürokratie reiten gewisse Leute immer noch den Amtsschimmel.*
9 *Zuruf rechts: Das ist die alte Platte! Darauf reiten Sie ja schon jahrelang!*
10 *Dort reiten aber inzwischen [...] 17 Minister ihr eigenes entwicklungspolitisches Steckenpferd*
11 *Wer auf einem Tiger reitet, wird aufgefressen, wenn er absteigt.*
12 *Sie hat einen Affront gegen das eigene Geschlecht geritten,*
13 *Da Sie immer wieder auf der Biotechnologie herumreiten, [...]*
14 *die Opposition reitet hier auf einem falsch gesattelten Pferd durch die politische Landschaft*
15 *werden Sie sehen, daß Sie auf einem falschen Pferd reiten.*

16 Es wird ein Probegalopp geritten. — Aber Sie haben sich Ihre Bundesgenossen nicht genau angesehen
17 „Auf Schulden reitet das Genie zum Erfolg."
18 Es wird auch kein Dogma zu Tode geritten.
19 Sie können nicht beliebig den Sozialstaat zuschanden reiten.
20 Es ist nicht unsere Absicht, hier in irgendeiner Form eine billige Tour zu reiten.

Wir sehen also, dass das hier zur Debatte stehende Phänomen der Idiomatik sprachlicher Konstruktionen eine beträchtliche Reichweite hat. Das ist auch kein Wunder, wenn wir uns vor Augen führen, wie Kinder syntaktische Phrasen lernen. In Kapitel 1 haben wir dargestellt, dass Kinder grammatische Muster erwerben, indem sie sich auf die Erfahrung mit konkreten sprachlichen Konstruktionen stützen, und dass es eine große Rolle spielt, wie häufig eine sprachliche Form dem Kind begegnet. Das am einzelnen Fall orientierte Wissen, das z. B. für ein spezifisches Verb erworben wird, dient als Ausgangspunkt für die Verallgemeinerung zu einem Muster, das dann weiter ausgebaut werden kann. Auf diese Weise lernen wir als Benutzerinnen und Benutzer einer Sprache an konkreten Fällen der Sprachverwendung durch Regel- und Analogiebildungen die abstrakten Muster, die dann in Büchern wie diesem hier als Syntax beschrieben werden.

Zum Weiterlesen

Grammatisches Informationssystem „grammis". Mannheim: Institut für Deutsche Sprache. Online unter: http://grammis.ids-mannheim.de. DOI: 10.14618/grammis

Nübling, Damaris; Dammel, Antje; Duke, Janet; Szczepaniak, Renata (2013): Historische Sprachwissenschaft des Deutschen. Eine Einführung in die Prinzipien des Sprachwandels, 4. Auflage. Tübingen: Narr.

Pittner, Karin; Bermann, Judith (2015): Deutsche Syntax. Ein Arbeitsbuch 3. Auflage Tübingen: Narr.

Ziem, Alexander; Lasch, Alexander (2013): Konstruktionsgrammatik. Berlin, Boston: De Gruyter.

8 Sätze, Gedanken und Theaterbühnen

8.1 Sätze und Gedanken —— 161
8.2 Satzglieder: Syntaktische Rollen —— 168
8.3 Valenz und semantische Rollen —— 171
8.4 Der Satz als Rangierbahnhof – das Stellungsfeldermodell —— 177

In diesem Kapitel soll es darum gehen, warum und wie wir beim Sprechen und Schreiben Sätze bilden. Die Einheit Satz ist in der Linguistik eine der wichtigsten. In diesem Kapitel hoffen wir zu zeigen, warum das so ist. Seiner Bedeutung entsprechend ist der Begriff ‚Satz' schon sehr oft definiert und in vielen miteinander konkurrierenden Theorien erfasst worden. Wir greifen hier zwei unterschiedliche Definitionen heraus. Die erste stammt aus der Duden-Grammatik: „Ein Satz ist eine Einheit, die aus einem Prädikat mit finitem Verb und den zugehörigen Ergänzungen und Angaben besteht." (Duden 2016: 776). Was ein finites Verb ist, haben wir in Kapitel 7.3 dargelegt: Das ist ein Verb, das hinsichtlich Person, Numerus, Modus, Tempus und Genus Verbi bestimmt ist. Was Ergänzungen und Angaben sind, erklären wir unten in Kapitel 8.3. In dieser Definition wird jedenfalls das vom finiten Verb repräsentierte Prädikat ins Zentrum gestellt. Die Theorie, der diese Redeweise entspringt, ist die **Valenzgrammatik**. Sie geht auf den französischen Linguisten Lucien Tesnière und sein bahnbrechendes Buch *Elements de syntaxe structurale* (1959, dt. *Grundzüge der strukturalen Syntax*, 1980) zurück. Die Valenzgrammatik ist eine der momentan wichtigsten Theorien zur Satzbeschreibung, wir werden sie in Kapitel 8.3 vorstellen. Mit ihr lassen sich in vielen Standardfällen vielschichtig die Strukturen von Sätzen beschreiben.

Die Valenzgrammatik eignet sich aber nicht dafür, Sätze als Einheiten begreifbar zu machen, mit denen wir uns verständigen. Deswegen möchten wir eine zweite, wesentlich ältere Satzdefinition zitieren. Sie stammt von dem deutschen Sprachwissenschaftler Hermann Paul:

> Der Satz ist der sprachliche Ausdruck, das Symbol dafür, daß die Verbindung mehrerer Vorstellungen oder Vorstellungsmassen in der Seele des Sprechenden sich vollzogen hat, und das Mittel dazu, die nämliche Verbindung der nämlichen Vorstellungen in der Seele des Hörenden zu erzeugen. Man könnte noch hinzufügen, daß eine Äußerung, um als Satz anerkannt zu werden, etwas Abgeschlossenes, um seiner selbst willen Ausgesprochenes sein muß, […]. (Paul 1919: 10)

Auch wenn es für uns heute ungewohnt klingen mag, wenn Paul den Begriff ‚Satz' mithilfe von Wörtern wie „Seele" und „Vorstellungsmasse" definiert: Er macht hier auf etwas aufmerksam, was wir etwas moderner die **kommunikative Funk-**

tion von Sätzen nennen können. Sätze sind das sprachliche Mittel, Konzepte miteinander zu verknüpfen, damit wir Anderen gegenüber Aussagen über die Welt machen können. Diese Formulierung erinnert nicht von ungefähr an das Organon-Modell von Karl Bühler, das wir in Kapitel 2.1 eingeführt haben. Im Organon-Modell wird Sprache als ein Werkzeug beschrieben. Auch Paul nennt in seiner Definition Sätze ein „Mittel" zur Erzeugung von „Vorstellungen".

Sowohl unsere „Vorstellungen" als Sprecherinnen und Sprecher als auch diejenigen des Hörenden sind immer eingebettet in ganze Systeme von Annahmen über die Welt, die wir in Kapitel 3 **Wissen** genannt haben: Bei der Entscheidung, wie wir Konzepte in Aussagen miteinander verknüpfen, müssen wir uns überlegen, was unsere Kommunikationspartner schon wissen, welche Vorannahmen sie wohl zu dem Gedanken, den wir äußern wollen, haben und welche Information in der Kommunikation bereits eingeführt wurde. Deswegen ist es wichtig zu berücksichtigen, dass Sätze in der Regel im Zusammenhang von Texten und Gesprächen geäußert werden. Vor diesem Hintergrund ordnen Sprechende und Schreibende die Wörter im Satz so an, dass eine bestimmte Perspektive auf einen Sachverhalt entsteht. Es macht zum Beispiel einen Unterschied, ob ich sage: *Peter schiebt das Fahrrad den Berg herauf.* Oder stattdessen: *Das Fahrrad wird von Peter den Berg heraufgeschoben.* In einem Fall mache ich eine Aussage über Peter, im anderen über das Fahrrad. In beiden Fällen aber mache ich die Voraussetzung, dass meinem Zuhörer oder meiner Leserin sowohl Peter als auch das Fahrrad bereits bekannt sind. Nur deshalb kann ich ganz selbstverständlich mit dem bestimmten Artikel auf das Fahrrad verweisen und Peter unumwunden einfach mit dem Namen thematisieren.

Der Satz-Gedanke wird also aus einer vom Sprechenden festgelegten Perspektive kodiert. Tesnière (1980: 93) hat Sätze mit einer Szene im Theater verglichen: Wenn wir Sätze bilden, dann inszenieren wir wie auf einer Theaterbühne szenische Miniaturen mit verschiedenen Akteuren, die unterschiedliche Rollen übernehmen, dabei Handlungen, Vorgänge oder Zustände repräsentieren und sich dabei teils im Vordergrund, gleichsam am Bühnenrand, und teils im Hintergrund aufhalten. Die finiten Verben spielen deswegen eine herausgehobene Rolle, weil mit ihnen nicht nur festgelegt wird, was in der Szene passiert, sondern auch wer in welcher Rolle mitspielen darf. Außerdem ist das Zusammenspiel von Flexion und Wortstellung wichtig. Jedes der Mittel des deutschen Satzbaus, die wir in diesem Kapitel beschreiben werden, hat sich also herausgebildet, weil wir es als Kommunizierende nutzen, um Perspektiven auf das Wissen, das wir thematisieren, festzulegen und es auf diese Weise nach und nach zu entfalten.

In diesem Kapitel werden wir zuerst der Fährte der zweiten von uns zitierten Definition von Hermann Paul folgen: Wir haben – zugegebenermaßen stark vereinfachend – gesagt, dass man mit einem Satz einen Gedanken ausdrücken kann.

Dadurch ergeben sich verschiedene Ebenen der Satzbeschreibung, die es sich lohnt auseinanderzuhalten – vor allem dann, wenn wir Sätze nicht nur im Hinblick auf ihre Struktur, sondern auch im Hinblick auf ihren Einsatz in der Kommunikation beschreiben möchten. Dann verfolgen wir die Spur, welche die erste von uns zitierte Definition aus der Duden-Grammatik gelegt hat, und beschäftigen uns mit Satzgliedern: In Kapitel 7 hatten wir Einheiten besprochen, die aus einem oder mehreren Wörtern bestehen und gemeinsam im Satz eine Funktion übernehmen können. Diese haben wir Phrasen genannt. Zu Phrasen kommen wir hier in Kapitel 8.2 wieder zurück und fragen, welche syntaktische Funktionen sie in Sätzen als Satzglieder übernehmen. In Kapitel 8.3 gehen wir genauer auf den Begriff der Valenz ein und erklären ausführlicher, warum das Verb das wichtigste Element im Satz ist und was daraus folgt. Valenz hat einen formalen, aber auch einen auf die Bedeutung bezogenen Aspekt: Die Satzglieder nehmen in der vom Verb entworfenen Szenerie Rollen ein: Sie repräsentieren den Handelnden, das Ziel einer Bewegung oder ein Mittel zum Ausführen einer Handlung. Diese nennt man **semantische Rollen**.

In Kapitel 8.4 beschreiben wir, dass sich für verschiedene Arten von sprachlichen Handlungen im Deutschen unterschiedliche Satztypen herausgebildet haben. Diese kann man nach der Stellung des finiten Verbs voneinander unterscheiden. Im Rahmen dieser Satztypen wie Fragesatz oder Aussagesatz ist die Wortstellung im Deutschen aber relativ frei, man kann Satzglieder im Satz recht frei verschieben – je nachdem, welches Element im Satz man betonen möchte oder an welche vorher gemachte Aussage man anknüpfen möchte. Um solche Mechanismen der Wortstellung gut beschreiben zu können, verwendet man das sogenannte **Stellungsfeldermodell**, das die einzelnen Bereiche im Satz gleichsam topographisch beschreibt. Damit kann man gut erklären, was es für Gründe und Auswirkungen hat, wenn man Phrasen im Satz verschiebt.

8.1 Sätze und Gedanken

Sätze wurden und werden in der Linguistik oft als die Grundeinheiten der Sprache angesehen. Dafür gibt es gute Gründe. Sätze sind nämlich die Einheiten, mittels derer wir beim Sprechen und Schreiben auf die Welt Bezug nehmen. Das geschieht in einem zweigliedrigen Akt, in dem wir erstens eine Beziehung zu einem Sachverhalt fokussieren oder identifizierbar zu machen. Das nennen wir **Referenz**. Zweitens machen wir über den Sachverhalt eine Aussage. Das nennen wir **Prädikation**. Der sprachlich fokussierte Sachverhalt und die Aussage darüber ergeben zusammen die **Proposition**. In der Proposition setzen wir mittels der Prädikation dabei den durch Referenz eingeführten Sachverhalt in Beziehung mit einem weiteren Sachverhalt, zum Beispiel einem Zustand (i), einer Qualität (ii) oder einem Ereignis (iii). In allen Beispielsätzen wird also auf einen Sachverhalt (*die Realität, sein Gesicht, Herr von S.*) referentiell Bezug genommen und dieser dann prädiziert:

i) *Die Realität sieht anders aus.*
   Frankfurter Rundschau, 26.03.2005. In: HeiDeKo, CQPWeb-Edition auf discourselab.de
ii) *Sein Gesicht ist rot vor Wut.*
   Stern, 01.03.1990. In: HeiDeKo, CQPWeb-Edition auf discourselab.de
iii) *Herr von S. schüttelte mitleidig den Kopf.*
   Annette von Droste-Hülshoff: Die Judenbuche. In: Novellenschatz, CQPWeb-Edition auf discourslab.de

Hier ergeben sich eine Reihe von Unterscheidungen, von denen wir drei vorstellen: Erstens wenden wir uns mit einem Satz irgendeinem Ausschnitt der Welt zu. Dabei kann es sich auch um den von Menschen erfundenen Teil der Welt handeln (wie in Beispielsatz iii), um einen hypothetischen, zukünftigen oder erlogenen Zustand der Welt. Jedenfalls setzen wir mit einem Satz immer mindestens zwei Sachverhalte miteinander in Beziehung – oder wie Hermann Paul es im obigen Zitat ausdrückt: mehrere „Vorstellungen" verbinden sich miteinander. Dabei handelt es sich um einen kognitiven Prozess der Wissensbildung. Weil in diesem Prozess die Proposition entsteht, bezeichnen wir ihn hier als **propositionalen Aspekt** von Sätzen. Zweitens aber transportieren wir mit Sätzen die Welt nicht einfach so, wie sie ist, in unsere Sprache. Vielmehr führen wir Sachverhalte immer perspektivisch in die Sprache ein (vgl. Kap. 3.3). Vor allem geht es beim Bilden von Sätzen immer um die Anordnung – oder um es neudeutsch und etwas stärker auszudrücken – das Management von bekannter und neuer Information in der Kommunikation. Das nennen wir den **informationellen Aspekt**. Drittens werden die Sachverhalte in Phrasen (s. Kap. 7.2) sprachlich repräsentiert, deren Beziehung zueinander in Sätzen durch Flexion (s. Kap. 7.3) markiert wird. Dabei geht es um die morphologische Markierung der Phrasen im Satz im Nominativ (als Subjekt) oder im Genitiv, Dativ oder Akkusativ (als dem Prädikat untergeordnete Objekte). Das ist der **grammatische Aspekt** von Sätzen.

Natürlich spielen diese Aspekte bei der Konstruktion von Sätzen zusammen und beeinflussen einander. In der langen Geschichte der Termini ‚Subjekt' und ‚Prädikat' sind seit Aristoteles diese Aspekte immer wieder auf verschiedene Art und Weise miteinander vermischt worden. Daher sind unterschiedliche Begriffe eingeführt worden, um die propositionale, informationelle und grammatische Ebene auseinanderhalten zu können. Die Termini ‚Subjekt' und ‚Prädikat' sind dabei weiterhin gebräuchlich. Sie werden aber sinnvollerweise nur auf den grammatischen Aspekt von Sätzen bezogen. Das Subjekt eines Satzes ist demnach die Phrase im Satz, die flexionsmorphologisch als **Nominativ** markiert ist (wie *die Realität*; *sein Gesicht* und *Herr von S.* in den obigen Beispielsätzen i–iii). Es kann auch durch einen Ergänzungssatz ausgedrückt werden (s. Kap. 8.2). Das Prädikat repräsentiert den Kern der Verbalphrase, es drückt – wieder mit Paul gesprochen – sozusagen die „Vorstellung" aus, die beim Prädizieren im Zentrum steht. Zum Prädikat gehört das finite Verb sowie ggf. weitere Verbpartikeln, Partizipien oder Infinitivformen. Das Prädikat in Beispielsatz (i) lautet *sieht aus*. Es setzt sich zusammen aus dem finiten Verb (*sieht*) und der Verbpartikel (*aus*). Enthält das Prädikat ein **Kopulaverb**, dann wird es ergänzt durch ein **Prädikativ** (vgl. Duden-Grammatik 2016: 801 f.), was eine Nominal- oder eine Adjektivphrase sein kann. So ein Fall liegt in Beispielsatz (ii) vor, in dem sich das Prädikat aus dem Kopulaverb *ist* und dem Prädikativ *rot* zusammensetzt. In Beispiel (iii) wird das Prädikat durch ein finites Vollverb (*schüttelte*) ausgedrückt.

Die Grammatikerinnen und Grammatiker sind sich deshalb mittlerweile recht einig, dass das Prädikat kein Satzglied ist, sondern als strukturelles Zentrum des Satzes die Satzglieder organisiert (z. B. Duden-Grammatik 2016: 856 f). Das Prädikat kann einstellig sein (iv) oder auch zweistellig, wenn es zum Beispiel mit einem Modalverb erweitert ist (v). Das Prädikat in Beispiel (vi) ist vierstellig.

iv) *Dieses Bild **zeigt** leider auch der Haushalt.*
Dorothee Mantel (CDU/CSU), 07.09.2004. In: Plenarprotokolle des Deutschen Bundestags, CQPWeb-Edition auf discourselab.de

v) *Ich **will** Ihnen an einem Beispiel **zeigen**, wie ich das meine.*
Hans Merten (SPD), 17.09.1952. In: Plenarprotokolle des Deutschen Bundestags, CQPWeb-Edition auf discourselab.de

vi) *Man **wird** in der Vergangenheit nicht immer **gesagt haben können**, daß sich die öffentlichen Hände ähnlich stark für die Ausbildung engagiert hätten wie etwa die private Wirtschaft.*
Björn Engholm (SPD), 30.05.1979. In: Plenarprotokolle des Deutschen Bundestags, CQPWeb Edition auf discourselab.de

Wenn aber die Begriffe ‚Subjekt' und ‚Prädikat' schon für die grammatische Ebene reserviert sind, dann brauchen wir weitere Termini, um über die anderen beiden genannten Aspekte beim Gebrauch von Sätzen sprechen zu können: Auf den **propositionalen** Aspekt von Sätzen bezieht man sich mit den Termini **Topik** und **Kommentar** (Dürscheid 2012: 174; Pittner/Berman 2015: 142 f.). Als „Topik" bezeichnet man den Sachverhalt in der Welt, auf den mit einem Satz Bezug genommen wird. Dieses Bezugnehmen haben wir oben als Referenz eingeführt. Als „Kommentar" wird die Zuschreibung an diesen Sachverhalt bezeichnet: „Das Topik ist dasjenige, über das man spricht; der Kommentar das, was darüber ausgesagt wird." (Dürscheid 2012: 183) Der Kommentar ist also das Ergebnis der Prädikation im Satz. Im Deutschen ist das Topik meist das grammatische Subjekt, wie in den Beispielsätzen (i–iii). Nehmen wir das Beispiel (i): *Die Realität sieht anders aus*. Hier ist der Sachverhalt, über den eine Aussage gemacht wird, ‚die Realität', als grammatisches Subjekt ausgedrückt. Auch wenn Subjekt und Topik oft durch dieselbe Phrase repräsentiert werden, ist die Unterscheidung dennoch wichtig. Man kann dann nämlich besser Fälle erklären, in denen Topik und grammatisches Subjekt auseinanderfallen, z.B. durch die sogenannte **Linksversetzung** wie in Beispiel (vii), die man auch **Topikalisierung** nennt. Hier wird durch eine Umstellung im Satz ein Objekt als Topik markiert:

> vii) *Diesen Hintergrund, den haben wir Alten.*
> Harald B. Schäfer (SPD), 22.11.1990. In: Plenarprotokolle des Deutschen Bundestags, CQPWeb-Edition auf discourselab.de

Der Sprecher beginnt in diesem Beispiel seinen Satz mit dem Gegenstand, über den er sprechen will. Syntaktisch gesehen handelt es sich aber um das Akkusativ-Objekt des Satzes. Um dennoch deutlich zu machen, dass damit das Topik gemeint ist, versetzt er diese Phrase gleichsam vor die eigentliche Satzkonstruktion und beginnt dann den Satz noch einmal von vorne, indem er die Phrase mit einem Relativpronomen wieder aufnimmt.

Der **informationelle** Aspekt von Sätzen wird in der Grammatik – etwas vereinfachend – mit dem Begriffspaar **Thema** und **Rhema** gefasst. Dabei geht es darum, welche Information vom Sprecher oder der Sprecherin bereits als beim Hörer oder der Hörerin bekannt vorausgesetzt ist und welche neu eingeführt wird (Dürscheid 2012: 168; Pittner/Berman 2015: 143). Mit jedem Satz knüpfen wir ja an Vorwissen unserer Gesprächspartner an, das wir entweder im Gespräch oder einem Text vorher schon eingeführt hatten und fügen dem neues Wissen hinzu. Entsprechend lässt sich jeder Satz als Abfolge von bekannter Information (Thema) und neuer Information (Rhema) beschreiben. In Beleg (viii) repräsentiert das Subjekt *ich* das Thema und das erweiterte Prädikat (*kenne die Verhältnisse im Lande Bayern*) das Rhema. Im nächsten Satz wird ein Teil das Rhemas (*im Lande Bayern*) zum neuen Thema (*dort*), an welches das neue Rhema (*ist im Jahre ... zugeflossen*) angeschlossen ist. So wird nach und nach Wissen in die Kommunikation eingeführt.

> viii) *Ich kenne die Verhältnisse im Lande Bayern. Dort ist im Jahre 1949 der Betrag von rund 2,8 Milliarden D-Mark an Staatseinnahmen aller Art zugeflossen.*

Alfred Loritz (Wirtschaftliche Aufbau-Vereinigung), 09.02.1950. In: Plenarprotokolle des Deutschen Bundestags, CQPWeb-Edition auf discourselab.de

Man kann diese Unterscheidung aber noch ernster nehmen und sich überlegen, wie Information in komplexeren Texten eingeführt wird. Dabei werden wir sehen, dass wir mit einem simplen Zweierschema nicht recht weiterkommen. Wir werden daher noch eine Differenzierung einführen. Dazu geben wir hier ein Beispiel, das aus fünf hintereinander gesprochenen Sätzen besteht. Es handelt sich um die Eröffnungssequenz der ersten Sitzung des Deutschen Bundestages im Juli 1949:

ix) *1 Nach einem alten Brauch wird die erste Sitzung eines neuen Parlaments durch das an Jahren älteste Mitglied des Hauses eröffnet. 2 Ich bin geboren am 14. Dezember 1875. 3 Ich frage, ob sich ein Mitglied im Hause befindet, das zu einem früheren Termin geboren ist. — 4 Offenbar ist das nicht der Fall. 5 Dann erkläre ich die erste Sitzung des Bundestags der Bundesrepublik Deutschland für eröffnet.*
Alterspräsident Paul Löbe (SPD), 09.07.1949. In: Plenarprotokolle des Deutschen Bundestags, CQPWeb-Edition auf discourselab.de

Wenn wir nun bewerten wollen, welche Information in den Sätzen vom Sprecher jeweils als bekannt bzw. neu vorausgesetzt wird, können wir uns die von ihm verwendeten Artikel betrachten: In Satz 1 wird *ein alter Brauch* eingeführt, und zwar mit unbestimmtem Artikel. Demnach geht der Sprecher davon aus, dass dies zumindest für den von ihm imaginierten typischen Hörer eine neue Information sei. *Die erste Sitzung* wird mit einem bestimmten Artikel eingeführt, allerdings durch ein Genitivattribut, *eines neuen Parlaments* näher bestimmt. Der Unbekanntheit signalisierende unbestimmte Artikel wird hier – wie immer in solchen Fällen – auf die attributive Genitivphrase verlagert. Im Kontext dieses neuen spezifischen Sachverhalts ist *die erste Sitzung* also sozusagen bedingt bekannt. Im zweiten Satz thematisiert sich der Sprecher mit dem Personalpronomen *ich* selbst. Das kann er ohne Umschweife tun, weil durch die Situation ja bekannt ist, wer *ich* ist. In Satz 3 haben wir den Fall, dass die neue Information *ein Mitglied* durch eine bekannte (*im Hause*) gleichsam verankert ist. Die Phrase *einem früheren Termin* wiederum wird als vollkommen neu eingeführt. In Satz 5 ist schließlich alle Information, die durch Nominalphrasen repräsentiert wird, bereits durch die Vorsätze bekannt. Neue Information ist die in der Verbalphrase repräsentierte sprachliche Handlung: *erkläre für eröffnet*. Wir sehen also, dass das Informations-Management in Sätzen eine durchaus komplexe Angelegenheit ist. Pitter und Berman (2015: 143) greifen daher einen Vorschlag von Prince (1981) auf und machen aus dem Zweier-

schema Thema und Rhema ein Fünferschema. Die englischen Termini dort führen wir hier in Klammer ein:
- vollkommen neue Information („brand new"): *Nach einem alten Brauch* ...
- neue Information, die aber in der Kommunikationssituation verankert ist („brand new, anchored"): ... *ein Mitglied im Hause* ...
- in der Kommunikation neu aufgerufener Sachverhalt, dessen Existenz grundsätzlich Teil des Weltwissens ist („unused"): ... *am 14. Dezember 1875*.
- aus der Situation erschließbare Information („inferrable"): ... *das an Jahren älteste Mitglied* ...
- Information, die als unmittelbar bekannt vorausgesetzt werden kann („evoked"):
  - vorerwähnt: Offenbar ist das nicht der Fall.
  - durch die Situation gegeben: Ich bin geboren ...

An dem Beispiel kann man sehen, dass viele Formulierungspraktiken wie die Wahl von Pronomina, Wortstellung und des bestimmten oder unbestimmten Artikels zusammenwirken, wenn wir beim Formulieren dem Kommunikationspartner Hinweise dazu geben, welchen Grad an Bekanntheit die Information unserer Einschätzung nach hat, die wir mit Sätzen vermitteln. Das grammatische Subjekt kann dabei in unterschiedliche Positionen im Satz rücken – je nachdem, wie wir das damit repräsentierte Konzept in den Informationsfluss unserer Äußerung einbetten wollen.

Es gibt aber auch Sätze, in denen das Subjekt gar keinen referentiellen Bezug herstellt, also auch kein Konzept repräsentieren kann. In unserem Beispielsatz (x) bildet das Wort *es* das grammatische Subjekt des Satzes, stellt aber keinen referentiellen Bezug her, sondern komplettiert lediglich formal den Satz. Inhaltlich könnte man darauf verzichten:

x) *Es regnet noch immer im grauen Wedding.*
Die Welt vom 16.08.1961. In: HeiDeKo, CQPWeb-Edition auf discourselab.de

So ein *es* nennt man ein **Expletivum**. Das ist ein semantisch leeres Pronomen. Dann gibt es Sätze wie in (xi), die gar kein grammatisches Subjekt haben, weil das flektierte Verb keines erfordert.

xi) *Mir graust gleichermaßen vor Übertreibern wie vor Verharmlosern.*
Bernd Schmidbauer (CDU), 08.03.1990. In: Plenarprotokolle des Deutschen Bundestags, CQPWeb-Edition auf discourselab.de

Solche Sätze zeichnen sich dadurch aus, dass das Topik (hier: *mir*) nicht durch das grammatische Subjekt repräsentiert wird. Sie werden aber immer seltener: In der Sprachgeschichte des Neuhochdeutschen kann man beobachten, dass erstens immer weniger Verben Sätze dieses Typs zulassen und zweitens bei denjenigen, die es noch gibt, oft eine Variante mit dem sogenannten „Vorfeld-es" im Gebrauch ist, das an die Stelle des grammatischen Subjekts rückt. Vom Expletivum unterscheidet sich das Vorfeld-es dadurch, dass es verschwindet, wenn man das Dativobjekt vor das finite Verb stellt:

xii) *Es grauste ihm bei dem Gedanken, zwischen 80- und 90-jährigen Demenzkranken zu leben, [...].*
Die Zeit vom 21.08.2012. In: HeiDeKo, CQPWeb-Edition auf discourselab.de

Es finden sich außerdem Belege für die Konstruktionen *mich graust vor etw.* und *es graust mich bei etw*. Diese Variation zeigt eine gewisse Unsicherheit im Gebrauch an, die man bei im Wandel befindlichen syntaktischen Konstruktionen findet. Bei den meisten ursprünglich subjektlosen Verben verschwindet der subjektlose Typ langsam zugunsten einer Variante, in der das Topik als Subjekt ausgedrückt wird. Ein Beispiel ist das Verb *frieren*. Im Deutschen Novellenschatz (Heyse/Kurz 1871–1876) sind von 17 Belegen für *frieren* sieben in der Konstruktion des Typs *mich friert* und zehn in der Konstruktion *ich friere* belegt. In den Plenarprotokollen des Deutschen Bundestags (ab 1949) gibt es bei 149 Belegen für *frieren* noch drei des Typs *mich friert*. Im Heidelberger Korpus (Texte ab 1961) sind es bei 40 Belegen einer für den subjektlosen Typ. Im Kernkorpus des Digitalen Wörterbuchs der Deutschen Sprache sind es bei Texten ab dem Jahr 2000 von 141 angezeigten Belegen fünf für den *mich friert*-Typ, alle aus literarischen Texten.

Wir haben in diesem Abschnitt also gesehen, dass es eine ganze Reihe von Aspekten zu beachten gilt, wenn wir erklären wollen, wie mit Sätzen Wissen in die Kommunikation eingeführt wird. Es gibt als Standardfall das syntaktische Muster des deutschen Aussagesatzes wie im Satz *Die Realität sieht anders aus*, in dem Subjekt, Topik und Thema in eins fallen. Wir haben aber die Möglichkeit, Sätze auch abweichend davon zu bilden – nämlich dann, wenn wir eine besondere Perspektivierung eines Sachverhalts erreichen wollen bzw. eine Information im Hinblick auf das in der Kommunikationssituation und im Textzusammenhang bereits entfaltete Wissen zubereiten wollen.

8.2 Satzglieder: Syntaktische Rollen

In Kapitel 7.2 haben wir Phrasen eingeführt. Phrasen übernehmen jeweils eine Funktion entweder in der nächstgrößeren Phrase oder im Satz. Diejenigen Phrasen, die unmittelbar eine Funktion im Satz übernehmen, nennt man **Satzglieder**. Oben haben wir schon gezeigt, wie man sie ermittelt, nämlich v.a. mit der Verschiebe- oder der Ersetzungsprobe. Das Subjekt als Satzglied haben wir ebenfalls schon thematisiert. Hier führen wir diejenigen Satzglieder auf, die im **erweiterten Prädikat** eingebettet sind, die **Objekte**. Während das Subjekt im Deutschen, wenn es nicht satzförmig ist, immer durch den Nominativ markiert ist, unterscheiden wir die Objekte nach der flexionsmorphologischen Markierung der jeweiligen Phrase, also nach den Kasūs Genitiv (i), Dativ (ii) oder Akkusativ (iii). Objekte, die durch eine Präposition angeschlossen sind, nennt man Präpositionalobjekte (iv).

i) *Doch sie erinnerte sich **der Umstände** zu genau, und der rettende Wahn verschwand wieder. – Genitivobjekt*

Franz Berthold, Irrwisch-Fritze, 1842. In: Novellenschatz, CQPWeb-Edition auf discourslab.de

ii) *Behrend schüttelte **dem Freunde** die Hand: [...]. – Dativobjekt*

Willibald Alexis, Herr von Sacken, 1837. In: Novellenschatz, CQPWeb-Edition auf discourslab.de

iii) *Ich starrte **die Gestalt** sprachlos an. – Akkusativobjekt*

Karl Immermann, Der Carneval und die Somnambule, 1830. In: Novellenschatz, CQPWeb-Edition auf discourslab.de

iv) *Es kommt Niemand kaufen, und die verkaufen sollen, schrecken **vor dem Berühren des blanken Geldstückes** zurück. – Präpositionalobjekt*

Leopold Kompert, Eine Verlorene, 1851. In: Novellenschatz, CQPWeb-Edition auf discourslab.de

Objekte (ebenso wie Subjekte) können auch durch Nebensätze repräsentiert sein (v). Diese nennt man dann **Ergänzungssätze**. Wie auch Adverbialsätze (s.u.) übernehmen sie die Funktion eines Satzglieds im Hauptsatz. Mit einem Ergänzungssatz integrieren wir in die Proposition des Hauptsatzes statt eines einfachen Konzeptes eine weitere Proposition. In den Satzgedanken wird also rekursiv ein weiterer Gedanke eingebettet. Damit können wir komplexere Information in einen Satz einführen und dementsprechend spezifischere Perspektiven festlegen.

v) *Wir hatten schon geglaubt, **daß dich unterwegs der Teufel geholt habe**, [...]. –Objektsatz*
Ernst Wichert, Ansas und Grita, 1872. In: Novellenschatz, CQPWeb-Edition auf discourslab.de

Während Subjekte und Objekte im Verbund mit dem Prädikat im Kern die oben beschriebene Basisaufgabe von Sätzen – Referenz und Prädikation – übernehmen, gibt man mit **Adverbialen** nähere Begleitumstände der im Satz dargestellten Szene an, die zum Beispiel lokal, temporal, modal oder kausal sein können. Die Funktion von Adverbialen wird oft von Präpositionalphrasen (vi) oder Adjektivphrasen oder Adverbphrasen übernommen. Im Beispiel (vii) ist es eine Adjektivphrase.

vi) ***In dieser Laune** schrieb er jenen Brief an sie; [...].*
Gottfried Kinkel, Margret, 1849. In: Novellenschatz, CQPWeb-Edition auf discourslab.de

vii) *Der Winter war vorüber, die Lerchen sangen wieder, der würzige Duft frischer Kräuter drang **erquickend** in seinen Käfich.*
Willibald Alexis, Herr von Sacken, 1838. In: Novellenschatz, CQPWeb-Edition auf discourslab.de

Adverbiale können aber auch mit Nominalphrasen gebildet werden (viii). Daneben können eingebettete Nebensätze diese Funktion übernehmen, sie heißen dementsprechend Adverbialsätze (ix).

viii) *[...] ich spiele **den ganzen Tag** für die lärmenden Leute, und gewinne kaum kärglich Brod dabei; [...].*
Franz Grillparzer, Der arme Spielmann, 1847. In: Novellenschatz, CQPWeb-Edition auf discourslab.de

ix) *Der alte Schneider, **als er frühmorgens neben dem schnarchenden Kaspar erwachte**, hatte doch eine gemischte Empfindung gehabt.*
Melchior Meyr, Der Sieg des Schwachen, 1856. In: Novellenschatz, CQPWeb-Edition auf discourslab.de

Für Adverbialsätze gilt, was wir oben schon zu Ergänzungssätzen gesagt haben. Sie übernehmen die Funktion des Adverbials im Hauptsatz und fügen daher dem Satzgedanken einen spezifizierenden Gedanken hinzu. Die Spezifizierung kann wie im Beispielsatz im Hinblick auf die Zeit (temporal) erfolgen, sie kann u. a. aber auch im Hinblick auf den Raum (lokal), einen Grund (kausal), einen Gegengrund (konzessiv), die Art und Weise (modal), eine Bedingung (konditional), eine Folge (konsekutiv), einen Zweck (final), einen Gegensatz (adversativ), eine Erklärung (explikativ) oder eine Einschränkung (restriktiv) formuliert sein. Eine ausführliche Liste mit Beispielen gibt die Duden-Grammatik (2016: 1063).

Attribute sind keine Satzglieder, sondern Teile davon. Sie bestimmen den Kopf von Nominalphrasen näher. Attribute können in verschiedenen Formen realisiert sein. In Satz (x) haben wir zwei Adjektivattribute (*klug* und *dumm*) und einen Attributsatz (, *der ... macht.*). Mit den beiden Adjektivattributen werden hier die Bezugswörter, also die Köpfe der Nominalphrasen, die hier als Subjekt (*diese klugen Geschöpfe*) und Akkusativ-Objekt (*keinen dummen Streich*) fungieren, näher bestimmt:

x) *Diese klugen Geschöpfe begehen keinen dummen Streich, der die Speculationen ihrer vorsichtigen Eltern zu Schanden macht.*
Willibald Alexis, Herr von Sacken, 1837. In: Novellenschatz, CQPWeb-Edition auf discourslab.de

Der Attributsatz (*der die Speculationen ihrer vorsichtigen Eltern zu Schanden macht*) ist ebenfalls funktional dem Akkusativ-Objekt zugeordnet. Damit spezifiziert der Autor das Konzept ‚Streich' ebenfalls, jedoch auf eine andere Weise: ‚Streich' wird auf eine komplexe, einzigartige Situation bezogen, die in einer vollständigen Proposition entfaltet wird. Damit erreicht der Autor, dass das hier eingeführte und bereits attribuierte Konzept ‚dummer Streich' individualisiert wird, sich also von allen anderen denkbaren Sachverhalten abhebt. ‚Dummer Streich' dagegen bildet noch eine ganze Teilklasse der Kategorie ‚Streich'. Diese Art individualisierender Determination gelingt am besten mit Attributsätzen. Daran erkennt man auch, warum es verschiedene Typen von Attributen gibt. Wir können auf diese Weise nämlich verschiedene Arten von Bestimmungen in eine Phrase einführen – gegebenenfalls auch gleichzeitig. Attribute können außerdem als (heutzutage meist nachgestellte) Nominalphrase im Genitiv (xi) realisiert sein, als nachgestellte Präpositionalphrase (xii) oder als Apposition (xiii).

xi) *O gemeines Ende **romantischer Stunden**!*
Karl Immermann, Der Carneval und die Somnambule, 1830. In: Novellenschatz, CQPWeb-Edition auf discourslab.de

xii) *Das war dem Idealisten **mit der weißen Weste** zu viel.*
Julius Grosse, Vetter Isidor, 1873. In: Novellenschatz, CQPWeb-Edition auf discourslab.de

xiii) *In der Straße St. Honoré war das kleine Haus gelegen, welches Magdalene von Scudery, **bekannt durch ihre anmuthigen Verse**, durch die Gunst Ludwig des XIV. und der Maintenon, bewohnte.*
E. T. A. Hoffmann, Das Fräulein von Scuderi, 1820. In: Novellenschatz, CQPWeb-Edition auf discourslab.de

8.3 Valenz und semantische Rollen

Oben haben wir dargestellt, dass das Prädikat gegenüber den Satzgliedern eine Sonderstellung einnimmt und selbst nicht als Satzglied gilt. Man kann es auch nicht erfragen oder pronominalisieren. Das Prädikat wird als das strukturelle Zentrum des Satzes betrachtet, und zwar deshalb, weil wir für alle Verben vorhersagen können, welche Satzglieder man braucht, um Sätze zu bilden, die wir intuitiv als grammatisch korrekt beurteilen würden. Es gehört nämlich zu den Eigenschaften von Verben, bestimmte Satzmuster bilden zu können. Wir Sprecherinnen und Sprecher haben eine gute Intuition dafür, welche Art von Sätzen man mit einem Verb bilden kann. Niemand würde auf die Idee kommen, einem Deutschlernenden das Verb *schlafen* mit dem Satz *Hans schläft zwei Hühner über den Berg* zu erklären. Vielmehr wissen wir, dass Sätze mit dem Verb *schlafen* dann vollständig sind, wenn sie ein Subjekt haben, mit dem typischerweise eine Person oder ein Tier repräsentiert wird. Die Eigenschaft eines Verbs, eine bestimmte Anzahl und Art von Phrasen an sich zu binden, nennt man – mit einer Metapher aus der Chemie – **Valenz**. Der Begriff geht auf das bereits erwähnte Buch *Grundzüge der strukturalen Syntax* von Lucien Tesnière (1980, im französischen Original erstmals 1959 publiziert) zurück. Während es in der Chemie um die Bindungswertigkeit von Atomen geht, thematisiert man in der Linguistik die Fähigkeit von Verben, mit einer bestimmten Art und Anzahl von Phrasen Sätze zu bilden. Betrachten wir dazu das folgende Beispiel:

i) *Die CDU/CSU hat da 20 Jahre lang geschlafen!*
   Ute Kumpf (SPD), 19.06.2008. In: Plenarprotokolle des Deutschen Bundestags, CQPWeb-Edition auf discourselab.de

Das Prädikat in Satz (i) lautet *hat geschlafen*. Um den Satz inhaltlich und syntaktisch für uns akzeptabel zu machen, brauchen wir in dem Satz ein Subjekt, mit dem der, die oder das Schlafende thematisiert wird. In unserem Beispiel ist das *die CDU/CSU*. Mit dem folgenden Minimalsatz würden wir uns durchaus schon zufriedengeben: *Die CDU/CSU hat geschlafen*. Da *schlafen* genau eine Phrase obligatorisch fordert, handelt es sich um ein einwertiges Verb. Satzglieder, die eine vom Prädikat obligatorisch eröffnete Leerstelle füllen, nennt man **Ergänzungen** bzw. **Komplemente**. Die Ergänzung zum Prädikat *hat geschlafen* lautet hier also *die CDU/CSU*. Der Satz im Beleg (i) ist aber noch etwas komplexer: Er enthält noch zwei Adverbiale, nämlich das temporale *20 Jahre lang* und lokale *da*. Diese unterscheiden sich vom Subjekt *die CDU/CSU* dadurch, dass sie nicht unbedingt notwendig sind, um einen syntaktisch und inhaltlich akzeptablen Satz mit dem Verb *schlafen* zu bilden. Satzglieder, die nicht vom Prädikat gefordert werden, nennt man in der Valenztheorie **Angaben** bzw. **Supplemente**.

Der Begriff der Valenz ist dabei vielschichtig: Er bezieht sich zum einen auf die bloße Anzahl der vom Verb geforderten Komplemente. *Schlafen* braucht ein Komplement, ist also **einwertig**. Diese Eigenschaft bezeichnet man als **logische Valenz** (vgl. Meinhard 2003, Pittner/Bermann 2015: 49). Nun haben wir gesehen, dass *schlafen* aber nicht einfach nur eine Ergänzung fordert, sondern dass diese auch als Nominalphrase im Nominativ kodiert sein muss, die ein Subjekt repräsentiert. Diese Eigenschaft von Verben, Phrasen in bestimmten Flexionsformen zu binden, welche Satzglieder repräsentieren, nennt man **morphosyntaktische Valenz** (vgl. Pittner/Bermann 51f.). Für die Nominalphrase im Nominativ als Ergänzung für *schlafen* notieren wir NP_{Nom}.

Hier zwei weitere Beispiele: In Satz (ii) eröffnet das Verb *prüfen* zwei Leerstellen, die vom Subjekt *wir* (NP_{Nom}) und vom Akkusativobjekt *die Sache* (NP_{Akk}) gefüllt werden. *Prüfen* fordert entsprechend zwei Ergänzungen, es handelt sich also um ein zweiwertiges Verb mit dem Valenzmuster (NP_{Nom}-NP_{Akk}). Außerdem enthält Satz (ii) gleich drei Angaben, nämlich das einschränkende *jedenfalls*, das temporale *noch einmal* und das modale *ergebnisoffen*.

ii) *Wir werden die Sache jedenfalls noch einmal ergebnisoffen prüfen.*
Peter Hintze (CDU), 29.01.2015. In: Plenarprotokolle des Deutschen Bundestags, CQPWeb-Edition auf discourselab.de

Das Verb in Satz (iii), *legen*, fordert drei Komplemente, nämlich ein Subjekt (*wir*), ein Akkusativobjekt (*die Vorschläge*) und außerdem ein Adverbial, repräsentiert in der Präpositionalphrase *auf den Tisch* (PP). *Legen* ist also ein dreiwertiges Verb mit dem Valenzmuster (NP_{Nom}-NP_{Akk}-PP).

iii) *Wir haben unsere Vorschläge klar auf den Tisch gelegt.*
Theodor Waigel (CSU), 09.02.1995. In: Plenarprotokolle des Deutschen Bundestags, CQPWeb-Edition auf discourselab.de

An diesem Beispiel sehen wir hier, dass nicht nur Subjekte und Objekte, sondern in manchen Fällen auch Adverbiale Ergänzungen sein können. Das modale Adverbial *klar* hingegen ist nicht valenzgebunden und dementsprechend eine Angabe.

Nun muss man nicht lange suchen, um andererseits Fälle zu entdecken, in denen Satzglieder, die keine Adverbiale sind, offensichtlich weggelassen werden können. Bei denen stellt sich dann die Frage, ob es sich um Angaben handelt. Betrachten wir das folgende Beispiel:

iv) *Er wartete auf sie vergeblich beim Abendessen.*
Karl Immermann, Der Carneval und die Somnambule, 1830. Novellenschatz, CQPWeb-Edition auf discourselab.de

In Beleg (iv) haben wir neben dem Subjekt *er* noch weitere Kandidaten für Ergänzungen, nämlich die Adjektivphrase *vergeblich* und die Präpositionalphrasen *auf sie* und *beim Abendessen*. Eine Weglassprobe zeigt, dass alle drei für einen akzeptablen Satz verzichtbar sind.

Um festzustellen, ob es sich in solchen Fällen um Ergänzungen oder Angaben handelt, wurden eine Reihe von Testverfahren vorgeschlagen, die alle aber nur beschränkt einsetzbar sind. Dazu kann man sich ausführlich in Storrer (2003) informieren. Einer der bekanntesten ist der von Eroms (1981) vorgeschlagene sogenannte Geschehen-Test: Er besteht darin, das Satzglied, welches als potentielle Ergänzung getestet werden soll, in einen Nachsatz auszulagern, der mit „einem semantisch unspezifischen Verb wie ‚geschehen', ‚tun', ‚machen'" (Storrer 2003: 769) gebildet ist. Ist der Satz grammatisch, handelt es sich um eine Angabe, ist er ungrammatisch, handelt es sich um eine Ergänzung. Am Beispiel

Er warte, und es geschah beim Abendessen.
Er wartete, und es geschah vergeblich.
*Er wartete, und es geschah auf sie.

Demnach wären *vergeblich* und *beim Abendessen* Angaben, *auf sie* aber eine Ergänzung. Dieser Test basiert nach Eroms (1981: 44f.) darauf, dass die im Verbframe als Ergänzung angelegten Satzglieder nicht mehr mit dem unspezifischen Verb als neue Information angeschlossen werden können, weil sie ja bereits implizit mit dem Verb im Vorsatz vorerwähnt seien. Andere haben darauf aufmerksam gemacht, dass der Test-Effekt eher von der Valenz des Verbs *geschehen* ausgelöst wird als – in unserem Fall – von *warten* (vgl. Storrer 2003: 769). Der Test ist also umstritten. Dass es keinen allgemein anerkannten gibt, verweist auf die Grenzen der Valenzgrammatik (s. u.). Er führt aber zu einem Ergebnis, das durchaus intuitiv einleuchtet. Weil es viele solcher Fälle wie die weglassbare Ergänzung *auf sie* in Beleg (iv) gibt, gehen viele Grammatikerinnen und Grammatiker davon aus, dass zwischen **obligatorischen** und **fakultativen** (also weglassbaren) Ergänzungen zu unterscheiden sei. Das liegt daran, dass nicht wenige Verben **Valenzvarianten** aufweisen, also verschiedene Valenzmuster in sich tragen. Mit dem Wechsel des Valenzmusters sind – mehr oder weniger subtile – Bedeutungsveränderungen verbunden. Zum Beispiel bedeutet in Beleg (iv) *warten auf x* so viel wie ›eine konkrete Person oder ein konkretes Ereignis erwarten‹. Wenn man die Präpositionalphrase weglässt, verschwindet auch diese Lesart.

In Kapitel 7.5 haben wir eine Konkordanz zu dem Verb *reiten* in Reden vor dem Deutschen Bundestag abgedruckt. Sie ist ein gutes Beispiel dafür, dass zahlreiche Verben in derart vielen, mehr oder weniger festen redensartlichen Formulierungen vorkommen, die alle ein spezifisches Valenzmuster haben, dass es kaum vorstellbar ist, daraus feste Regeln auf dieser Basis abzuleiten. Die Theorie der Verbvalenz ist daher dazu geeignet, die uns Sprecherinnen und Sprechern intuitiv verfügbaren prototypischen Verwendungsweisen von Verben zu erfassen, während das große Gebiet der idiomatischen Formulierungen, das wir in Kapitel 7.5 thematisiert haben, damit nicht erfasst werden kann. Dazu hat sich, wie wir dort dargestellt haben, der Terminus ‚Konstruktion' etabliert. Dieser geht – im Gegensatz zum Valenzbegriff – nicht von der Fähigkeit einzelner Wörter aus, Sätze zu bilden, sondern erklärt umgekehrt den Einfluss von Formulierungsmustern und syntaktischen Phrasen auf Wörter. Um Syntax angemessen beschreiben zu können, brauchen wir wohl beide Perspektiven.

Neben der logischen und morphosyntaktischen Valenz lernen wir mit Verben auch immer Informationen darüber, mit welcher Art von Ergänzungen wir mit ihnen Sätze bilden können. Wie unser *Fisch*-Beispiel in Kapitel 3 gezeigt hat, lernen wir Konzepte immer kontextualisiert, also eingebunden in Konstellationen oder Situationen (vgl. Kap. 1.3 zum Spracherwerb). Je nachdem, wie der Situationstyp beschaffen ist, mit dem ein Verb verbunden ist, weist das Verb seinen Ergänzungen bestimmte Rollen in der Situation zu. Wir sprechen dann von **semantischen Rollen**. Situationen können so beschaffen sein, dass eine **Handlung** repräsentiert ist, wie es z. B. der Satz (v) darstellt:

v) *Victor pflückte eine Wasserrose [...].*
    Otto Roquette, Die Schlangenkönigin, 1862. In: Novellenschatz, CQPWeb-Edition auf discourslab.de

In Fall von Satz (v) eröffnet sich im Schema eine Leerstelle für einen Handelnden und für etwas oder jemanden, an dem die Handlung ausgeführt wird. Den Rollentyp des Handelnden (hier: *Victor*) nennt man **Agens**. Derjenige, an dem die Handlung ausgeführt wird (hier: *eine Wasserrose*), heißt **Patiens**. Da die Handlung typischerweise vom flektierten Verb im Satz repräsentiert wird, ist es das Verb, das die Handlungsrollen eröffnet. Da jedes Verb die Eigenschaft hat, spezifische Handlungsrollen zuzulassen, sprechen wir von **semantischer Valenz** (vgl. Duden-Grammatik 2016: 397f., Pittner/Bermann 2015: 50f.). Andere Situationen, wie die in Beleg (vi), sind als **Vorgang** strukturiert:

vi) *Sie fiel vom Tisch auf die Erde, [...].*
Leopold Schefer, Die Düvecke, oder die Leiden einer Königin, 1833. In: Novellenschatz, CQPWeb-Edition auf discourslab.de

Vorgänge vergeben die Agensrolle nicht, wohl aber die Patiensrolle (hier: *sie*). Während bei einer Handlung das Agens typischerweise als Subjekt realisiert ist, nimmt bei einem Vorgang das Patiens die Subjektposition ein. Außerdem wird in unserem Beispielsatz ein Ausgangpunkt des Vorgangs (*vom Tisch*) und ein Zielpunkt (*auf die Erde*) versprachlicht. Diese Rollen nennt man **Origativ** (Ausgangspunkt) bzw. **Direktiv** (Zielpunkt). Es gibt eine ganze Reihe weiterer semantischer Rollen, die in Schemata vergeben werden. Solche Rollen lassen sich in der konzeptuellen Struktur aller Sprachen nachweisen, da wir Menschen ja unabhängig von der Sprache, die wir sprechen, und unseres kulturellen Umfelds dieselben Grunderfahrungen machen.

In der Forschung ist man sich nicht einig, wie genau das Inventar an semantischen Rollen beschaffen ist, also wie viele Rollen es gibt und wie genau sie sich voneinander abgrenzen. Das Verdienst der Theorie der semantischen Rollen ist aber, dass sie deutlich macht, wie Semantik und Syntax in Texten zusammenhängen. Aus der Perspektive der Semantik betrachtet, nennt man das mit semantischen Rollen angereicherte Muster, in dem eine vom Verb repräsentierte Szene schematisch angelegt ist, einen Frame. Das Konzept der Frame-Semantik haben wir in Kapitel 3.2 erläutert. Wir stellen hier im Kasten nur einige grundlegende Rollentypen dar, über die in der Forschung Einigkeit herrscht. Wir orientieren uns dabei nach der Darstellung in von Polenz (1988: 170–174).

Semantische Rollen

Semantische Rolle	Erklärung	Beispiel
Agens	Person, die eine Handlung ausführt	*Don Ciccio hatte seine Einkäufe vortrefflich ausgeführt, [...].* August Kopisch, Der Träumer, 1856
Patiens	Person oder Sache, an der eine Handlung ausgeübt wird	*[...] aber sie gab ihm eine Ohrfeige, [...].* Adolph Wilbrandt, Johann Ohlerich, 1870
Origativ	Ausgangspunkt einer Bewegung	*Sie kamen von Nienburg.* Alfred Meißner, Der Müller vom Höft, 1865
Direktiv	Zielpunkt einer Bewegung	*Ich reise nach Helmstädt, [...].* Ernst Andolt, Eine Nacht, 1858

Experiens/Experiencer	Person, die etw. wahrnimmt, fühlt oder denkt.	Als **ich** den Unglücklichen so vor mir sah, dachte **ich** wieder weinen zu müssen; [...]. Edmund Höfer, Rolof, der Rekrut, 1852
Stimulus	Objekt einer Wahrnehmung oder Einschätzung	Als ich **den Unglücklichen** so vor mir sah, dachte ich **wieder weinen zu müssen**; [...].
Instrument	Sache, mit der eine Handlung ausgeführt wird	Was man Tag nennt, ist Dämmerung, der Nebel ist so dicht, daß man glaubt, ihn nicht bloß mit **Löffeln** schöpfen, sondern mit **Messern** schneiden zu können. Jeremias Gotthelf, Kurt von Koppigen, 1844

(Belege in: Novellenschatz, CQPWeb-Edition auf discourslab.de)

Die semantische Valenz von Verben kommt aber nur in ihren aktivischen Varianten zum Tragen. Beim Gebrauch des **Passivs** bei der Formulierung von Sätzen ändert sich das Verhältnis von Verbbedeutung und semantischer Rolle. Das Passiv ist vor allem eine elegante Möglichkeit, die handelnden Akteure im Satz-Theater zu verstecken. Es ist eine systematische Art, agenslose Sätze zu bilden:

vii) *Das Problem ist – das ist bereits gesagt worden – eben nicht erledigt.*
Christian Carstensen (SPD), 21.02.2008. In: Plenarprotokolle des Deutschen Bundestags, CQPWeb-Edition auf discourselab.de

In Beleg (vii) sehen wir gleich zwei Passivkonstruktionen: Im Rahmensatz *das Problem ist nicht erledigt* wird das Passiv mit dem Hilfsverb *sein* gebildet und repräsentiert einen Zustand, folglich heißt die Konstruktion **Zustandspassiv**. Das Zustandspassiv drückt die Abgeschlossenheit der im Verb repräsentierten Handlung aus. Im eingeschobenen Satz *das ist bereits gesagt worden* ist das Passiv mit *werden* gebildet, es drückt eine Handlung aus. Weil aber – wie bei einem Vorgangsprädikat in Aktiv-Konstruktionen – das Patiens der Handlung als Subjekt kodiert ist, heißt es **Vorgangspassiv**. Wir haben also zwei Handlungen, aber keine Handelnden. Mit solchen Konstruktionen kann man gut von konkreten Situationen samt Akteuren absehen und Sachverhalte in den Vordergrund rücken. Passivkonstruktionen sind daher in wissenschaftlichen Texten, Verwaltungstexten, aber auch in Gebrauchsanleitungen und Kochrezepten häufig. Auch wir verwenden hier nicht zu knapp Passivkonstruktionen, versuchen es aber nicht zu übertreiben.

Das Passiv kann aber auch verwendet werden, um in einer Handlungskonstellation die Perspektive weg vom Agens und hin zum Patiens zu lenken (viii). Damit rückt das Patiens in die Topik-Position, ist also der Satzgegenstand, während das Agens ein Teil des Kommentars ist, also der Zuschreibung an den Gegenstand:

> viii) *Der dritte Antrag wurde von dem Herrn Abgeordneten Renner gestellt, [...].*
> Erich Köhler (CDU, Parlamentspräsident), 11.01.1950. In: Plenarprotokolle des Deutschen Bundestags, CQPWeb-Edition auf discourselab.de

8.4 Der Satz als Rangierbahnhof – das Stellungsfeldermodell

Es geht also bei Sätzen darum, neue Information in die Kommunikation einzuführen. Durch die Kombination der verschiedenen syntaktischen Mittel, die wir bisher geschildert haben, können wir auf differenzierte Weise Perspektiven auf die Sachverhalte legen, die wir mit Sätzen thematisieren. Wir haben bereits gesehen, dass bei der Markierung von Bekanntheit und bei der Festlegung von thematischen Konzepten die Wortstellung im Satz eine entscheidende Rolle spielt. Das ist deshalb möglich, weil die einzelnen Satzglieder in deutschen Aussagesätzen relativ frei gegeneinander austauschbar sind. Das wiederum liegt daran, dass die syntaktische Funktion der Phrasen im Deutschen in vielen Fällen morphologisch eindeutig markiert ist (vgl. Kap.7.3), in den meisten anderen Fällen findet die Vereindeutigung im Kontext statt. Damit ist die Wortstellung im Wesentlichen davon entlastet, grammatische Funktionen markieren zu müssen, und ist frei für andere Aufgaben wie die Markierung von Bekanntheit. In Sprachen mit keiner oder reduzierter Flexionsmorphologie, z. B. dem Englischen, ist die Wortstellung wesentlich festgelegter. Dennoch gibt es auch im Deutschen einige Regularitäten der Wortstellung, die sich nicht durch die Erfordernisse der konkreten Kommunikation überschreiben lassen. Wir unterscheiden drei Typen der Verbstellung, die eng mit funktionalen Satztypen verbunden sind, also mit der Frage, wozu man Sätze verwendet: die Verberststellung, die Verbzweitstellung und die Verbendstellung.

> i) Verberststellung (V1) – Entscheidungsfragesatz:
> **Weißt** *du es nun, sagte sie, wie es schmerzt?*
> Fanny Lewald, Die Tante, 1855. In: Novellenschatz, CQPWeb-Edition auf discourslab.de
>
> ii) Verberststellung (V1) – Wunschsatz
> *O **wäre** erst die Stunde da, wo ich diese elende Wüste auf immer verlassen hätte!*
> Theodor Mügge, Am Malanger Fjord, 1852. In: Novellenschatz, CQPWeb-Edition auf discourslab.de

iii) Verberststellung (V1) – Imperativsatz; hier als Adhortativ:
Lassen *wir die Todten ruhen, und besonders solche, die überhaupt keine Ruhe haben und immer wieder einmal unversehens zwischen uns auftauchen!*
Friedrich Gerstäcker, Germelshausen, 1860. In: Novellenschatz, CQPWeb-Edition auf discourslab.de

iv) Verbzweitstellung (V2) – Aussagesatz
Er **stand** *wie vernichtet.*
Laurids Kruse, Nordische Freundschaft, 1829. In: Novellenschatz, CQPWeb-Edition auf discourslab.de

v) Verbzweitstellung (V2) – W-Fragesatz:
Was **soll** *ich jetzt beginnen?*
Debora, Wilhelm Müller, 1830. In: Novellenschatz, CQPWeb-Edition auf discourslab.de

vi) Verbendstellung – Nebensatz:
Mich wundert es nicht, daß Sie auch mit dem Bundesjugendplan nicht einverstanden **sind**.
Erich Mende (FDP), 12.12.1951. In: Plenarprotokolle des Deutschen Bundestags, CQPWeb-Edition auf discourslab.de

In vielen der Belege sind Verbalkomplexe und damit mehr als ein Verb vorhanden (z. B. *soll ... beginnen* in Beleg v). Wir sehen hier, dass sich die Klassifikation nach der Stellung des finiten Verbs richtet. An Satz (ii) zeigt sich, dass *Verberststellung* nicht zwingend bedeutet, dass das finite Verb auch an erster Stelle im Satz steht. Entscheidend ist, dass kein weiteres Satzglied vor dem finiten Verb steht. Im Fall von Satz (ii) steht vor dem finiten Verb die nicht satzgliedfähige Interjektion *O*. Um das besser erläutern zu können, führen wir ein weiteres einflussreiches Modell der syntaktischen Beschreibung des Deutschen ein, das **topologische Satzmodell**, auch **Stellungsfeldermodell** genannt (Wöllstein 2010). Dieses beruht auf einer Besonderheit des deutschen Satzbaus: In V1- und V2-Sätzen mit komplexer Verbalphrase treten Teile des Verbalkomplexes als diskontinuierliche Konstituenten auf, d. h. sie werden im Satz auseinandergerissen. Diese Besonderheit des Deutschen lässt sich nutzen, um Sätze danach zu beschreiben, welche Satzglieder sich an welcher Position rund um den Verbalkomplex befinden. Das finite Verb und der Rest des Verbalkomplexes bilden eine sogenannte **Satzklammer**. Die Position des Satzgliedes vor der linken Satzklammer, also vor dem finiten Verb, nennt man das **Vorfeld**. Der Raum zwischen linker und rechter Satzklammer heißt **Mittelfeld**.

	Vorfeld	LS	Mittelfeld	RS
vii)	*Unzählige Menschen*	*haben*	*ihr Leben an dieser Grenze*	*verloren.*

Gerald Häfner, Bündnis 90/Die Grünen, 02.04.1998. In: Plenarprotokolle des Deutschen Bundestags, CQPWeb-Edition auf discourslab.de

Im Beleg (vii) wird die linke Satzklammer also durch das Hilfsverb zur Perfektbildung repräsentiert und die rechte Satzklammer durch das Partizip Perfekt des Vollverbs. Nach der rechten Satzklammer stehen im Deutschen typischerweise adverbiale Nebensätze oder Ergänzungssätze wie in Beleg (viii). Diese Region nach der rechten Satzklammer nennt man dementsprechend das **Nachfeld**. Wie das Beispiel (viii) zeigt, kann die rechte Satzklammer auch leer bleiben, z. B. in einem Aussagesatz mit einfachem Verb im Präsens.

	Vorfeld	LS	Mittelfeld	RS	Nachfeld
viii)	*Es*	*ist*	*selten,*		*daß man in der Politik mit Dank rechnen kann.*

Erich Mende (FDP), 10.07.1952. In: Plenarprotokolle des Deutschen Bundestags, CQPWeb-Edition auf discourslab.de

Wir sehen an dem Beispiel, dass die linke Satzklammer jeweils durch das finite Verb besetzt ist, während die rechte Satzklammer leer bleibt. Wenn man bei unbesetzter linker Satzklammer herausfinden will, wo das Mittelfeld endet und das Nachfeld beginnt, kann man das einfache Verb in einen Verbalkomplex umformen (*ist selten gewesen, ...* statt *ist selten, ...*). Wir sehen an den bisher diskutierten Belegen außerdem, dass im Vorfeld typischerweise genau ein Satzglied steht (vgl. Pittner/Berman 2015: 85). Standardmäßig ist es eine Nominalphrase. Auch Adverbiale können im Vorfeld stehen, wenn man sie entsprechend herausheben will.

Es gibt außerdem Elemente, die vor dem Vorfeld stehen können. Das sind entweder Interjektionen, wie oben in Beleg (ii), oder Satzglieder, die aus der Satzstruktur nach links ausgelagert und mit einem Relativpronomen in den Satz eingebettet wurden, um sie zum Topik zu machen. Man spricht hier, wie oben in Kapitel 8.1 schon eingeführt, von Linksversetzung oder Topikalisierung.

ix) *Wer für diesen soeben von mir verlesenen Antrag ist, den bitte ich, die Hand zu erheben.*
Erich Köhler (CDU, Parlamentspräsident), 20.09.1949. In: Plenarprotokolle des Deutschen Bundestags, CQPWeb-Edition auf discourslab.de

x) *Aber es gibt für diese Blockade genug Beispiele.*
Paul Krüger (CDU/CSU), 09.10.1997. In: Plenarprotokolle des Deutschen Bundestags, CQPWeb-Edition auf discourslab.de

In Beleg (ix) geschieht das durch einen freien Relativsatz. Man nennt die Position das **Vorvorfeld**. Wie in Beleg (x) zu sehen ist, können im Vorvorfeld auch koordinierende Konjunktionen stehen. Die stehen in jedem Fall ganz links, auch wenn das Vorvorfeld durch Linksversetzungen oder Interjektionen besetzt ist. Schließlich kann man auch Verbendsätze nach dem Stellungsfeldermodell beschreiben. Dazu betrachten wir in (xi) noch einmal kurz den eingebetteten Nebensatz aus Beleg (viii) oben:

	Vorfeld	LS	Mittelfeld	RS	Nachfeld
xi)		daß	man in der Politik mit Dank	rechnen kann.	

In Nebensätzen wird die linke Satzklammer von der Konjunktion und die rechte Satzklammer vom Verbalkomplex, der in Verbendsätzen kontinuierlich ist, besetzt. Im Mittelfeld stehen entsprechend die übrigen Satzglieder, das Vorfeld bleibt unbesetzt.

Dieses Modell hilft, die Regularitäten der Wortstellung in deutschen Sätzen zu beschreiben. Diese ist abhängig von Wissensmanagement und Perspektivierung und lässt sich meist nur erklären, wenn man den Kontext kennt, in dem Sätze stehen. Deswegen geben wir zur Illustration eine kurze Textpassage (xii), in der wir die linke Satzklammer (LS) und die – hier meist leere – rechte Satzklammer (RS) markieren:

xii) (1) *Welche Antworten geben$_{LS}$ Sie auf veränderte Rahmenbedingungen [ ]$_{RS}$?*
(2) *Auf Fragen von heute geben$_{LS}$ Sie Antworten von gestern [ ]$_{RS}$.*
(3) *Das ist$_{RS}$ alles [ ]$_{RS}$, was Sie zustande bringen.*
(4) *In unserer Gesellschaft gibt$_{LS}$ es Betriebe [ ]$_{RS}$, deren$_{LS}$ Arbeitsorganisationen schnell und flexibel den Marktbedürfnissen [angepasst werden müssen]$_{RS}$.*
(5) *Und was$_{LS}$ machen Sie [ ]$_{RS}$?*
(6) *Sie machen$_{LS}$ genau das Gegenteil [ ]$_{RS}$.*
Dagmar Wöhrl (CDU/CSU), 05.04.2001. In: Plenarprotokolle des Deutschen Bundestags, CQPWeb-Edition auf discourslab.de

Die Sprecherin leitet die Passage mit einer rhetorischen W-Frage ein, in der das Vorfeld von einer Nominalphrase in der Rolle des Akkusativobjekts besetzt ist. In Satz (2) würde man die *Antworten* als bereits eingeführtes Konzept im Vorfeld erwarten, sie bringt die Phrase aber modifiziert (*Antworten von gestern*) in die Position des Rhemas. Das hat zur Folge, dass das Präpositionalobjekt (*Auf Fragen von heute*) ins Vorfeld rückt. In Satz 3 wird die Proposition aus (2) mit dem Pronomen (*Das*) als thematisches Subjekt im Vorfeld wiederaufgenommen. Mit Satz (4) führt sie neue Information ein, indem sie das Adverbial als grundsätzlich bekanntes, aber hier noch nicht erwähntes Wissen („unused information", s. o., Kap. 8.1) ins Vorfeld stellt. In (5) folgt die nächste rhetorische W-Frage mit dem Fragepronomen *was* im Vorfeld, die durch die koordinierende Konjunktion *und* im Vorvorfeld eingeleitet wird. In (6) schließlich wird das im Mittelfeld von Satz (5) eingeführte Anredepronomen *sie* im Vorfeld wieder aufgenommen, welches das Subjekt des Satzes repräsentiert. So schließt die Sprecherin diese Passage mit einem Aussagesatz in der unmarkierten Wortstellung ab. Durch die Spiegelposition des Pronomens *sie* in den Sätzen (5) und (6) rückt das Akkusativobjekt (*das Gegenteil*) in den Fokus und bildet gleichsam den Höhepunkt der Passage – das Konzept, auf das alle Scheinwerfer im Satztheater gerichtet sind. Das Stellungsfeldermodell hilft uns also, zu verstehen, wie wir als Formulierende die Wortstellung dazu nutzen, Konzepte nach und nach so einzuführen, dass sie sich für die Zuhörerinnen oder die Leser so darstellen, wie wir es beabsichtigen.

Vieles, was an der deutschen Syntax wissenswert ist, können wir hier nicht darstellen und müssen unsere Leserschaft auf die ausführlicheren Darstellungen verweisen, die unten aufgeführt sind. So haben wir den Themenkomplex der Satzgefüge nur unsystematisch hier und dort aufgegriffen und auf eine systematische Darstellung verzichten müssen. In diesem Kapitel haben wir uns darauf konzentriert zu verdeutlichen, wie Sprecherinnen und Sprecher Aussagen über die Welt in die Kommunikation einbetten und welche Möglichkeiten der Analyse uns zur Verfügung stehen.

Zum Weiterlesen

Duden (2016): Die Grammatik. Hrsg. von Angelika Wöllstein und der Dudenredaktion. 9., vollst. überarb. und aktual. Auflage. Berlin: Bibliographisches Institut.
Dürscheid, Christa (2012): Syntax. Grundlagen und Theorien. 6., aktualisierte Aufl. Göttingen: Vandenhoeck & Ruprecht.
Grammatisches Informationssystem „grammis". Mannheim: Institut für Deutsche Sprache. Online unter: http://grammis.ids-mannheim.de. DOI: 10.14618/grammis

9 Text – von außen, von innen & in Zukunft

9.1 Außenansicht: Kommunizieren mit Texten —— 182
9.2 Innenansicht: Text als Geflecht von Verweisungen —— 190
9.3 Veränderungen in der Textlandschaft durch Neue Medien —— 199

> Zentral ist also für die Beschreibung von Sprache zu beachten, dass die Sprachnutzer nicht isolierte Einheiten verwenden, wie einzelne Wörter oder Sätze, sondern dass sie in sprachlich umfassenderen interaktiven Zusammenhängen agieren, die sich wiederum in den Strukturen der Äußerungen und der Art ihrer Verknüpfungen niederschlagen. Der Ort, wo sprachliche Analysen ansetzen sollten, ist also der Text. (Lindner 2014: 257)
>
> Äußerungen und Wahrnehmung von Äußerungen in ihren jeweiligen Medialitäten sind konstitutiv für Kommunikation. Ohne Medialität keine Kommunikation. (Holly 2011: 144)

Im folgenden Kapitel blicken wir zunächst auf den Text als Kommunikationsform (9.1): Mit welchen Zielen nutzen wir Texte, auf welche Muster können wir dabei zurückgreifen und wie gelingt es in einem Text, zwischen vorausgesetztem Wissen und neuer Information ein Gleichgewicht zu finden? Im zweiten Abschnitt werden die sprachlichen Mittel unter die Lupe genommen, die innerhalb von Texten für Zusammenhang sorgen (9.2). Den Abschluss bildet ein Ausblick auf Veränderungen, die die Nutzung elektronischer Medien für die Gestaltung von Texten mit sich bringt (9.3).

9.1 Außenansicht: Kommunizieren mit Texten

Texte sind ein Phänomen. Einerseits begegnen sie uns in einer schier unendlichen Vielfalt und Verschiedenheit: geschrieben oder gesprochen, schlampig oder durchgeplant, nüchtern oder zu-Herzen-gehend, ratzekurz oder seitenlang. Andererseits liegt ihnen allen spürbar etwas Gemeinsames zugrunde – und nur so können wir mit den vielfältigen Erscheinungsformen ziemlich mühelos umgehen: Sie dienen jeweils einem kommunikativen Ziel, das den globalen Rahmen für ihre Form und Gestaltung bestimmt. Zugespitzt könnte man sagen: Sie geben eine komplexe Antwort auf eine Frage und knüpfen zu diesem Zweck an relevantes Wissen der Leserinnen und Hörer an. Dieser Gemeinsamkeit der Texte soll im folgenden Abschnitt nachgegangen werden. Wir folgen also dem Grundgedanken, dass das Ziel und damit die Funktion einer Texthandlung auch wesentliche Züge ihrer Realisierung prägt, andere aber der Ad-hoc-Gestaltung überlässt, damit sie den Gegebenheiten der Situation flexibel angepasst werden können.

Die allermeisten kommunikativen Zwecke treten nicht individuell einmalig auf, sondern mussten schon viele Male bearbeitet werden. Deshalb stehen „bewährte Lösungen" als Grundmuster **kommunikativer Praktiken** zur Verfügung, die wir im Detail dann auf konkrete spezifische Anforderungen zuschneiden. Für die Lösung kommunikativer Aufgaben auf solche Verfestigungen zurückzugreifen (auch in Kap. 4 und 5 haben wir die Rolle von Mustern bereits thematisiert), hat mehrere Vorteile: Es entlastet uns von eigener Planungsarbeit, orientiert aber gleichzeitig auch die anderen Beteiligten in der jeweiligen Situation so, dass sie sich auf das Kommende einstellen können. An einem einfachen Beispiel: Wir wissen, was eine Entschuldigung ist, wann sie erwartet wird, wie man sie durchführt und mit welcher Reaktion darauf zu rechnen ist. Solche regelgeleiteten Routinen zur Lösung von Aufgaben in der Interaktion werden unter soziologischer Perspektive auch **kommunikative Gattungen** genannt. Sie finden sich in allen menschlichen Kulturen, strukturieren jeweils das gesellschaftliche Leben in umfassender Weise, und stehen deshalb in enger Beziehung auch zu den Institutionen einer Gesellschaft:

> Gesellschaftliche Institutionen sind mehr oder minder wirksame und verbindliche ‚Lösungen' für ‚Probleme' gesellschaftlichen Lebens. **Kommunikative Gattungen sind dagegen mehr oder minder wirksame und verbindliche ‚Lösungen' von spezifisch kommunikativen ‚Problemen'.** (Luckmann 1986: 202, unsere Hervorhebungen)

Die situative Realisierung von kommunikativen Praktiken oder Gattungen hängt einerseits von ihrer Außenstruktur ab. Dazu gehört vor allem die soziale Situation, die Konstellation der Teilnehmer und das Beteiligungsformat – z. B. privat oder institutionell, persönlich oder öffentlich, interaktiv oder monologisch. Zum anderen wird die konkrete Realisierung aber auch davon geprägt, in welcher medialen Form wir unsere Botschaft übermitteln wollen oder können. Denn in allen Fällen müssen wir ja die verwendeten sprachlichen Zeichen zunächst auf irgendeine Weise sinnlich wahrnehmbar machen, damit sie rezipiert werden können. Das kann auf verschiedene Weise geschehen, und die gewählten Modi der Zeichenproduktion und -wahrnehmung bestimmen auch darüber, welcher Typ von Text im Zuge des konkreten Kommunikationsereignisses entsteht. Ein Beispiel: Um mich für einen Fehler zu entschuldigen, sollte ich dem Betroffenen nachvollziehbar machen, dass es für die Handlung bestimmte Gründe gab, dass der Tat keine böse Absicht zugrunde lag, und dass es mir leidtut. Die komplexe Sprechhandlung der **Entschuldigung** hat also unabhängig davon, ob ich sie in einem Gesprächsbeitrag, einer E-Mail oder einem Brief realisiere, eine bestimmte, intentionsabhängige Struktur und erfordert damit grundsätzlich die Bearbeitung bestimmter Teilaufgaben. Medial gebundene Realisierungen komplexer Sprechhandlungen nennt man **Textsorten**. Je nach dem sprachlichen Medium, für das ich mich entscheide, sind dann allerdings im Detail besondere Konventionen zu beachten. Im Gespräch sollte z. B. für eine wirksame Entschuldigung in angemessener Weise gemeinsame Aufmerksamkeit hergestellt werden, z. B. durch eine Art Einleitung (*Was ich dir übrigens zu gestern noch sagen wollte*) und durch direkten Blickkontakt. Das eigentliche Entschuldigen kann je nach Anlass, Personenkonstellation und Medium unterschiedlich ausführlich geschehen – von einem beiläufigen *sorry dafür* im Chat bis zu einer ausführlichen Rechtfertigung im Brief. Abhängig vom Ernst der Angelegenheit erwarten wir vielleicht auch eine Annahme der Entschuldigung durch die Adressatin (*ist schon o. k.*), um die Praktik als erfolgreich abgeschlossen wahrzunehmen (vgl. auch Kap. 11 zu Formaten von kommunikativen Handlungen).

Bezugspunkt für viele produzierte Texte ist also eine kommunikative Aufgabe, für die es rahmenartige „Musterlösungen" gibt, auf die wir mehr oder weniger bewusst zurückgreifen. Die Art ihrer konkreten Gestaltung wird neben dem Typ der Aufgabe wesentlich durch das **Wissen** der Beteiligten über den jeweiligen Gegenstand bestimmt, denn zum Grundprinzip der Textgestaltung gehört Sparsamkeit beim Umgang mit sprachlichen Mitteln. Im Alltag verwendete Texte sind in der Regel so organisiert, dass sie im Wesentlichen nur das explizit auszudrücken, was die Adressatin **noch nicht weiß**. Das lässt sich gut am Beispiel von Kochrezepten zeigen. Sie bieten eine Antwort auf eine (implizite) Frage vom Typ *Was muss man tun, um x zu kochen?* – im Fokus des Interesses stehen also die Handlungen einer nicht näher bestimmten Person. Wir blicken im Folgenden auf ein schriftlich fixiertes Rezept. Es beschreibt – wie für viele Rezepte typisch – eine Variante zu einer klassischen Zubereitung:

Tortilla mit Kartoffeln
Zutaten: *400g festkochende Kartoffeln, 1 Zwiebel, 8 EL Olivenöl, 8 Eier, 8 EL Milch, 8 EL Sahne, Salz, Pfeffer aus der Mühle, 2 EL gehackte Petersilie*

Zubereitung
1. *Die Kartoffeln schälen, waschen und in 1/2 cm große Würfel schneiden. Die Zwiebeln schälen und fein hacken.*
2. *Das Öl erhitzen und die Kartoffelwürfel darin unter Rühren anbraten. Nach 5 Minuten die Zwiebeln dazugeben und weitere 5 Minuten braten.*
3. *Die Eier mit Milch und Sahne verquirlen, salzen und pfeffern. Die Petersilie untermischen.*
4. *Die Eiermischung über die Kartoffeln gießen und bei kleiner Hitze stocken lassen bis die Unterseite leicht gebräunt ist. Die Tortilla mithilfe eines Tellers wenden und zugedeckt etwa 5 Minuten weiterbraten.*
5. *Die Tortilla aus der Pfanne gleiten lassen, in mundgerechte Stücke schneiden und Sherry dazu servieren.*

ZS-Team (2014): Antipasta & Tapas. München: ZS Verlag GmbH.

Zur Globalstruktur des Texts gehört hier die typische Zweiteilung in „Zutaten" und „Zubereitung", die an die Situation der Adressaten angepasst ist: Das Bereitstellen der nötigen Lebensmittel für das Rezept ist dem Kochen zeitlich vorgeschaltet und kann in der einfachen Form einer Liste erfolgen. Dieser Teil des

Rezepts kann z. B. in eine Einkaufsliste übernommen werden. Der zweite Teil des Texts folgt dagegen dem Textmuster einer **Instruktion**. Ein **Textmuster** ist die Ordnung der sprachlichen Handlungen in einem Text, an der man erkennen kann, welche kommunikative Aufgabe die Verfasserin oder der Verfasser bearbeitet hat. Man kann es als eine Abfolge von Hinweisen auf die Textsorte auffassen (vgl. Hausendorf/Kesselheim 2018: 171–186). Bei der Instruktion bildet die Abfolge der einzelnen Handlungsschritte das Grundgerüst der Reihenfolge, in der die Einzelinformationen präsentiert werden. In unserem Beispielrezept sind für größere Übersichtlichkeit jeweils einige Zubereitungsschritte in Blöcken zusammengefasst und von eins bis fünf nummeriert; die einzelnen Zeilen thematisieren dann jeweils die spezifische Verarbeitung eines der Lebensmittel. Genau genommen werden natürlich nicht alle erforderlichen Einzelhandlungen versprachlicht: Schon bei den Zutaten versteckt sich das Hacken der Petersilie im Partizip *gehackt*. Der Text folgt insgesamt einer chronologischen Organisation, ohne dass das jeweils an der Oberfläche explizit gemacht werden müsste: Es gibt keine Einleitung vom Typ *Wenn Sie dann die Tortilla machen wollen und alle Zutaten beieinander haben* ... und auch zwischen den Einzelschritten kein jeweils einleitendes *danach* .... Diese Informationen können implizit bleiben – Leserinnen und Leser kochen nicht zum ersten Mal und denken die natürliche Folge der Handlungen mit. Explizit ausgedrückt wird aber die Zeit**dauer** bestimmter Vorgänge, denn das ist eine entscheidende Information für gelingende Zubereitung: Sie wird entweder quantifiziert *(nach 5 Minuten ...)* oder die Begrenzung der Zeitspanne wird durch eine ziemlich genaue Spezifizierung des Zielzustands angegeben: *bis die Unterseite leicht gebräunt ist*.

Insgesamt liegt also beim Textmuster Instruktion der Kern der kommunikativen Botschaft in der Ausführung der Handlungsschritte – diese werden nacheinander sprachlich expliziert, je nach Bedarf genauer oder weniger genau und in einer bestimmten Weise perspektiviert (vgl. dazu auch schon Kap. 5.3). So auch in unserem Beispiel. Allerdings wird dabei wiederum nur die jeweils erforderliche Information versprachlicht – nämlich **was** (i.e. welches Lebensmittel) **wie** verarbeitet werden soll. Genauer: Einer Nominalphrase mit relevanter Unterscheidungsfunktion (*Kartoffeln, Eier ...*) folgt jeweils ein Verb, in dem die Handlungen spezifiziert sind, mit denen man diese Zutat zum gerade relevanten Zeitpunkt bearbeiten soll. Es ist in modernen Rezepten meist auf einen Infinitiv reduziert (*schälen, schneiden, verquirlen ...*). Dagegen wird im Text nicht explizit genannt, **wer** die Handlungen jeweils ausführt. Diese Information kann „eingespart" werden und deshalb implizit bleiben, denn sie wird ja aus der Kenntnis der Kochsituation und des Textmusters Rezept mitverstanden und bleibt über den ganzen Textverlauf konstant: Es ist sozusagen ein potentieller Koch, der hier agiert – eben die Person, die sich entschließt, das Gericht zu realisieren. Alte Kochrezepte folgen in diesem Punkt noch einer anderen Formulierungs-Konvention: Sie begannen mit **man** *nehme*. Das zeigt: Auch Textmuster werden im Lauf der Zeit weiterentwickelt.

Das Grundmuster des Rezepts als Spezialfall des allgemeineren Textmusters Instruktion kann also bestimmte Informationsbereiche als bekannt voraussetzen, andere werden als die „gesuchte" Information fokussiert. Neben der Zubereitung von Gerichten werden Instruktionen auch in vielen anderen Zusammenhängen genutzt: beim Aufbau von Möbeln und für die Bedienung von technischen Geräten, beim Lernen einer Sportart oder eines Spiels. Sie können per schriftlichem Text (weiter)gegeben werden, mündlich im Gespräch oder über Bildschirm-Medien. Der Zuschnitt auf eines dieser Weitergabe-Formate sowie die konkrete Situation und Zweckrichtung werden ihre Form jeweils im Detail prägen. Gemeinsam bleibt ihnen aber die Grundstruktur der **Informationsorganisation**: Es geht beim Instruieren zentral um **Handlungen** und davon betroffene **Objekte**, u. U. auch um deren Orts- und / oder Zustandsveränderung (z. B. *Petersilie untermischen*). Die zeitliche Abfolge dieser Handlungen wird nur dann sprachlich markiert, wenn sie von der natürlichen Reihenfolge (der sog. natural order) abweicht. Die Textgestaltung widmet sich wesentlich der Explikation dieser Referenzbereiche.

Im Vergleich dazu verlangen andere kommunikative Aufgaben andere Schwerpunkte. So steht auch bei **Erzählungen** die Spezifikation von Handlungen im Zentrum – allerdings in anderer Weise als in Instruktionen: Die Handlungen sind nicht zukünftig-potentieller Art wie beim Instruieren, sondern ihre faktische Qualität ist entscheidend: Sie haben in der Vergangenheit bereits stattgefunden, und zwar so, wie es im Text sprachlich dargestellt ist. Sie werden typischerweise erzählt, um die Einordnung oder Bewertung des Geschehens anzuschließen. Diese Basiseigenschaften des kommunikativen Ziels prägen entsprechend die Form von Erzählungen – und damit dessen, was im Rahmen solcher Texte zu explizieren ist. (zum „Vertextungsmuster Narration", vgl. z. B. Gülich und Hausendorf 2000).

Inzwischen zeigt eine wachsende Zahl empirischer Studien, wie systematisch und engmaschig gerade mündlich produzierte Texte von ihren Sprecherinnen und Sprechern auf die Anforderungen der konkreten Situation hin abgestimmt werden. Ein wiederkehrender Befund aus vergleichenden Untersuchungen zu Beschreibungen, Erzählungen und Instruktionen, die im Rahmen des Quaestio-Modells realisiert wurden, ist, dass schon kleine Veränderungen der kommunikativen Aufgabe Anpassungen darin bewirken, wie Produzenten die Gestaltung ihrer Texte jeweils anlegen (vgl. Stutterheim 1997). Verglichen wurden im Rahmen dieses Ansatzes nicht nur die Produktionen von Probanden unterschiedlicher Altersstufen, sondern auch verschiedener Einzelsprachen. Auf diese Weise kann einerseits die Wirksamkeit funktionaler Ziele für die Gestaltung von Texten herausgearbeitet werden: Wir verlassen uns soweit möglich auf gemeinsames

Wissen – thematisiert werden muss jeweils nur „das Neue". Andererseits tritt auf diese Weise auch die Rolle der jeweils genutzten Sprache und deren innerer Systematik als Steuerungsgröße bei der Textgestaltung zutage. So kann man in einem solchen Untersuchungsdesign zeigen, dass bei der Konzeptualisierung der globalen Information eines Textes – und davon abhängig auch bei der Formulierung der einzelnen Äußerungen – jeweils auch die strukturellen Anforderungen der Einzelsprache wirksam sind:

> Im Unterschied zu der gängigen Annahme in der psycholinguistischen Theoriebildung, dass Konzeptualisierungsprozesse grundsätzlich sprachunabhängig, ja sogar als universal zu denken sind, deuten die systematischen sprachvergleichenden Erhebungen von Texten darauf hin, dass bereits der Schritt der Selektion von Elementen aus einer Wissensbasis sowie dann die Prozesse der Informationsorganisation sprachspezifischen Prinzipien unterliegen. (Stutterheim/Klein 2008: 231)

Das heißt konkret: globale Eigenschaften des Textaufbaus variieren mit der jeweils verwendeten Sprache – und zwar systematisch. So strukturieren englische Sprecher bei einer Beschreibungsaufgabe den Raum vorrangig über Objekte und ihre Eigenschaften, an denen sie Raumrelationen verankern. In deutschen Texten dagegen wird der Raum anhand von deiktisch, also sprecherbezogen gegliederten Regionen (z. B. *rechts, vorne*) konstruiert. Dieser Unterschied kann auf den zentralen Stellenwert der syntaktischen Kategorie Subjekt zurückgeführt werden: Im Englischen müssen Subjekt und Topik zur Deckung gebracht werden. Für den Textproduzenten bedeutet das: Referenzen auf Objekte eignen sich für diese Rolle – es liegt also nahe, dass der rote Faden eines Beschreibungstexts entlang der Objektdomäne entwickelt wird (vgl. Stutterheim/Klein 2008 und die Literatur dort).

Analysiert man Texte als Antworten auf eine Quaestio – also auf eine implizit oder explizit gestellte Ausgangs-Frage – ermöglicht das im Prinzip, die wesentlichen Einflussgrößen beim Aufbau von Texten in ihrem Zusammenspiel transparent zu machen. Wir können auf dieser Basis also nicht mehr nur beschreiben, **wie** Texte sind, sondern – bis zu einem gewissen Grad – auch, **warum** sie so sind, wie sie sind: „Die kleinen Schritte, die im Konkreten immer nur gemacht werden können, lassen sich so letztlich in ein Ganzes einfügen, das uns irgendwann zu einem Verständnis der Struktur von Texten und der Prinzipien, die diese Struktur bestimmen, führt." (Stutterheim/Klein 2008: 235).

Texte im kommunikativen Haushalt der Gesellschaft
Wir haben am Beispiel des Rezepts gesehen: Texte beziehen sich in aller Regel auf bestehende Muster, die sie für ihre Zwecke variierend aufnehmen. Man kann diesen Bezug als eine grundlegende und sehr allgemeine Form der **Intertextualität** auffassen: Kein Text, auch nicht ein sehr innovativer, wird ohne einen mindes-

tens impliziten Bezug zu anderen Texten auskommen – und sei es auch nur durch den bewusst gewählten Kontrast zu konventionellen Formen. Für jedes neue Exemplar, das uns begegnet, stellen bereits gelesene Texte den Horizont dar, vor dem wir es verstehen – inhaltlich und strukturell.

Als Geflecht aus Beiträgen zu einem Thema lassen sich **Diskurse** verstehen. Texte verschiedener Qualitäten tragen in einem thematischen Diskurs z. B. dazu bei, ein Problem für die gesellschaftliche Öffentlichkeit zu benennen und zu bearbeiten (vgl. dazu auch Kap. 12.4). Ein Beispiel ist der Diskurs zum Aussterben der Arten, der sich in Deutschland seit einigen Jahren vor allem auf das Verschwinden von Insekten – und insbesondere der Biene – konzentriert. Hier lebt die öffentliche Debatte von Textbeiträgen unterschiedlicher Formate und Zielrichtungen: Wissenschaftliche Veröffentlichungen und Zeitungsartikel, Erfahrungsberichte und Forumsbeiträge im Internet, private Gespräche und Diskussionen bei öffentlichen Veranstaltungen tragen auf je eigene Weise dazu bei, Zusammenhänge bekannt zu machen, Zustände zu bewerten, nach Lösungen zu suchen. In einem solchen Zusammenhang entstehen vielfältige Formen von **spezifischer Intertextualität** im Sinn einer fokussierten (und zum Teil dann explizit kenntlich gemachten) Bezugnahme von Texten auf andere Texte: Journalistische Texte **zitieren** wissenschaftliche Studien, Leserbriefe **kommentieren** Artikel, Bürgerbegehren **kritisieren** Gesetzesvorschläge etc. Intertextuelle Bezüge zwischen Texten gibt es in vielen unterschiedlichen Qualitäten und Ausprägungen; sie sind Gegenstand eines eigenen Teilbereichs der Textlinguistik (vgl. dazu z. B. Janich 2008b).

Es ist also festzuhalten: Ohne Texte keine Weitergabe von Wissen, kein Austausch mit anderen Betroffenen, keine gemeinsame Meinungsbildung – unsere Gesellschaft kommt nicht ohne dieses sprachliche Format aus, in dem wir uns über Realität aus je verschiedenen Perspektiven verständigen – und dabei unsere soziale Wirklichkeit im Einzelnen ja erst herstellen. Denn von der genauen sprachlichen Fassung eines Tatbestands hängt nicht nur in juristischen Zusammenhängen ab, wie wir ihn auffassen und verstanden wissen wollen. In der Entscheidung, den einen und nicht den anderen Ausdruck für einen Sachverhalt zu verwenden, kommt ja jeweils auch eine spezifische Perspektive zum Ausdruck. So stellt die Bezeichnung *Sprachwissenschaft* Kontinuität zur Tradition der analog bezeichneten Wissenschaften her (*Rechtswissenschaft, Sozialwissenschaft* etc.); die konkurrierende Bezeichnung *Linguistik* lädt dagegen dazu ein, sie mit dem englischen Wort *linguistics* zu assoziieren – und damit auch mit einem spezifischen Forschungsprogramm aus neuerer Zeit.

In der Konsequenz bedeutet das: Texte sind **nicht nur Medium** der sprachlichen Übermittlung und „Speicherung" bestehender Wissensbestände. In den Prozessen, die uns Texte abverlangen, wenn wir sie gestalten – auswählen, was relevant ist, anknüpfen an Bekanntes, für eine nachvollziehbare und transparente Struktur sorgen – formen und **konstituieren** sie auch unser Wissen. Im Kleinen wird das erfahrbar, wenn wir einen schwierigen Gedankengang zu Papier bringen wollen: Sobald das gelungen ist, sehen wir klarer auf den Sachverhalt. Texte können als Ordnungsmittel dienen, weil sie bestimmte Formen anbieten:

> Texte unterscheiden sich von anderen sprachlichen Formen durch ihre [...] Architektonik. Diese muss thematische, semantische und stilistische Selektivität mit Erfordernissen globaler Strukturiertheit so verbinden, dass auch komplexes Wissen in einer sachgemäßen und rezeptionsangemessenen Form sprachlich organisiert werden kann (Organisations- bzw. Form-Aspekt). Textuelle Selektivität regelt dabei die Aufteilung in implizites (Vorwissen, Präsuppositionen, Inferenzen, intertextuellem Wissen etc.) und explizites Wissen, das im Text inkorporiert ist. (Antos 1997: 61).

Auch im nächsten Abschnitt wird Thema sein, wie Texte zwischen unterschiedlichen Wissensressourcen vermitteln – diesmal aus der Innenperspektive und mit dem Fokus auf geschriebenen Texten: Wie stellen Schreibende und Lesende eine jeweils geglückte Verbindung zwischen bekannten und neuen Wissensbereichen her?

9.2 Innenansicht: Text als Geflecht von Verweisungen

Wir haben bisher gesehen: Wörter rufen Konzepte auf, Sätze verknüpfen sie zu Aussagen. Von Texten erwarten wir darüber hinaus, dass sie durch ein strukturiertes Geflecht von mehreren Sätzen einen **Sinn** vermitteln.

> In der Sinnkonstanz äußert sich sozusagen in reinster Form jener „effort after meaning", der nach Bartlett (1932) Grundzug jeder kognitiven Aktivität ist. Sinnvolles, Verstehbares konstituiert sich also nicht mühsam – etwa durch ständiges Übersetzen von Zeichen nach einem Code – sondern **es ist als Intendiertes immer schon da**, bevor wir es durch eine semiotische Analyse zu konkretisieren beginnen. (Hörmann 1978: 196, unsere Hervorhebung)

Typischerweise widmet sich ein Text einem **Thema** und entfaltet es, indem an einen oder mehrere zentrale Thementräger immer mehr Informationen angeknüpft werden, die sich im Verlauf dann typischerweise „verzweigen". Für gute Lesbarkeit verwenden Schreibende in der Regel dabei eine Reihe von sprachlichen Indikatoren, um die Bezüge zwischen den inhaltlichen Elementen erkennbar zu machen. Zentrale Textelemente, die einen solchen Themenstrang bilden können, sind häufig **Personen**, aber auch andere Redegegenstände wie **Objekte** und **Ereignisse**. Das Tortilla-Rezept oben verknüpfte z. B. aufeinanderfolgende „Kochereignisse", an denen ein gleichbleibender Akteur und als Objekte jeweils Lebensmittel beteiligt waren. Um sukzessive Aussagen einem gleichbleibenden

Thementräger zuverlässig zuordnen zu können, nutzen Texte Mittel der **Wiederaufnahme** von Referenten. Wir blicken als Beispiel auf die Kurzvorstellung eines Kinofilms, in dem zwei Männer die wesentlichen Protagonisten sind. Zur Verdeutlichung der Verweisstruktur sind in unserer Darstellung die jeweiligen sprachlichen Formen, mit denen im Text auf sie Bezug genommen wird, farbig hervorgehoben:

Abbildung 19: Green Book (Filmplakat). Online unter: http://www.filmstarts.de/kritiken/256661/bilder/?cmediafile=21585165, zuletzt am 20.01.2020.

Green Book
Die USA im Jahr 1962: Dr. Don Shirley (Mahershala Ali) ist ein begnadeter klassischer Pianist und geht auf eine Tournee, die ihn aus dem verhältnismäßig aufgeklärten und toleranten New York bis in die amerikanischen Südstaaten führt. Als Fahrer engagiert er den Italo-Amerikaner Tony Lip (Viggo Mortensen), der sich bislang mit Gelegenheitsjobs über Wasser gehalten hat. Während der langen Fahrt, bei der sie sich am sogenannten Negro Motorist Green Book orientieren, in dem die wenigen Unterkünfte und Restaurants aufgelistet sind, in denen auch schwarze Gäste willkommen sind, entwickelt sich langsam eine Freundschaft zwischen den beiden sehr gegensätzlichen Männern.

Die beiden Männer werden jeweils sowohl mit ihrem Namen eingeführt als auch in weiteren bezugnehmenden Ausdrücken charakterisiert. Auf diese Weise lassen sich im Text mit Bezug auf die Hauptpersonen zunächst zwei **referentielle Ketten** nachzeichnen (rot, grün):

– *Dr. Don Shirley – ein begnadeter klassischer Pianist – ihn – er*
– *Fahrer – Italo-Amerikaner – Tony Lip – der*

Da sich die Männer im Verlauf der Geschichte freundschaftlich zusammenfinden, ergibt sich folgerichtig eine dritte referentielle Kette (blau), in der nicht mehr auf jeden von ihnen als einzelne Akteure, sondern auf beide als befreundetes Team referiert wird:

– sie – den beiden sehr gegensätzlichen Männern

Das Beispiel zeigt: durch die Variabilität der möglichen Bezeichnungen für einen Textgegenstand (oder Referenten) entsteht eine fortlaufende Reihe von Verweisen, die einerseits über grammatische Merkmale wie Geschlecht und Zahl (*er/ihn* vs. *sie/die beiden*) die Wiedererkennbarkeit dessen sichern, was hier gemeint ist. Andererseits gibt die Wiederaufnahme auch Spielraum für graduelle Veränderung: Sobald im Text von den *„beiden gegensätzlichen Männern"* die Rede ist, sind sie ja **nicht** mehr vollständig **identisch** mit den beiden, die zu Beginn des Texts vorgestellt wurden, sondern sie haben eine persönliche Entwicklung hinter sich. Das ist im Rezept-Text noch sichtbarer: Gegarte Kartoffelstückchen in der fertigen Tortilla haben für die Wahrnehmung kaum noch Gemeinsamkeit mit den rohen Knollen des Kochbeginns – und doch gibt es auch eine Kontinuität: Auf beide Gegenstände beziehen wir uns mit dem Ausdruck *Kartoffeln*, es besteht zwischen den einzelnen Verweisformen eine sogenannte **Ko-Referenz**.

Einer der wesentlichen Stränge, mit denen Texte zu einer Art Gewebe geknüpft werden (lat. textus ›Stoff, Gewebe‹), ist also die **Wiederaufnahme** von Text-Referenten. Je nach Informationsbedarf können dafür mehr oder weniger sparsame Formen gewählt werden. Einige typische Mittel, mit denen Textelemente explizit wiederaufgenommen werden, sind in der folgenden Übersicht zusammengestellt.

Wiederaufnahme über Pro-Formen
Unter Pro-Formen werden verschiedene Pronomina und davon abgeleitete Formen gefasst:

Tony → er – der – ihn – dieser – sein – ...

Ihr **anaphorischer** – also **rückverweisender** – Einsatz im Text setzt voraus, dass der gemeinte Referent über semantische und grammatische Übereinstimmungen auf bereits Gelesenes beziehbar ist. Worauf sich eine Pro-Form zurückbezieht, wird entsprechend **Antezedent** („Vorgänger") genannt. Nicht in allen Fällen glückt dieser Brückenschlag:

?Tony und Don gehen zusammen auf eine lange Reise. Er fährt.

Durch eine solche Satzfolge wird deutlich: Voraussetzung für eine erfolgreiche Verweisung ist u. a., dass nicht gleichzeitig mehrere Kandidaten im vorausgehenden Satz gleichermaßen als Antezedenten infrage kommen. Die passende Wahl anaphorischer Formen erfordert also beim Schreiben das Mitdenken mit dem Lesenden und seinem jeweiligen Wissenstand und ist deshalb eine der Lernaufgaben im späteren Spracherwerb, wo es ja vor allem auch darum geht, zu lernen, wie komplexe Informationen in nachvollziehbarer Weise entfaltet werden.

Pronominalausdrücke gibt es im Deutschen in großer Vielfalt – dazu gehören sowohl Adverbien wie *da, damals, dort,* Demonstrativpronomen wie *dieser, jene, der, das* und die große Gruppe der Pronominaladverbien (z. B. *dabei, darauf, daneben, hierdurch*). Ausdrücke dieses Typs werden auch unter dem Begriff der **Pro-Formen** zusammengefasst. Sie werden dazu eingesetzt, Textelemente verschiedenen Umfangs wieder aufzunehmen, ohne dabei gleichzeitig neue Information zum Bezugskonzept einzubringen.

Pro-Formen leisten damit einen wichtigen Beitrag zur Herstellung von **Kohäsion** im Text – also bei der Aufgabe, Verknüpfungen über sprachliche Mittel an der Textoberfläche sichtbar zu machen. Besonders deutlich wird ihre verknüpfende Funktion dann, wenn sich der anaphorische Ausdruck nicht mehr auf einen einzelnen Referenten bezieht, sondern das vorher Gesagte zusammenfassend wiederaufnimmt – in solchen Fällen sprechen wir von **Komplexanaphern:**

Ich hatte schlechte Lehrer.
Das *war eine gute Schule.*

Dieses zweizeilige Gedicht von Hans Arnfrid Astel kann auch deshalb so kurz sein, weil im anaphorischen Demonstrativpronomen *das* der gesamte Sachverhalt der ersten Zeile zusammengenommen wird. Hier ist also nicht ein einzelner Referent, sondern eine ganze Aussage Bezugselement der Pro-Form. Eine vorerwähnte propositionale Struktur wird damit quasi zu einem abstrakten nominalen Referenzobjekt komprimiert – hier wäre sie paraphrasierbar z. B. mit *diese Erfahrung.* Für Verdichtungen ähnlicher Art nutzen Texte vielfach auch **metakommunikative** Mittel, in denen die Verknüpfungs-Operationen der Lesenden dann sehr explizit thematisiert werden: *Das bisher Gesagte kann folgendermaßen zusammengefasst werden; im Folgenden werden wir auf diesen Punkt näher eingehen;* etc.

Bisher haben wir rückwärtsverweisende (anaphorische) Pro-Formen betrachtet. Die **Verweisungsrichtung** kann in manchen Fällen auch umgekehrt werden. Die verwendete Pro-Form wird dann erst im darauffolgenden Textabschnitt quasi mit Inhalt gefüllt:

Sie *war jetzt voller Zuversicht –* **Ines** *hatte am Morgen eine Zusage erhalten.*

Solche Verweisungen werden **kataphorisch** (i. e. vorausweisend) genannt. Der stilistische Effekt dieser Konstruktion ist u. a. die Herstellung einer gewissen Spannung, denn beim Lesen bleibt hier für einen kleinen Moment eine Leerstelle ungefüllt (vgl. auch Kap. 10.2 zur Konstruktion von Textweltmodellen).

Wiederaufnahme über Substitution
Wie wir schon mehrfach gesehen haben, kann ein Textelement unter verschiedenen Perspektiven gesehen werden, die dann in verschiedenen variierenden Bezeichnungen zum Ausdruck kommen. Auch im Filmtext oben finden sich dafür Beispiele. Das betrifft die Protagonisten, die hier nacheinander sowohl mit Eigennamen als auch mit beschreibenden Charakterisierungen benannt werden, als auch ihre gemeinsame Reise:

Tony Lip – Fahrer – Italo-Amerikaner
Dr. Don Shirley – begnadeter klassischer Pianist
eine Tournee – die lange Fahrt

Das letzte Beispiel lenkt den Blick auf eine weitere Facette dessen, wie Texte im Verlauf thematische Elemente als neu oder bekannt signalisieren: Der Gebrauch eines **indefiniten Artikels** deutet in der Regel darauf, dass ein Referent in diesem Zusammenhang zum ersten Mal erscheint. Ein **definiter Artikel** kündet dagegen davon, dass der Textreferent bereits aus dem allgemeinen Weltwissen bekannt ist (*die USA*) oder im Text vorher erwähnt wurde, also mit einem korrespondierenden Element aus dem vorangegangenen Abschnitt verknüpft werden kann: *die lange Fahrt* als Wiederaufnahme zu *eine Tournee*. Im Tortilla-Rezept können z. B. alle Kochzutaten mit definitem Artikel bezeichnet werden (*die Eier, die Milch, die Petersilie ...*), weil sie in der Zutaten-Liste bereits eingeführt und dort z. T. mit genauer Maßangabe versehen sind.

Wie auf diese Weise der Übergang von neuen zu dann eingeführten Textelementen gestaltet wird, zeigen Nachrichtentexte oft besonders deutlich. Ein Beispiel von der Panorama-Seite der Süddeutschen Zeitung:

Lebensrettung dank Imbiss
Düsseldorf – *Ein Imbissmitarbeiter hat einem Stammkunden womöglich das Leben gerettet. Weil der zuverlässige Kunde sein vorbestelltes Essen nicht entgegennahm, alarmierte der Angestellte die Polizei. Die Beamten erschienen an der Wohnung des 72-Jährigen und forderten mangels Lebenszeichen Notarzt und Feuerwehr an. Rettungskräfte öffneten die Tür und fanden den Mann in akuter Lebensgefahr. (SZ vom 12.03.2019)*

Es wird unter diesem Blickwinkel deutlich: Wir lernen auch im noch so kleinen Text einen Weltausschnitt kennen, indem wir Schritt für Schritt seine Zusammenhänge erschließen. Die Markierung der Nominalphrasen für das jeweilige Textelement als zunächst indefinit und später definit begleiten und steuern diesen Prozess des Bekanntwerdens: Aus *ein Imbissmitarbeiter* wird *der Angestellte*, aus *einem Stammkunden* wird *der zuverlässige Kunde*. *Die Beamten* sind problemlos als eine Substitution erkennbar, weil direkt vorher *die Polizei* angefordert wurde. Deutlich wird aber in dieser Zeitungsmeldung darüber hinaus auch: Textreferenten können auch dann mit definitem Artikel eingeführt werden, wenn sie vorher nicht selbst thematisiert wurden, sondern vermittelt über einen **Wissens-Rahmen** (Frame; vgl. dazu Kap. 3.2) erschließbar werden. So bildet *die Wohnung des 72-Jährigen* den Hintergrund dafür, dass wir ihr *die Tür* in der letzten Zeile zuordnen können. In ähnlicher Weise sind *Rettungskräfte* als Akteure dadurch spezifiziert, dass vorher *Notarzt und Feuerwehr* erwähnt wurden.

Verweisungen dieses Typs, die über den gedanklichen Zwischenschritt einer Teil-Ganzes-Beziehung oder **Metonymie** (vgl. Kap. 3.4) funktionieren, stellen einen gewichtigen Anteil der Bezüge innerhalb von Texten dar. Der Themenzusammenhang, den Texte für uns entwerfen, besteht ja typischerweise aus Szenen verknüpfter Ereignisse, in denen Personen und Objekte jeweils eine bestimmte Rolle spielen. Vorhersehbare Bestandteile eines Szenarios können bei der Gestaltung von Texten ohne weitere Folgen unerwähnt bleiben, unerwartete sollten dagegen explizit genannt werden. Zum Vergleich:

(a) *Im Saal feierte die Hochzeitsgesellschaft. Die Braut trug ein weißes Kleid.*
(b) *Im Saal feierte die Hochzeitsgesellschaft. Die Braut trug ein schwarzes Kleid.*

Nur in (b) ist die Information über die Farbe des Brautkleids relevant – in (a) erscheint der zweite Satz redundant (und fast schon seltsam).

Textverknüpfung über Tempusgebrauch
Unsere Zeitungsnachricht wird auf eine zunächst wenig auffällige, aber doch wirkungsvolle Weise auch dadurch zu einem stimmigen Ganzen verwoben, dass alle Ereignisse in der Vergangenheit situiert werden – wie uns nämlich die Zeitformen der verwendeten Verben (zunächst Perfekt, dann Präteritum) signalisieren:

– *hat ... gerettet; entgegennahm; alarmierte; erschienen ...*

Verändert man testhalber die Tempusformen der Verben in willkürlicher Weise, zeigt sich ein durchaus wahrnehmbarer Verlust an Verständlichkeit:

Ein Imbissmitarbeiter wird einem Stammkunden womöglich das Leben retten. Weil der zuverlässige Kunde sein vorbestelltes Essen nicht entgegennimmt, alarmiert der Angestellte die Polizei. Die Beamten sind an der Wohnung des 72-Jährigen erschienen und fordern mangels Lebenszeichen Notarzt und Feuerwehr an. [...]

Die Veränderung führt allerdings nicht zu einem gänzlich unverständlichen Text, wie wir vielleicht erwarten würden. Denn offenbar orientieren wir uns beim Lesen weiter an der erwartbaren Abfolge der Ereignisse – ihrer Logik – und können auf diese Weise doch einen vermutlich gemeinten Zusammenhang rekonstruieren. Dabei spielt auch die explizit angezeigte Kausal-Relation (*weil* in Zeile 2, vgl. nächster Abschnitt) eine Rolle. An dieser Stelle ist festzuhalten: Sprachliche Mittel der Kohäsion nützen dem Zusammenhang des Texts, sie sind aber in vielen Fällen nicht zwingend erforderlich, weil Leserinnen und Leser Sinn-konstruierend mitdenken.

Textverknüpfung durch Konnektoren
Ein wesentlicher Strang im Gewebe von Texten sind explizite Markierungen logischer Relationen zwischen Sachverhalten. Grammatisch gesehen werden die meisten der dafür verwendeten Wörter der Wortart **Konjunktion** (*aber, und, oder* ...) zugeordnet. Daneben übernehmen aber auch Adverbien (*deshalb, deswegen, allerdings, zumindest* ...), Partikeln (*nur,* ...) und Präpositionen (*danach, dabei,* ...) vergleichbare textverknüpfende Funktionen. Deshalb hat sich als Vereinfachung etabliert, solche Ausdrücke in textbezogener Perspektive als **Konnektoren** (auch: Konnektive oder Junktoren) zusammenzufassen. Sowohl mit dem Verhältnis zwischen Kohärenzrelationen und Konnektoren als auch mit der Bedeutung und Verwendung einzelner Ausdrücke dieser Wortklasse befasst sich eine umfangreiche Literatur (vgl. das Handbuch von Pasch et al. 2003). Konjunktionen werden traditionell danach unterschieden, ob sie eine gleichrangige oder unterordnende Beziehung im Text stiften: **Koordinierende Konjunktionen** (*und, oder, aber* ...) verbinden syntaktisch zwei Hauptsätze miteinander, sie stellen inhaltlich eine Verknüpfung zwischen gleich wichtigen Propositionen her (*Ich mache die Tortilla und Tom putzt den Salat*). **Subordinierende Konjunktionen** bzw. **Subjunktionen** (*weil, dass, wenn* ...) leiten Nebensätze ein und bilden auch inhaltlich eine Hierarchisierung ab: Ein *weil*-Satz gibt z. B. den Grund dafür an, was im Hauptsatz gesagt wird (*Weil Tom schon mit dem Salat beschäftigt ist, mache ich schnell die Tortilla.*).

Allgemein kommt Konnektoren je nach Texttyp (im folgenden Abschnitt zur Illustration unterstrichen) eine unterschiedlich große Rolle bei der Gestaltung von Beziehungen zwischen Sachverhalten zu. Im Nachrichtentext oben wird z. B. nur eine einzige Konjunktion verwendet – *weil*; allerdings markiert sie den zentralen Punkt des Geschehens, der in einer Grund-Folge-Relation besteht: nur dadurch, dass ein Essen vorbestellt war, konnte der Kunde gerettet werden. Entscheidenden Anteil haben Konnektoren dagegen typischerweise an der Gestaltung von wissenschaftlichen Texten, in denen komplexe abstrakte Zusammenhänge beschrieben werden und auch in argumentierenden Texten verschiedenen Typs. Als Beispiel für diese Gruppe untersuchen wir hier einen Abschnitt aus dem inzwischen klassisch gewordenen Bericht des Club of Rome, der 1972 veröffentlicht wurde:

> *Zweifellos wird das Einschlagen neuer Wege für die Menschheit eine langfristige gemeinsame Planung und aufeinander abgestimmte, internationale Maßnahmen in einem bisher unbekannten Ausmaß erforderlich machen. Dies setzt ein gemeinsames Bemühen aller Menschen ohne Rücksicht auf ihre Kultur, ihr Wirtschaftssystem, oder ihren Entwicklungsstand voraus. Die Hauptverantwortung liegt dabei bei den industriell entwickelten Nationen, nicht weil diese ein besseres Verständnis für die Erfordernisse eines wahrhaft humanen Lebens haben, sondern weil sie das Wachstumssyndrom erzeugt haben, und noch immer an der Spitze des Fortschritts stehen, auf dem das Wachstum beruht. Wenn tiefere Einsichten in die Bedingungen und Vorgänge innerhalb des Weltsystems entwickelt werden, so müssen diese Nationen erkennen, dass in einer Welt, die dringend der Stabilität bedarf, ihr hoher Entwicklungsstand nur dann gerechtfertigt ist und toleriert wird, wenn er nicht als Sprungbrett für eine noch raschere Entwicklung, sondern als Ausgangslage einer gleichmäßigeren Verteilung von Wohlstand und Einkommen auf der ganzen Erde benutzt wird.* (Meadows et al.: 1972: 173, unsere Hervorhebungen)

Die im Textausschnitt rot markierten Konnektoren markieren im Text Gedankenschritte der Voraussetzung, Begründung oder des Gegensatzes bzw. der Kontrastbildung zwischen gedanklichen Entitäten und formen auf diese Weise den Gang der Argumentation. Auffällig ist, dass sie im Beispiel mehrmals nicht einzeln erscheinen, sondern in zwei- oder mehrteiligen Kombinationen aufeinander bezogen sind:

nicht weil ... – sondern weil ...
wenn – so – dass
nur dann – wenn nicht – sondern

Bei näherem Hinsehen wird allerdings auch deutlich: Nicht nur diese Konnektiv-Ausdrücke stellen im betrachteten Textausschnitt Ordnungsverhältnisse her, sondern auch eine besondere Auswahl von Verben werden für diesen Zweck eingesetzt: *erforderlich machen/setzt ... voraus/erzeugt ... haben/auf dem ... beruht/* ... In den relevanten Sätzen wird also die Vermittlung dessen, was Voraussetzung und Folge, was Grund und was Ergebnis daraus ist, jeweils von der Bedeutung dieser Verben getragen. Diese Beobachtung zeigt, dass es keine einfache Eins-zu-eins-Beziehung zwischen verschiedenen Typen von Zusammenhangrelationen im Text und ihrem sprachlichen Ausdruck gibt. In der Regel stehen uns vielmehr jeweils eine Reihe verschiedener Möglichkeiten zur Verfügung – wir können z. B. eine Verknüpfung sehr deutlich hervorheben, sie nur andeuten oder auch gänzlich dem Mitdenken der Leser und Leserinnen zu überlassen. Auf die letztgenannte

Möglichkeit wird im folgenden Abschnitt noch einmal explizit eingegangen, auch wenn sie in den bisher analysierten Beispielen bereits vielfach präsent war.

Zusammenhangrelationen über Wissen: Kohärenz
Sprachliche Mittel der Kohäsion dienen der Markierung von Zusammenhängen, die in vielen Fällen bereits aus der Bedeutung der Textsätze mitverstanden werden können. Wie oben schon angesprochen machen Texte in der Regel nur das explizit, was beim Lesen relevante Information ist – erwartbare Zusammenhänge können also implizit bleiben (dazu oben schon die Braut im weißen Kleid). Wir vergleichen zur Verdeutlichung verschiedene Formulierungen für zwei Sachverhalte:
i) *Sie ist krank. Sie kommt nicht zur Konferenz.*
ii) *Sie ist krank und kommt nicht zur Konferenz.*
iii) *Sie ist krank und kommt deshalb nicht zur Konferenz.*
iv) *?Sie ist krank und kommt zur Konferenz.*
v) *Sie ist krank und kommt trotzdem zur Konferenz.*
vi) *Meine Kollegin ist etwas seltsam. Sie ist krank und kommt zur Konferenz.*

Während die Varianten (i) und (ii) die Kausalität nicht mit sprachlichen Mitteln markieren, wird in (iii) explizit gemacht, dass Krankheit und Abwesenheit hier ursächlich zusammenhängen. Alle drei Varianten lesen sich unauffällig, denn eine Kausalverknüpfung bleibt sehr häufig unausgedrückt, wir sind also daran gewöhnt, dass sie im Text erschlossen werden muss. Die Option, den Lesern das Erkennen des Zusammenhangs zu überlassen, wird aber schwieriger, sobald die beiden Sachverhalte nicht im erwarteten Verhältnis zueinander stehen – das zeigt der Vergleich zwischen (iv) und (v). In Beispiel (vi) wird deutlich, dass eine isoliert eher ungewöhnlich wirkende Verknüpfung sofort nachvollziehbarer wird, wenn der vorausgehende Text entsprechende Erwartungen einer nicht-alltäglichen Logik weckt.

Allein dadurch, dass zwei Sätze in einem Text aufeinanderfolgen, versuchen wir als Hörerinnen oder Leser aktiv, sie nicht als isolierte Aussagen wahrzunehmen, sondern in einen sinnvollen Zusammenhang zu bringen. Das zeigt das Beispiel (i), in dem trotz **asyndetischer Konstruktion** (also ohne jede spezifische Verknüpfungsanweisung) doch eine **lokale Kohärenz** beim Lesen etabliert wird. Hier bleibt entsprechend viel Freiheit bei der Interpretation des Zusammenhangs. Wir kommen in Kapitel 10.2 auf den Aspekt zurück, dass Textverstehen eine deutlich konstruktive Komponente hat. **Globale Kohärenz** im Sinn eines roten Fadens für einen Text sichern dagegen die einbettenden Kontexte der Kommunikation, seine (angenommene) Funktion und die verwendeten Wissens-Rahmen. Das wurde z.B. in Kapitel 9.1 deutlich, wo wir gesehen haben, dass für ein Kochrezept kaum spezifische Verknüpfungsanweisungen nötig waren, weil ein relativ umfangreiches gemeinsames Wissen zum Ziel des Texts vorausgesetzt werden konnte.

Zusammenfassend für diesen Abschnitt lässt sich sagen: Texte vertrauen einerseits in hohem Maß darauf, dass Erwartbares jeweils von den Rezipienten mitgedacht wird. Gleichzeitig nutzen sie aber auch verschiedene Stränge sprachlicher Mittel, um die dargestellten Inhalte explizit miteinander zu vernetzen: Bezüge der Ko-Referenz tragen dazu ebenso bei wie metakommunikative Kommentare und Konnektoren, die zeitliche und logische Bezüge explizit machen. Das jeweilige Gewicht dieser Vernetzungs-Markierungen hängt sowohl vom Texttyp ab als auch von der Kunstfertigkeit der Textproduzentinnen und -produzenten: Nur mit einer gewissen Übung gelingt ein sowohl sparsames als auch nachvollziehbares Netz an Verweisungen.

9.3 Veränderungen in der Textlandschaft durch Neue Medien

Die Entwicklung elektronischer und vernetzter Medien seit den 1990er Jahren ist nicht der erste Umbruch, der den Umgang mit Texten, ihren Status in der Gesellschaft und gleichzeitig ihre innere Struktur grundlegend verändert. Frühere Umbrüche sind markiert durch die Erfindung der Schrift, die unser Verhältnis zur Sprache insgesamt verändert hat (vgl. Kap. 5.1 zum sogenannten Ausbau der Sprache) und später durch den Buchdruck, der Schrifttexte fast überall verfügbar machte und dadurch unsere Kultur grundlegend umgestaltet hat.

Medien wie Radio und Fernsehen machten dann zu Beginn des letzten Jahrhunderts auch audiovisuelle Zeichenformate für ein großes Publikum zugänglich. Das hat wiederum die Öffentlichkeit verändert und neue Kommunikationsformen nach sich gezogen: Zum ersten Mal werden z.B. Reden und Live-Gespräche auch für weit entfernte Hörer zugänglich, gleichzeitig sind durch Aufzeichnungen beliebige Wiederholungen davon abrufbar; Reportagen geben uns inzwischen einen scheinbar direkten Zugang zu fernen Ereignissen rund um den Globus – um nur einige wichtige Neuerungen zu nennen, die mit Radio- und Fernsehübertragungen möglich wurden.

Im folgenden Abschnitt werden wir einen Blick darauf werfen, welche Veränderungen mediale Angebote des Internet-Zeitalters für die sprachliche Kommunikation in Textform mit sich bringen. Dabei stehen – analog zum Vorgehen in den Kapiteln 9.1 und 9.2 – sowohl veränderte Konstellationen des sprachlichen Austauschs insgesamt zur Debatte als auch die Frage nach den Spuren, welche die Neuen Medien in den darin ausgetauschten Texten hinterlassen. Die Darstellung zielt im Wesentlichen darauf, einige grundlegende Entwicklungstendenzen in Bezug auf die Veränderung sprachlicher Formen darzustellen. Wenig Raum können dabei weitergehende Fragen beanspruchen, die Neuen Medien auch nach ihrem gesellschaftlichen Potential zu befragen: Welche Rahmensetzungen für kommunikatives Handeln und Teilhabe an der Öffentlichkeit sind mit Internetmedien verbunden? Was bedeutet es, dass sich die Beteiligten dabei vom Kommunikationspartner gleichzeitig auch zum „Nutzer" kommerzieller Angebote gewandelt haben?

Wie wandeln sich Kommunikations-Formate durch Internet-Medien?
In vielen Bereichen hat die Digitalisierung einen Wandel in den Praktiken sowohl der privaten als auch der öffentlichen Kommunikation bewirkt. Die technischen Möglichkeiten der **Vernetzung** über das Internet haben zur Entwicklung und Ausdifferenzierung einer kommunikativen Infrastruktur geführt, die noch vor wenigen Jahren undenkbar erschien. So kann man zu öffentlichen Institutionen über die jeweiligen Internetseiten differenzierte Informationen abrufen, die vorher (wenn überhaupt) nur über umfangreiche Recherchen zugänglich waren: Die Tagesordnung der kommenden Gemeinderatssitzung oder die Liste der behandelnden Ärzte des örtlichen Krankenhauses inklusive ihrer Qualifikationen sind Beispiele dafür. Bereits diese Erweiterung des Zugangs zu Informationen eröffnet Bürgern erweiterte Handlungsspielräume und neue Partizipationsmöglichkeiten.

Beteiligung wird aber auch ganz konkret unterstützt: Wo z.B. in der politischen Debatte für „das Publikum" nur die Rolle des passiven Rezipienten vorgesehen war, können Interessierte sich jetzt über Beiträge in Foren, Blogs und Kommentaren im Prinzip selbst Öffentlichkeit herstellen. Angesichts der **Vervielfältigung der kommunikativen Angebote,** die dadurch gleichzeitig entsteht, bleibt die Reichweite individueller Beiträge allerdings oft auf einen gewissen Radius beschränkt.

Für den privaten Bereich scheinen auf den ersten Blick zwei Veränderungen besonders prägend zu sein. Zum einen: Kommunikation wird grenzenlos – räumliche Distanzen trennen nicht mehr, und Verbindungen zwischen Beteiligten sind flexibel multiplizierbar. Auch in Australien kann ich meinen Freund jederzeit und in Sekundenschnelle erreichen; Kommilitonen eines Fachsemesters verbinden sich quasi mühelos über die Etablierung einer medial organisierten Gruppe. Damit geht zum anderen aber ein Wechsel der Medialität einher (jedenfalls typischerweise): Mündliche Interaktionen werden in diesen Formaten durch schriftlichen, zeitnah getakteten Austausch abgelöst. Die Übergänge zwischen einem dialogischen Austausch zur Kommunikation in der Gruppe werden fließend – bis hin zu einer zunächst von Einzelnen nicht intendierten Preisgabe individueller Beiträge an die ‚große' Öffentlichkeit, die verführerisch leicht geworden ist.

Die neuen technischen Möglichkeiten eröffnen also ungeahnte Chancen, bleiben aber nicht ohne Kosten. Wenn die Veränderungen in der Teilnehmerstruktur z. B. einen Rollenwechsel vom Rezipienten zum Produzenten sehr leicht machen, ist damit auch eine gewisse Entfremdung vom dialogischen Prinzip angelegt, das sprachlicher Verständigung im Innersten zugrunde liegt:

> The gradual erosion of the duality principle of communication, initiated by the interactive potential of Web 2.0 applications, and the ensuing **amalgamation of writer/author and reader/recipient into the fuzzy concept of the user** can be regarded as a form of **communicative dissociation or estrangement** (between user and user as well as user and data). (Bublitz 2013: 26 (Abstract), unsere Hervorhebungen)

Was hier problematisiert wird, ist eine durchaus weitreichende Veränderung des kommunikativen Stellenwerts, den Textbeiträge im Internet erfahren. Einen Text zu schreiben bedeutete traditionell die individuelle Zurechenbarkeit dieses Beitrags zu einer Person: Eine Autorin präsentiert uns ihre Gedanken in wohlüberlegter Form – auf diese Weise entsteht ein kohärenter Text, der Bestand hat. Diese Abgeschlossenheit eines sprachlichen Beitrags ist jetzt nicht mehr in jedem Fall gegeben. Ein Paradebeispiel ist hier Wikipedia, das allen Nutzerinnen und Nutzern die Änderung seiner Artikel nicht nur möglich macht, sondern anträgt. Auch wenn die Versionsgeschichte von Einträgen dokumentiert wird, bedeutet doch die kontinuierliche Veränderbarkeit des Eintrags – bis hin zur nicht vorhersehbaren Löschung – einen Einschnitt: Die Rolle von Autorschaft im Prozess der Textproduktion wird mindestens unübersichtlich, sowohl für die Lesenden als auch die Mit-Schreibenden ist es in vielen Fällen schwieriger geworden, die jeweilige Verantwortlichkeit für Inhalt und Gestaltung eines Textbeitrags nachzuvollziehen (fake news!).

Versucht man, die alten und neuen Möglichkeiten der Kommunikation etwas systematischer nach der Direktheit des Kontakts zu ordnen, ergibt sich ein vielfältiges Spektrum. Dabei stellen nicht über technische Medien vermittelte Gespräche mit einem anwesenden Gesprächspartner den einen Pol dar: Sie sind synchron, zweiseitig und **unmittelbar reziprok** (die Beteiligten nehmen also direkt Bezug aufeinander); hier stimmen Raum und Zeit für die Partner überein. Wir nehmen sie entsprechend als **direkte Kommunikation** wahr, die typischerweise auch mit Nähe verknüpft wird (zu den daraus resultierenden Charakteristika vgl. Kap. 11). Technisch vermittelte Kommunikation erfolgt im Vergleich entweder **synchron** (beim Telefonieren), oder **asynchron**, also zeitlich versetzt: beim Brief, der E-Mail oder dem Weblog, z. T. auch mit minimaler Verzögerung (beim Chat). Die Nutzungsweise der Beteiligten entscheidet dann darüber, ob die Teilnehmerstruktur als **zweiseitig oder mehrseitig** gestaltet wird (in sozialen Netzwerken, beim Chat etc.).

Tabelle 7: Kommunikationsformen im Vergleich, Ausschnitt der Tabelle aus Holly (2011: 151).

	I Sein flüchtig	II Sprache mündl.	II Sprache schriftl.	III Modus Ton	III Modus Bild	III Modus Film
Buch	–	–	+	–	(+)	–
Presse	–	–	+	–	+	–
Hörfunk	+	+	–	+	–	–
Fernsehen	+	+	(+)	+	(+)	+
Video/DVD	–	+	–	+	(+)	+
Kino	+	+	–	+	(+)	+
Telefon	+	+	–	+	–/+	–/+
Fax	–	–	+	–	–	+
SMS	(–)	–	+	–	(–)	–
Computer	+/–	(+)	+	+	+	+
Hypermedia	(+)	(–)	+	+	+	+
Chat	+	–	+	–	–	–
E-Mail	–	–	+	–	(+)	–
Nebenbei-Medien	–	–	+	(–)	+	–

Ein Aspekt, der mit den Medienumgebungen zur Zeit typischerweise einhergeht, ist ihre Einbettung in ökonomische Zusammenhänge: Technische Plattformen des Austauschs gibt es nicht von selbst, sie werden durch Konzerne zur Verfügung gestellt – mit den erwartbaren Folgen z. B. entsprechend marktförmiger Verwertung von Beiträgen und den viel diskutierten Problemen des Urheberrechts. Dazu ausführlicher z. B. Marx und Weidacher (2014).

Welche Veränderungen zeigen sich bezüglich Formen und Funktionen von Texten?
Eine veränderte Praxis des Sprachgebrauchs zieht auch weithin veränderte Texte nach sich. Die Strukturveränderungen der „neuen Textlandschaft" sind vielfältig – drei Aspekte sollen hier für eine vorläufige Charakterisierung benannt werden: Erstens erscheint die Akzentverlagerung von einem vorwiegend mündlich geführten zu einem **schriftlichen** Austausch im kommunikativen Alltag auffällig. Auch in der Ad-hoc-Botschaft zwischen Freunden schriftliche Medien zu nutzen, bedeutet, dass Eigenschaften in der geschriebenen Sprache heimisch werden, in denen die **Nähe** zwischen den Kommunikationspartnern die Ausdrucksweise prägt. Deshalb werden hier vorwiegend sprachliche Varietäten gewählt, die lange dem mündlichen Austausch vorbehalten waren: Abkürzungen und Andeutungen, unvollständige Äußerungen und dialektale Wendungen sind z. B. in Chat-Beiträgen selbstverständlich – genauso wie eine reduzierte Aufmerksamkeit auf

korrekte Orthographie und Interpunktion, die ja in den konventionellen Schrifttexten weiter als Norm angesehen wird. Diese Spannung – gerade mit Blick auf Jugendliche, die standardsprachlich normgerechte Formulierungen ja erst lernen sollen – ist seit einiger Zeit zu einem breit bearbeiteten Forschungsthema der Linguistik geworden.

Der Umgang mit Texten im Internet wird zweitens auch dadurch geprägt, dass die lineare Struktur traditioneller Texte (dazu Kap. 5) vielfach durch sog. **Hypertexte** abgelöst wird, die als „multilinear" beschrieben werden können: Sie setzen sich aus einzelnen Textbausteinen zusammen, über deren Rezeption erst im Prozess der Nutzung entschieden wird. Dadurch ist die für Texte traditionell typische Abgeschlossenheit aufgehoben und durch das Angebot einer selektiven Nutzung ersetzt worden. Das geschieht über die Zerlegung in Textmodule, sogenannte **Knoten**, die durch Verlinkung miteinander verbunden sind. Diese Verlinkungen bezeichnet man fachsprachlich als **Kanten**. Knoten und Kanten bilden ein prinzipiell unendliches Netzwerk an Verweisungen. Dabei ist die Struktur der Verbindung nicht vorhersehbar: Manche Knoten können z. B. mehr Verlinkungen als andere aufweisen. Zwei Typen von Verlinkungen sind zu unterscheiden: Sie können einerseits **intratextuell** angelegt sein, also z. B. von einer Übersicht auf andere Module desselben Hypertexts verweisen. **Intertextuelle** Verlinkungen führen dagegen auf eine andere Internetseite, man verlässt also den Text, den man ursprünglich gelesen hat. Im Verlauf des Rezeptionsprozesses werden allerdings solche Unterschiede nicht immer deutlich wahrgenommen – die Grenzen zwischen Intra- und Intertextualität werden durch Hypertexte in der Tendenz unschärfer.

Eine dritte grundlegende Veränderung betrifft die Möglichkeit, in einer Botschaft verschiedene Modi der Zeichenverwendung zu kombinieren – das Internet bietet **Multimodalität**. Mit Texten verwoben erscheinen nicht nur Bilder, sondern auch graphische Darstellungen und Videos. Schrift tritt zunehmend in Zusammenhängen auf, in denen die visuelle Umgebung mitbestimmt, wie sie verstanden werden kann – das betrifft vor allem Bildschirme als „Sehflächen". In großer Vielfalt werden dort Kombinationen von Schrifttext und Bild entworfen, die verschiedene (audio-)visuelle Elemente miteinander in Verbindung bringen. Das so entstehende Text-Bild-Gewebe muss teils auf neue Art interpretiert werden. Das hat möglicherweise weitreichende Folgen:

> Heute sind die meisten visuellen Botschaften in öffentlicher Kommunikation als Sehflächen gestaltet, auf denen Layout, Bilder, Texte, Wörter und andere sichtbare Zeichen komplexe Beziehungen untereinander eingehen. Unter solchen Bedingungen ändert sich die Schriftlichkeit selbst. Ihre optische Erscheinungsform wird nicht nur zu dekorativ-ästhetischen Zwecken, sondern in bedeutungsvoller Absicht gestaltet; sie nimmt einige Eigenschaften von Bildern an, geht Koalitionen mit ihnen ein oder ganz in ihnen auf; und sie ändert ihre innere Form von hierarchischer zu modularer Organisation. (Schmitz 2006: 193)

Insgesamt ergibt sich beim Blick auf die Neuen Medien also vorläufig ein gemischtes Bild. Kontinuität hat darin auch ihren Platz: So werden durchaus weiter bewährte Muster der Textproduktion in die neuen Formen übertragen – statt Briefen schreiben wir E-Mails, online-Versionen ersetzen die Zeitung – und auf diese Weise auch Teile der „bewährten Lösungen" für kommunikative Aufgaben in die Zukunft transportiert. Veränderungen von Form und Funktion betreffen andererseits viele Aspekte, wie wir oben gesehen haben. Damit werden u. a. die Beschreibungsaufgaben für Textlinguisten komplexer, denn die Leichtigkeit der Kombination von Texten durch Hypertext und Multimodalität sorgt dafür, dass auch Textsorten neu kombiniert werden und bisher Getrenntes in vielfältig vernetzter Form erscheint. Die tiefgreifendsten Auswirkungen sind aber wohl im Verhältnis zwischen den Beteiligten zu spüren, wenn deutlich wird, dass neue Möglichkeiten der Kommunikation auch neue Gefahren mit sich bringen. So resümiert Marx am Ende ihrer Studie zum Diskursphänomen Cybermobbing (2017: 327):

> Die vorliegende Arbeit zeigt, dass Cybermobbing kein isoliertes Phänomen ist. Vielmehr sehen wir uns einem Abbildungsprozess (verbaler) Gewalt gegenüber, der sich durch die Dynamik der elektronischen Vernetzung akkumuliert und potenziert und dadurch deutlich sichtbar wird. Mit dem Social Web liegt also eine Oberfläche vor, auf der sich Gewaltprozesse einerseits spiegeln, andererseits verselbständigen, aber zugleich unter Beobachtung stehen (können) und die öffentliche Aufmerksamkeit und Reflexion einfordern.

Das Schlusswort enthält also einen Auftrag: Die neuen Möglichkeiten für Kommunikation über Texte müssen gestaltet werden – für eine Öffentlichkeit, wie wir sie haben wollen.

Zum Weiterlesen

Hausendorf, Heiko; Kesselheim, Wolfgang (2018): Textlinguistik fürs Examen. Göttingen: Vandenhoeck & Ruprecht.
Janich, Nina (Hg.) (2008): Textlinguistik – 15 Einführungen. Tübingen: Narr.
Marx, Konstanze; Weidacher, Georg (2014): Internetlinguistik: ein Lehr- und Arbeitsbuch. Tübingen: Narr Studienbücher.
Schwarz-Friesel, Monika; Consten, Manfred (2014): Einführung in die Textlinguistik. Darmstadt: Wissenschaftliche Buchgesellschaft.

10 Bedeutung in der Sprache: stabil, flexibel, kreativ

10.1 Bedeutung in Wörtern, Äußerungen und Sätzen —— 205
10.2 Bedeutung in Texten: zur Konstruktion von Textweltmodellen —— 213
10.3 Erklären, beschreiben, abwandeln – zur alltäglichen Arbeit an Bedeutungen —— 216
10.4 Beschreibungsansätze in der Semantik —— 222

Auch in den bisherigen Kapiteln hat Bedeutung bereits immer wieder eine wichtige Rolle gespielt – hier rückt sie ganz ins Zentrum. Dabei wird zunächst das Zusammenspiel der Wörter in Äußerungen zu untersuchen sein: Was „machen sie miteinander im Satz" (Hörmann 1983), und welche Facetten sprachlicher Bedeutung sind dabei zu unterscheiden? (10.1) Auf der Ebene von Texten kommt die Gesamtbedeutung wiederum auf etwas andere Weise zustande: In Texten muss grundsätzlich vieles unausgesprochen bleiben, es wird aber beim Lesen typischerweise mitverstanden – was sind die Prinzipien dieser konstruktiven Arbeit auf Rezipienten-Seite? (10.2) Die Modellierbarkeit von Bedeutungen wird in 10.3 unter die Lupe genommen: Jede neue Verwendung kann einer Bedeutung etwas hinzufügen, und zum Kreieren neuer Bedeutungen nutzen wir auch spezifische Mittel wie Metapher und Metonymie. Der letzte Abschnitt ist der Frage gewidmet, wie man das Funktionieren von sprachlicher Bedeutung theoretisch fassen kann (10.4). Insgesamt wird der Schwerpunkt unserer Darstellung auch in diesem Kapitel also darauf liegen, das Zustandekommen von Bedeutung in der konkreten Sprachverwendung nachvollziehbar zu machen.

10.1 Bedeutung in Wörtern, Äußerungen und Sätzen

Wollen wir etwas mitteilen, einen Gedanken sprachlich ausdrücken, brauchen wir dazu Wörter, die der Angesprochene versteht: Wörter sind die unverzichtbare Basiseinheit für den sprachlichen Austausch. Bereits in den vorausgegangenen Kapiteln haben wir die Bedeutung sprachlicher Zeichen auf der Ebene des Worts unter verschiedenen Blickwinkeln thematisiert. Hier soll es darum gehen, einiges davon wiederaufzunehmen, um ein größeres Bild davon zu zeichnen, wie es möglich ist, dass der oder die Andere versteht, was wir gemeint haben. Zu unserer **semantischen Kompetenz** gehört neben dem sprachlichen Wissen zum Verstehen und Produzieren von sinnvollen Äußerungen auch die Fähigkeit, **Bedeutungsrelationen** zu erkennen, und Sätze und Texte nach ihrem Sinn zu beurteilen.

Wortbedeutungen und Konzepte
Wie schon in Kapitel 1 deutlich wurde, muss jedes einzelne Wort vom individuellen Sprachbenutzer **gelernt** werden. Auf diese Weise haben Wörter und ihre Bedeutungen grundsätzlich eine Verankerung in unserer Erfahrung. Beim Kleinkind bedeutet das: Wortbedeutungen werden zunächst in konkreten Situationen verstanden und selbst verwendet. Später kommt der Weg über sprachliche Vermittlung hinzu – wir lernen dann lexikalisch gefasste Konzepte über ihre Verwendung in Texten kennen, also z. B. aus Büchern. Wortbedeutungen sind damit über das Lernen immer untrennbar mit unserem **Wissen** verbunden (vgl. Kap. 3) und im Verlauf der Entwicklung des Einzelnen werden die damit verbundenen Konzepte dann weiterentwickelt und ausdifferenziert. Ein Beispiel: Was wir individuell unter ‚Freundschaft' verstehen, also unser persönliches **Konzept**, verändert sich im Verlauf unserer Erfahrungen über viele Jahre hinweg. Im Vergleich dazu fasst die Bedeutung des **Wortes** *Freundschaft* „nur" bündig zusammen, was nach dem Verständnis unserer Sprachgemeinschaft darunter „landläufig" – also konventionell – verstanden wird.

Der Wortbedeutung zugrundeliegende **Konzepte** können wir (mit Löbner 2015: 22) auch als mentale Beschreibungen bezeichnen: „Ein Konzept für eine Art oder »Kategorie« von Entitäten ist Wissen, das es uns erlaubt, Entitäten dieser Art von Entitäten anderer Art zu unterscheiden." Konzepte für Lebewesen umfassen also z. B. Informationen über deren äußere Erscheinung, spezifische Lebensweise und Verhalten: Das Wort *Katze* zu kennen, bedeutet damit, Katzen auch von kleinen Hunden unterscheiden zu können – unter anderem durch die Art des Fells, die typische Bewegung und die stimmliche Äußerung. Wörter wie *Katze* fassen solche Wissensausschnitte in lexikalisierter Form zusammen und stellen auf diese Weise die entscheidende Schnittstelle zu Wissen und Erfahrung der anderen Sprachbenutzer her. Damit ist verbunden, dass Wortbedeutungen nicht feststehen, sondern in einem kontinuierlichen (wenn auch manchmal kaum spürbaren) Wandel begriffen sind. Dass wir uns Wortbedeutungen nur über Lernen aneignen können, hat zur Folge, dass Wörter im Prinzip ihre Bedeutung „per Definition" gewinnen, denn sie ist nicht aus anderer Information ableitbar. Kennen wir die Bedeutung eines einzelnen Wortes, das uns neu begegnet, nicht, müssen wir sie erfragen oder nachschlagen. Bedeutungen erschließen können wir allenfalls dann, wenn uns Wörter in einem „passenden" Zusammenhang begegnen. Auf diese Weise sind z. B. neue Wortbildungen verständlich, da sie einem bekannten Muster folgen (vgl. dazu schon Kap. 6).

Kleinkinder verwenden Wörter zu Beginn ihres Spracherwerbs durchaus einzeln – und sie werden damit verstanden, weil sich ihre Bezugspersonen im Gespräch bemühen, dieses **einzelne Wort** je nach Kontext als eine satzwertige, intentionale Äußerung zu interpretieren – also etwa den begeisterten Ausruf *katze!*, mit einer entsprechenden Zeigegeste verbunden, als *Kuck mal, da ist ja die liebe Katze*. Klar ist allerdings auch, dass die Bedeutung solcher sogenannter Ein-Wort-Äußerungen selbst unter Einbezug von kontextueller Information **vage**, also unscharf und mehrdeutig bleibt. (Vielleicht hat das Kind gemeint *Ich möchte die Katze streicheln* – oder etwas ganz anderes).

Deiktische Ausdrücke

Die Sprache hält für uns allerdings nicht nur solche sprachlichen Zeichen bereit, deren mehr oder weniger feste Bedeutung wir schrittweise erwerben. Sondern wir haben darüber hinaus noch einen ganz anderen und besonders flexiblen Typ von Wörtern zur Verfügung: die sogenannten deiktischen Ausdrücke, sozusagen die Chamäleons im Wortschatz.

Typische Beispiele dafür sind Pronomen wie *ich*, *hier* oder *jetzt*: Was damit jeweils gemeint ist, kann nur verstanden werden, wenn die Äußerung dieser Wörter von der Adressatin jeweils zu einer konkreten Sprechsituation in Verbindung gebracht werden kann. Denn ihre Bedeutung entscheidet sich situationsabhängig jeweils neu, je nachdem, wer gerade spricht. Für die Präzisierung des Gemeinten sind wir also auf eine Art Verankerung in der Situation angewiesen, die als **Origo** bezeichnet wird. Im typischen Fall liegt dieses deiktische Zentrum bei Sprecher oder Sprecherin, und damit ist gleichzeitig auch der zeitliche und räumlicher Bezugspunkt gesetzt: *Hier* wird entsprechend als Ort der Sprecherin interpretiert, *jetzt* als Zeitpunkt der Äußerung. Das Phänomen der Deixis umfasst also die in der Kommunikation wesentlichen Informationsbereiche Person, Raum und Zeit und stellt für diese Dimensionen situationsabhängige Ausdrücke zur Verfügung.

Karl Bühler fand den Unterschied zwischen diesen beiden Gruppen von Wörtern so wichtig, dass er grundsätzlich für Sprachzeichen zwei verschiedene „Umfelder" definierte: das **Symbolfeld** und das **Zeigfeld** der Sprache. In seiner Theorie der Zweifelderlehre ergibt sich das Symbolfeld aus den sogenannten Nennwörtern, denen eine relativ stabile Bedeutung eingeschrieben ist.

Demgegenüber figurieren im Zeigfeld die sogenannten Zeigwörter der Sprache, die in der Grammatiktheorie als deiktische Sprachzeichen bezeichnet werden und abhängig vom jedesmaligen Gebrauchsfall sind. Für sie gilt die »Zuordnungskonstanz von Sprachsymbolen und Gegenständen« (Bühler 1965 [1934]: 104), die die Nennwörter definieren, nicht. (Stukenbrock 2015: 4).

> In der praktischen Verwendung sind gerade die raumbezogenen deiktischen Ausdrücke durchaus voraussetzungsreich. Oft muss man mehr als nur den Ort des Sprechers oder der Sprecherin wissen, um einen entsprechenden Ausdruck richtig zu interpretieren. So erfordern z. B. Richtungsangaben wie *geradeaus* oder *vor der Kirche dann rechts* in Wegauskünften, dass wir auch die Blickrichtung des Sprechenden bzw. des gedachten Wanderers ungefähr nachvollziehen. (Zur Lokaldeixis im Deutschen vgl. z. B. Fricke 2007.)

Bedeutung in Sätzen und Äußerungen
Die meisten Gedanken, die wir im Alltag für eine Mitteilung wert halten, erfordern deshalb, dass wir zu ihrem Ausdruck mehr sprachliche Mittel einsetzen – also z. B. Wörter zu einer Äußerung in Satzform zusammenfügen:

i) *„Die Katze hat seit gestern Abend nichts gefressen."*

Wir können den Satz zunächst ganz für sich allein betrachten – als einen zusammengesetzten Ausdruck in deutscher Sprache. Seine Bedeutung ergibt sich dann aus der **Komposition** der Einzelbedeutungen – dazu gehört die lexikalische Bedeutung der einzelnen Wörter *(Katze, fressen, gestern ...)*, die grammatische Bedeutung der gewählten **Form** der einzelnen Ausdrücke (z. B. hier die Perfektform *hat ... gefressen*) und die syntaktische Struktur (hier: ein einfacher Aussagesatz). Das zugrundeliegende Prinzip wird entsprechend **Kompositionalitätsprinzip** (oder auch Frege-Prinzip, nach dem Philosophen Gottlob Frege, hier zitiert nach Löbner 2015: 14) genannt:

> Die Bedeutung eines komplexen Ausdrucks ergibt sich eindeutig aus der lexikalischen Bedeutung seiner Komponenten, aus deren grammatischer Bedeutung und aus seiner syntaktischen Struktur.

Diese Mehrstufigkeit ist uns typischerweise nicht bewusst – erst bei Fehlern, dem Lesen in einer fremden Sprache oder sehr komplizierten Konstruktionen können wir uns manchmal dabei beobachten, dass unser Verständnis von Sätzen nur schrittweise und hypothesenbildend entsteht, indem wir Wortbedeutungen aufeinander beziehen und dabei gleichzeitig auch grammatische Information aus verschiedenen Quellen auswerten.

Wird ein Satz wie der oben genannte in einer konkreten Situation verwendet, geht diese bereits zusammengesetzte **Ausdrucksbedeutung** in die **Äußerungsbedeutung** ein. Sagen wir den Satz also z. B. zu unserer Mitbewohnerin, versteht sie nicht nur, dass hier von einem Tier die Rede ist, das bestimmte Eigenschaften hat (s. o.). Durch den definiten Artikel wird ihr darüber hinaus angezeigt, dass es eine bestimmte, ihr bekannte Katze ist, die hier gemeint ist. Die Nominalphrase „die Katze" erhält in der Äußerung also eine bestimmte **Referenz**: Sie macht für die Hörerin identifizierbar, auf welche konkrete Entität „in der Welt" sich die dann folgende Aussage bezieht.

Es gibt in der Regel viele Möglichkeiten, auf einen Gegenstand zu **referieren**, ihn also aus der großen Schar möglicher Referenten, über die wir auch noch sprechen könnten, identifizierbar zu machen. Für unser Beispiel wären viele Varianten für eine Referenz auf die gemeinsame Katze denkbar, unter anderem:

  ii) *Minnie* hat seit gestern Abend nichts gefressen.
 iii) *unsere Anspruchsvolle* hat ...
  iv) *dieses zickige Ding* hat ...
   v) *die kleine Patientin* hat ...

Im Vergleich der Nominalphrasen wird deutlich, dass alle vier Ausdrücke in der Situation geeignet sein können, nachvollziehbar auf die gemeinsame Katze zu referieren – sie sind in dieser Hinsicht also äquivalent. Sie sind aber in anderer Hinsicht verschieden, nämlich auf welche Weise sie die Katze charakterisieren, also in dem **Sinn**, den die Äußerung vermittelt. In (ii) wird dazu der Name benutzt, in (iii) und (iv) erfüllen bekannte und vielleicht schon öfter thematisierte Eigenschaften der Katze diesen Zweck, und in (v) wird ihr kranker Zustand als Unterscheidungsmerkmal gewählt.

Wenn Wörter, die zur Referenz auf den gleichen Gegenstand geeignet sind, doch verschiedene Bedeutungen aufrufen, zeigt das: Wortbedeutungen sind eben nicht einfach „Etiketten" für Teile der äußeren Welt – sondern sie sind für den Versuch konstruiert, uns innerhalb der Sprachgemeinschaft über unsere wahrgenommene Realität zu verständigen, und deshalb häufig vielschichtig in dem, was sie vermitteln. Anders gesagt: Sie drücken jeweils eine von mehreren möglichen **Perspektiven** auf den thematisierten Gegenstand aus (vgl. dazu ausführlich Kap. 3.3).

Das wird auch deutlich, wenn wir Wörter vergleichen, mit denen wir auf den ersten Blick die gleiche Bedeutung verbinden, die wir also als **Synonyme** bezeichnen würden. So ist in den Paaren *Säugling – Baby* oder *Klinik – Krankenhaus* jeweils grob die gleiche Kategorie von Entitäten gemeint. Semantisch gesprochen: die beiden Wörter haben die gleiche neutrale Grundbedeutung oder **Denotation**. Im ersten Fall ist jeweils von einem sehr kleinen Kind die Rede, im zweiten von einer medizinischen Institution. Was die Bezeichnungen aber unterscheidet, ist die Perspektive, die wir auf diesen Typ von Entität mitformulieren. Vom *Säugling* redet wahrscheinlich eher die Kinderkrankenschwester als die Mutter.

Eine solche – manchmal ziemlich subjektive – Bedeutungsfacette kann ganz verschiedene Ausprägungen annehmen und wird als **Konnotation** bezeichnet. Auch das gleiche Wort kann in wechselnden Zusammenhängen verschiedene Konnotationen annehmen: So denotiert das Wort *Nacht* zunächst ›die Zeitspanne zwischen Abenddämmerung und Sonnenaufgang‹ (z. B. in *Während der Nacht sollen die Fenster geschlossen bleiben*). Es können aber Konnotationen hinzukommen (z. B. in *Dann wurde es Nacht am Strand*), die mit unseren individuellen und gemeinsamen Nacht-Erfahrungen assoziiert sind: ‚Dunkelheit', ‚Kühle', ‚Stille', ‚Einsamkeit', ‚Gefahr ,etc.

Häufig unterscheiden sich z. B. partiell synonyme Ausdrücke dadurch, dass sie zusätzlich zu ihrer Denotation die regionale Herkunft erkennen lassen: *Semmeln* und *Schrippen* sind ja nichts anderes als *Brötchen* – allerdings im Sprachgebrauch von bayrischen oder berlinerischen Sprecherinnen und Sprechern. Der erste Tag des Wochenendes wird in manchen Regionen Deutschlands *Samstag* genannt, in anderen *Sonnabend*.

Zusammenfassend ist damit für die Mehrstufigkeit sprachlicher Bedeutung zunächst festzuhalten: Die Bedeutung von Äußerungen verstehen wir unter Einbezug unseres Wissens über eine konkrete Situation, immer aber auf der Grundlage der kompositionell abgeleiteten Ausdrucksbedeutung (z. B. des Satzes).

Mehrdeutigkeit – wie sich Wortbedeutungen im Satz aneinander verändern
Bis hierher haben wir ein Bild vom Zusammenkommen der Wörter in Sätzen und Äußerungen gezeichnet, das an eine Art Rechenaufgabe erinnert: Einfaches Addieren genügt. Bei näherer Betrachtung wirken aber Wortbedeutungen im Äußerungskontext gegenseitig aufeinander ein und die jeweiligen Wörter lassen dann unterschiedliche *mentale Beschreibungen* wirksam werden. Dabei gibt es scheinbar einfache Fälle, bei denen einem Wort zwei alternative Bedeutungen – oder: **Lesarten** – zukommen:

Micha sah vom Auto aus eine Kiefer in der Abendsonne leuchten.
Evelyn fühlte, dass ihre Zahnschmerzen jetzt bis in den Kiefer ausstrahlten.

Für die Entscheidung, ob das Lexem *Kiefer* hier im Sinn von ›Nadelbaum‹ oder ›Körperteil‹ verstanden werden soll, nutzen wir den Kontext des Satzes. Man kann auch sagen, mithilfe des Kontexts **desambiguieren** wir die Bedeutung des Wortes, die vorher eben **mehrdeutig – ambig** – war.

In der Semantik wird zusätzlich genauer unterschieden, auf welcher Basis die verschiedenen Lesarten eines Ausdrucks zustande kommen. Im Fall von $Kiefer_1$ (›Nadelbaum‹, aus ahd. *kienvoraha*) und $Kiefer_2$ (›Körperteil‹, aus mhd. *kiver*) haben wir es mit **Homonymen** zu tun: Ursprünglich verschiedene Wörter haben sich im Lauf des Sprachwandels sozusagen zufällig zu einer gleichen Oberflächenform entwickelt, die aber eben zwei unterschiedliche Bedeutungen trägt. In vielen Fällen kann dabei die Verwandlungsgeschichte nur von Spezialisten nachgezeichnet werden. Anders bei der **Polysemie**: Hier ist uns typischerweise bewusst, dass mit einem Wort eine ganze Familie von untereinander verknüpften Bedeutungen aufgerufen werden können. Das *Blatt* am Baum, das Noten*blatt* und das *Blatt*gold sind z. B. durch die gemeinsame Eigenschaft der dünnen, flachen Ausdehnung verbunden – nur solche Gegenstände kann man *blättern* etc.

Eine Reihe von Witzen basiert darauf, dass sie das Prinzip einer „automatischen" Desambiguierung ins Wanken bringen: Im Verlauf einer Mini-Geschichte werden dort typischerweise unterschiedliche Deutungen des gleichen Ausdrucks wachgerufen, die dann miteinander konkurrieren (*Was macht der Mathematiker auf der Skipiste? Er rechnet mit Brüchen ...*). Wenn eine erwartbare Deutung gerade <u>nicht</u> greift (oder wir kurz zwischen mehreren möglichen Interpretationen hin- und herwechseln müssen), bringt uns das interessanterweise zum Lachen.

Es wäre aber zu kurz gegriffen, die Rolle des Satzkontexts für die Interpretation von Wortbedeutungen darauf zu beschränken, dass bekannte und offensichtliche Mehrdeutigkeiten quasi korrigiert – also „vereindeutigt" – werden. Bei näherem Hinsehen zeigt sich nämlich, dass (fast) alle Wörter mehrdeutig sind – in dem Sinn, dass die durch sie aufgerufenen Konzepte eine ganze Reihe von Varianten aufweisen, die mehr oder weniger nah beieinander liegen. Betrachten wir z. B. das Verb *öffnen* isoliert, i.e. als einzelnes Wort, dann scheint es zunächst durchaus nur eine Bedeutung zu haben, also **monosem** zu sein. Man assoziiert dazu möglicherweise das Synonym *aufmachen* oder Gegenbegriffe (**Antonyme**) wie *schließen* bzw. *zumachen*. Bezugspunkt für das Verständnis sind also Bedeutungsbeziehungen, die unseren Wortschatz strukturieren (vgl. dazu schon Kap. 6). Blicken wir dagegen auf eine Reihe von **Verwendungen** des Verbs *öffnen*, ergibt sich ein etwas anderes Bild – seine Bedeutungen scheinen sich plötzlich zu vervielfältigen:

i) *Sie öffnete kurz den Mund, sagte aber nichts.*
ii) *Der Laden öffnet täglich um acht Uhr.*
iii) *Der Kellner öffnete die Flasche mit dem Korkenzieher und goss den Wein ein.*
iv) *Willst Du Freunde finden, öffne Dein Herz!*

Schon dieser kleine Ausschnitt aus den vielen möglichen Verwendungen des Verbs wirft ein Licht darauf, wie unterschiedlich die Handlungen sind, die mit *öffnen* bezeichnet werden können – je nachdem, was der zu öffnende Gegenstand ist. Die Vorstellung von der konkreten Aktion fällt also jeweils ganz verschieden aus und hängt davon ab, auf welche „Mitspieler" *öffnen* im konkreten Satz trifft.

Trotzdem ist allen Varianten eine Art **fester Kern** eines abstrakten Konzepts von ‚öffnen' gemeinsam, der uns intuitiv verfügbar, aber nicht leicht zu beschreiben ist. Stabil und flexibel gleichzeitig können Bedeutungen eben nur sein, weil sie auf eine chamäleonhafte Anpassung an ihre Verwendungskontexte von vornherein eingerichtet sind – das ist kein „Fehler" im Design der menschlichen Sprache, sondern ein faszinierender Wesenszug der Wortbedeutung, den wir erst ansatzweise verstehen.

Und das Beispiel ist kein besonderer Fall. Im Gegenteil: Es kann als Prinzip gelten, dass die spezifische Bedeutung eines Worts erst im Zusammenhang des Satzes zustande kommt (oder eigentlich: wirksam wird). Der Sprachpsychologe Hans Hörmann hat sich schon 1983 für dieses Phänomen interessiert und mithilfe empirischer Untersuchungen herausgearbeitet, wie stark die Wirkung des direkten Verwendungskontexts auf unsere Interpretation einer Wortbedeutung ist. So wurden in einer Studie Probanden mengenbezeichnende Ausdrücke wie *einige* oder *ein paar* in verschiedenen Satzkontexten präsentiert. Im Ergebnis konnte gezeigt werden, dass die Wortpartner jeweils eine sehr deutliche Wirkung auf das Verstehen der Ausdrücke hatten. So deuteten die Befragten z. B. *einige* in dem Ausdruck *einige Berge* als eine relativ geringe Anzahl, nämlich zwischen vier und fünf. Bei der Verwendung in *einige Krümel* interpretierten sie dagegen, dass eine deutlich höhere Anzahl gemeint sei, nämlich mehr als acht (Hörmann 1983: 228).

Ein kleiner terminologischer Nachtrag: Wir haben im vorangegangenen Abschnitt von Bedeutungen in Äußerungen und Sätzen gesprochen, und damit eine Perspektive eingenommen, welche die Sprachverwendung in den Vordergrund stellt. Das macht eine begriffliche Klärung erforderlich: Der Terminus **Satzsemantik** bezeichnet traditionell eine Teildisziplin der Semantik, die Sätze als situationsunabhängige sprachliche Einheiten analysiert – also sozusagen „reine Bedeutungen" von Sätzen betrachtet. Man geht bei diesem Ansatz davon aus, dass gleiche Bedeutungen jeweils über die Untersuchung ihrer Wahrheitsbedingungen beschrieben werden können. Unter dem Titel „Deutsche Satzsemantik" liegt aber andererseits auch eine problemorientierte Analyse der Entwicklungen im deutschen Satzbau vor, die sich explizit das „kontextbezogene Durchleuchten und Durchschauen von Satzinhalten unserer schwierig gewordenen Sprachkultur" zum Ziel gesetzt hat (Polenz 2008: 4). Auf beide Ansätze können wir hier nicht näher eingehen, verweisen aber am Ende des Kapitels auf entsprechende Literatur.

10.2 Bedeutung in Texten: zur Konstruktion von Textweltmodellen

Wir haben im vorigen Abschnitt gesehen, dass Wortbedeutungen zwar der Ausgangspunkt für das Verstehen von Äußerungen und Sätzen sind, dass in diesem Prozess aber notwendigerweise gleichzeitig auch Wissen „investiert" wird – Sprachverstehen ist konstruktiv. Wenn aber bereits ein einzelner Satz vor unserem geistigen Auge eine Art Szene lebendig werden lassen kann, gilt das in noch weit stärkerem Maße für Texte: Sie malen uns Personen und Geschichten, Abenteuer und ganze Welten aus – oder genauer: **Wir** selbst malen uns auf der Basis von Texten diese Geschichten aus. Texte – und ihre Autorinnen oder Autoren – können nie eine vollständige Information zu einem Sachverhalt geben (und es ist interessant, darüber nachzudenken, was das überhaupt wäre). Sie müssen sich aus Gründen der Ökonomie vielfältig darauf verlassen, dass ihre Hörer oder Leserinnen in der Lage sind, an vielen Stellen nur Angedeutetes zum ganzen Bild zu ergänzen. Interessanterweise ist das kein Mangel, sondern eine Qualität von Texten: Gerade diese Aufforderung zur Ergänzung von Wissen, die sie enthalten, macht wohl einiges an dem Vergnügen aus, das wir beim Verstehen manchmal empfinden. Sehr plastisch hat das Hans Jürgen Heringer (2015: 79) formuliert:

> Ein Text ist ein grobes Gewebe, mit offenen Stellen, mit Löchern, die zu füllen sind. [...] Das Wissen ist die Ressource für das Deuten. Es wirkt schon, wenn der Lautstrom zu segmentieren ist und die Segmente Mustern oder Schemata zuzuordnen sind. Es wirkt, wenn die physikalischen Flecken auf dem Papier als Buchstaben schematisiert werden und die Folgen zu Wörtern.

Der Zugang zum relevanten Wissen, das jeweils zu aktivieren ist, wird wiederum durch Wortbedeutungen eröffnet: Sie sind der Schlüssel, der die sprachliche Oberfläche des Texts mit Konzepten im Gedächtnis verbindet. Auf diese Weise kann sogar ein einzelnes Wort, das als Überschrift über einem Text steht, bereits relativ spezifische **Erwartungen** generieren. Wenn z. B. das Wort *Mutprobe* die Überschrift bildet, erwarten wir bereits unterschiedliche Text-„Fortsetzungen", je nachdem, ob wir gerade einen Sportbericht, die Wirtschaftsnachrichten oder die Neuerscheinung eines Romans vor Augen haben. Schon beim Übergang zwischen Überschrift und Text lässt sich also das generelle Prinzip des Textverstehens beobachten: Sprachbasierte Information (aus der Wortbedeutung) verschränkt sich mit weiterem Wissen und wird dann Schritt für Schritt zu einer sinnvollen Interpretation integriert. In diesem Prozess werden aus den sozusagen noch neutralen Bedeutungen **aktuelle Bedeutungen,** auf deren Basis nach und nach ein sogenanntes **Textweltmodell** konstruiert wird: Auf der Basis einer lexikalischen Bedeutung (die ja jeweils einen Ausschnitt aus dem gesamten Schatz konzeptueller Inhalte zugänglich macht), konstituiert sich Textbedeutung erst, indem beim Lesen ein Geflecht konkretisierter Referenten (vgl. oben das Katzen-Beispiel) miteinander verknüpft wird:

> Das Textweltmodell (TWM), als mentales Modell der Welt eines bestimmten Textes, baut sich dabei sukzessiv im Arbeitsgedächtnis als komplexe Referentialisierungsstruktur auf und **integriert textinterne und textexterne Informationen** über Bottom-up und Top-down-Prozesse. Das TWM stellt eine rein geistige Zwischenebene dar, die durch die Informationseinheiten des Textes aufgebaut wird und Text-Referenten als mentale Einheiten mit ihren Relationen und Aktivitäten sowie ihrer raumzeitlichen Verankerung speichert. (Schwarz-Friesel 2017: 193, unsere Hervorhebung)

Der Terminus ‚Textweltmodell' bezieht sich also auf den Verstehensprozess beim Lesen. Ein TWM entsteht im Zusammenspiel der Verstehenshinweise im Text mit unserem in Frames organisierten Erfahrungswissen (vgl. Kap. 3.2). Zur Verdeutlichung dieses Gedankens betrachten wir einen der kurzen Texte, wie sie in manchen Tageszeitungen zur Ankündigung von Fernsehfilmen abgedruckt werden. Der Konstruktionsprozess auf dem Weg zu einer Gesamtvorstellung soll dabei anhand von vier Ausdrücken (im folgenden Beispiel farbig unterlegt) exemplarisch nachvollzogen werden.

Abbildung 20: Aviator (Filmplakat). Online unter: http://www.filmstarts.de/kritiken/48371/bilder/?cmediafile=18392718, zuletzt am 20.01.2020.

10.2 Bedeutung in Texten: zur Konstruktion von Textweltmodellen — 215

Aviator Biografie, USA/D 2004 Mit Leonardo DiCaprio, Cate Blanchett, Kate Beckinsale. „Der texanische Öl-Erbe Howard Hughes kann unglaubliche berufliche Erfolge verbuchen und hat stets die schönsten Frauen Hollywoods an seiner Seite. Aber zeitlebens kämpft er mit inneren Dämonen."
(SZ vom 26.08.2018)

a)
Nach dem Titel des Films folgt hier zunächst eine Genre-Einordnung als *Biografie*. Im Zusammenhang des konkreten Textes übersetzen wir diese Angabe ohne weitere sprachliche Hinweise (nämlich aufgrund der textexternen Information, dass wir gerade das Fernsehprogramm der Zeitung lesen) in den Spezialfall einer für den Film aufbereiteten Lebensgeschichte. Für solche Biographien ist z. B. typischerweise eine relativ große Gestaltungsfreiheit erwartbar, denn eher Unterhaltsamkeit als historische Treue stehen im Vordergrund (gerade auch, wenn Schauspieler wie DiCaprio die Hauptrolle spielen ...). Das wissen wir aus der Erfahrung mit Filmen.

b)
Das Ad-hoc-Kompositum „Öl-Erbe" wird aufgrund unserer sprachlichen Kompetenz als Kurzform für umfassendere Information erkannt: Wir **elaborieren** den Ausdruck deshalb im Sinn von ›Erbe nicht (nur) von Öl, sondern von Öl-Förderfirmen und dem daraus entspringenden Reichtum‹.

c)
„an seiner Seite haben" – Der Ausdruck charakterisiert die Beziehung, die der Protagonist zu den schönsten Frauen Hollywoods hat, zunächst nur sehr allgemein im Sinn von Begleiterinnen. Im Zusammenhang einer solchen Filmgeschichte kann allerdings mitverstanden werden, dass diese Frauen jeweils auch seine Geliebten sind. Auf der Basis des Bildes, das wir vom reichen Erben bis hierhin schon entworfen haben, gelingt es jetzt leicht, den Typ der zu erwartenden Beziehungen in unserem Textweltmodell weiter auszumalen.

d)
„mit inneren Dämonen kämpfen" – hier wird aus der adjektivischen Ergänzung *innere* klar, dass keine realen Dämonen gemeint sind, sondern mentale, die nicht näher genannt werden. Der Ausdruck umschreibt damit die psychischen Probleme des Helden mit einer Metapher (dazu Abschnitt 10.3) und gleichzeitig in einer leicht romantisierenden Weise. Das lässt – über einen indirekten Schlussprozess, eine **Inferenz** – für den Film erwarten, dass quälende Vorstellungen oder Ängste zwar eine Rolle spielen, sie aber nicht analytisch und nüchtern-medizinisch thematisiert werden, sondern eher einen Kontrast zum insgesamt glamourösen Leben des Howard Hughes darstellen.

Diese kurzen Hinweise zu einigen Formulierungen können nur eine Andeutung davon geben, wie intensiv wir unser Wissen einsetzen, um aus den Wortbedeutungen eine Vorstellung des Ganzen zu entwickeln. Eine ausführliche Analyse müsste noch viele weitere Wissensbestände einbeziehen, z. B. auch solche, die bei den potentiellen Leserinnen und Lesern unterschiedlich ausgeprägt sind. Dazu würde u. a. gehören, auf welches Wissen sie bereits in Bezug auf die Person *Howard Hughes* zurückgreifen können.

Zusammenfassend: Nur weil „ein Text auf unser Wissen fällt und dort aufgeht" (Heringer 2015: 79) können wir bereits aus drei Textzeilen eine ziemlich gute Vorstellung davon gewinnen, was von dem beschriebenen Film zu erwarten ist. Das heißt allgemeiner: Texte sind immer nur Ausgangspunkte für eine durchaus aktive Arbeit bei der Rezeption ihrer Bedeutung. Der Prozess der Bedeutungskonstitution auf Textebene erfolgt also über die **Referentialisierung** in einem Textweltmodell: Mithilfe unserer semantischen Kompetenz gelingt es uns, lexikalische Bedeutungen aus dem mentalen Lexikon ko- und kontextspezifisch einzusetzen bzw. zu interpretieren. Dieser Prozess ist abhängig vom individuellen Wissen des und der Einzelnen. Textbedeutungen sind damit (wie wir alle wissen) für verschiedene Rezipientinnen in einem gewissen Umfang verschieden – und trotzdem stellen sie eine sichere gemeinsame Basis her, die alle diejenigen teilen, die einen Text gelesen haben.

10.3 Erklären, beschreiben, abwandeln – zur alltäglichen Arbeit an Bedeutungen

Wortbedeutung beschreiben
Der häufigste und typische Fall, in dem wir uns über Wortbedeutungen Gedanken machen (müssen), ist wohl bei fehlendem Wissen. Fragt uns ein Kind, was ein *Fohlen* ist, erklären wir gerne, dass es sich um das Jungtier des Pferds handelt. Lesen wir selbst in einem entsprechenden Text das Wort *Färse* und nehmen es genau damit, hilft wohl nur, einen Wörterbucheintrag (hier: Wahrig 1968/1975) zu konsultieren:

> ʽ**Färse** – junge Kuh, die noch nicht gekalbt hat

Gemeinsam ist beiden Fällen, dass das unbekannte Wort mithilfe mehrerer anderer Wörter beschrieben wird – in der Erwartung, dass diese dem oder der Ratsuchenden verständlich sind und in ihrer Kombination die Bedeutung des unbekannten Ausdrucks möglichst genau wiedergeben. Die Bedeutung des zu erklärenden Wortes wird also „zerlegt", und zwar in den Beispielen oben jeweils nach einem alten Prinzip, das bereits auf Aristoteles zurückgeht: Zunächst wird zur Einordnung die relevante, übergeordnete Kategorie als sogenanntes **genus proximum** genannt, also ein unmittelbares **Hyperonym** (hier die Überbegriffe *Pferd* bzw. *Kuh*), dann wird eine **differentia specifica** angegeben, d. h. es werden Angaben zu einem oder mehreren unterscheidenden Merkmalen gemacht.

Die Verdeutlichung einer Bedeutung mit anderen sprachlichen Mitteln muss aber nicht immer genau diesem Muster folgen, und sie kann deutlich umfangreicher sein – allgemein nennen wir solche Umschreibungen **Paraphrasen**. Beim genaueren Blick darauf zeigt sich, dass neben der Einordnung in eine Hierarchie von Über- und Unterbegriffen auch andere semantische Relationen relevant werden – bis hin zur Beschreibung einer ganzen Situation. Bittet man ein Kind aus der dritten Grundschulklasse zu erklären was *angeln* heißt, bekommt man z. B. folgende Erläuterung (Daten aus Bremer 2013: 142, Transkript vereinfacht):

Ben, 9 Jahre:
da hat man also n stock und da is so ne schnur dran
und ganz vorne an der schnur is son haken
und da tut ma /
auf n haken tut man was zu essen draufmachen wo die fische gern essen
un dann tun die fische da dranschnappen
un da muss man ganz schnell dran ziehen
un dann hat man den fisch

Die Lösung der professionellen Lexikographen für das Beschreibungsproblem ist zwar sehr viel kürzer, sie setzt aber auch mehr sprachliches Wissen voraus. Der Eintrag im Wahrig (1968/1975) lautet zum Beispiel:

´**angeln** <V.t.>: *mit einer Angel fischen*

Diese Erklärung gibt nur demjenigen einen genaueren Eindruck von der Bedeutung des Verbs, der das Wort *Angel* bereits kennt.

Auch wenn uns solche alltagsnahen Klärungsbeispiele unproblematisch erscheinen, machen sie doch eine grundsätzliche Schwierigkeit greifbar: Zum Sprechen (und Schreiben) über sprachliche Bedeutungen – die dann sozusagen zum Objekt unserer Betrachtung werden – haben wir nichts anderes zur Verfügung als wiederum die gleiche natürliche Sprache. Das heißt: Die **Metasprache** (also die, mit der wir erklären wollen) und die **Objektsprache** sind im Prozess des Paraphrasierens identisch. (Objektsprachliche Ausdrücke sind in diesem Buch durchgehend kursiv gesetzt, und verweisen damit immer wieder mit typographischen Mitteln auf den Unterschied zwischen den beiden Typen von Sprachverwendung.)

Wir sind für das Explizieren von Bedeutungen also in unserer Sprache quasi gefangen. Es gibt aber doch die Hoffnung, komplexe Ausdrücke mit einfacheren und unbekannte mit bekannteren verständlich machen zu können. Damit ist ein prinzipielles Problem der Semantik angesprochen; wir werden im Abschnitt zur semantischen Analyse von Bedeutungen darauf zurückkommen (10.4). Praktisch kann es uns z. B. dann zu schaffen machen, wenn wir beim Verstehen wissenschaftlicher Texte auf Definitionen von Begriffen stoßen, die uns nicht weiterhelfen. Im Alltag betrifft die Erklärung von Bedeutung häufig nicht (nur) das Gesagte, sondern eher, **wie** dieses Gesagte im Gespräch gemeint war; auf solche Klärungsprozesse wird in Kapitel 11 näher eingegangen.

Zur Beschreibung von Wortbedeutungen kann also einerseits individuelles Sprachwissen (über Introspektion) befragt werden. Bei diesem Zugang vertraut man darauf, dass auch einzelne Teilnehmer und Teilnehmerinnen der Sprachgemeinschaft über eine verlässliche semantische Kompetenz verfügen. Sie kann in der lexikographischen Arbeit durch Hilfsmittel gestützt und durch Erfahrung und Reflexion professionell ausgebaut werden.

Eine breitere Basis dafür, die tatsächliche Verwendung von Wörtern im Sprachgebrauch zu analysieren, liefern Sprachkorpora – also Sammlungen von Texten, die eine Sprache oder einen Kommunikationsbereich repräsentieren sollen. Sie stehen in elektronischer Form zur Verfügung und können mit entsprechender Recherchesoftware erschlossen werden (vgl. Kasten in Kap. 2.2; außerdem Bubenhofer 2006–2020). Über einen solchen Zugang wird es möglich, sowohl auf Verwendungshäufigkeiten für Wortformen zuzugreifen als auch Fundstellen für Verwendungen samt ihrem Kontext in sogenannten Konkordanzen auflisten zu lassen. Die schnellere Aktualisierbarkeit ist ein weiterer Vorteil korpusbasierter Beschreibungsarbeit: So ist es gerade für Lerner einer Sprache ein großer Gewinn, Bedeutungsparaphrasen zu finden, die sich eng und aktuell am tatsächlichen Sprachgebrauch orientieren. Die wichtigste Funktion für semantische Analysen besteht aber darin, z. B. über eine **Kookkurrenzanalyse** nachzuzeichnen, mit welchen anderen lexikalischen Einheiten ein Wort typischerweise kombiniert wird. Statistische Analysen dieses Typs liefern die empirische Basis für eine semantische Beschreibung, die dann lexikographisch weiter bearbeitet wird, um Sinnrelationen zwischen Wörtern nachvollziehbar zu machen. Häufig miteinander verwendete Wörter ergeben sogenannte **usuelle Wortverbindungen** – an ihnen können wir in der Analyse erkennen, welche Konzepte in einer Sprachgemeinschaft häufig verknüpft werden und welche Bedeutungen ihnen zugeschrieben werden.

So zeigt Fraas (2002) in einer frühen Analyse dieses Typs, dass das Konzept ‚Wald' in den Texten der untersuchten Korpora je nach Kookkurrenzpartner in drei unterscheidbaren Aspekten thematisiert wird: als Wirtschaftsfaktor (mit

Kookkurrenzpartnern wie *abholzen, Nutzen, Hektar, Forstwirtschaft etc.*), als Ort der Erholung (*licht, schattig, Spaziergang, Pilze* ...) und unter dem Aspekt der Ökologie (*krank, brennen, Raubbau, zerstören* ...). Die Autorin resümiert:

> Usuelle Wortverbindungen sind nicht zufällige Kontextualisierungen, sondern sie manifestieren usuellen, frequentiell relevanten Sprachgebrauch und realisieren wesenhafte semantische Beziehungen. Sie weisen auf Kontextualisierungs- und Interpretationsmuster hin, indem sie Indikatoren für Äußerungsbedeutungen, für konzeptgebundenes Wissen und für Relationen zu übergeordneten Wissens-Schemata enthalten. (Fraas 2002: 55)

Bedeutung „übertragen": Metonymie und Metapher
Werden Wortbedeutungen in Äußerungen verwendet, bieten sie uns immer auch ein kreatives Potential, sie nicht „wie vorgesehen", sondern in individueller und scheinbar abweichender Weise einzusetzen. Basis für solcherart überraschende Verwendung von Wörtern ist unser sprachliches und allgemeines Wissen – deshalb sind diese beiden Prozesse in Kapitel 3.4 bereits vorgestellt worden. Wir nehmen diesen Faden hier aus der Perspektive der lexikalischen Semantik noch einmal auf.

Metonymie: X steht – einfachheitshalber – für Y
Sparsamkeit ist ein wichtiges Prinzip für unsere Formulierungen (vgl. schon oben zur Ökonomie beim Umgang mit Synonymen) und es liegt auch der **metonymischen** Verwendung von Ausdrücken zugrunde: In bestimmten Fällen kann als sprachlicher Stellvertreter für einen komplexeren Sachverhalt ein einfacheres Konzept verwendet werden. Nachvollziehbar wird diese Ersetzung dadurch, dass das gemeinte Konzept und das dafür stellvertretend eingesetzte in der realen Welt eng (und auf offensichtliche Weise) verbunden sind. So stellen uns Zeitungsüberschriften vom Typ

> *Das Weiße Haus plant ein neues Waffengesetz*
> *Ankara will weitere politische Häftlinge freilassen*
> *Über die Geltung der Regelung wird Karlsruhe entscheiden*

nicht vor Verständnisprobleme, obwohl sie – wörtlich genommen – gegen elementare Grundsätze der Stimmigkeit verstoßen: Weder Häuser noch Städte können ja als politische oder juristische Akteure auftreten, und die Verben *planen, freilassen, entscheiden* verlangen normalerweise ein Subjekt mit dem Attribut ‚menschlich'. Wir haben uns aber für solche Fälle daran gewöhnt, dass bestimmte Ausdrücke in einem **„übertragenen Sinn"** verwendet werden können: So kann z. B. ein konkreter Ort für die dort ansässige Regierung oder Institution (im dritten

Beispiel das Bundesverfassungsgericht) stellvertretend stehen. Die metonymische Bedeutungsverschiebung lässt sich also wie folgt definieren:

> **Metonymie:** ein Ausdruck, der aufgrund seiner lexikalischen Bedeutung auf eine bestimmte Kategorie von Objekten referieren kann, wird verwendet, um stattdessen auf etwas zu referieren, was zu solchen Objekten gehört. (Löbner 2003: 68)

Was eine Metonymie unter kognitiven Aspekten ist, haben wir in Kapitel 3.4 ausführlich erklärt.

Metaphern: X „im Licht von" Y betrachten
Eine Streitschrift zum Klimawandel enthält den folgenden Satz:

i)   *Wälder sind die Lungen des Planeten.*

Es ist klar, dass diese Aussage wörtlich genommen keinen Sinn ergibt: *Wälder* sind komplexe Gebilde der Pflanzenwelt, die *Lunge* dagegen eines der lebenswichtigen Organe von Säugetieren – eine Gleichsetzung zwischen diesen beiden verschiedenartigen Entitäten konfrontiert uns also mit einem Widerspruch. Andererseits verstehen wir – und zwar ohne größere Anstrengung –, was gemeint ist, denn Gemeinsamkeiten sind gleichzeitig auch verfügbar: Das Konzept ‚Lunge' enthält als einen seiner Funktionsaspekte das Gewinnen von Sauerstoff für den Blutkreislauf. Eine ähnliche Funktion ist uns für das Konzept ‚Wald' bekannt: über ihre Blätter nehmen Bäume CO_2 auf und verwandeln es in Sauerstoff. Auf diese Weise werden wir eingeladen (wieder eine Metapher!), die beiden Konzepte in eine sinnvolle Verbindung zu bringen.

Betrachten wir zur Verdeutlichung eine leicht veränderte Variante des Satzes:

ii)   *Wie eine Lunge produzieren die Wälder des Planeten Sauerstoff*

Diese Formulierung ist keine Metapher, sondern ein **Vergleich**, denn sie funktioniert nach dem Muster „x ist **wie** y". Entsprechend zeigt sie nicht die für i) wahrgenommene Widersprüchlichkeit auf der sprachlichen Oberfläche. Erst im Kontrast zum Vergleich wird die Kraft der **Metapher** im ursprünglichen Satz deutlich: In i) prallen die beiden Konzepte sozusagen ungebremst aufeinander und generieren auf diese Weise ganz neue Bedeutungsfacetten: An *Wälder* gedanklich als *Lungen* heranzugehen, rückt eben nicht nur die nüchterne funktionale Parallele der Sauerstoff-Abgabe ins Bewusstsein, sondern überstrahlt sie sozusagen gleichzeitig mit einem Schimmer an Lebendigkeit. Das Überraschende der Formulierung ist gleichzeitig geeignet, auch eine erhöhte Aufmerksamkeit beim Lesen wachzurufen.

Die Verwendung von Metaphern ist also dadurch motiviert, dass sie ungewohnte Verbindungen stiften und uns zunächst mit Widersprüchen konfrontieren:

> **Metaphern** kommen dadurch zustande, dass Wörter, die aufgrund ihrer semantischen Merkmale nicht kompatibel sind, unter Verletzung der Selektionsregeln miteinander kombiniert werden. (Schwarz/Chur 2014: 107)

Die Möglichkeit, Bedeutung durch Neu-Kombination in Metaphern zu re-modellieren nutzen wir im Sprachgebrauch alltäglich und auf teils überraschende, teils schon routinisierte Weise. Wir verwenden sie spontan, z. B. um einen Gedanken in eine neue Form zu bringen, die mehr Aufmerksamkeit erregt als „vorgeprägte" Formulierungen. Metaphorische Formulierungen lassen typischerweise einigen Spielraum für Interpretation – und das ist durchaus beabsichtigt. Kommentiere ich den neuen Partner meiner Freundin mit dem Satz *„Dieser Mann ist ein Bär"*, dann sind gewisse Merkmale der Körperform vielleicht mitgemeint, aber die Charakterisierung kann beim Angesprochenen auch „bärige" Eigenschaften wie Kraft, Ruhe, Langsamkeit, Weichheit oder Tapsigkeit assoziieren lassen – sie ist eben nicht präzise, sondern evoziert ein Bild, aus dem wir recht individuell bestimmte Züge entnehmen können und auf dieser Basis unser jeweils eigenes Bild entwerfen.

Während also der Ad-hoc-Gebrauch metaphorischer Formen die semantische Kreativität der Sprechenden hervorlockt und betont, enthält unser Wortschatz auch einen großen Anteil an **lexikalisierten Metaphern**: Sie werden auch als „gefrorene" oder sogar als „tote" Metaphern bezeichnet. Diese Formulierungen werden bereits als feste Muster gelernt – und von niemandem mehr als auffällig oder ungewöhnlich wahrgenommen. Wenn z. B. jemand davon spricht, dass *ein Dorf am Fuß des Berges* liegt, wird die Vorstellung eines *Fußes* kaum mehr wirklich wachgerufen. Sie ist durch vielfachen Gebrauch in dieser Kombination blass bis unsichtbar geworden: Wir nehmen die Formel inzwischen einfach als variierenden Ausdruck für ‚unten am Berg' an.

In Kapitel 3.4 haben wir gezeigt, dass metaphorische und metonymische Bedeutungen einzelner Wörter und Phrasen (Vorsicht Metapher:) nur die Spitze des Eisbergs sind. Metaphorische und metonymische Prozesse durchziehen unsere gesamte Sprache und spielen eine Schlüsselrolle bei der Entstehung und Verbreitung von Wissen sowohl in der Sozialisation des Individuums als auch in der Sprachgeschichte.

10.4 Beschreibungsansätze in der Semantik

Wir haben bis hierher einige Facetten sprachlicher Bedeutung beleuchtet. Zwei zentrale Fragen sind dennoch bisher offengeblieben: Was macht Bedeutung eigentlich im Innersten aus – und wie lässt sie sich präzise und nachvollziehbar beschreiben? In der Semantik sind bisher verschiedene Entwürfe zu einer **Theorie der Bedeutung** vorgelegt worden, die versuchen, diesen Fragen in systematischer Weise auf den Grund zu gehen. Zwei dieser Ansätze sind besonders prominent geworden und sollen im Folgenden in ihren Grundgedanken vorgestellt werden: die Merkmals-Theorie der Bedeutung und die Prototypen-Theorie. Die Gegenüberstellung dieser konkurrierenden Erklärungsmodelle soll vor allem deutlich machen, dass das Ziel einer präzisen und erhellenden Analyse sprachlicher Bedeutung auf ganz verschiedenen Wegen angesteuert werden kann.

Bedeutungsanalyse über semantische Merkmale
Die theoretische Herangehensweise, Bedeutungen über Komponenten zu analysieren, hat den Vorteil, dass sie intuitiv einleuchtend ist: Sprecherinnen und Sprecher nutzen sie selbst beim Erklären (vgl. das Beispiel *Fohlen* oben), sie kann Unterschiede zwischen Quasi-Synonymen *(Junge* vs. *Bub)* nachvollziehbar machen, und nicht zuletzt begegnet uns Komponentialität auch in der Wortbildung, z. B. beim Erfinden von Ad-hoc-Komposita.

Die Vorstellung, dass die meisten Wörter aus zusammengesetzten Bedeutungen bestehen, die **allgemeine Bedeutungskomponenten** enthalten – also solche, die auch in anderen Bedeutungen enthalten sind –, lässt einen wichtigen Fortschritt in der semantischen Beschreibung erhoffen: Nämlich die unüberschaubare Menge der lexikalischen Bedeutungen auf eine begrenzte Zahl von **Grundbedeutungen** zu reduzieren. Der Ansatz hat darüber hinaus den Anspruch, über solche Merkmalsanalysen erklären zu können, wie Bedeutungen in der Sprache insgesamt organisiert sind: wie sie sich gegeneinander abgrenzen und größere Bedeutungsbereiche sozusagen arbeitsteilig erschließen.

Dieser Grundgedanke ist in verschiedenen Theorie-Ausprägungen verfolgt worden. Wir konzentrieren uns im folgenden Abschnitt auf den strukturalistischen Ansatz der Merkmalsanalyse oder Dekomposition, der die moderne Linguistik über lange Zeit stark geprägt hat. Der Ausgangspunkt geht auf Ferdinand de Saussure zurück: Er vertrat die Überzeugung, dass sprachliche Zeichen nur über ihre **Stellung in einem System** zu beschreiben sind – und dass dies sowohl für deren Form als auch für ihre Bedeutung gilt (vgl. auch schon Kap. 2.1 und 6.2):

> Ein Zeichen ist ein Zeichen nur als Bestandteil dieses Systems, dadurch dass es zu anderen Zeichen in Beziehung steht und sich von ihnen unterscheidet: Es ist durch die Stelle de-

finiert, die es in diesem System einnimmt. Das gilt sowohl für die Form als auch für die Bedeutung des Zeichens: Beide sind nur »negativ« bestimmt, durch die Unterschiede und Beziehungen zu anderen Zeichen. (Löbner 2015: 265)

Beim Verfahren der **Dekomposition** geht man davon aus, dass sich die Bedeutung eines Wortes als Ensemble von Teilbedeutungen auffassen lässt. Sie setzt sich also aus elementaren Inhaltselementen, den sogenannten **semantischen Merkmalen** oder **Semen** zusammen. Über unterscheidende semantische Merkmale kann man innerhalb von Gruppen bedeutungsähnlicher Wörter einzelne Bedeutungen gegeneinander abgrenzen. Die semantischen Merkmale erhalten auf diese Weise eine **distinktive Funktion** und zeigen uns gleichzeitig die Struktur von Wortfeldern für bestimmte Sachverhaltsbereiche.

Als einfachen Testfall wollen wir untersuchen, wie sich die Wörter, die im Deutschen dem Überbegriff *Sitzmöbel* zugeordnet werden können, in ihrer Bedeutung voneinander unterscheiden. Traditionell wird die Analyse in Form einer Tabelle (einer sog. Merkmalsmatrix) dargestellt, in der für die infrage kommenden Merkmale entschieden wird, ob sie für die betrachteten Bezeichnungen zutreffen oder nicht. Die Zuordnung wird dabei (möglichst) auf eine Ja/nein-Entscheidung reduziert. Es geht also um den Versuch, lexikalische Bedeutungen vollständig in **binäre Merkmale** zu zerlegen.

Tabelle 8: Merkmalsanalyse am Beispiel „Sitzmöbel"

	Stuhl	Hocker	Bank	Sessel	Sofa	Couch
Lehne	+	-	+/-	+	+	+
Polster	-	-	-	+	+	+
Einzelplatz	+	+	-	+	-	-

Was zeigt uns das Beispiel? Einerseits genügen bereits drei distinktive binäre Merkmale, um fünf der sechs Wörter eindeutig gegeneinander abzugrenzen. Nur *Sofa* und *Couch* zeigen die gleiche Kombination von Merkmalen. Das stimmt mit unserer Wahrnehmung überein, dass diese beiden Wörter eine untereinander ähnlichere Bedeutung haben als die anderen Wörter der Gruppe. Alle anderen Kandidaten zeigen ein jeweils charakteristisches Bild an Merkmalsausprägungen: *Hocker* unterscheidet sich von *Stuhl* durch die fehlende Rückenlehne, beide haben im Kontrast zum *Sessel* keine Polsterung etc. Wir haben also eine Bestätigung dafür erhalten, dass die Bezeichnungen für Sitzmöbel, die sich in unserer Sprache eingebürgert haben, eine Basis in nachvollziehbaren Kriterien haben, die sich als unterscheidende Merkmale – oder Seme – analysieren lassen.

Aber sind wir auch den anderen Zielen einer semantischen Theorie nähergekommen? Dazu gehörte zum einen die Hoffnung, komplexere Bedeutungen auf möglichst elementare semantische Komponenten zurückzuführen. Das haben wir mit dieser Analyse nicht wirklich erreicht: Die hier versuchsweise angesetzten Merkmale ‚Lehne', ‚Polster', ‚Einzelplatz' sind alles andere als **elementar** – sie sind in sich vielmehr ziemlich erklärungsbedürftig und durchaus weiter zerlegbar. Und welches Merkmal wäre überhaupt geeignet, *Sofa* von *Couch* zu unterscheiden? Wahrig (1968/1975) definiert die *Couch* als „breites Liegesofa mit niedriger Lehne". Bedeutet das für unsere Matrix, dass wir weitere, feinere Merkmale wie die Höhe der Lehne aufnehmen sollten, auch wenn sie für die Unterscheidung der anderen Fälle nicht relevant sind? Ähnliches gilt für eine weitere potentielle Möglichkeit der Abgrenzung: Die beiden Ausdrücke unterscheiden sich u. a. auch in ihrer Stilebene. Auch diese Unterscheidung ist aber für die restlichen Kandidaten unserer Testgruppe nicht relevant – es wäre also nicht sehr ökonomisch, sie als Merkmal einzuführen.

Die hier verwendeten Merkmale genügen auch nicht dem Anspruch, möglichst **generell** zu sein, also für viele Fälle zu gelten bzw. einen großen Anwendungsbereich zu haben. Man sieht ihnen quasi an, dass sie speziell für die Analyse der Sitzmöbel-Ausdrücke gesucht wurden und deshalb nicht geeignet sind, zu den allgemeinen Grundbedeutungen der Sprache vorzudringen. Eine wichtige Einschränkung der Erklärungskraft einer komponentiellen Analyse ist schließlich, dass sie sich nur für bestimmte Ausschnitte des Wortschatzes überhaupt eignet. Nicht zufällig widmet sie sich in den klassisch gewordenen Analysen z. B. substantivischen Verwandtschaftsbezeichnungen (*Vater, Mutter, Tante, Onkel* ...) oder Ausdrücken für Gewässer (*Bach, See, Teich, Weiher*...), die durch Merkmale noch vergleichsweise gut erschließbar sind. Wie würde man aber passende Komponenten definieren, um die Bedeutung von Farbwörtern wie *rot* oder Eigenschaftszuschreibungen wie *nett* transparent zu machen – von Funktionswörtern wie *aber, weil* oder *übrigens* ganz abgesehen?

Zusammenfassend ist also festzuhalten, dass die Merkmalsanalyse von den folgenden **Grundsätzen** ausgeht: Kategorien sind durch ihre Merkmale definiert, und über die Zugehörigkeit zu einer Kategorie wird durch den Abgleich von Merkmalen entschieden. Dabei haben alle Mitglieder denselben Status. Für unser Beispiel heißt das: *Couch* oder *Hocker* sind gleichwertige Mitglieder der Kategorie ‚Sitzmöbel' wie *Stühle*. Gleichzeitig sind mit dieser Beschreibung klare Kategorien-Grenzen verbunden: Ob ein Möbelstück ein *Hocker* ist oder nicht, ist ja anhand der festgelegten (im Idealfall: notwendigen und hinreichenden) Merkmale klar umrissen.

Wie wir gesehen haben, kann dieser Typ von Analyse für einige Fälle durchaus erhellend sein, z. B. wenn man einzelne Wortbedeutungen paarweise miteinander kontrastieren möchte. Sie erscheint aber doch als ein sehr grobes Werkzeug, das der Vielfältigkeit der semantischen Unterscheidungen, wie sie im Wortschatz angelegt sind und für den Ausdruck unserer Gedanken genutzt werden, in vieler Hinsicht nicht gerecht wird.

> Das Lexikon bildet einen beträchtlichen Teil unseres überaus komplexen kognitiven Systems. Es ist nicht adäquat anzunehmen, dass sich die Zusammensetzung von Wortbedeutungen in so simplen Strukturen erschöpft, wie sie die Binäre Merkmalsemantik erzeugt. (Löbner 2015: 215)

Der Gedanke, komplexere Bedeutungen auf einfachere zurückzuführen, ist inzwischen auch auf andere Weise weiterverfolgt worden. So unternimmt z. B. die Forschergruppe um Anna Wierzbicka (1996) in einem langjährigen Projekt der Entwicklung einer „Natural Semantic Metalanguage" den ehrgeizigen Versuch, alle Bedeutungen in allen Sprachen (!) mithilfe eines strikt begrenzten Inventars von sog. **semantischen Primitiven** zu beschreiben. Eine Analyse des kausativen englischen Verbs *break* sieht nach diesem Vorschlag so aus (hier zitiert nach Löbner 2015: 225):

X_{Person} break(s) y (e.g. Howard broke the window) =
i) x does something to y
ii) because of this, something happens to y at this time
iii) because of this, after this y is not one thing any more

Was sich hier erfüllt, ist die Hoffnung auf die Einfachheit der erklärenden Sprache: Nur Ausdrücke aus einem elementaren Basiswortschatz werden in i–iii verwendet. Aber etwas anderes bleibt noch unbefriedigend: Die erklärende Paraphrase würde auch für die Wörter *cut* oder *destroy* zutreffen – und wahrscheinlich noch für etliche andere. Die Erklärung bleibt also hinter der Komplexität der Unterscheidungen im Englischen weit zurück.

Bedeutungsbeschreibung über „Prototypen"
Wie aber erklären wir einem Nicht-Muttersprachler die Bedeutung des Wortes *rot*? Um die Farbe zu beschreiben, auf die wir mit diesem Wort referieren können, eignen sich sicherlich „gute Beispiele" von Rot-Vorkommen. Wir könnten also Gegenstände nennen, die uns typischerweise in einer besonders deutlichen Ausprägung dieser Farbe begegnen und die deshalb mit der Farbe Rot stark assoziiert sind: z. B. Tomaten, Blut oder Feuerwehrautos. Als Beispiel nicht gut geeignet wäre für unsere Erklärung wahrscheinlich das Rot in Herbstblättern, Weintrauben oder Sonnenuntergängen, denn hier sind variierende und weniger „zentrale" Rot-Varianten typisch. Intuitiv ist für dieses Beispiel nachvollziehbar, dass das

Konzept ‚rot' kein einheitliches Ganzes darstellt (das über Merkmale analysierbar wäre), sondern eher eine Struktur mit einem sehr deutlichen Zentrum und einer schrittweise abgestuften Peripherie, die weniger charakteristische Mitglieder der Kategorie enthält.

Damit erscheint es auch nicht angemessen, ein solches Konzept über eine Liste von notwendigen und hinreichenden Bedingungen (das sogenannte NHB-Modell) zu definieren, wie es die strukturalistische Komponenten-Analyse vorschlägt. Aus der Sicht des NHB-Modells ist Zugehörigkeit zu einer Kategorie (die dann mit einem Wort benannt werden kann) ja an die strikte Erfüllung einer klar umrissenen Zahl und Art von Merkmalen geknüpft. So wäre z.B. Voraussetzung dafür, ein Tier als *Vogel* bezeichnen zu können, dass es (mindestens) die Merkmale ‚kann fliegen', ‚hat Federn', ‚legt Eier' und ‚hat einen Schnabel' erfüllt.

Aber gehen wir wirklich so vor, wenn wir einem konkreten Gegenstand die sprachliche Benennung mittels einer Kategorie zuordnen? Die Prototypen-Theorie setzt anders an – nämlich bei der Beobachtung, dass sich Konzepte für uns aus besonders guten Beispielen erschließen, die wir meist spontan mit einer bildlichen Vorstellung verbinden. Die Ähnlichkeit zu diesem sogenannten **Prototypen** entscheidet dann sowohl über die Zugehörigkeit zur Kategorie als auch über den Status der Entität innerhalb der Kategorie (als zentrales oder eher peripheres Mitglied). Die Entwicklung der ersten Version dieser Theorie hatte ihren Ausgangspunkt in psycholinguistischen Experimenten zur sprachlichen Kategorisierung von Objekten. So fragte William Labov (1973) in einem berühmt gewordenen Experiment seine Probanden, ob sie die im Folgenden abgebildeten Gefäße als *Tasse*, *Schale* oder *Vase* (hier übersetzte Begriffe, im Original *cup*, *bowl* und *vase*) bezeichnen würden. Das fragte er sowohl für die leeren Gefäße als auch für Abbildungen, in denen das jeweilige Gefäß mit Kaffee, Kartoffeln oder Blumen gefüllt war. Außerdem zeigte er den Probanden noch Versionen ohne Henkel.

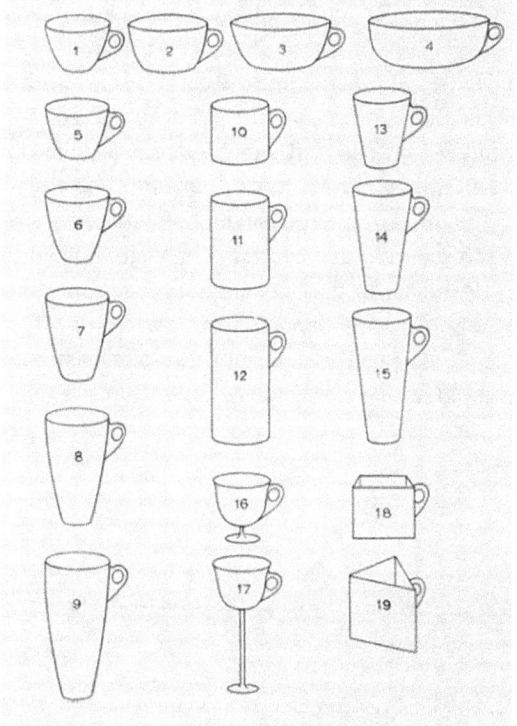

Abbildung 21: Das Tassenexperiment von Labov (1973: 354).

Die Ergebnisse der Befragung zeigten ein interessantes Muster (das hier nur sehr verkürzt wiedergegeben wird): Große Übereinstimmung gab es bei der Benennung der „typischen" Formen in „typischen" Kontexten. So wurden Nr. 1 und Nr. 2 von allen Probanden und in fast allen Kontexten als *Tasse* bezeichnet. Hohe Gefäße ohne Henkel, die mit Blumen gefüllt waren, wurden von allen als *Vase* erkannt. Ohne Blumen wurden diese Gefäße nur von den meisten als *Vase* bezeichnet. Niedrige und breite Gefäße ohne Henkel wurden von der großen Mehrheit als *Schale* bezeichnet. Wenn diese mit Kartoffeln gefüllt waren, bezeichneten fast alle sie als *Schale*. Dagegen variierten die Bezeichnungen für die anderen dargestellten Formen und Kontexte. Die Probanden waren sich also über die Grenzen der jeweiligen Kategorien nicht mehr so einig wie über das Zentrum: Wann kann man etwas „gerade noch" als *Tasse* bezeichnen? Das zeigt: Ein bestes Beispiel in Form eines Prototypen sorgt dafür, dass wir uns in Fällen von „schwieriger Kategorisierung" auf ein gut erkennbares Zentrum der Kategorie verlassen können und dieses als Bezugspunkt benutzen. Das trifft vor allem zu, wenn wir es mit Kategorien zu tun haben, in denen viele kleine Unterscheidungen eine Rolle spielen, die u. U.

fließend ineinander übergehen – wie oben bei den Gefäßen, bei den Farben oder auch bei Gefühlen.

In einer Serie empirischer Versuche hat auch **Eleanor Rosch** (1975) für eine ganze Reihe von Kategorien (u. a. Möbel, Gemüse, Kleidungsstücke, Fahrzeuge) gezeigt, dass sie typische und weniger typische Vertreter aufweisen – über die sich die Sprachbenutzer jeweils sehr einig sind. Auch die Kategorie ‚Vogel' war dabei: Für das englische Wort *bird* wurde ermittelt, dass die Befragten übereinstimmend das Rotkehlchen (englisch *robin*) in das Zentrum der Vogel-Kategorie platzieren: Dieser Vogel **repräsentiert** also für die Sprecherinnen und Sprecher des Englischen die Kategorie am besten. Er kann damit als Prototyp für die Kategorie ‚Vogel' angesetzt werden. Andere Typen von Vögeln gruppieren sich in mehr oder weniger deutlichem Abstand dazu – je nachdem, für wie typisch sie in Bezug auf ihr Vogel-Sein gehalten werden.

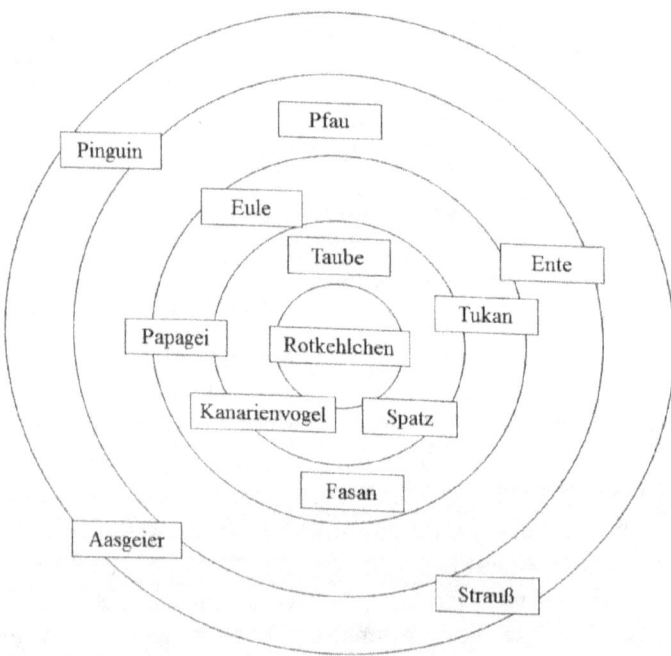

Abbildung 22: Prototypen von Vögeln, aus: Schwarz-Friesel/Chur (2014: 54).

Da wir Konzepte aufgrund unserer Erfahrung bilden, verwundert nicht, dass diejenigen Exemplare einer Kategorie in ihr Zentrum gerückt werden, denen wir häufiger begegnen: Von Singvögeln wie Meisen oder Amseln kann man sich im Alltag „ein Bild machen". Über eigene Beobachtung und Thematisierung in der Gesellschaft gewinnen wir eine Basis dafür, z. B. ihre jeweils charakteristische Silhouette schrittweise mit anderem Wissen zu verknüpfen – z. B. über typische Bewegungsweisen und den Gesang, das Futterverhalten etc. Für Amseln verfügen wir auf diese Weise vermutlich in der Regel über eine prägnante und sicher abrufbare Vorstellung. Dass auch Pinguine Vögel sind, lernen wir dagegen allenfalls später im Biologieunterricht – und wenn man diese Tiere im Zoo tauchen und schwimmen sieht, erscheint die Zuordnung zur Kategorie „Vogel" fast schon erstaunlich.

Wenn uns beim Gedanken an **untypische Fälle** die Zuordnung zu Kategorien unsicher erscheint, bietet allerdings die Sprache selbst verschiedene Möglichkeiten, das deutlich zu machen. Eine davon liegt in den Mitteln der Wortbildung: Wollen wir ein weniger typisches Rot ansprechen, können sowohl Komposita als auch Derivations-Suffixe für differenzierende Abstufungen eingesetzt werden: *dunkelrot, himbeerrot, rötlich*. Sollen Zweifel über die Zuordenbarkeit zu einer Kategorie ausgedrückt werden, stehen dafür die sogenannten **Heckenausdrücke** (engl. *hedges*) zur Verfügung. Einige Beispiele:

i) *Der Pinguin ist ein **seltsamer** Vogel – er fliegt ja gar nicht!*
ii) *Manuel ist letztens mit **einer Art** Auto vorgefahren; in die Kabine passte nur eine Person*
iii) *Ich finde sie **schon irgendwie** sympathisch, aber ...*
iv) ***Streng genommen** ist ein Pedelec wohl kein Fahrrad.*

Das macht deutlich: Uns ist beim Sprechen bewusst, dass wir uns „im Prinzip" für eine Kategorie entscheiden müssen, in die wir den Gegenstand oder die Eigenschaft (bei iii) einordnen, um sie mit einem lexikalisierten Ausdruck belegen zu können. Der Wortschatz ist eben begrenzt, die konkreten Ausdrucksbedürfnisse aber vielfältig. Wir greifen also jeweils auf das Wort zurück, das noch am besten passt – oder setzen wenn nötig zu einer umfangreicheren Beschreibung an (vgl. oben zur Paraphrase).

Am Ende dieses Kapitels können wir feststellen: Auf faszinierende Weise gelingt es der Sprache, Bedeutungen gleichzeitig stabil und flexibel zu halten. Wörter, Sätze und Texte enthalten jeweils einen „festen Kern", den wir als Anweisung nehmen, weiteres spezifisches Wissen zu investieren und aus diesen beiden Quellen dann ein differenziertes Verständnis aufzubauen. Beim Verstehen und Vermitteln von Bedeutungen im Gespräch kommen noch weitere Ressourcen hinzu – denen wir uns im nächsten Kapitel widmen werden.

Zum Weiterlesen

Löbner, Sebastian (^{2}2015): Semantik. Eine Einführung. Berlin, Boston: De Gruyter.
Polenz, Peter von (^{3}2008): Deutsche Satzsemantik. Grundbegriffe des Zwischen-den-Zeilen-Lesens. Berlin, Boston: De Gruyter.
Schwarz-Friesel, Monika; Chur, Jeanette (^{6}2014): Semantik – ein Arbeitsbuch. Tübingen: Narr. (Im 2. Teil wird auf die klassische Satzsemantik eingegangen.)
Staffelt, Sven; Hagemann, Jörg (2017): Semantiktheorien. Lexikalische Analysen im Vergleich. Tübingen: Stauffenburg.

11 Sprachliches Handeln, Interaktion und Gespräch

11.1 Interaktion erfordert mehr als Sprache —— 231
11.2 Sprechen ist Handeln! —— 234
11.3 Das Gespräch als Ort der Interaktion —— 238
11.4 Wissenschaftliche Zugänge zur Analyse sprachlicher Interaktion —— 250

Nach einiger Spezialisierung in den vorhergehenden Kapiteln kommen wir hier auf eine sehr grundlegende Frage zurück: Wie wird Sprache in der konkreten Interaktion eingesetzt? Die ganze Vielfalt der sprachlichen Mittel ist ja nicht um ihrer selbst willen entstanden, sondern weil wir dem oder der Anderen etwas sagen wollen, damit er es – und vor allem uns! – versteht.

Für diese Erkundung werden wir an vier Stationen haltmachen: Abschnitt 11.1 zeigt, dass interaktiver Austausch mehr voraussetzt als das bloße Sprachvermögen – und wie die dafür erforderlichen Kompetenzen erworben werden. Dass Sprechen nicht „Schall und Rauch" ist, sondern jeweils in mehr oder weniger drastischer Weise das Potential dazu hat, die soziale Welt zu verändern, ist der zentrale Punkt in 11.2. Abschnitt 11.3 wendet sich dem Gespräch zu: Hier fließen alle Aspekte sprachlicher Interaktion in einem komplexen Geschehen zusammen, das sich aus der Nähe betrachtet als überraschend vielschichtig erweist und – mindestens im Detail – in seiner konkreten Entwicklung immer unvorhersehbar bleibt, selbst bei ganz alltäglichen Gesprächen. Ein kurzer Abschnitt zum Schluss widmet sich den theoretischen Ansätzen, die sich in der Wissenschaftsgeschichte mit diesem Themenfeld auseinandergesetzt haben.

11.1 Interaktion erfordert mehr als Sprache

> It takes two people working together to play a duet, shake hands, play chess, waltz, teach, or make love. To succeed, the two of them have to coordinate both the content and process of what they are doing. (Clark/Brennan 1991: 127)

Wie kein anderes Wesen ist der Mensch auf „den Anderen" orientiert. Unser Leben ist entsprechend in sozialen Beziehungen organisiert, die ohne sprachliche Interaktion nicht vorstellbar sind. Denn das Zusammenleben – zu zweit, in der Familie oder Gruppe, in der Gesellschaft – erfordert das Aushandeln von Rechten und Pflichten, das Vereinbaren von gemeinsamen Zielen, die Verständigung über

Vorgehensweisen und Strategien, aber auch über Hierarchie- und Machtverhältnisse. Diese Vereinbarungsleistungen, aber auch die Etablierung und Pflege von Beziehungen ganz allgemein erfordern **partnerorientiertes Handeln**, auch als **Interaktion** bezeichnet. Dabei nutzen wir einerseits intuitive Wege, die keiner Konventionalisierung bedürfen: Dazu gehören z. B. Blicke und Berührungen, mit denen wir durchaus viel „sagen" können – und die in fast jeder Kultur von Menschen auf ähnliche Weise verstanden werden. Im Verlauf des Aufwachsens erlernen wir darüber hinaus eine Vielfalt kommunikativer Symbole. Sie umfassen neben der Sprache selbst auch eine ganze Reihe **nicht-sprachlicher Symbole**, häufig Gesten: Kopfschütteln verdeutlicht in unserer Kultur Verneinung oder Ablehnung; mit der Hand winken steht für Abschiednehmen; sich auf die Stirn tippen bedeutet, jemandem einen Vogel zu zeigen und gilt je nach Situation auch als Beleidigung. Teil der nonverbalen Kommunikation sind auch Mimik und Körperhaltung oder der räumliche Abstand, den wir beim Sprechen zum Gegenüber etablieren. In den meisten Situationen nutzen wir aber gleichzeitig die Sprache – als unser mächtigstes Repertoire an symbolischen Zeichen – für dann sprachliche oder **verbale** Kommunikation. Wie wir im dritten Abschnitt genauer sehen werden, sind im Gespräch situationsbasierte, nonverbale und verbale Anteile eng verwoben und nur aus ihrem Zusammenspiel gewinnen wir eine Basis dafür, zu verstehen, was **gemeint** war.

Für die Gestaltung des Austauschs in der sozialen Welt werden wir im Verlauf der Sozialisation gut vorbereitet. Da die Fähigkeit mit anderen Menschen zu kommunizieren, für Kinder existenziell wichtig ist, wird sie sehr früh – nämlich bereits vor dem Erwerb erster Wörter – erworben und bildet eine wesentliche Basis für den Spracherwerb. Im vorsprachlichen spielerischen Austausch kann sich das Kind in kleinen Schritten auf die wechselseitige Bezugnahme einstimmen, ohne die verbale Interaktion nicht gelingen kann. Zu lernen ist dabei einerseits die charakteristische **Reziprozität**, die menschliches Miteinander-Sprechen auszeichnet:

> Reziprozität meint die **wechselseitige Bezogenheit** in der Kommunikation. Sie besteht im Alternieren von vokal-verbalen Beiträgen, d. h. der zeitlichen Organisation des Austauschs und auf der Auswechselbarkeit der Rollen des Sprechers und des Hörers in der Kommunikation. (Klann-Delius 2016: 148)

In der Anfangsphase der Entwicklung wird Reziprozität dabei dem Kind auch da zugeschrieben, wo sie noch nicht wirklich erkennbar ist: Betreuungspersonen behandeln zunächst auch nicht-vokale Äußerungen (z. B. ein Lächeln) des Säuglings wie Dialogbeiträge und sensibilisieren so das Kind für den „Dialogmodus", der ja durch eine geordnete Sequenz von zeitlich abgestimmten Beiträgen charakterisiert ist. Auf diese Weise lernt das Kind bereits im Lauf von ca. zwei Monaten, dass die Interaktion einem Muster folgt, in dem man sich abwechselt und aufeinander bezieht. Solche interaktiven Spiele laden das Kind gleichzeitig dazu ein, die in ihnen enthaltene **Intentionalität** zu erkennen: Kein Beitrag erfolgt zufällig, sondern jeder Austausch richtet sich darauf, dem Gegenüber eine **kommunikative Absicht** auszudrücken.

Das Lernen darüber, wie andere Menschen fühlen, denken und die Welt wahrnehmen ist ein wesentlicher Teil unseres Weltwissens. Es verdichtet sich im Lauf der Entwicklung nach und nach zu einem komplexen Netzwerk, das auch als „**Theory of Mind**" bezeichnet wird. (Ein deutscher Begriff als Übersetzung hat sich bisher noch nicht etabliert; zum Erwerb der Fähigkeit vgl. z. B. Röska-Hardy 2011). Zentraler Bestandteil dieses Wissens ist die Erkenntnis, dass Menschen nicht nur aufgrund objektiver Zustände, sondern aufgrund ihrer subjektiven Sicht der Welt denken und handeln. Zur Erklärung und Vorhersage eigener und fremder Gedanken und für die Übernahme der Perspektive von Anderen ist dieses Verständnis unabdingbar. Erst indem wir uns selbst oder anderen mentale Zustände wie Wollen, Fühlen oder Glauben zuschreiben, können wir – im besten Fall – verstehen, warum Menschen so handeln wie sie es tun: Motive für menschliches Handeln liegen ja in Wissenshintergründen und deren Bewertung. Die Entwicklung einer Theory of Mind ist also nicht nur ganz allgemein Voraussetzung für menschliche Kultur und soziales Zusammenleben, sondern ganz spezifisch auch unverzichtbar für die Ausbildung von Gesprächskompetenz.

Dieser Zusammenhang erscheint uns zunächst mehr als selbstverständlich. Muss man tatsächlich lernen, dass andere Menschen zwar auf viele äußere Ereignisse ähnlich reagieren – z. B. bei Kälte frieren, bei Trauer weinen –, aber auch in ganz einfachen Dingen unter Umständen anders auf die Welt blicken als man selbst? Untersuchungen zeigen: Kinder, die jünger sind als ca. vier Jahre, gehen noch davon aus, dass alle anderen das exakt gleiche Wissen haben wie sie selbst. Zeigt man ihnen z.B., dass in einer speziellen *Smarties*-Box erwartungswidrig Malstifte verwahrt sind, antworten sie auf die Frage, was ihr Freund wohl in der gleichen Packung erwarten wird: „Stifte" (vgl. genauer dazu Röska-Hardy 2011). Sie können also noch nicht berücksichtigen, dass dieser Freund das neue, spezifische Wissen über den Schachtelinhalt eben nicht erworben hat und deshalb wohl auf Smarties tippen würde.

Die Erkenntnis, dass Beteiligte eine gemeinsame Situation eventuell unter ganz verschiedenen Blickwinkeln wahrnehmen, ist wesentlicher Teil von den vielfältigen Wissensbeständen, auf die wir uns verlassen, sobald wir miteinander sprechen:

> They cannot even begin to coordinate on content without assuming a vast amount of shared information or common ground – that is, mutual knowledge, mutual beliefs, and mutual assumptions. (Clark/Brennan 1991: 127)

Frei übersetzt: Die Beteiligten können erst damit anfangen, Inhalte ihres Gesprächs zu koordinieren, wenn sie einen großen Batzen an geteilter Information (oder: **Common Ground**; vgl. Kap. 3.5) berücksichtigt haben – das heißt, gegenseitig geteiltes Wissen, geteilte Überzeugungen und Annahmen über die Welt. Gerade der Verweis auf die „Gegenseitigkeit", hier ausgedrückt im Wort „mutual", ist in diesem Zusammenhang sehr wichtig: Es reicht eben nicht, dass ich etwas weiß oder mein Gesprächspartner in etwa das Gleiche weiß – sondern wir müssen auch voneinander wissen, dass wir beide über diese Information verfügen.

Das erklärt, warum es ziemlich schwierig ist, auf einer großen Party mit vielen unbekannten Gästen einen passenden – und relevanten – ersten Satz zu finden, mit dem wir uns freundlich an jemanden wenden können; sehr viel leichter ist es beim Nachbarschaftsfest im Treppenhaus. Die Einschätzung einer gemeinsamen Basis ist aber nicht nur beim Gesprächsbeginn eine wichtige Schwelle. Auch im Verlauf eines Gesprächs streben wir als Sprecherinnen und Sprecher immer wieder einen Abgleich dazu an, wie viel an Koordination unserer aktuellen Wissensbestände bisher geglückt ist – und was gar nicht „angekommen" ist oder vielleicht noch der Klärung bedarf. Diese gemeinsame Arbeit wird auch als **Grounding** (vgl. Clark und Brennan 1991) bezeichnet – und sie ist für die sprachliche Interaktion essentiell: Es reicht eben nicht, einen Gesprächsbeitrag einfach in die Welt zu schicken, sondern selbst in der ganz alltäglichen Kommunikation müssen wir jeweils sicherstellen, dass ein Beitrag auch so verstanden wurde, wie er gemeint war. Wir kommen darauf zurück.

11.2 Sprechen ist Handeln!

Ein Gesprächsbeitrag kann also unter dem Blickwinkel des Aufbaus von gemeinsamem Wissen betrachtet werden – aber auch von einer ganz anderen Warte, nämlich als ein Typ von Handeln, u. U. mit mehr oder weniger weitreichenden Folgen. „How to do things with words" nannte John L. Austin entsprechend die Vorlesungsreihe an der Harvard University, in der er diesen Gedanken 1955 prominent gemacht hat. Er, selbst Philosoph, wendet sich damit gegen die in der Philosophie lange gepflegte Tradition, Sätze immer (nur) als Aussagen zu beschreiben und sie darauf zu untersuchen, ob sie als wahr oder falsch gelten können. Als Ausgangspunkt für die Darstellung seiner neuen Perspektive, Äußerungen jetzt als **Sprechakte** zu beschreiben, wählt er zunächst Fälle, in denen die Handlung im Verb explizit thematisiert wird. Seine Beispiele dafür sind unter anderem *Ich taufe dieses Schiff auf den Namen Queen Elizabeth* als Äußerung beim Wurf der Flasche gegen den Schiffsrumpf oder *Ich vermache meine Uhr meinem Bruder* als Teil eines Testaments. Austin kommentiert dazu:

Jeder würde sagen, dass ich mit diesen Äußerungen etwas Bestimmtes tue (natürlich nur unter passenden Umständen); dabei ist klar, dass ich mit ihnen nicht beschreibe, was ich tue, oder feststelle, dass ich es tue; **den Satz äußern heißt: es tun**. (Austin 1972: 29, unsere Hervorhebung)

Die in diesen Sprechakten verwendeten Verben nennt er **performative Verben** – sie bezeichnen jeweils die Handlung, die durch die entsprechende Äußerung vollzogen wird, und in vielen Fällen könnte man ein *hiermit* hinzufügen. Wie oben in Austins Klammer schon angemerkt, braucht es allerdings die „passenden Umstände", damit die Handlung tatsächlich wirksam wird bzw. als geglückt gelten kann. Für das Taufen von Kindern ist z. B. als Akteure eine Pfarrerin oder ein Pfarrer erforderlich, als situativer Rahmen ein Gottesdienst usw. Solche **Gelingensbedingungen** sind jeweils für bestimmte Verben unterschiedlich. Einige dieser Verben sind in dieser Hinsicht genauer untersucht worden. Möchte ich z. B. jemandem etwas erfolgreich *versprechen*, ist u. a. vorausgesetzt, dass das Versprochene für den Anderen wünschenswert ist, dass es realisiert werden kann und dass ich auch die ehrliche Absicht habe, es in die Tat umzusetzen. Weil wir gelernt haben, was das performative Verb *jdm. etw. versprechen* bedeutet, erkennen wir kreative Verwendungen wie *Ich verspreche dir, dass morgen ein richtiges Scheißwetter sein wird* als ironischen Gebrauch des Verbs, mit dem eben gerade kein Versprechen zustande kommen kann.

Aber nicht nur Äußerungen, die mit solchen Sprechhandlungsverben gebildet sind, konstituieren Handlungen. Im Prinzip enthält jede sprachliche Äußerung das Potential, damit einer anderen Person eine bestimmte kommunikative Absicht deutlich zu machen, sie also z. B. um etwas zu bitten, vor etwas zu warnen usw. Denn bei einem differenzierten Blick auf die Funktion von Sprachäußerungen können wir mit Austins Schüler John Searle (1969), der die entsprechende Theorie weiter ausgebaut hat, vier verschiedene Aspekte von Sprechakten unterscheiden, die alle gleichzeitig in einer aktuellen Sprechhandlung enthalten sind, aber analytisch getrennt voneinander betrachtet werden können. Man kann Sprechakte also quasi von vier Seiten aus beleuchten. Was tun wir also (gleichzeitig!), wenn wir z. B. sagen: *Der Kaffee ist kalt*?

a) Als **lokutionärer Akt** wird bezeichnet, dass wir dabei einen Satz aussprechen – also z. B. die Laute artikulieren, die sich zu den oben genannten Wörtern und damit dem gesamten Satz in deutscher Sprache verbinden. Dieser Teil des Sprechakts kann u. a. dann misslingen, wenn gleichzeitig ein Düsenjäger vorbeifliegt oder ich nicht über den passenden Wortschatz verfüge.

b) **Der propositionale Akt** besteht darin, eine Aussage über die Welt zu machen; für diesen Aspekt ist das relevante Kriterium, ob die Aussage als wahr oder falsch einzuordnen ist. (Im konkreten Fall wäre also z. B. ein Thermometer nützlich.)

c) **Der illokutionäre Akt** liegt dagegen in der kommunikativen Handlung, die ich mithilfe der Äußerung einer anderen Person gegenüber ausdrücke. Für das o. g. Beispiel kann das eine Reklamation sein (wenn ich z. B. als Kunde bei der Bestellung heißen Kaffee erwartet hatte), oder aber die Aufforderung an den Kollegen, jetzt den Eiskaffee fertigzumachen, für den er eben kalten Kaffee braucht.

d) Im **perlokutionären Akt** blicken wir auf die Auswirkung, die der illokutionäre Akt beim Hörer hat – wird die angesprochene Person der jeweiligen Absicht entsprechend reagieren?

Der neue und zentrale Gedanke der Sprechakttheorie betrifft dabei vor allem den dritten Punkt, die Illokution – und ihre teilweise Unabhängigkeit von der reinen Aussage, die in der Äußerung gemacht wird. Die illokutionäre Kraft einer Sprechhandlung richtig einzuschätzen, bedarf in vielen Fällen mehr als das Verstehen des geäußerten Satzes: Auch die Situation, in der sie geäußert wird, spielt bei der Interpretation eine Rolle, ebenso wie z. B. die darin enthaltenen Modalpartikeln (*der Kaffee ist ja kalt!*), Akzent und Intonation (*der Kaffee ist kalt!*), der Gesichtsausdruck (hier: vorwurfsvoll) oder die begleitende Geste. Alle genannten und noch weitere Signalisierungsebenen können nämlich als sogenannte **Illokutionsindikatoren** eingesetzt werden, die dazu beitragen, dem Hörer oder der Hörerin deutlich zu machen, wie die Äußerung kommunikativ einzuordnen ist. In der Interaktion sind wir dazu häufig auf die Deutung verschiedener Informationsquellen angewiesen.

Wenn die Kommilitonin bei der Referatsvorbereitung sagt *Ich finde, für heute haben wir schon ziemlich viel geschafft* und dabei ein kleines Gähnen unterdrückt, kann man ihre Äußerung ziemlich sicher als Initiative – oder Aufforderung – werten, jetzt mal zum gemütlichen Teil des Treffens überzugehen. Was aber meint wohl der Kollege, der im Flur im Vorbeigehen sagt *Du warst beim Friseur?* Um zu entscheiden, ob es hier um ein Kompliment oder eher das Gegenteil geht, muss man mindestens genau hinhören und -sehen, möglicherweise eine gemeinsame Vorgeschichte berücksichtigen. Klarer liegt der Fall, wenn Tessa ihrer Freundin gegenüber auf der nächtlichen Heimfahrt seufzt *Musstest du wieder so viel trinken?*: Hier handelt es sich zwar grammatisch gesehen um eine Frage, in Bezug auf die Illokution aber um einen Vorwurf – der allerdings auf indirekte Weise ausgedrückt wird. Entsprechend werden solche Sprechhandlungen auch als **indirekte Sprechakte** bezeichnet. In diesen Fällen gehen die Formulierung an der sprachlichen Oberfläche und die gewünschte illokutionäre Interpretation mehr oder weniger deutlich auseinander. Aufgrund der Konventionalisiertheit von bestimmten Formeln haben wir aber trotz des scheinbaren Auseinanderfallens von wörtlicher Bedeutung und Illokution kein Problem damit, solche Sprechhandlungen richtig zu verstehen. Auf ein *Können Sie bitte ihr Auto wegfahren?* antworten wir nicht (nur) mit *Ja* auf die Frage, sondern wir kommen der Bitte nach, die von der Frage sozusagen transportiert wird.

Es ist ganz überwiegend eine bestimmte Gruppe von Sprechhandlungen, für die in unserer Kultur eine solch indirekte Formulierung fast immer erforderlich ist: Sobald wir dem oder der Anderen etwas abverlangen, also ihn oder sie zu einer Handlung verpflichten möchten (vgl. unten kommissive Sprechakte), lassen wir unseren Gesprächspartner lieber selbst erschließen, was gemeint ist. Das gilt als höflicher, weil es dem Angesprochenen mehr Freiraum lässt. Ein Beispiel aus einer Bundestagsdebatte (i) zeigt, dass selbst eine konjunktivische Frageform den Aufforderungscharakter der Äußerung durchaus nicht schmälert:

i) *Wäre es möglich, dass Sie dem Hause innerhalb von 14 Tagen eine Antwort zu diesem Problem geben, die das Haus verstehen kann?*
   Egon Lutz (SPD), 14.10.1987. In: Plenarprotokolle des Deutschen Bundestages, CQPWeb-Edition auf discourselab.de

Unter gleichberechtigten Gesprächspartnern werden also für Aufforderungen in der Regel indirekte Formulierungen gewählt. Das ist anders, sobald zwischen den Beteiligten erkennbare Hierarchieverhältnisse bestehen: Hier sind direkte Imperative erlaubt – z. B. wenn die Lehrerin zu ihrer Klasse sagt *Nehmt die Geschichtsbücher raus!*

Insgesamt scheint ein spielerischer Umgang mit der jeweils erwünschten Interpretation, die die angesprochene Person der Äußerung geben soll, beliebt und sehr verbreitet. So ist uns in einem Kino vor dem Beginn des Films folgende Einblendung begegnet: *Bitte denken Sie daran, nach der Vorstellung ihr Mobiltelefon wieder einzuschalten!* Selbständig den richtigen Schluss zu ziehen, macht einfach mehr Freude als einer Anweisung zu folgen – das berücksichtigen Sprecherinnen und Sprecher bei ihren Formulierungen gerade dann, wenn sie bei ihrem Gegenüber etwas erreichen wollen.

Welche sprachliche Form oder „Einkleidung" für bestimmte kommunikative Handlungen erwünscht ist, kann also durchaus kulturabhängig variieren. Das Spektrum der Sprechhandlungen, die Menschen untereinander gebrauchen, lässt sich aber nach der These von John Searle auf fünf Grundtypen reduzieren. In seinem berühmten Buch „Speech Acts" (1969) präsentiert er folgende Sprechakttypen als universales Repertoire, das in allen Sprachen der Welt realisiert wird:

– **Repräsentative Sprechakte**, mit denen als wahr behauptete Aussagen über die Welt gemacht werden (etwas feststellen, behaupten);

- **Direktive Sprechakte**, mit denen der Adressat zu einer Handlung aufgefordert wird (auffordern, bitten, befehlen);
- **Kommissive Sprechakte**, mit denen Sprecherinnen und Sprecher sich selbst zu einer Handlung verpflichten (versprechen, anbieten);
- **Expressive Sprechakte**, mit denen wir eine innere Haltung zum Gegenüber zum Ausdruck bringen (beglückwünschen, grüßen, danken, kondolieren);
- **Deklarative Sprechakte,** bei denen die angemessene Durchführung von institutionellen Voraussetzungen abhängt und die stark ritualisiert sind (taufen, ein Urteil sprechen, kündigen).

Die Theorie der Sprechakte hat uns die Augen dafür geöffnet, wie komplex das Geschehen ist, das mit der Realisierung einer ganz gewöhnlichen sprachlichen Äußerung verbunden ist. Das ist ihr bleibendes Verdienst. Ihre Konzentration auf eine klare Unterscheidbarkeit bestimmter Typen von Sprechhandlungen lässt dabei allerdings in den Hintergrund rücken, dass sprachliches Handeln immer (mindestens) die Beiträge zweier Beteiligter voraussetzend aufeinander beziehen. Denn erst wenn ein Beitrag „beantwortet" wird, kann der Sprecher oder die Sprecherin einschätzen, ob die gemeinte Illokution angekommen ist (vgl. oben den Begriff ‚Grounding') oder vom Gesprächspartner vielleicht in anderer Weise interpretiert worden ist.

Entsprechend zeigt sich im kommunikativen Alltag, dass es gerade die vermeintlichen Unschärfen sind, die beim Aushandeln gemeinsamer Bedeutungen eine wesentliche Rolle spielen. Wir wählen nicht selten gerade solche Formulierungen, die die illokutionäre Kraft der Äußerung eben noch nicht genau festlegen – um zunächst zu sehen, wie der Beitrag vom Gegenüber aufgenommen wird, um dann darauf im nächsten *turn* flexibel reagieren zu können. Für eine verlaufssensible Analyse solcher gemeinsamer Konstruktionsprozesse ist allerdings erforderlich, nicht einzelne Sprechakte, sondern Sequenzen von Gesprächsbeiträgen detailliert zu beschreiben – und dabei ihre gegenseitigen Bezüge zu berücksichtigen. Dieser Aufgabe wenden wir uns im nächsten Abschnitt zu.

11.3 Das Gespräch als Ort der Interaktion

Gespräche bilden einen wesentlichen Teil unseres sozialen Lebens. Wir regeln mit ihnen unsere Angelegenheiten und gestalten dabei gleichzeitig – mehr oder weniger spürbar – auch unsere Beziehungen. So kommt es, dass immer mindestens drei Stränge miteinander verwoben werden müssen, wenn wir miteinander sprechen: Inhalte, Beziehungen und der Gesprächsprozess selbst – und das betrifft jede beteiligte Person sowohl einzeln als auch alle gemeinsam. Natürlich können noch weitaus mehr Aspekte relevant werden, aber wir versuchen hier, für einen ersten Einblick übersichtlich zu bleiben und konzentrieren uns auf das Wesentliche. Da beide – oder alle – Beteiligten das Gespräch mitgestalten, bleibt letztlich unvorhersehbar, wie man danach auseinandergehen wird. Dieses erstaunliche Phänomen, dass sich im Verlauf eines Prozesses mehr entwickelt als die Summe der beigesteuerten Teile, wird auch als **Emergenz** bezeichnet.

In den folgenden Abschnitten betrachten wir zunächst ein kurzes und ziemlich alltägliches Gespräch genauer. Es wird uns als Ausgangspunkt dienen, um einige zentrale Aspekte der Organisation und Dynamik von Gesprächen deutlich zu machen und das Zusammenspiel dieser Aspekte mindestens anzudeuten. Im nächsten Schritt wenden wir uns der Analyse dieser Aspekte in systematischer Weise zu.

Das folgende Transkript dokumentiert ein Verkaufsgespräch in einer Apotheke in schriftlicher Form: Eine junge Frau spricht für etwas mehr als eine Minute mit dem Apotheker. Das Gespräch ist Teil eines großen Korpus von authentischen Gesprächen (FOLK – Forschungs- und Lehrkorpus), die im Leibniz Institut für Deutsche Sprache in Mannheim gesammelt, transkribiert und dokumentiert sind. Das Korpus wird weiter ausgebaut und das hier untersuchte Gespräch ist über die entsprechende Datenbank dort auch für interessierte Leserinnen und Leser zugänglich – inklusive der zugrundeliegenden Audioaufnahme. Die Konventionen, denen die Niederschrift des Gesprochenen hier folgt, sind im Transkriptionssystem GAT festgehalten (vgl. dazu auch bereits Kap. 4). Für jedes Gespräch sind in der FOLK-Datenbank detaillierte Basisdaten in einer Übersicht dokumentiert. Für das im Folgenden untersuchte Apothekengespräch erscheint folgende Übersicht:

Ereignis FOLK_E_00231

Basisdaten	
Kurzbezeichnung („Art")	Verkaufsgespräch in der Apotheke
Inhalt	Die Kundin möchte einen Erste-Hilfe-Kasten kaufen. Der Apotheker weist auf die Alternative hin, nur die Artikel auszutauschen, deren Verfallsdatum tatsächlich überschritten ist.
Themen	Erste-Hilfe-Kasten; Erste-Hilfe-Kurs; Beratung; Geld
Interaktionsdomäne	Institutionell
Lebensbereich	Dienstleistung
Aktivität	Verkauf
Sprecherkonstellation	Zwei-Personen-Interaktion
Publikum	Nein

Basisdaten	
Vertrautheit	Unbekannt
Datum	2014-09-30
Ort	Land: Deutschland Dialektregion Lameli: mittelwest Dialektregion Wiesinger: Rheinfränkische Sprachregion
Institution / Räumlichkeiten	Apotheke / Verkaufsraum
Aufnahmebedingungen	Nicht dokumentiert
In DGD seit	Version 2.6
Sonstige Bezeichnungen	FOLK_VERK_02_A03
Sprecher	
2 dokumentierte Sprecher	FOLK_S_00616 (Apotheker/in) FOLK_S_00618 (Kunde/in)
Korpusbestandteile	
1 Aufnahme	FOLK_E_00231_SE_01_A_01 (Audio / 00:01:14)
1 Transkript	FOLK_E_00231_SE_01_T_01 (335 Tokens)
Zusatzmaterial	FOLK_E_00231_SE_01_Z_01 (Informationen über Setting und Verlauf)

Wir betrachten das Verkaufsgespräch in Bezug auf seine **Makrostruktur** in einem ersten Zugriff als dreiteilig: Eine Einteilung nach **Beginn, Mitte und Ende** hat sich für Gesprächsanalysen als nützlich erwiesen, da diesen Abschnitten typischerweise gleichbleibende allgemeine Funktionen zugeordnet werden können. So wird zu Beginn in der Regel sowohl der Gesprächsgegenstand als auch die Beziehung zwischen den Beteiligten „in einer ersten Fassung" gemeinsam etabliert. Dieser Gliederung folgen wir auch hier und betrachten zunächst die Gesprächseröffnung. Im nachfolgenden Transkript bedeuten nacheinander folgende Äußerungen in eckigen Klammern, dass die Gesprächspartner gleichzeitig sprechen.

Gesprächs-Ausschnitt Zeile 1–11

```
0001   AS    (jo) [guten tag]
0002   CE         [hall]o
0003   AS    grüß sie ganz herzlich bidde schö[n]
0004   CE                        [und] zwar bräucht ich einen ers-
              te hilfe kastn ham sie so was überhaup[t (.) ich war
              am] wochenende im erste hilfe kurs
```

```
0005    AS    [äh ja
0006          ja
0007    CE    un hab fest[gestellt der in meim auto is abgelaufen]
0008    AS    und (.) jetz hat mer sie]
              heiß gemacht [°h] ja (.) mer hätt hätt ja ihrn alten äh
              kastn au mitbringen könn da hätt mer hier durchsehen
              k[önnen]
0009    CE    [ja h°]
0010    CE    [ja]
```

Für die **Begrüßung** setzt der Situationskontext den wesentlichen Rahmen: In einer öffentlichen Verkaufssituation begegnet man sich typischerweise nicht auf einer individuell-persönlichen Ebene, sondern vorrangig in einer sozialen Rolle: Hier ist das die des spezialisierten Verkäufers einerseits und der Kundin andererseits. Innerhalb dieses Rahmens können allerdings jeweils spezifische Akzente gesetzt werden. In unserem Fall verstärkt der Apotheker seine zunächst konventionelle Begrüßung in Z. 1 (*guten tag*) mit einem besonders freundlichen *grüß sie ganz herzlich* in Z. 3. (Wir werden weiter unten sehen, dass er das nicht zufällig tut). Diesem Schritt schließt er die Aufforderung an die Kundin an, ihr Anliegen zu nennen: *bidde schön*.

Der darauf folgende Gesprächsbeitrag der Kundin enthält funktional betrachtet drei Teile: Sie formuliert zunächst den Kauf-Wunsch nach einem Erste-Hilfe-Kasten (*und zwar bräuchte ich einen erste hilfe kastn*), drückt fast im gleichen Atemzug ihre Unsicherheit über die Angemessenheit dieses Wunschs aus (*ham sie sowas überhaupt*) und fügt dann eine Begründung an, wie sie diesen Bedarf entdeckt hat (Z. 4–7: *ich war am wochenende im erste hilfe kurs un hab festgestellt der in meim auto is abgelaufn*). Die Kundin etabliert also einerseits ein grundsätzliches Kaufinteresse an einem konkreten Produkt. Sie stellt es aber gleichzeitig in einen Zusammenhang, der Rückfragen durchaus Raum gibt, vielleicht sogar dazu einlädt. (Wir können uns als Kontrast vorstellen, die Kundin hätte ihren Kaufwunsch folgendermaßen formuliert: *Ich hätte gern einen Erste-Hilfe-Kasten, der den TÜV-Vorschriften entspricht.*)

Der Apotheker schickt seinem Alternativangebot zum gewünschten Kaufobjekt zunächst einen etwas witzigen Kommentar voraus, mit dem er sich auf die Begründung der Kundin für ihren Bedarf bezieht: *jetz hat mer sie heiß gemacht* (Z. 8). Die eher flapsige und auch leicht übertreibende Formulierung erscheint etwas ungewöhnlich für die Situation – nach einem Erste-Hilfe-Kasten zu fragen bedeutet ja eigentlich nicht, darauf „heiß" zu sein. Warum sagt er das also? Er nimmt damit den Faden der Kundin auf, eben nicht nur über das Produkt zu sprechen, sondern auch über den Hintergrund ihres Bedarfs. Man kann seine kleine Abschweifung also vielleicht als humorvolles Angebot deuten, für seine junge Kundin Partei zu ergreifen: Sie kann ja nichts dafür, wenn ihr durch selbsternannte Experten ein etwas überzogener Bedarf an Ausrüstung suggeriert wird. Erst daran anschließend formuliert der Apotheker seine Art der Antwort auf den Kaufwunsch: *mer hätt ja ihrn altn kastn au mitbringen könn da hätt mer hier durchsehen könn* (Z. 8).

Diese Äußerung verweigert also sozusagen den Produktvorschlag, der in vielen Verkaufsgesprächen an dieser Stelle erwartbar wäre, und bringt eine Alternative ins Spiel, nämlich statt eines Neukaufs den alten Kasten erst auf seine Bestandteile zu untersuchen. Was an der Formulierungsweise auffällt: Der Apotheker vermeidet es, die Kundin mit dem Vorschlag direkt anzusprechen (*sie hätten den kasten ...*) und wählt für die Referenz auf den potentiellen Akteur der Handlung ein diffuses *mer* – also eine dialektgefärbte Variante von „man". Eine mögliche Interpretation: So bleibt der Vorschlag vage genug, um allenfalls vorsichtig als mögliche Kritik an einem Versäumnis der Kundin wahrgenommen zu werden.

Als die Kundin mit einem zweimaligen, teils überlappenden *ja* (Z. 9/10) ihr Interesse an diesem Vorschlag zum Ausdruck bringt, kann diese Alternative näher erläutert werden. Dieser gemeinsame Konsens zwischen Kundin und Verkäufer schließt nach unserem Analysevorschlag den Gesprächsbeginn ab. Die folgenden Gesprächsbeiträge, die eine genauere Erläuterung enthalten, kann man also als den **Hauptteil** des Gesprächs ansehen. Das Verhandeln der gemeinsamen Sache tritt jetzt in eine neue Phase ein und die Beiträge des Apothekers werden entsprechend detaillierter. Der Übergang in eine neue Gesprächsphase wird gewissermaßen auch durch die Beteiligten selbst signalisiert: In der bis dahin durchgehend eng getakteten Aufeinanderfolge der Beiträge – meist leicht überlappend – tritt hier eine kurze Pause ein (Z. 11). Ein Signal auf der Ebene der Gesprächsorganisation geht an dieser Stelle also Hand in Hand mit der inhaltlichen Einigung der Gesprächspartner, das Alternativangebot zu prüfen. (Wir werden aus Platzgründen die beiden folgenden Abschnitte etwas zusammenfassender analysieren als die Eröffnungsphase des Gesprächs.)

Gesprächs-Ausschnitt Zeile 8–29

```
0008    AS   [und (.) jetzt hat mer sie] heiß gemacht [°h] ja (.) mer
             hätt hätt ja ihrn alten äh kastn au mitbringen könn da
             hätt mer hier durchsehen k[önnen]
0009    CE   [ja h°]
0010    CE   [ja]
0011         (0.22)
0012    AS   des gibt ja nach din die vorlag[e un]d dann könnte man
             eventuell die dinge die jetz abgelaufen sind ergänzen
```

		(.) [dann müsse se kei]nen ganz neuen [kaufen] ch mein da ka_mer e bissche geld spar[en °h] ich mein is natürlich klar wenn sie_s so im verbund kaufen is es oft (.) ganz günstig angebote[n]
0013	CE	[hmhm]
0014	CE	[ah so]
0015	CE	[okay]
0016	CE	[ja]
0017	CE	[was k]ostet der den[n so (.) als]
0018	AS	[äh so um die] ja äh (.) muss mal m müsse se rechne fünfezwanzich bis dreißisch eur[o je nachde]m ja ja [das] is_es schon °h un un wenn se des (.) entsprechend austauschen is ned alles jetz abgelaufen dann kommen se vielleicht mit zehn zwölf eu[ro hin] des ka_mer also wirklich so aktualisieren [°h] °h es is ja sie könn_s (.) letztendlich auch selbst tun da brauchen se gar ned die apotheke dazu °h sie könn_selber guckn sie guckn auf die verfallsdat[en die hier über]all draufstehn bei den sterilen
0019	CE	[ach echt]
0020	CE	[oh]
0021	CE	[okay]
0022	CE	[gut]
0023	CE	[hmhm]
0024		(0.43)
0025	CE	j[a]
0026	AS	[ä]h (.) dinge d[ie in dem kastn sind bei den verbandssachen d]ie steril sin °h un wenn_s da abgelaufen na gut (.) okay [d]ann muss mer_s halt neu k[aufn]
0027	CE	[bei den verbandssachn un so ja ja ja]
0028		[((AS klatscht einmal leicht in die Hände))]
0029	CE	[okay]
030		(0.24)
031	AS	[und dann (.) kommen] se wahrscheinlich billiger °h als wenn se jetz einfach sagen °h isch mach hier den (.) generalaustausch
032	CE	[alles klar]
033		(0.24)
034	AS	alt weg
035		(0.42)

```
036    AS   neu r[ein]
037    CE       [j]a
038         (0.29)
```

Der Hauptteil des Gesprächs kann im engeren Sinn als **Beratung** beschrieben werden. Sie ist charakterisiert durch eine typische Asymmetrie der Rollenverteilung: Der Apotheker übernimmt hier sehr deutlich die Rolle desjenigen, der über einen Sachverhalt Bescheid weiß und Schritt für Schritt die gewünschten Informationen weitergibt – allerdings in jeweils enger Abstimmung mit der Person, an die sich die Information richtet und auf die sie jeweils spezifisch zugeschnitten wird. So erläutert er zunächst das Prinzip der Austauschbarkeit der einzelnen Bestandteile des Kastens (Z. 12–17). Seine Ausführungen werden engmaschig begleitet von Hörer-Rückmeldungen der Kundin, die seinen Beitrag wieder teilweise überlappen: *hmhm, ah so, okay, ja*. Sie zeigt damit, dass sie ihm folgt und seine Informationen als relevant empfindet. Mit der Formulierung, im Verbund gebe es *günstige angebote* kommt der Apotheker auf den ursprünglichen Kaufwunsch zurück. Er vermeidet also, seinen Vorschlag als alleinige Möglichkeit der Problembearbeitung darzustellen. Das ermuntert die Kundin, jetzt direkt nach dem Preis zu fragen: *was kostet der denn so?*

In seiner zweiteiligen Antwort nützt der Apotheker die Gelegenheit, weiter für seinen Alternativvorschlag zu werben: Er erläutert die Preisspanne für ein „Fertigprodukt" – kontrastiert diese aber gleich darauf mit dem Preis für einzelne Austausch-Bestandteile, der deutlich günstiger ausfällt. Der Vergleich beider Möglichkeiten wird durch eine Darstellung der genauen Modalitäten abgeschlossen, wie man das Ablaufdatum im Einzelnen feststellen kann. Die Ebene der Gesprächsorganisation geht an dieser Stelle also Hand in Hand mit der inhaltlichen Einigung der Gesprächspartner, das Alternativangebot zu prüfen.

Der Abschluss des Hauptteils besteht in resümierenden Wiederholungen der bis dahin dargestellten Handlungsmöglichkeiten, an denen beide Gesprächspartner beteiligt sind. Man spürt hier, dass das Gespräch langsam zum Ende kommt, denn es werden keine wirklich neuen inhaltlichen oder perspektivischen Aspekte eingebracht. Die Ausführungen des Apothekers sind wieder begleitet von zustimmenden **Hörersignalen** der Kundin – und gipfeln schließlich in einer prägnanten Kurzfassung seines Vorschlags, lieber nur einzelne Produkte zu ersetzen: *alt weg [...] neu rein* (Z. 34–36). Die beiden Teile dieser Äußerung werden durch eine merkbare Pause getrennt und setzen dadurch einen deutlichen Akzent mit abschließendem Charakter. Wieder wird deutlich, dass auch die zeitliche Rhythmisierung der Sprecherbeiträge dazu beiträgt, zu einer gemeinsam geteilten Bedeutung zu kommen.

11.3 Das Gespräch als Ort der Interaktion

Gesprächs-Ausschnitt Zeile 37–46
```
0037    CE    [j]a
0038          (0.29)
0039    CE    okay
0040    AS    gell
0041    CE    gut dan[n mach ich das erst]
0042    AS    [ich wollt ihn_ja auch helfn] bisschen zu sparen
              ge[ll]
0043    CE    [g]ut s[uper]
0044    AS    [noch is] sie ja studentin ja
0045    CE    j[a (.) gen ((lacht)) °h okay sup]er
0046    AS    [ja des is auch okay danke schön]
```

Als die Kundin daraufhin ihr Einverständnis kundtut (*okay gut dann mach ich das erst*, Z. 39–41) ist damit die **Gesprächsbeendigung** eingeläutet. Auf den inhaltlichen Abschluss, der am Ende des Hauptteils bereits vorbereitet war, folgt jetzt die Verabschiedung, in der typischerweise die Beziehung zwischen den Gesprächspartnern wieder stärker in den Vordergrund rückt. Das geschieht hier über einen Metakommentar des Apothekers, in dem er in zwei Schritten den Hintergrund für sein Handeln thematisiert: *ich wollt ihn_ja auch helfn bisschen zu sparen gell [...] noch is sie ja studentin ja* (Z. 42–44). Handlungsmotive zu enthüllen setzt in der Regel eine gewisse Vertrautheit voraus, die in einem gewöhnlichen Verkaufsgespräch eigentlich nicht gegeben ist. Wir erfahren allerdings im zweiten Teil seiner Begründung, dass sich die beiden Beteiligten offenbar kennen – mindestens der Status seiner Kundin als Studentin ist dem Apotheker bekannt (und das wird von ihr auch so **ratifiziert**). Wieder wird dabei eine sehr indirekte Form gewählt: Die Formulierung in der dritten Person vermeidet sowohl ein *Sie* als auch ein *Du*. Möglicherweise kennt der Apotheker die junge Frau aus ihrer Kindheit, der sie jetzt allerdings entwachsen ist. In gewisser Weise lässt diese Wendung das ganze Gespräch in einem neuen Licht erscheinen: Die Bekanntschaft zwischen den Beteiligten erklärt sowohl die besonders herzliche Begrüßung als auch die fast väterlich besorgte Anteilnahme am Problem der Kundin. Soweit wir das auf der Basis des Transkripts einschätzen können, nimmt die junge Frau diese fürsorgliche Haltung zwar freundlich an – ihr kurzes Lachen in Z. 45 könnte aber auch ein Zeichen dafür sein, dass sie die ausgedrückte besondere Empathie doch leicht peinlich findet. Das Gespräch endet mit wechselseitigem Dank und mehrfach ausgetauschten Grußformeln zum Abschied.

Gesprächs-Ausschnitt Zeile 44–49
```
044   AS    [noch is] sie ja studentin ja
045   CE    j[a(.) gen ((lacht)) °h okay sup]er
046   AS    [ja des is auch okay danke schön]
047   AS    alles [klar]
048   CE           [vieln] dank
049   AS    bitte sch[ön danke schön] tschüss
```

Was haben die Beteiligten in dieser kurzen Zeitspanne – das gesamte Gespräch dauert ja kaum mehr als eine Minute – miteinander getan? Eine Kundin mit vagem Kaufwunsch verlässt den Laden ohne Produkt. Nach allem, was das Transkript uns erkennen lässt, sind trotzdem beide Beteiligten nicht unzufrieden: Die junge Frau nimmt den Plan mit, demnächst ihren Erste-Hilfe-Kasten um einige neue Teile zu ergänzen. Der Apotheker hat darauf verzichtet, ein Produkt für ca. 30 Euro zu verkaufen. Er hat stattdessen einer Bekannten gegenüber deutlich werden lassen, dass er auch die Perspektive der „anderen Seite" übernehmen und auf diese Weise vielleicht langfristig eine Kundin gewinnen kann. In Bezug auf die gemeinsame Gestaltung des Gesprächs wurde deutlich, dass jeder nächste Schritt nur in Abstimmung erfolgt. Dabei gelingt es den Beteiligten, sich jeweils mit kleinsten Zeichen zu signalisieren, ob die in der jeweiligen Äußerung angelegte Fortsetzung des Gesprächs so erwünscht ist oder nicht. So hat der Apotheker seinen Austausch-Vorschlag jeweils nur soweit entfaltet, wie die Kundin dem mit zwar unauffälligen, aber eben wirksamen Hörersignalen zugestimmt hat. Und wenn wir die Perspektive etwas erweitern: Ein Apotheker hat gezeigt, dass er nicht bloß ein gewöhnlicher Verkäufer ist, dem es vorrangig auf Gewinn ankommt. Er hat sich damit in das Bild eingefügt, das die Apotheken in Zeiten der Internet-Bestellung in der Öffentlichkeit von sich zu zeichnen versuchen: Wir sind jederzeit für unsere Kunden da – mit Sachverstand und persönlichem Einfühlungsvermögen. Auch das ist typisch für ein Alltagsgespräch: In der einen oder anderen Weise nimmt es auf, was sich in der Gesellschaft bewegt. Auf den engen Zusammenhang zwischen der Verständigung in Gesprächen und der gesellschaftlichen Dimension unseres Zusammenlebens kommen wir in Kapitel 12.4 ausführlich zu sprechen.

Ebenen der Interaktionskonstitution und Analysegesichtspunkte
Auf der Basis der Fallanalyse können wir erneut und etwas differenzierter auf die Aufgaben blicken, die während eines Gesprächs zu bearbeiten sind. Wir nehmen dazu Bezug auf den methodischen Ansatz der Gesprächsanalyse, der von Deppermann (2008: 9) einleitend folgendermaßen umschrieben wird:

Wofür interessiert sich die Gesprächsanalyse? Sie will wissen, *wie* Menschen Gespräche führen. Sie untersucht, nach welchen Prinzipien und mit welchen sprachlichen und anderen kommunikativen Ressourcen Menschen ihren Austausch gestalten und dabei die Wirklichkeit, in der sie leben, herstellen. Diese Gesprächswirklichkeit wird von den Gesprächsteilnehmern *konstituiert*, d. h. sie benutzen systematische und meist routinisierte *Gesprächspraktiken*, mit denen sie im Gespräch Sinn herstellen und seinen Verlauf organisieren.

In einer Gesprächsanalyse geht es also letztlich um die Rekonstruktion des Zusammenhangs von bestimmten sprachlichen Formen mit den Funktionen, die sie für bestimmte Aufgaben haben. Das geschieht vor allem über den Nachvollzug der **sequentiellen Ordnung** eines Gesprächs. Wir haben oben gesehen, dass die Bedeutung einer Gesprächsaktivität sehr sensibel abhängt von dem genauen Moment, in dem sie vollzogen wird. Denn jede Äußerung schafft Verknüpfungen in zwei Richtungen: Sie ist einerseits abhängig vom vorausgehenden Kontext und dokumentiert so jeweils ein Verständnis der Vorgängeräußerung; sie schafft andererseits als neue Sprechhandlung Erwartungen für folgende Handlungen. Indem sich Gesprächsteilnehmer Schritt für Schritt gegenseitig deutlich machen, wie sie sich verstehen, entstehen geteilte Bedeutungen und koordinierte Handlungen – und damit **Intersubjektivität.**

Für die konkrete Analyse eines Gesprächs ist es in der Regel nützlich, von einer Beschreibung seiner Grob-Struktur auszugehen. In unserem Fall oben war es z. B. ausreichend, dafür drei Phasen (Eröffnung, Kernphase und Beendigung) anzusetzen. In längeren Gesprächen kann es für die Orientierung erforderlich sein, zunächst themen- und handlungsbezogene Abschnitte zu bilden. Sie liefern den Ausgangspunkt für die Festlegung derjenigen Gesprächssequenzen, die später einer Detailanalyse unterzogen werden sollen.

Im folgenden Abschnitt soll auf einige Kernelemente der gesprächsanalytischen Vorgehensweise etwas näher eingegangen werden. Diese eher knappen Ausführungen sollen das Prinzip erkennbar machen, aber nicht dazu dienen, eine feste Abfolge an Untersuchungsschritten anzugeben. Das wäre auch deshalb nicht sinnvoll, weil sich die Analysebereiche an der Art des konkret untersuchten Gesprächs und der jeweiligen Fragestellung ausrichten müssen.

Handlungsbeschreibung
Wesentliche erste Fragen an die Äußerungen in einem Transkript sind u. a.: Worum geht es in der Gesprächspassage? Wer spricht worüber? Welche Art von sprachlicher Handlung wird vollzogen? Um diese Fragen zu klären, ist es nützlich, das Gesprochene zunächst zu paraphrasieren – und sich zu fragen, welche spezifischen Bedeutungen die verwendeten Ausdrücke im gegebenen Kontext enthalten. Dabei ist wichtig zu beachten, dass wir keine einfachen eins-zu-eins-Beziehungen erwarten sollten: Manche Äußerungen „tragen" mehrere sprach-

liche Handlungen, es können aber umgekehrt auch mehrere Äußerungen erforderlich sein, um z. B. eine Bitte auszusprechen (vgl. als Beispiel den zunächst geäußerten, dann halb zurückgenommenen Kaufwunsch der jungen Frau in der Gesprächseröffnung oben).

Äußerungsgestaltung
Wie wir an einigen Stellen der Beispielanalyse gesehen haben, können die Feinheiten der Formulierung für die Bedeutung der Äußerung eine wichtige Rolle spielen. Alle Ebenen der Sprache können hier relevant werden: die Wortwahl und Grammatik (z. B. die Wortstellung), phonetische Besonderheiten der Artikulation, vor allem aber prosodische Eigenschaften wie Akzentuierung und Intonation, Lautstärke- und Tempoveränderungen. Auch der Bezug von Sprachäußerungen zum nonverbalen Verhalten kann zur Bedeutungskonstitution wichtig werden – seine Analyse setzt allerdings eine videographische Dokumentation des jeweiligen Gesprächs voraus, die bisher nur selten zur Verfügung steht. Viele der genannten Merkmale von Äußerungen haben das Potential, von den Gesprächsbeteiligten als **Kontextualisierungshinweise** eingesetzt zu werden: Das heißt, sie rufen für die Interpretation der Äußerung eine Art intuitiv verfügbaren Bezugsrahmen auf, der mit explizit sprachlichen Mitteln nur schwer mitteilbar wäre (vgl. die Wirkung des Ausdrucks *heiß machen* oben, der dem Gespräch einen anderen, vertrauteren Ton verleiht. Wir kommen auf den Gebrauch solcher Hinweise in Kap. 12.4 zurück.).

Sprecherwechsel
Grundsätzlich ist die Verteilung des Rederechts durch zwei Möglichkeiten bestimmt: Sprecher können von sich aus das Wort ergreifen (sog. **Selbstwahl**) oder die vorhergehende Sprecherin wählt den nachfolgenden Beteiligten dadurch aus, dass sie ihm oder ihr das Wort „übergibt" (**Fremdwahl**). Das geschieht z. B. durch eine Frage, auf die eine Antwort vom Gegenüber erwartet wird. Dieses System führt in der Praxis sowohl zu „glatten" Übergängen, bei denen eine sehr kurze Pause zwischen den Beiträgen gewährleistet ist. Häufig kommt es aber auch zu Überlappungen zwischen Beiträgen – das ist in unserem Beispiel an vielen Stellen illustriert. Solche Phasen **gleichzeitigen Sprechens** können genauer auf ihre jeweilige Rolle untersucht werden: Wird an einer solchen Stelle z. B. das Rederecht beansprucht oder nur ein Kommentar gegeben – ist die Überlappung also als kompetitiv oder als kooperativ anzusehen?

In der Beispielanalyse oben haben wir dieser Frage nicht sehr viel Beachtung geschenkt, denn die beiden Beteiligten schienen sich relativ harmonisch aufeinander einzustellen; Überlappungen waren vielfach auf Hörersignale der Kundin – sozusagen parallel zu einem längeren Beitrag gesprochen – zurückzuführen und signalisierten von ihrer Seite keinen Anspruch auf das Rederecht. Zu dieser Konstellation hat möglicherweise beigetragen, dass in einem institutionellen Gespräch für den Sprecherwechsel nicht nur lokale Regeln wirksam sind, sondern übergreifende Vorgaben für das Rederecht bestehen. Das heißt: Aufgrund einer grundsätzlichen Asymmetrie hat hier der Apotheker (sozusagen als Gastgeber) z. B. das Vorrecht, zuerst das Wort zu ergreifen und auch über den weiteren Ablauf in stärkerem Maß zu bestimmen als eine Kundin.

Folgeerwartungen
Gespräche erhalten in einem hohen Maß dadurch ihre Ordnung und ihren Sinn, dass Äußerungen in einer Art Paarstruktur aufeinander bezogen werden: auf Fragen werden Antworten erwartet, auf Einladungen Zu- oder Absagen, auf Vorwürfe Entschuldigungen oder Rechtfertigungen und so weiter. Allgemeiner formuliert: Sobald ein bestimmter Typ von Äußerung (z. B. ein Gruß) die Erwartung auf eine spezifische Reaktion hervorruft, schafft der Beitrag damit eine sogenannte **konditionelle Relevanz** für einen anderen Typ von Äußerung, hier z. B. einen Gegengruß (ausführlicher zu diesem Themenbereich z. B. Bergmann 1994). Wie diese erwartete Reaktion genau gestaltet wird, bleibt dabei den Beteiligten überlassen: Ein fröhliches *Hallo!*, über die Straße gerufen, kann mit einem ebensolchen erwidert werden, aber genauso auch mit einem Winken. Dagegen würde ein gemurmeltes *Lass mich in Ruhe* die vom Gruß eröffnete Leerstelle nicht passend ausfüllen und vielleicht Konsequenzen in der Beziehung zu der grüßenden Person zur Folge haben.

In der Eingangssequenz des Verkaufsgesprächs macht z. B. die Aufforderung *bitte schön* vonseiten des Verkäufers das Äußern eines Kaufwunschs relevant. Die Kundin weiß das und geht darauf zunächst mit der Nennung eines Produkts ein – sie wählt damit eine sogenannte **präferierte Folgeäußerung**, d. h. ihre Anschlusshandlung erfüllt die Erwartung des vorangehenden Sprechers. Eine eher **dispräferierte Folgeäußerung** wäre z. B. *Entschuldigen Sie, ich wollte nichts kaufen, sondern fragen, ob es hier in der Nähe eine Post gibt* – eine Sprecherin würde damit die Erwartung zwar nicht einlösen, aber doch zeigen, dass sie die Erwartung kennt (deshalb die Entschuldigung).

Zusammenfassend kann man sagen: Erst gemeinsam ausgehandelte Bedeutungen taugen dazu, sich über Sachverhalte, koordiniertes Handeln und die gegenseitige Beziehung zu verständigen. Sie entwickeln sich sukzessive im Verlauf des Gesprächsprozesses. Häufig liegen sie nicht offen zutage, sondern müssen durch Interpretation erschlossen werden. Für eine Analyse sind sie im Prinzip auf die gleiche Weise zugänglich wie für die Beteiligten selbst, nämlich über die jeweils „aufgezeigten" Gesprächsaktivitäten. Entscheidendes Kriterium für die Qualität einer Deutung ist also der weitere Verlauf des Geschehens:

> Die Interpretation eines Gesprächszugs ist dann gültig, wenn gezeigt werden kann, daß diese Interpretation und die Handlungsprinzipien, die ihr zugrundeliegen, für die Interaktanten selbst im weiteren Gesprächsverlauf handlungsleitend sind. (Deppermann 2008: 70)

Mit dem Problem der angemessenen **Interpretation** von Gesprächsdaten rückt zum Schluss des Abschnitts ein Problem wieder in unsere Aufmerksamkeit, das wir bisher nur gestreift hatten: Gespräche sind ein **multimodales Geschehen**. Das Gesprochene spielt dabei eine wichtige, möglicherweise die entscheidende Rolle. Es wird von den Beteiligten aber immer als eingebettet in einen komplexen Zusammenhang erlebt: in die physischen und sozialen Aspekte der Situation, in nicht-sprachliche Handlungen kommunikativer (fragendes Stirnrunzeln) und nicht-kommunikativer (Zwiebeln schneiden) Art, in akustische Landschaften der Umgebung, in institutionelle Zusammenhänge und Hierarchie-Beziehungen usw. Die ganze Informationsfülle situierter Interaktion wird uns bei der Analyse von Transkripten eben nur in einem Ausschnitt zugänglich, und selbst die Ergänzung durch eine Videoaufnahme kann das nur ansatzweise ausgleichen. Beim Beschreiben und Interpretieren von Gesprächsprozessen sind wir also auf Erfahrungen angewiesen, die uns Zugang zu Hintergrundwissen geben. Unter anderem deshalb war es nützlich, ein Gespräch in einer Apotheke als Beispiel zu untersuchen: Wir wissen alle eine Menge darüber, wie es sich anfühlt, dort Kunde zu sein. Erfahrungswissen aus eigenen Interaktionen ist also eine wichtige Voraussetzung, um einen Gesprächsverlauf informiert nachvollziehen zu können – allerdings wird auch das nicht immer ausreichend sein. Deshalb kann es in besonderen Fällen erforderlich sein, zusätzliches Wissen – z. B. über Vorgeschichten, kommunikative Praktiken und Ziele der Beteiligten – über teilnehmende Beobachtung oder andere Zugänge zu erschließen.

11.4 Wissenschaftliche Zugänge zur Analyse sprachlicher Interaktion

Die Beschreibung von Gesprächen rückte zunächst nicht durch die Linguistik, sondern durch das Interesse von Soziologen in den Fokus der Wissenschaft. Als Gründungsvater der sogenannten **Ethnomethodologie** gilt Harold Garfinkel, der in den 1960er Jahren erforschen wollte, wie soziale Ordnung zustande kommt und welche „Methoden" der Verständigung und Sinngebung Menschen dabei einsetzen. Dabei war ihm wichtig, nicht von Theorien auszugehen, sondern von den ganz alltäglichen Praktiken, wie sie tagtäglich von uns allen ausgeübt werden. Er war überzeugt, dass eine sehr genaue Beobachtung und Beschreibung dieser

Praktiken dafür ausreicht, die von den Beteiligten selbst zugrunde gelegten Prinzipien herauszuarbeiten.

Auf dieser Basis entwickelte sich – ebenfalls in den USA – die Forschungsrichtung der **Konversationsanalyse**. Ihre Herkunft wird z. T. durch das vorangestellte Attribut „ethnomethodologisch" hervorgehoben. In Deutschland wurde dieser Ansatz bereits in den 1980er Jahren von Werner Kallmeyer vertreten und bekannt gemacht. Da der Ausdruck „Konversation" im Deutschen nur einen ganz bestimmten Typ von Gespräch meint, wird inzwischen oft auch einfach von „Gesprächsanalyse" gesprochen. Das Ziel konversationsanalytischer Arbeit besteht darin, in authentischen Alltagsgesprächen allgemein geltende Regelhaftigkeiten aufzudecken: Wie werden z. B. Vorwürfe realisiert und erwidert, wie werden Missverständnisse aufgedeckt und bearbeitet, wie gelingt es, Widerspruch auf verträgliche oder besonders wirksame Weise zu äußern und so weiter. Dabei ist immer zu berücksichtigen, dass die verbalen Praktiken von den Beteiligten spezifisch auf das einzelne Gespräch zugeschnitten worden sind und nur im konkreten Zusammenhang in der beobachteten Weise „funktionieren". Die zu beschreibenden Regeln sind also zugleich bis zu einem gewissen Grad abstrakt und kontextsensitiv. Das bedeutet für diese Methode, dass Fragestellungen immer aus dem Datenmaterial heraus **induktiv** entwickelt werden. Die Analyse beschreibt also zunächst Einzelfälle sehr detailliert und mit Bezug auf den Kontext, in den sie eingebettet sind. Erst in einem zweiten Schritt und auf der Basis größerer Beispielsammlungen lässt sich ein Phänomen dann systematischer erforschen, um übergreifende Muster zu identifizieren. Um z. B. herauszufinden, ob Apothekengespräche tatsächlich „beratungsintensiver" verlaufen als vergleichbare Verkaufsgespräche, bräuchte man eine relativ große Datenbasis an Vergleichsfällen aus den beiden zu kontrastierenden Bereichen.

Die Datenbasis konversationsanalytischer Arbeit besteht aus authentischen Gesprächen, die in natürlichen Kommunikationszusammenhängen aufgenommen werden. Zur selbstverständlichen Grundlage wissenschaftlichen Vorgehens gehört dabei, dass die Gesprächsteilnehmerinnen und -teilnehmer vorher ihre Einwilligung zur Aufzeichnung und weiteren Verwendung der Daten geben. Damit ist ein Widerspruch angelegt, der unter der Bezeichnung **Beobachterparadoxon** gefasst wird: Durch die Aufnahme verändert sich die Situation unweigerlich, die man ja gerade als unverfälschte dokumentieren wollte. Vollständige Natürlichkeit kann also nicht gewahrt werden, sobald man eine Aufzeichnung ankündigt und realisiert. Die Erfahrung zeigt allerdings, dass ein Störeffekt in vielen Fällen gering bleibt, wenn man darauf achtet, die erforderliche Technik so weit wie möglich im Hintergrund zu halten. Der Datenaufzeichnung folgt die Transkription. Dieser Prozess stellt einerseits durch das Dauerhaft-Machen des vorher flüchtigen Gesprächs einen wichtigen Schritt im Arbeitsprozess dar: Erst die Notation in einer geschriebenen Fassung erlaubt uns ja die Untersuchung von Detailphänomenen (dazu bereits Kap. 4). Aber darüber hinaus öffnet das genaue Hinhören auf die mehrfach abgespielten kleinen akustischen Ausschnitte uns die Augen (bzw. Ohren ...) für die faszinierende Vielschichtigkeit des Geschehens: Die Wirkung der stimmlichen Formung für das Gesprochene ist in der Tonaufnahme noch differenziert erhalten, während im Transkript unweigerlich ein Teil dieser reichhaltigen prosodischen Information entfallen wird.

Beim Untersuchen des dokumentierten Gesprächs ist für die Konversationsanalyse vor allem eine Maxime entscheidend: Nichts im Ablauf eines Gesprächs ist als zufällig zu betrachten – jedes Detail des Gesprochenen hat eine Bedeutung, auch wenn es zunächst noch so nebensächlich erscheint. Denn die Teilnehmerinnen und Teilnehmer nutzen ja auch kleinste Hinweise, um sich damit über den Fortgang ihres Tuns zu verständigen: Eine längere Pause bedeutet also etwas anderes als eine kurze Pause, ein plötzliches Leiserwerden beim Sprechen trägt ebenso eine Botschaft wie ein Abbruch mitten im Wort: Alle diese Einzelheiten sind jeweils relevant für die Ordnung des Gesprächs. Diese Grundannahme der Konversationsanalyse wird auch mit der Formel „**order at all points**" zusammengefasst (Sacks 1984: 22). Sie unterstreicht zum einen, wie wichtig ein sorgfältiges Transkript für das Gelingen der Analyse ist, aber auch, dass die durch Gespräche immer aufs Neue rekonstruierte soziale Ordnung sich im verbalen (und nonverbalen) Ausdruck manifestiert.

Zum Abschluss unseres Abschnitts zur konversationsanalytischen Forschung soll kurz auf eines ihrer Ergebnisse zu den allgemeinen strukturellen Eigenschaften von Gesprächen eingegangen werden: die Entdeckung der **Präferenzorganisation**. Wir haben oben bereits darauf hingewiesen, dass sogenannte Paarsequenzen eine wichtige Quelle für die Strukturierung von Gesprächen darstellen. Die empirische Analyse vieler einzelner Gesprächsabläufe hat nun ergeben, dass eine Reihe solcher Paare gewissermaßen asymmetrisch angelegt sind – so eröffnet eine Einladung im Prinzip zunächst zwei gleichwertige Möglichkeiten: Annahme oder Ablehnung. Es zeigt sich aber, dass im Falle von Einladungen als erstem Teil einer Paarsequenz die Annahme als strukturell **präferiert** angesehen wird. Das bedeutet, eine Einladung anzunehmen gilt als „unmarkierter" Fall und kann deshalb mit sparsamen sprachlichen Mitteln realisiert werden: *Kommst du mit in die Mensa? – ... ja, gerne!* Dagegen erfordert es regelmäßig größeren Aufwand, auf eine Einladung eine Ablehnung zu äußern. (*Kommst du mit in die Mensa? – ... ach ich hatte mir heute extra einen Salat eingepackt + der würde bis heut abend schlecht werden + aber morgen bestimmt wieder.*). Der dispräferierte zweite Paarteil (hier die Zurückweisung) ist typischerweise durch Pausen, Verzögerungsphänomene, Begründungen etc. eingerahmt. Analog zum Beispiel der Einladung gilt das auch für die Paarsequenz der Bitte, auf die Gewähren oder Ablehnen folgen kann – auch hier wird in der Regel eine positive Reaktion einfacher und kürzer gehalten sein als eine Zurückweisung.

Seit ihren Anfängen in den Fußstapfen der amerikanischen Conversation Analysis hat sich die Gesprächsanalyse in vielfältiger Weise weiterentwickelt. Die Untersuchungsziele haben sich diversifiziert: Neben der allgemeinen Frage nach der Struktur von Alltagsgesprächen rückte z. B. auch das Gelingen von institutioneller Kommunikation in den Fokus, und damit u. a. Unterrichtskommunikation, Beratungs- oder Bewerbungsgespräche – aber auch die Untersuchung von Gesprächen als Teil gesellschaftlicher Diskurse. In Bezug auf die Methodologie wurde die starke Fokussierung auf eine strikt oberflächennahe Analysetechnik abgelöst durch Herangehensweisen, die auch das Hintergrundwissen sowohl der Gesprächsbeteiligten als auch der analysierenden Forscherinnen als relevante Ressource akzeptieren.

Unter dem breiteren Dach einer **Gesprächslinguistik** (auch **Interaktionalen Linguistik**) werden darüber hinaus die Rückkopplungen zwischen sprachlichen Interaktionen und dem Sprachsystem stärker thematisiert. Hier geht es nicht vorrangig um die Klärung der sozialen Ordnung, sondern um den Zusammenhang von Sprache und Interaktion: Wie prägen Interaktionsstrukturen die Sprache, wie kann man umgekehrt sprachliche Strukturen als zugeschnitten auf Bedürfnisse der Interaktionspartner beschreiben? Sprachliche Strukturen auf verschiedenen Ebenen können unter diesem Blickwinkel als verfestigte Muster dessen gelesen werden, was in der Interaktion immer wieder gebraucht wird:

> Die Formen und Strukturen einer Einzelsprache werden nicht als statische Einheiten, sondern als flexible und anpassungsfähige Ressourcen aufgefasst, die auf die **Bedürfnisse der Sprecher** bei der Organisation der Interaktion zugeschnitten sind. Auf der Ebene der Syntax z. B. zeigt sich die Flexibilität darin, dass Sätze im Gespräch über ihren möglichen Endpunkt hinaus vom Sprecher erweitert oder durch Fortführung nach einem Sprecherwechsel gemeinsam konstruiert werden können. (Stukenbrock 2013: 247)

Ein wegweisendes Ergebnis bereits in den Anfängen dieser Linie der Gesprächslinguistik war der empirische Nachweis, dass *weil*-Sätze mit Verbzweitstellung nicht als ungrammatisch zu werten sind, weil sie nämlich ganz bestimmte, zu Konstruktionen mit der Verberststellung von *weil* konkurrierende Funktionen erfüllen (Günthner 1993). Die Verwendung des Konnektors *weil* in zwei alternativen Satzkonstruktionen macht also eine Ausdifferenzierung von Bedeutungen möglich, bereichert also das Form-Funktions-Gefüge der deutschen Sprache. Für weitere Analysen zu diesem Forschungsfeld vgl. z. B. auch Deppermann/Spranz-Fogasy 2006 und Imo 2013.

Zum Weiterlesen

Auer, Peter (^{2}2013): Sprachliche Interaktion. Eine Einführung anhand von 22 Klassikern. Berlin, Boston: De Gruyter.
Bergmann, Jörg (1994): Ethnomethodologische Konversationsanalyse. In: Fritz, Gerd; Hundsnurscher, Franz (Hgg.): Handbuch der Dialoganalyse. Tübingen: Niemeyer, S. 3–16.
Deppermann, Arnulf (^{4}2008): Gespräche analysieren. Eine Einführung. Wiesbaden: VS Verlag für Sozialwissenschaften.

12 Gesellschaft

12.1 Wie die Soziolinguistik entstanden ist —— 256
12.2 Sprechstile und soziale Gruppen —— 262
12.3 Innere und äußere Mehrsprachigkeit —— 263
12.4 Die Gesellschaft ist immer dabei: Kontextualisierung —— 268
12.5 Sprache, Wissen und Macht: Perspektiven der Diskursanalyse —— 272

In dem folgenden Kapitel möchten wir darstellen, welchen Einfluss auf unsere Sprache es hat, dass wir als Sprecherinnen und Sprecher in unterschiedlichen gesellschaftlichen Milieus, beruflichen und privaten Rollen und vielfältigen Kommunikationssituationen agieren. Es geht also um den Zusammenhang von Sprache und Gesellschaft. Dass wir dieses Thema als letztes behandeln, bedeutet nicht etwa, dass es uns im Vergleich als das unwichtigste erschiene – im Gegenteil: Wir können mit Fug und Recht sagen, dass es ohne Gesellschaft keine Sprache gäbe und ohne Sprache keine Gesellschaft. Diese anthropologische Erkenntnis haben wir im ersten Kapitel bereits ausgeführt. Vielmehr halten wir es für fundamental darzustellen, wie sprachliche Vielfalt durch gesellschaftliche Komplexität entsteht. Und genauso wollen wir im Folgenden zeigen, wie sich die Identität gesellschaftlicher Gruppen, die Machtverhältnisse zwischen Personen und die öffentliche Stellung von Institutionen wie Wissenschaft, Recht oder Politik im Sprachgebrauch formieren und zu gesellschaftlichen Realitäten werden. Das letzte Kapitel scheint uns dafür deshalb angemessen zu sein, weil wir nun auf alle vorher eingeführten Beschreibungsaspekte der deutschen Sprache zurückgreifen können.

Es gibt mehrere linguistische Forschungsbereiche, die sich auf die eine oder andere Weise mit der Vielfältigkeit von Sprachgebrauch in der modernen, ausdifferenzierten Gesellschaft beschäftigen. Diejenige Teildisziplin, die sich programmatisch mit dem Verhältnis von Sprache und Gesellschaft beschäftigt, ist die Soziolinguistik. Wir beginnen in Kapitel 12.1 mit der Frage danach, wie diese als Forschungsfeld entstanden ist. Wir zeigen auch, auf welchen Grundbegriffen und Beschreibungsmodellen die frühe Soziolinguistik fußt und welche angrenzenden Perspektiven und Termini für die Beschreibung der Gesellschaftlichkeit von Sprache wichtig sind. Die Entstehung der modernen Soziolinguistik ist untrennbar verbunden mit heute noch aktuellen Fragen nach dem gesellschaftlichen Einfluss linguistischer Forschung und der Frage danach, welche Haltungen und Voreinstellungen die Linguistinnen und Linguisten selbst mit zur Arbeit bringen und welchen Einfluss das auf ihre Ergebnisse hat.

Danach nehmen wir die Perspektive der **interaktionalen Soziolinguistik** ein und beschreiben, wie die Zugehörigkeit zu sozialen Gruppen unsere Art zu formulieren und miteinander zu interagieren prägt (Kap. 12.2). Wenn wir in immer ähnlichen Kommunikationssituationen mit immer ähnlichen Menschen immer ähnliche Dinge zu besprechen haben, entstehen **soziale Stile**. Die Einübung solcher Stile vermittelt uns nicht nur eine soziale Identität, sondern gibt uns auch sprachliche Ressourcen zur Hand, die Welt aus einer bestimmten, mit Anderen geteilten Perspektive zu erfassen.

Im dritten Teil des Kapitels befassen wir uns mit **Mehrsprachigkeit** (Kap. 12.3). Darunter versteht man den Zustand, wenn mehrere Sprachen gleichzeitig als Ressource der Kommunikation zur Verfügung stehen. Das kann entweder bei einem Individuum der Fall sein, bei einer Institution wie z.B. der Europäischen Union oder auch bei einem Unternehmen. Unter ‚Sprachen' in mehrsprachigen Kontexten sind Sprachsysteme wie das Deutsche, Englische oder Türkische zu verstehen. Zustände der Mehrsprachigkeit können aber auch ausgelöst werden, wenn verschiedene Subsysteme einer Einzelsprache gleichzeitig als Kompetenz vorhanden sind, z.B. eine wissenschaftliche Fachsprache, ein Dialekt und der Slang einer Musikszene. Wir sprechen dann von **innerer Mehrsprachigkeit**.

Im Anschluss analysieren wir an einem Fall nicht ganz geglückter Wissenschaftskommunikation im Vormittagsfernsehen, wie die Gesprächspartner einander aufzeigen, welche situativen und gesellschaftlichen Hintergründe für deren Verständigung gerade relevant sind. Der entsprechende Fachbegriff dafür heißt **Kontextualisierung** (Kap. 12.4). Solche Analysen verdeutlichen, wieso Hypothesen über gesellschaftliche Rollen immer im Spiel sind, wenn wir uns miteinander verständigen.

Der Frage nach der kommunikativen Herstellung der gesellschaftlichen Wirklichkeit und ihren Auswirkungen auf soziale Identität, Wissen und Macht widmet sich die **Diskursanalyse** (Kap. 12.5). Diese arbeitet dabei heraus, wie sich durch Gewohnheiten des Sprechens und Schreibens Identitäten, Vorstellungen über die Welt und Machtverhältnisse formieren und vererben. Die Diskursanalyse kann man zur Soziolinguistik nicht deutlich abgrenzen. Vielmehr gibt es im Forschungsalltag viele Überschneidungen. Hier werden wir Grundbegriffe, Themen und Ergebnisse der linguistischen Diskursanalyse darstellen.

12.1 Wie die Soziolinguistik entstanden ist

Der Zusammenhang von Sprache und Gesellschaft wird in der linguistischen Teildisziplin **Soziolinguistik** an der Schnittstelle von Linguistik und Soziologie beschrieben. Die hier behandelten Themen haben dementsprechend auch eine gesellschaftspolitische Dimension, die in der Forschung mal mehr, mal weniger deutlich wird. Sie stand bereits im Zentrum der Debatten rund um die ersten Studien der modernen Soziolinguistik in den 1960er Jahren (s. u., Kap. 12.1).

Der Beginn der modernen Soziolinguistik wird für gewöhnlich in den Arbeiten des britischen Soziologen Basil Bernstein gesehen. Bernstein untersuchte seit den späten 1950er Jahren den Zusammenhang von gesellschaftlicher Schicht und Sprechweisen. Er unterschied dabei Angehörige der „unteren Arbeiterklasse" von solchen der „Mittelklasse". Diesen schrieb er unterschiedliche sprachliche Repertoires, sogenannte „Codes" zu:

> Two general types of code can be distinguished: elaborated and restricted. They can be defined, on a linguistic level, in terms of the probability of predicting for any one speaker which syntactic elements will be used to organize meaning. In the case of an elaborated code, the speaker will select from a relatively extensive range of alternatives and therefore the probability of predicting the pattern of organizing elements is considerably reduced. In the case of a restricted code the number of these alternatives is often severely limited and the probability of predicting the pattern is greatly increased. (Bernstein 1971: 59)

Bernstein unterscheidet also zwei „allgemeine Typen" von Code. Den Unterschied drückt er im Zitat mit dem Vokabular der sozialwissenschaftlichen Statistik aus: Je mehr Formulierungsalternativen jemandem zur Verfügung stehen, desto schwieriger kann man vorhersagen, was sie oder er tatsächlich in einer konkreten Situation sagen wird. Eine geringe Vorhersagbarkeit spricht also für ein reiches Repertoire an sprachlichen Mitteln. Das bezieht sich allgemein gesprochen auf die Möglichkeit, mit „syntaktischen Elementen Bedeutung zu erzeugen". Konkret heißt das: Jemand verfügt über einen reichhaltigen und differenzierten Wortschatz, zahlreiche Möglichkeiten Information in Sätzen (vgl. Kap. 8.4) anzuordnen und die Fähigkeit, Sachverhalte aus verschiedenen Perspektiven und mit verschiedenen Nuancen zu versprachlichen. Dieses reiche sprachliche Repertoire nennt Bernstein den „elaborierten Code". Er schreibt es Angehörigen der „Mittelklasse" zu. Im Umkehrschluss wird der „restringierte Code" als eine Sprache mit hoher Vorhersagbarkeit beschrieben, und zwar weil die zur Verfügung stehenden sprachlichen Mitteln entsprechend reduziert seien. Diesen beobachtet er bei Angehörigen der „unteren Arbeiterklasse".

In der Nachfolge gab es in Großbritannien, den USA und auch in Deutschland zahlreiche Untersuchungen dieses Typs (vgl. Bertram/Bertram/Fischer 1974: 15–18). Aus den Forschungen ist das vor allem in den USA verfolgte Ziel entstanden, den Sprecherinnen und Sprecher des „restringierten Codes" durch großangelegte Bildungsprogramme Aufstiegschancen zu ermöglichen. Eine bekannte Frucht dieser Idee ist die Kindersendung *Sesamstraße*, die unter dem Originaltitel *sesame street* ab 1969 mit staatlicher Unterstützung in den USA ausgestrahlt wurde und vor allem Vorschulkinder aus sozial schwachen Familien erreichen sollte. Allerdings birgt Bernsteins Modell auch erhebliches Diskriminierungspotenzial: Den empirischen Befund, dass Angehörige unterschiedlicher Milieus sich unterschiedlich ausdrücken, deutet Bernstein normativ. Sein Modell ist in die Fachgeschichte als **Defizithypothese** eingegangen.

Der deutsche Soziologe Ulrich Oevermann, der selbst Studien nach Bernsteins Vorbild in Deutschland durchgeführt hatte, hat die Defizithypothese pointiert kritisiert. Sie erweise sich

> als die zur wissenschaftlichen Pseudoobjektivität erhobene Arroganz derjenigen [...], die nun einmal die kulturellen Muster der legitimen Statuszuweisungsmechanismen definieren und die erfolgreich die Beherrschung der ihnen eigenen Symbole als die einzig mögliche Form intelligenten Verhaltens erscheinen lassen. (Oevermann 1970: 240f.)

Diese Kritik gilt es zu bedenken, wenn über Sprachdefizite und Sprachförderung gesellschaftlicher Gruppen diskutiert wird. Andererseits dürfen wir nicht vergessen, dass die Teilhabe am gesellschaftlichen Leben und Aufstiegschancen auch in unseren Zeiten daran geknüpft sind, dass man den Stil und die Formulierungsweisen beherrscht, welche die jeweiligen „Türhüterinnen" und „Türhüter" gesellschaftlicher Institutionen als korrekt und angemessen erachten. Damit sind z. B. Lehrer, Managerinnen und Lokalpolitikerinnen gemeint, die darüber entscheiden, ob jemand Erfolg hat und „mitmachen" darf.

Der erste Linguist, der eine großangelegte Studie des Sprachverhaltens unterschiedlicher sozialer Gruppen vorgelegt hat, war der Amerikaner William Labov. Dessen Buch *The Social Stratification of English in New York City* (1966) gilt als Gründungswerk der sogenannten variationistischen Soziolinguistik. Darin untersucht er – mit einem Fokus auf der Phonetik – das Sprachverhalten unterschiedlicher sozialer Gruppen und arbeitet mit statistischen Verfahren Korrelationen zwischen sprachlichen und sozialen Variablen heraus, z. B. der Aussprache des Phonems /r/ und unterschiedlichen Einkommensschichten. Labov (1966: 17) hat an Bernsteins Studien und ähnlichen Arbeiten vor allem die methodische Kritik, dass den vornehmlich aus Psychologie und Soziologie stammenden Forschern das linguistische Wissen fehle, um die Regelhaftigkeit des Sprachgebrauchs anderer sozialer Gruppen zu erkennen. Daher charakterisierten sie es nach einem Alltagsverständnis von Sprachrichtigkeit als fehlerhaft und brächten es mit kognitiven Defiziten in Verbindung. Labov selbst zeigt vor allem an der Gruppe der afroamerikanischen New Yorker, dass deren Sprachstil auf allen linguistischen Ebenen ein eigenes, in sich schlüssiges und funktionales Regelsystem bildet. Dieses stehe dem amerikanischen Standardenglischen an Komplexität nicht nach, funktioniere aber eben nach eigenen Sprachregeln. Deswegen könne die Sprache nicht einfach als defizitärer Gebrauch des amerikanischen Standardenglischen gedeutet werden. Labov spricht aus diesem Grund von Differenzen der sozialen

Sprachstile statt Defiziten. Deswegen thematisiert man sein Modell mit dem Label **Differenzhypothese** (vgl. Bertram/Bertram/Fischer 1974: 18–20).

Wir berichten ausführlich über diese Anfangsdebatten der Soziolinguistik, weil wir darin erstens die Grundfragen der Disziplin angesprochen finden und zweitens hochaktuelle Bezüge zur sprachpolitischen Situation in Deutschland sehen. Ein Beleg, den wir bereits in Kapitel 2 zitiert haben, mag dies zeigen:

i) *Jaqueline: Wenn ich Nil so sehe, hab ich voll Bock Urlaub zu fahren!*
   Aischa: Reicht ja, wenn wir mal Schwimmbad gehen.
   (Marossek 2013: 328)

In beiden Äußerungen dieses an einer Berliner Hauptschule aufgenommenen Gesprächs fehlen Präposition und Artikel einer direktionalen (die Richtung anzeigenden) Phrase (*[in den] Urlaub / [ins] Schwimmbad*). Es liegt nun nahe, dieses als defizitäres Phänomen gegenüber dem „richtigen" Gebrauch mit ausgebauter Präpositionalphrase zu beschreiben und es als problematisches Produkt von Mehrsprachigkeit, insbesondere des Kontakts mit dem Türkischen, das keine freien Artikel und Präpositionen kennt, zu sehen. Marossek zeigt aber in ihrer Studie, dass dieses Phänomen nicht nur an Hauptschulen, sondern an allen Berliner Schultypen gängig ist, und sich nicht etwa nur auf Personen mit Migrationshintergrund beschränkt. Informelle Umfragen und Beobachtungen in unserer Studierendenschaft bestätigen, dass diese Konstruktion auch von vielen Studierenden verwendet und als umgangssprachlich unauffällig bewertet wird. Wir haben sie auch schon aus dem Munde jüngerer Kolleginnen und Kollegen gehört. Tatsächlich gibt es keine sprachsystematische Notwendigkeit, direktive Komplemente von Bewegungsverben (in unserem Beispiel: *Schwimmbad* als Komplement von *gehen*) weiter durch Präpositionalkonstruktionen zu spezifizieren (in unserem Fall: der Kontraktionsform *ins*). Die Bewegung ist schließlich schon im Verb ausgedrückt. Es handelt sich also nicht um eine defizitäre Sprechweise, sondern um eine syntaktische Variante des Direktiv-Komplements von Bewegungsprädikaten im Deutschen. Auf der anderen Seite ist leicht einsichtig, dass man auf der Basis solcher Beschreibungen keine Schulgrammatik schreiben kann. Oder anders ausgedrückt: Sobald wir Linguistik als ein Fach verstehen, dass mit seinen Ergebnissen auch an der gesellschaftlichen Debatte teilnimmt und Orientierung gibt, brauchen wir normative Konzepte. Da wir aber nicht in die von Oevermann beschriebene Falle treten wollen, den eigenen Sprachgebrauch zum Maßstab dessen zu machen, was sprachlich richtig ist, sprechen die Linguistinnen und Linguisten, die im Bereich der Sprachkritik arbeiten, oft von **Angemessenheit** (Kienpointner 2005) des Sprachgebrauchs. Damit ist gemeint, dass eine sprachliche Form relativ zur Situation, in der sie verwendet wird, und zu den kommunikativen Zielen, die damit verfolgt werden, bewertet werden kann, nicht aber abstrakt und ohne Kontext. Wenn jemand also bei Richtungsangaben die Präposition weglässt, ist das weder für sich genommen kritikwürdig noch ein Anzeichen für Sprachverfall. Sie oder er sollte sich aber darüber bewusst sein, dass man (zumindest momentan) in einem Vorstellungsgespräch damit keinen guten Eindruck macht und möglichst die zu erwartende Form aus der Standardsprache verwenden sollte.

Die Soziolinguistik war also in ihrer Anfangsphase durch eine emanzipatorische und gesellschaftskritische Grundhaltung geprägt und hat bis heute eine starke gesellschaftspolitische Dimension. Das kann auch gar nicht anders sein, wenn man Sprache als gesellschaftliches Handeln begreift, das immer Auswirkungen sowohl auf uns Sprecherinnen und Sprecher als auch auf die Gesellschaft als Ganze hat. Dieser politische Aspekt wird vor allem dann präsent, wenn wir die Verhältnisse in der Sprache von der Gesellschaft her analysieren. Nun kann man die Perspektive aber auch umdrehen und die Vielfalt der sprachlichen Erscheinungsformen vom Sprachsystem (langue, vgl. dazu Kap. 2.1) aus betrachten. Das entsprechende Forschungsgebiet heißt **Varietätenlinguistik** (Felder 2016). Dieses hat die sprachsystematische Modellierung geographischer, historischer, medialer und sozialer **Variation** zum Thema und abstrahiert daher notwendigerweise von den konkreten situativen und gesellschaftlichen Zusammenhängen, in denen Sprachgebrauch steht. Variation der sprachlichen Formen einer Einzelsprache kann man erforschen, indem man verschiedene Sprachformen miteinander vergleicht, die unterschiedlichen räumlichen, zeitlichen und gesellschaftlichen Kontexten zuzuordnen sind. Solche Kontexte können gesellschaftliche Milieus, Berufe, geographische Orte oder auch Altersgruppen sein.

Einzelne variierende sprachliche Phänomene heißen **Varianten**. Zum Beispiel kann man auf dasselbe Nahrungsmittel mit den Wörtern *Semmel* (Beleg i) oder *Brötchen* (Beleg II) referieren. Den für die Herstellung und den Vertrieb von Fleischprodukten zuständige Person kann man *Fleischer* (i) oder *Metzger* (ii) nennen.

i) *wir mußten Semmel backen für die Fleischer*
https://dgd.ids-mannheim.de/DGD2Web/ExternalAccessServlet?command=displayTranscript&id=OS-_E_00022_SE_01_T_01_DF_01&cID=c41&wID=&textSize=200&contextSize=4

ii) *Kundin empört: Metzger kassiert Geld für das Aufschneiden von Brötchen*
https://www.derwesten.de/panorama/kundin-empoert-metzger-kassiert-geld-fuer-das-aufschneiden-von-broetchen-id212001933.html

Varianten werden als Ausprägungen von **Variablen** betrachtet. In unserem Beispiel: Variable I ‚handliches Backteil' mit den Varianten *Semmel* und *Brötchen*; Variable II ‚Fleischverarbeiter' mit den Varianten *Fleischer* und *Metzger*. Die Gesamtheit aller einem Parameterwert zuzuordnenden Varianten nennt man eine **Varietät** (zu den Begriffen vgl. Felder 2016: 9). Im Falle unserer Beispiele repräsentiert Beleg (i) mit den Varianten *Semmel* und *Fleischer* einen alten schlesischen Dialekt. Beleg (ii) mit *Brötchen* und *Metzger* dagegen repräsentiert die Standardvarietät des Deutschen, also eine nicht dialektal geprägte Form, das Deutsche zu sprechen und zu schreiben. Den Begriff der Varietät verwendet man dann, wenn man die unterschiedlichen Sprech- und Schreibformen einer Sprache als deren Subsysteme beschreiben möchte.

Ein wichtiger Gegenstand sprachlicher Variationsforschung sind **Dialekte**. Das Forschungsfeld der **Dialektologie** ist ein eigenständiger Teilbereich der Linguistik, in dem die systematischen Unterschiede der Sprechweisen unterschiedlicher Regionen erforscht werden. Als deren Begründer gilt der Sprachforscher Johann A. Schmeller, der Autor des 1821 erschienenen Werks *Die Mundarten Bayerns grammatisch dargestellt* und eines vierbändigen Wörterbuchs des Bayrischen (1827–1837) war (vgl. Christen 2017: 2f.). Ab den 1970er Jahren werden Dialekte auch als Indikatoren gesellschaftlicher Phänomene im Rahmen der Soziolinguistik untersucht (Mattheier 1980). Die zeitgenössische Dialektologie trägt methodisch und begrifflich der Vielfältigkeit der regionalen Sprachvariation Rechnung. Dabei werden nicht nur die ständige Veränderung der regionalen Sprachformen untersucht, sondern auch deren Gebrauch in verschiedenen Kommunikationssituationen und Medien. Schmidt und Herrgen (2011) nennen ihr Einführungsbuch entsprechend „Sprachdynamik". ‚Dialekte' definieren sie als „die standardfernsten, lokal oder kleinregional verbreiteten Vollvarietäten" (2011: 57).

Wir möchten uns im Folgenden auf diejenigen Aspekte der Soziolinguistik konzentrieren, in denen deren gesellschaftspolitische Dimension besonders deutlich wird – und damit auch ganz praktische Fragen, mit denen jede Linguistin und jeder Deutschlehrer konfrontiert ist. Wir gehen daher nicht – wie die Varietätenlinguistik – vom Sprachsystem aus, sondern fragen, welche Rolle Sprache bei der kommunikativen Herstellung sozialer Welten spielt und wie sich eine Regelhaftigkeit des Sprechens und Schreibens aus unserer Zugehörigkeit zu unterschiedlichen sozialen Gruppen erklären lässt. Unser Ordnungsterminus ist daher nicht Varietät, sondern **sozialer Stil**. Soziale Stile sind systematische kommunikative Verhaltensweisen, die sich in sozialen Gruppen ausprägen. Sie sind „das Ergebnis der Auseinandersetzung mit spezifischen Lebensbedingungen" und reflektieren „die für das Selbstverständnis der Gemeinschaftsmitglieder ausschlaggebenden Orientierungen" (Kallmeyer 1994: 30). Eine vergleichende Darstellung der Termini ‚Varietät' und ‚Stil' gibt Dittmar (2009), wo wir auch die treffenden Zitate von Werner Kallmeyer gefunden haben. Kallmeyer hat den Begriff ‚sozialer Stil' in Deutschland eingeführt.

12.2 Sprechstile und soziale Gruppen

Die interaktionale Soziolinguistik beschäftigt sich damit, wie Menschen in sozialen Gruppen durch Sprachgebrauch **soziale Welten** schaffen, wie sie sich also einer gemeinsamen Identität versichern, gemeinsame sprachliche Lösungen für Kommunikationsaufgaben bereithalten und damit auch gemeinsame Perspektiven auf die Welt entwickeln können. Das machen Forscherinnen und Forscher in der Regel, indem sie in die Gruppen gehen, deren Sprache sie untersuchen wollen, Interviews und Gespräche führen und möglichst viele Situationen mit ihnen erleben. Diese Methode nennt man **Ethnographie der Kommunikation**. Zum Beispiel hat es die Sprachwissenschaftlerin Inken Keim in ihrem Buch *Die türkischen Powergirls* (2008) auf diese Weise geschafft, sehr genau zu beschreiben, wie eine Gruppe türkischstämmiger junger Frauen in Mannheim sich einen ganz eigenen sozialen Stil schafft. Die sprachlichen Ressourcen, auf welche die Frauen zurückgreifen, sind die dialektal geprägte Mannheimer Umgangssprache, die türkische Sprache, die in den Elternhäusern gesprochen wurde, die Bildungssprache des Gymnasiums und der Universitäten, die sie besuchten, und ganz eigene Formulierungen, die aus Erlebnissen und Neuschöpfungen in der Gruppe entstanden sind. Keim zeigt, wie diese Einflüsse zu einem ganz eigenen Stil führen, der den der Gruppe Zugehörigen eine eigene, im doppelten Wortsinn „starke" Identität verleiht. Mit ihrer Sprache grenzen sie sich nach außen von Anderen ab, bewältigen Alltagssituationen und erleben eine in der Gruppe geteilte Sicht auf die Welt. Der folgende Ausschnitt gibt einen Eindruck davon. In der kurzen Sequenz geht es darum, dass eine Frau aus der Gruppe ein Verfahren der Gesprächssteuerung rechtfertigt, das sie im Psychologiestudium kennengelernt und kurz zuvor in die Gruppendiskussion eingeführt hatte. Es sollte nur noch diejenige sprechen dürfen, die einen dafür ausgewählten Gegenstand in der Hand halte (Keim 2008: 312):

```
1549   K&:  KURZES DURCHEINANDER
1550   DI:  tamam mı↑ * des is=n
1551   Ü:   Okay
1552   DI:  einziges cha``os hier↓ un=des is die einzige
1553   DI:  möglichkeit o/ eusch mal irgendwie zum schweigen
1554   DI:  zu bringen↑ *   und du willst jetzt grad was
1555   HA:  ah↓
```

```
1556  K&:  KURZES DURCHEINANDER
1557  DI:  sagen↑                und alle anderen
1558  DI:  halten jetzt die klappe↓
```

Die Sprecherin initiiert ihren Gesprächsbeitrag mit der türkischen Partikel *tamam mı* (›okay‹) und mixt dann verschiedene Stilebenen: Sie setzt mit einer standardnahen Formulierung (*des is=n einziges cha͡os hier↓*) ein, geht in einen gehobenen, eher literarischen Tonfall über (*zum schweigen zu bringen↑*), den sie aber durch die Aussprache (*eusch*) und ein Mündlichkeitssignal (*irgendwie*) in ihren informellen Duktus integriert, und schließt den Beitrag mit einer eher derben, umgangssprachlichen Formulierung (*halten jetzt die klappe*). Die Gesprächsregel, die sie damit durchsetzen will und die Gesprächsrolle der Moderatorin, die sie damit einnimmt, hat sie offensichtlich aus dem akademischen Kontext ihres Studiums übernommen.

Die Verwendung von Ausdrücken aus verschiedenen Sprachen innerhalb einer Äußerung oder eines Gesprächs nennt man **Code Switching** (Haugen 1956: 40, s. etwas ausführlicher dazu Kap. 2.3). Hier dient die türkische Partikel in Z. 1550 dazu, das Rederecht zu beanspruchen und damit auch die Moderatorenrolle einzunehmen, welche die Sprecherin dann in teils gehobenem Stil ausfüllt. Dabei bedient sie sich durchgängig der Lexik und Syntax des Deutschen. In anderen Gesprächen der Gruppe nimmt dagegen das Türkische deutlich mehr Raum ein. Das türkische Sprachsystem ist eine weitere Ressource, auf welche die jungen Frauen in der Kommunikation zurückgreifen. In vielen Bildungsinstitutionen wird Mehrsprachigkeit dagegen eher als Kommunikationshemmnis angesehen. Wir haben Keims Studie hier ausgewählt, weil *die türkischen Powergirls* exemplarisch für die vielen jungen Menschen stehen, die in mehrsprachigen Kontexten aufwachsen. Die Debatte um die Rolle von Mehrsprachigkeit im Bildungswesen wird in der Öffentlichkeit oft kontrovers und scharf geführt. Gerade im praktischen Alltag von Deutschlehrerinnen und -lehrern hat sie eine große Bedeutung. Deshalb werden wir dem Thema Mehrsprachigkeit im kommenden Unterkapitel Raum geben.

12.3 Innere und äußere Mehrsprachigkeit

Man kann sich mit dem Terminus **Mehrsprachigkeit** erstens auf Individuen beziehen, zweitens auf Organisationen und drittens auf Diskurse. Zu den Diskursen kommen wir in Kapitel 12.5. Mit *Organisationen* sind hier z. B. Unternehmen und Universitäten gemeint, in denen in vielen Fällen auch in Deutschland das Englische als Arbeits-, Fach- und Alltagssprache eine wichtige Rolle spielt. Auch in der Europäischen Union mit ihren 24 Amtssprachen ist das Prinzip der Mehrsprachigkeit fest verankert. Dazu zählt die Möglichkeit für Bürgerinnen und Bürger, in ihrer eigenen Sprache kommunizieren zu dürfen ebenso wie der Erhalt der sprachlichen Vielfalt in Europa (vgl. https://europa.eu/european-union/about-eu/eu-languages_de, zuletzt am 30.04.2020).

Wir konzentrieren uns hier aber auf den ersten Fall, in dem *Mehrsprachigkeit* die ›Fähigkeit der einzelnen Person, zwei oder mehrere Sprachen zu sprechen‹ bedeutet. Was genau damit gemeint ist, ist durchaus umstritten. Wir haben in Kapitel 2.3 bereits erläutert, dass es unmöglich ist, eine exakte Menge an Ausdrucksformen und Wörtern anzugeben, aus denen das Deutsche besteht. Ebenso wenig können wir präzise angeben, ab wann jemand eine Sprache wie das Deutsche, Englische oder Italienische „beherrscht". Auch ist nicht gesagt, dass jemand, der in einer Sprache erzogen wird, diese Sprache dann automatisch so spricht, dass sie oder er von Anderen als Muttersprachlerin oder Muttersprachler anerkannt wird.

Hinzu kommt noch etwas: Wenn Sprecher verschiedener Einzelsprachen in einer Stadt oder Region über einen längeren Zeitraum zusammenleben, dann trägt im alltäglichen Sprachgebrauch oft das eine Sprachsystem dazu bei, dass sich in einem anderen Sprachsystem eine Varietät formiert. Das gilt für den oben angesprochenen kommunikativen Stil der *türkischen Powergirls* ebenso wie für viele Fachsprachen, deren Terminologien aus dem Griechischen, Lateinischen, Englischen oder Französischen stammen. Auch wir haben in diesem Buch eine ganze Reihe englischer (*Code Switching*), französischer (*langue*) und lateinischer Wörter (*Morphem*) eingeführt. Wir müssen die Möglichkeit, auf verschiedene Systematiken des Gebrauchs einer Einzelsprache zurückzugreifen, zusammendenken mit der Möglichkeit, verschiedene Einzelsprachen zu verwenden. Deshalb sprechen wir mit Wandruszka (1979: 38) von **„innerer Mehrsprachigkeit"**, wenn es um die Verfügung über mehrere Varietäten geht, und von **„äußerer Mehrsprachigkeit"**, wenn die Kompetenz in mehreren Einzelsprachen gemeint ist. Wir werden hier mit der „äußeren Mehrsprachigkeit" beginnen.

In der Debatte über diesen Typ von Mehrsprachigkeit trifft man selten auf abwägende Positionen, es überwiegen die euphorischen Stimmen auf der einen und die fundamentalkritischen auf der anderen Seite. Volker Hinnenkamp (2010: 27 f.) formuliert das folgendermaßen:

> Auf der einen Seite stehen die Verfechter einer Sprachpolitik, welche die Mehrsprachigkeit über die reine Anerkennung hinaus auch instrumentell für eine wichtige Ressource mit großem Potenzial halten, das im Rahmen einer einsprachig fixierten Gesellschaft systematisch an seiner Entfaltung gehindert wird; auf der anderen Seite stehen die Befürworter einer forcierten Eingliederungspraxis (Assimilation) über die Förderung der Mehrheitssprache, wobei die Herkunftssprachen als hinderlich bzw. keinesfalls als „Kapital" gesehen werden.

Dabei ist zu beachten, dass Verfechter und Verächter der Mehrsprachigkeit sich nicht immer auf dieselben Sachverhalte beziehen. Den Befürworterinnen geht es oft um den zeitversetzten Erwerb zusätzlicher Sprachen. Müller et al. (2011: 15) sprechen dann von **sukzessivem Spracherwerb**. Dieser geschieht meist in Bildungsinstitutionen und mithilfe formalen Unterrichts. In diesem Sinne wird Mehrsprachigkeit in der Regel als sehr positiv und wünschenswert empfunden. Dabei geht es um den möglichst frühen Erwerb von Sprachen, mit deren Gebrauch möglichst viel praktischer und evtl. ökonomischer Nutzen verbunden ist, also des Englischen, Spanischen oder – in Deutschland mit abnehmender Tendenz – des Französischen. Ein solch positives Bild zeichnet das Mehrsprachigkeitsmodell der Europäischen Union:

> Das Hauptziel der EU in diesem Bereich ist ehrgeizig: alle EU-Bürgerinnen und -Bürger sollen neben ihrer Muttersprache in zwei Fremdsprachen kommunizieren können. Dabei wird von der Annahme ausgegangen, dass dies am besten erreicht werden kann, indem Kinder bereits von klein auf an zwei Fremdsprachen herangeführt werden. [...] Die EU fördert das Sprachenlernen aus folgenden Gründen:
> – mehr Menschen die Möglichkeit geben, im Ausland zu studieren und zu arbeiten,
> – Menschen aus unterschiedlichen Kulturen dazu zu befähigen, einander zu verstehen,
> – in ganz Europa erfolgreich Handel zu betreiben. [...]
> Online unter: https://europa.eu/european-union/about-eu/eu-languages_de, zuletzt am 30.04.2020.

Wesentlich umstrittener ist der Umgang mit Mehrsprachigkeit durch „**simultanen Spracherwerb**" (Müller et al. 2011: 15), worunter man den ›gleichzeitigen, in Lebenssituationen außerhalb des Unterrichts sich vollziehenden Aufbau der Kompetenz in zwei oder mehreren Sprachen‹ versteht. Der wird zwar durchaus auch positiv und als Vorteil beurteilt, oft aber auch als Bildungshemmnis gesehen. Besonders kritisch werden in diesem Zusammenhang Einwanderer-Sprachen beurteilt, die nicht offensichtlich ökonomisch funktionalisierbar sind, wie das Türkische, Arabische oder das Paschto, das in Afghanistan und Pakistan gesprochen wird.

Dabei gilt es zu beachten, dass ein sprachliches Repertoire immer zur Lösung kommunikativer Aufgaben in Situationen dient. Mit dem Terminus ‚**Repertoire**' bezeichnet man ›die Menge an sprachlichen Mitteln, die eine Person als kommunikative Ressource zur Verfügung hat‹. Entsprechend kann im ungeregelten Spracherwerb auch immer nur das gelernt werden, was der Lernerin und dem Lerner in Lebenssituationen begegnet. Wenn Zuhause ein arabischer Dialekt gesprochen und im Freundeskreis Code Switching praktiziert wird, dann erfahren das mit der Bildung beauftragte Lehrpersonen oft als als Hindernis beim Erwerb des konzeptionell schriftlichen Deutschen (vgl. zu dieser Diskussion Keim 2012).

Es steht für uns außer Frage, dass es das vorrangige Ziel der Schule sein muss, den möglichst souveränen Zugriff auf die konzeptionelle Schriftlichkeit in mindestens einer Sprache, in unserem Falle dem Deutschen, zu vermitteln. Dies wird dann als Überforderung gesehen, wenn Schülerinnen und Schülern mit ungenügenden Fähigkeiten im mündlichen Umgang mit dem Deutschen eingeschult werden. Hier ist es wichtig, nicht die mutmaßlich in Konkurrenz zum Deutschen stehende Sprache zu problematisieren, sondern vielmehr an den eventuell fehlenden Sprachanlässen für einen angemessenen Gebrauch des Deutschen anzusetzen. Im Prozess des formalen Erwerbs des Deutschen als Schriftsprache kann dabei der vergleichende Rückgriff auf die Kompetenz der Schülerinnen und Schüler in einer oder mehreren anderen Sprachen nur von Vorteil sein: Erstens wird damit leicht ein sprachreflexives Bewusstsein geschaffen und zweitens erleben die Schülerinnen und Schüler das eigene Sprachvermögen als Ressource, mit der sie Unterrichtssituationen positiv gestalten können (z. B. Bien-Miller/Akbulut/Wildemann 2017). Am Fall einer irischen Grundschule haben David Little und Déirdre Kirwan (2019) jüngst überzeugend nachgewiesen, dass die situative Einbeziehung der Kompetenzen in allen verfügbaren Herkunftssprachen der Schülerinnen und Schüler dabei hilft, die erwünschten literalen Kompetenzen in einer Zielsprache (in diesem Fall sogar zwei: das Irische und das Gälische) aufzubauen: Es wird so spielerisch vor allem der reflexive – also linguistische – Blick auf Sprache entwickelt, weil schon Grundschulkinder ohne Weiteres in der Lage sind, z. B. durch den Vergleich von Wörtern in verschiedenen romanischen Sprachen Sprachverwandtschaften selbst zu entdecken.

Innere Mehrsprachigkeit
Wer sich im bisher geschilderten Sinne nicht als mehrsprachig beschreibt, der verfügt doch über innere Mehrsprachigkeit. Auch wenn wir nicht als Dialektsprechende aufwachsen, so bilden wir doch spätestens beim Eintritt in die Schule verschiedene Sprachstile aus: Wir lernen im Schulzusammenhang einen an der Schriftsprache orientierten Stil, in dem wir z. B. interpersonale Distanz ausdrücken (etwa durch die formale Anrede der Lehrperson), Handlungen rechtfertigen und von konkreten Sachverhalten abstrahieren. Schon in den Schulpausen bedienen wir uns aber ganz anderer stilistischer Ressourcen – in Gruppen Jugendlicher entwickelt sich oft eine ganz eigene Sprache, die aus verdeckten Hinweisen auf gemeinsame Erfahrungen, aus **Neologismen** (›Wortneubildungen‹, vgl. Kap. 6.4), Sprachspielen und ironischem Sprachgebrauch bestehen kann. Manche dieser stilistischen Elemente gelangen in den allgemeinen informellen Sprachgebrauch Jugendlicher, z. B. über die sozialen Medien. Solche Gruppenstile sind in der Regel an die Lebensphase der schulischen, beruflichen und akademischen Ausbildung gebunden und verflüchtigen sich mit dem Eintritt

in den Beruf. Diese Stile fasst man gemeinhin mit dem Begriff **Jugendsprache** zusammen (Bahlo et al. 2019).

Im Berufsleben eignen wir uns sprachliche Mittel an, die dazu dienen, unsere beruflichen Aufgaben in Kooperation mit Kolleginnen und Kollegen möglichst reibungslos und erfolgreich zu bewältigen. Während es bei Jugendsprachen vor allem darum geht, die eigene Gruppenidentität zu bearbeiten, dienen kommunikative Stile im Berufsleben vor allem zur Problemlösung, der Organisation von Arbeitsabläufen und der Sicherung von Fachwissen. Als Nebenprodukt vermitteln sie den Sprecherinnen und Sprechern aber immer auch das Gefühl, zu einer sozialen Gruppe zu gehören. Die Menge aller sprachlichen Mittel zur Bewältigung der kommunikativen Aufgaben in einem spezialisierten Arbeitsbereich nennt man **Fachsprachen** (Roelcke 2020). Sie können – je nach Aufgabenspektrum – unterschiedliche Eigenschaften haben. Roelcke (2017: 464) führt fünf gesellschaftliche Bereiche auf, in denen Fachsprachen jeweils unterschiedliche Ausprägungen haben. Diese modernen gesellschaftlichen Bereiche konnten sich so differenziert ausbilden, weil die Sprecherinnen und Sprecher aufgaben- und situationsbezogen jeweils unterschiedliche Sprechtraditionen entwickelt haben:

- Wissenschaft: Sprache und Kommunikation anlässlich empirischer Experimente und theoretischer Reflexion;
- Technik: Sprache und Kommunikation im Rahmen des zweckgerichteten Einsatzes von Gerätschaften;
- Institutionen: Sprache und Kommunikation innerhalb von öffentlichen oder nichtöffentlichen Organisationen;
- Wirtschaft: Sprache und Kommunikation in den ökonomischen Tätigkeitsfeldern des Handels und des Verkehrs;
- Konsum: Sprache und Kommunikation zwischen den Anbietern und den Verbrauchern eines Produkts sowie unter den Verbrauchern selbst.

Roelcke (2017: 464) verweist für den Gesellschaftsbereich der Wissenschaften darauf, dass noch einmal zwischen Naturwissenschaften und Geistes- und Sozialwissenschaften zu unterscheiden sei. Auch wenn man diese Unterscheidung in mancherlei Hinsicht hinterfragen kann: Fachsprachen in Naturwissenschaft und Technik zeichnen sich durch trennscharfe und einheitliche **Begriffssysteme** aus, die in Regelkatalogen (wie zum Beispiel dem des Deutschen Instituts für Normung DIN) festgehalten sind, durch **Definitionen** kontrolliert werden, keine Konnotationen (also Gefühlswerte oder soziale Nebenbedeutungen) enthalten und möglichst **sprachökonomisch** einsetzbar sind. Die **Fachsprache der Politik** dagegen ist dadurch gekennzeichnet, dass fachliche Konzepte und Argumente in möglichst verschiedenen Kommunikationssituationen einsetzbar sein müssen: im Expertenhearing, der Ausschusssitzung der Parlamentsdebatte, dem Wahlkampfauftritt oder der Fernsehtalkshow. Daher entwickeln sich in der Politikersprache oft Formulierungsmuster, in denen fachliche Inhalte einerseits kompakt aufgerufen werden können, die andererseits aber zumindest so klingen, als wären sie für die Allgemeinheit verständlich. So kann z.B. gezeigt werden, dass Politikerinnen und Politiker Nominalphrasen mit Genitivattribut des Typs *Umgang mit gefährlichen Organismen* überdurchschnittlich häufig verwenden (Müller 2015: 288–297).

Daneben können wir über Hobbys und Freizeitverhalten kommunikative Stile entwickeln, die man gemeinhin nicht unter Fachsprachen fasst, die aber grundsätzlich Ähnlichkeiten mit ihnen aufweisen. Zum Beispiel findet man in der Sprache der Anhängerinnen bestimmter Musikstile oder Sportarten durchaus Termini (z.B. *Abseits* im Fußball), solche Stile können aber genauso expressive, ironische oder sprachspielerische Elemente enthalten.

Kommunikative Stile sind aber auch an den Gebrauch bestimmter Medien gebunden. Wir können hier an den Stil in sozialen Medien denken: Hier kann man die Kommunikationssituation nicht kontrollieren, weil durch Verlinkung ständig neue Kontexte entstehen können. Der Versuch, die ständige Rekontextualisierung von Beiträgen zu beeinflussen, führt zu einem spezifischen Sprachstil. Zum Beispiel werden Hashtags, Emojis und expressive Ausdrücke gezielt zur Aufmerksamkeitssteuerung eingesetzt (Marx 2019: 43–38).

Schließlich sind Geschlechterrollen, die man mit dem Begriff **Gender** bezeichnet, eng mit der Herausbildung kommunikativer Stile verknüpft (Kotthoff/Nübling 2018). Genderstile sind ein überaus komplexer Forschungsgegenstand, weil Gender eine Metarolle ist (Veith 2005: 52 nennt sie eine „Superkategorie"), die immer mit situativen, fachlichen und sozialen Rollen zusammenwirkt. Da die erlebten Unterschiede im genderbezogenen Kommunikationsverhalten von dessen gesellschaftlicher Deutung abhängen, ist es sehr schwer diese empirisch nachzuweisen, ohne dabei eigene **Stereotype** über Gender zu reproduzieren. Das betrifft z.B. die Alltagserfahrung, dass viele Frauen sich im Gespräch eher **beziehungsorientiert** verhalten, während viele Männer eher **statusorientiert** kommunizieren. Das ist eine Beobachtung, die Tannen (1991) in einer einflussreichen Studie herausgearbeitet hat.

12.4 Die Gesellschaft ist immer dabei: Kontextualisierung

Jeder von uns verfügt also über ein bestimmtes Repertoire an kommunikativen Stilen, das sich von Person zu Person unterscheidet. Auch wenn dieses Repertoire ganz individuell ist, so geben wir doch im Gebrauch einzelner kommunikativer Stile unsere Zugehörigkeit zu Gruppen wie Lehrerinnen, Twitter-Usern, Anlagenbauern oder Badminton-Spielerinnen zu erkennen. In diesem Unterkapitel werden wir erklären, wieso die Verschiedenheit der kommunikativen Stile in einer Gesellschaft so eng mit der Herausbildung sozialer Gruppen verbunden ist. Ein entscheidender Punkt dabei ist, dass wir als Sprecherinnen und Sprecher beim Kommunizieren beständig Annahmen darüber machen müssen, in welchem **Kontext** eine Äußerung steht, um sie verstehen und angemessen darauf reagieren zu können. Dabei geht es nicht nur um den Raum, in dem sich Kommunizierende befinden, sondern auch darum, welchen gesellschaftlichen Hintergrund und welche Absichten wir einem Sprecher zuschreiben. Solche Abschätzungen machen wir, indem wir die uns zur Verfügung stehenden Informationen auf das, was gerade beim Sprechen oder Lesen passiert, beziehen und daraus Deutungshypothesen entwickeln. Dieses Verfahren nennt man **Kontextualisierung**. Peter Auer (1986: 27) hat diesen Prozess so als ein beständiges Abarbeiten von Fragen beschrieben: „1) Reden wir gerade miteinander? 2) Wer spricht (gerade) mit wem? 3) Was tun wir (gerade)? 4) Worüber sprechen wir (gerade)? sowie 5) Wie stehen wir (gerade) zueinander?" Dazu müssen wir unser gesamtes verfügbares Vorwissen heranziehen. Damit wird die Gesellschaftlichkeit der Kommunizierenden notwendigerweise relevant. Wir wollen das an einem Beispiel (Beleg ii) demonstrieren, in dem ein Wissenschaftler (W) mit einer Fernsehmoderatorin (M) über Molekularbiologie spricht. Es handelt sich um einen Ausschnitt aus der ZDF-Sendung „Volle Kanne" vom 23.11.2007, den wir Müller (2015: 3) entnehmen:

ii)
```
1   M:  thomas skrutella (.) sie sind direktor am zentrum
2       für !RE!generationsbiologie und !RE!generative
3       medizin (.) am universitätsklinikum tübinge [n]
4   W:                                              [s]
5       richtig [j +++ ]
6   M:          [schönen] guten morgen ich grüße
7       [sie ]
8   W:  [schö]nen guten morgen
9   M:  !AUS!gereifte HAUTzellen zurückverwandelt in
10      embryoNAle STAMMzellen inwieweit kann man da
11      jetzt WIRKlich von nem DURCH(sch)bruch sprechen-
12  W:  ÄHM: wissenschaftlich gesehen ham meine kollegen
13      aus JApan und jamie thomson aus aMErika (.) äh:m
14      sicherlich eine (.) sensationelle (.) entDECkung
15      gemacht (.) es war bisher nicht MÖGlich (.) äh:m
16      (.) menschliche eizellen (.) mit äh somatischen
17      KERnen zu transfizieren so dass man pluripotente
18      ZELlen generieren [konnte'                     ]
```

```
19  M:                    [((atmet tief ein))] wir
20      verSTEhen nich soviel medizinische fachbegriffe
21      sie müssen [es n bisschen einfacher erklären]
22  W:             [ja sie erinnern sich vielleicht ] an
23      ähm DOLly das SCHAF`
24  M:  !JA!
25  W:  das aus einer eizelle und einer somatischen zelle
26      ähm die beiden wurden verbunden hergestellt
27      [wor]den sind
28  M:  [ja;]
```

Transkript: 23/11/2007_eine sensationelle entdeckung

In diesem Interview haben die gesprächsführende Journalistin und der Wissenschaftler im Studio die Aufgabe zu bearbeiten: Wie unterhält man sich in einem öffentlich-rechtlichen Vormittagsformat über Molekularbiologie? Es sind hier zwei Kontexte relevant, nämlich erstens der des Vormittagsfernsehens, in dem Kommunikation auf allgemeine Verständlichkeit ausgerichtet ist und zweitens der Kontext der molekularbiologischen Forschungspraxis. In diesem Gespräch passiert Folgendes: Die Moderatorin führt den Studiogast ein, dabei fällt ihre Intonation der Ausdrücke *!RE!generationsbiologie* und *!RE!generative medizin* (Z. 2) auf, die jeweils auf der ersten Silbe betont werden. Damit macht sie deutlich, dass die Ausdrücke nicht als geläufig vorauszusetzen sind. Der Gast bestätigt die Einführung. Die Moderatorin präsentiert zu Beginn der Kernphase des Gesprächs den Gegenstand: *!AUS!gereifte HAUTzellen zurückverwandelt in embryoNAle STAMMzellen,* (Z. 9/10). Auch hier fällt wieder die besondere Intonation auf. Damit markiert sie, dass der Umgang mit dem sprachlichen Material ihrer Frage keine alltägliche Routine darstellt. Der befragte Wissenschaftler wiederum zeigt zu Beginn seiner Antwort an, dass er eine institutionell abgesicherte Perspektive vertritt (Z. 12: *wissenschaftlich gesehen / meine kollegen*), um dann inhaltlich auf die Frage einzugehen. Im erklärenden Teil seines Gesprächsbeitrags operiert er mit biomedizinischer Fachterminologie (Z. 16–18: *eizellen mit somatischen zellen [...] transfizieren / pluripotente zellen generieren*). Dabei fällt auf, dass die Gesprächspartikeln und Mikropausen als Indikatoren von Formulierungsschwierigkeiten in dem Moment verschwinden, in dem er in den fachsprachlichen Stil verfällt. Die Moderatorin unterbricht durch tiefes Einatmen und macht in ihrer Intervention die Unangemessenheit der fachsprachlichen Ausdrucksweise explizit (Z. 19/20: *wir verstEhen nich soviel medizinische fachbegriffe*). Sie verwendet dabei das Pronomen der ersten Person Plural und macht dabei darauf aufmerksam, dass ihr Gesprächspartner sich nicht nur an sie, die informierte Journalistin zu richten hat, sondern auch und vor allem an die Fernsehzuschauerinnen und -zuschauer. Der Wissenschaftler bestätigt die Intervention, indem er auf ein mit dem Thema Stammzellenforschung verbundenes Medienthema eingeht: *sie erinnern sich vielleicht noch an ähm DOLly das SCHAF*' (Z. 23). Durch die doppelte Betonung macht er deutlich, dass er das Ziel der Intervention erfasst hat und zu berücksichtigen gedenkt. Das wird von der Moderatorin mit einem emphatisch vorgetragenem *!JA!* (Z. 24) ratifiziert. Die folgende Erklärung des Wissenschaftlers zum Schaf Dolly verzichtet dann auf fachspezifische Verben, der Fachausdruck *somatische Zelle* wird aber wieder aufgenommen. Das Hörersignal der Moderatorin signalisiert zwar lexikalisch eine Bestätigung (Z. 28: *ja;*), durch die nicht fallende Intonationskurve signalisiert sie aber, dass sie noch nicht ganz zufrieden ist, es aber nicht passend wäre, gleich noch einmal zu intervenieren.

Die Gesprächspartner geben sich also andauernd Signale, wie ihre jeweiligen Äußerungen zu deuten sind und wie sie die Voräußerung des jeweils Anderen verstanden haben. An dieser Stelle ist uns daran Folgendes wichtig: Die Verständigungssignale wären überhaupt nicht zu interpretieren, wenn die Gesprächspartner sie nicht mit Annahmen über ihre beruflichen Rollen (Wissenschaftler und Journalistin), die Situation des Gesprächs (Fernsehstudio, Vormittagsprogramm) und das Wissen der eigentlichen Adressaten (Fernsehpublikum) abgleichen würden. Genau dieses Abgleichen und das Ausrichten der Sprache danach nennt man ‚Kontextualisierung'. Die entsprechenden Signale heißen **Kontextualisierungshinweise**.

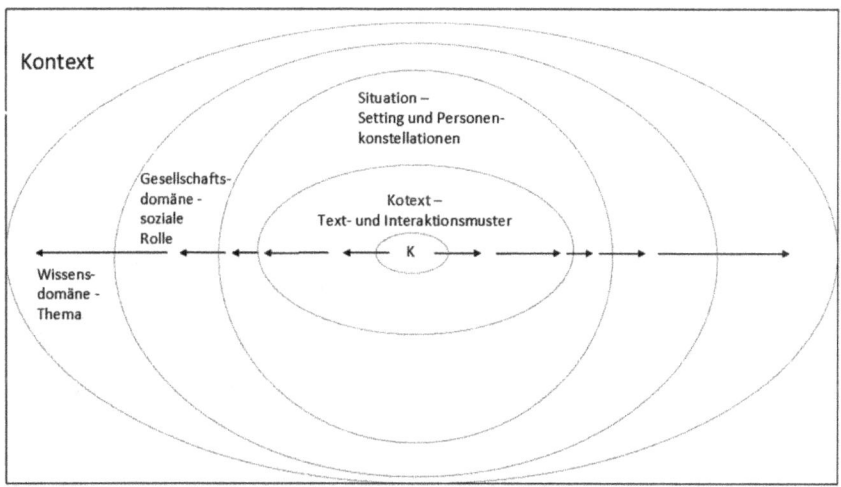

Abbildung 23: Das Zwiebelmodell der Kontextualisierung – K = Kontextualisierungshinweis, nach: Müller (2015: 78).

Am Zwiebelmodell der Kontextualisierung können wir uns noch einmal vor Augen führen, was in solchen Fällen passiert: Ein Kontextualisierungshinweis (K), z. B. das besonderes emphatisch ausgerufene *!JA!* der Moderatorin, verweist auf Äußerungen und Formulierungen, die typischerweise mit ihm auftreten. Hier verweist das *!JA!* auf eine erwünschte und erwartete Äußerung. Die sprachliche Umgebung eines Kontextualisierungshinweises nennt man den **Kotext**. Dieser wird geprägt durch Muster in Texten und Interaktionen, also häufig auftretende Kombinationen von Formulierungen. Die wiederum verweisen auf typische **Situationen**, in denen sie vorkommen. In unserem Beispiel ist das ein Experteninterview im Fernsehen mit der Konstellation Experte und Moderatorin, das Fernsehpublikum als eigentlicher Adressat, das ausgeleuchtete Fernsehstudio, die im Hintergrund anwesenden Redakteure und Technikerinnen und der Zeitdruck in einer eng getakteten Fernsehsendung. Solche Situationen geben Aufschluss über die **sozialen Rollen** der Beteiligten (Wissenschaftler, Journalistin, Kamerafrau, Tontechniker usw.). Alles zusammen wiederum verhilft den Beteiligten zu entscheiden, worüber eigentlich gerade gesprochen wird, also Annahmen über die beteiligten **Wissensdomänen** und das **Thema** als Kontext der zu verstehenden Äußerung zu machen.

Entsprechend können und müssen sich Gesprächspartner (aber auch Beteiligte an schriftlicher Kommunikation) durch das Aussenden von Kontextualisierungshinweisen als Vertreter bestimmter sozialer Rollen (z. B. Experte, Moderatorin) positionieren. Genauer gesagt: Es bleibt ihnen gar nichts anderes übrig. Die **soziale Positionierung** (Wolf 1999) ist ein unvermeidlicher Aspekt jeder Kommunikation. In den meisten Fällen bleibt sie von den Kommunizierenden selbst unbemerkt, etwa weil diese sich gut kennen und sich über soziale Positionen keine Gedanken machen müssen. Manchmal aber, vor allem wenn es zu Störungen und Problemen kommt wie im Falle unseres Transkripts, werden die gesellschaftlichen Hintergründe der Gesprächspartner und die sprachlichen Routinen, die mit ihnen verbunden sind, offengelegt und von den Gesprächspartnern verhandelt.

12.5 Sprache, Wissen und Macht: Perspektiven der Diskursanalyse

Mit dem Terminus Kontextualisierung kann man also erklären, wie Gesprächspartner Annahmen über den Kotext, die Situation, das Thema, und ihre gesellschaftlichen Rollen als Ressource der Verständigung nutzen. Gleichzeitig lernen wir bei Analysen wie der oben in Abschnitt 12.4 vorgeführten auch etwas über die Kontexte der Kommunikation, nämlich wenn wir die Perspektive umdrehen und von den Praktiken der Verständigung auf die involvierten Kotexte, Situationen,

Themen und Rollen schließen. Da die Kommunizierenden diese Kontexte immer nur in den **Aspekten** zur Verständigung heranziehen, die ihnen gerade hilfreich erscheinen und durch die Kontextualisierungsverfahren Kontexte immer **perspektivisch** aufgerufen werden (vgl. Kap. 3.3), kann man auch sagen, dass Kontexte beim kommunikativen Interagieren **hergestellt** werden.

Was damit gemeint ist, soll demonstriert werden, indem wir noch einmal auf das Gespräch, dessen Transkript in Kapitel 12.4 abgedruckt ist, zurückkommen: Dort ist z. B. zu beobachten, wie die Journalistin sich in Z. 19–21 einerseits als unwissend ausgibt (*wir verstEhen nich soviel medizinische fachbegriffe*) und damit die Expertise ihres Interviewpartners herausstreicht. Andererseits dient aber derselbe Gestus ihr dazu, den Wissenschaftler auf die Sprachgebrauchsregeln der Kommunikationssituation ‚Interview' hinzuweisen (*sie müssen es n bisschen einfacher erklären*). Aus einer Geste der Ohnmacht leitet sie also eine der Macht ab. Das funktioniert, weil sie das Fernsehpublikum mit dem Pronomen *wir* (Z 19) in ihre Selbstbeschreibung einbezieht, um den Experten darauf hinzuweisen, was seine Rolle in diesem Medienformat ist. Damit konzeptualisiert sie gleichzeitig die Zuschauerinnen und Zuschauer in ihrer Gesamtheit als medizinische Laien.

Solche Analysen sind besonders dann interessant, wenn man nicht <u>einen</u> Text oder ein Gespräch analysiert, sondern ganze Serien von Texten und Gesprächen. Wir können dann durch die Analyse von Formulierungsmustern relativ zu kommunikativen Kontexten die **kommunikative Herstellung der sozialen Wirklichkeit** erforschen. Das ist das Programm der **Diskursanalyse**. Sie ist ein florierendes Forschungsfeld, das in allen Geistes- und Sozialwissenschaften verbreitet ist. Wir wollen uns hier auf die linguistische Diskursforschung beschränken. Ein wichtiger Vertreter ist Teun van Dijk, der den Gegenstand der Diskursanalyse folgendermaßen definiert:

> I shall simply use the term "discourse" for any form of language use manifested as (written) text or (spoken) talk-in-interaction, in a broad semiotic sense. This includes visual structures, such as layout, letter type or pictures for written or printed text, and gestures, facework and other semiotic signs for spoken interaction. (van Dijk 2008: 116)

Die Diskursanalyse ist demnach eine Sprachgebrauchsanalyse. Im Unterschied etwa zur klassischen Pragmatik, die sich auch mit dem Sprachgebrauch beschäftigt, aber daraus eher formale Modelle entwickelt, thematisieren diskursanalytische Arbeiten immer auch den gesellschaftlichen Zusammenhang von Sprachgebrauch und die Frage, welchen Einfluss Sprache beim Umgang der Gesellschaft mit Wissen (vgl. Kap. 3) spielt. Die Diskursanalyse ist stark von der Forschung des französischen Philosophen Michel Foucault beeinflusst. Er ist der Frage nachgegangen, welche grundlegenden Annahmen über die Welt, welche Machtbeziehungen, welche unausgesprochenen Denkgebote und -verbote zu einer bestimmten Zeit und an einem bestimmten Ort gelten mussten, damit erklärbar wird, wieso jemand eine bestimmte Aussage gemacht hat und nicht etwa eine andere (vgl. Foucault 1973: 43). Mit Aussagen sind dabei Texte gemeint, aber auch Architekturstile, Kleidung oder Arten des Umgangs miteinander.

Die Linguistinnen und Linguisten, die Diskursforschung betreiben, beschäftigen sich mit dem Verhältnis der wahrnehmbaren Aspekte des Sprachgebrauchs, wie sie van Dijk in seiner Definition aufzählt, und mit denjenigen Dimensionen, die man nicht sehen oder hören kann, die aber mindestens genauso wichtig für die sprachliche Kommunikation sind: die Zuschreibungen, Menschenbilder, Gesellschaftsmodelle, Wissensrahmen, Vorurteile, Stereotype und Machtbeziehungen, auf denen unsere Verständigung beruht, wie wir an verschiedenen Stellen dieses Buchs gezeigt zu haben hoffen (vgl. v.a. Kap. 1, 3, 10 und 11). Analysiert werden dabei vor allem die Wort-, Satz- und Text-Ebene der Sprache, oft auch methodisch integriert in sogenannten Mehrebenen-Modellen (z.B. das DIMEAN-Modell von Spitzmüller/Warnke 2011: 197–202). Eine Methode der linguistischen Diskursanalyse sind exemplarische Textanalysen, welche die Wissenshintergründe und gesellschaftlichen Voraussetzungen an einzelnen prominenten Texten wie Parlamentsreden oder Wahlkampfprogrammen herausarbeiten. Die meisten Studien arbeiten heute aber mit einem **Korpus** (›einer Textsammlung zu Forschungszwecken‹, vgl. Kap. 2.2). Auf Messungen basierende korpuslinguistische Ansätze (vgl. den Kasten in Kap. 2) eignen sich besonders gut dazu, die Serialität und damit die gesellschaftliche Relevanz von Kontextualisierungsverfahren aufzuzeigen. Sinnvollerweise werden die Messung sprachlicher Muster und die deutende Textanalyse miteinander verknüpft. Als Arbeitsbegriffe zur Wissensanalyse dienen in vielen Arbeiten die Konzepte, die wir in Kapitel 3 vorgestellt haben: Common Ground, Frame, Metapher, Metonymie und Präsupposition. Auf der grammatischen Ebene hat sich z.B. die Analyse semantischer Rollen als fruchtbar erwiesen (vgl. Kap. 8.3).

Wir können hier nicht die vielfältigen Forschungsansätze der linguistischen Diskursforschung wiedergeben (vgl. dazu das Handbuch von Warnke 2018), wollen aber in der gebotenen Kürze zwei Ansätze vorstellen, die zur Erforschung gesellschaftlicher Kontroversen angewendet werden: die Argumentationsanalyse und die Analyse agonaler Zentren.

Argumentationsanalyse als Methode der Diskursanalyse
Wenn Themen in gesellschaftlichen Diskursen verhandelt werden, dann geschieht das in der Regel in Form von Kontroversen. Das liegt an unserer parlamentarischen Demokratie, in welcher der politische Willensbildungsprozess durch Parteien getragen wird, die sich im politischen Wettbewerb befinden. Durch sie sollen die Interessen und Perspektiven idealerweise aller gesellschaftli-

cher Gruppen repräsentiert werden. Dadurch entsteht spätestens, wenn ein Thema einer gesetzlichen Regelung bedarf, eine öffentliche, in den Medien ausgetragene Debatte. Diese wird zumindest in den redaktionell betreuten Medien durch Argumentationen ausgetragen (vgl. Niehr 2017). Diese setzen also voraus, dass ein Sachverhalt strittig ist. An Argumentationen sind zwei Instanzen beteiligt: der **Proponent**, der einen Sachverhalt befürwortet und stützt, sowie der **Opponent**, der ihn bestreitet (vgl. Ottmers 1996: 67 f.). Argumentieren heißt demnach sprachliches Vernetzen von Diskursakteuren über Themen. Betrachten wir dazu den folgenden Beleg, den Ausschnitt eines Interviews, das der SPIEGEL mit der US-amerikanischen Pädagogin Esther Wojcicki geführt hat:

> SPIEGEL: *Vielen Eltern geht es in erster Linie darum, ihre Kinder vor Schwierigkeiten und Gefahren zu bewahren. Haben Sie dafür kein Verständnis?*
> Wojcicki: *Schon, aber es ist in der Regel verkehrt. Kinder müssen lernen zu scheitern, sonst sind sie spätestens bei ihrem Eintritt ins Arbeitsleben überfordert. Häufig beklagen Geschäftsführer großer Unternehmen, dass ihre jungen Mitarbeiter nur in alten, vertrauten Mustern denken, weil sie lähmende Angst vor dem Scheitern haben. Diese anerzogene Furcht vor Fehlern behindert jede Kreativität. Wir brauchen junge, quer denkende Leute, sonst finden wir keine guten Lösungen für den Kampf gegen die Armut, den Klimawandel, die Mangelernährung und alle anderen anstehenden Probleme.*
> „Scheitern lernen". Interview mit Esther Wojcicki, in: Der Spiegel 36/2019, S. 92.

Wojcicki gibt hier als Stützung der strittigen Aussage, es sei verkehrt seine Kinder zu stark zu behüten, folgende Argumente, die ihrerseits wieder von weiteren Argumenten gestützt werden: Kinder müssen lernen zu scheitern. – Sonst entwickeln sie keine Kreativität und sind im Beruf überfordert. – Ohne Kreativität kann die Gesellschaft die Menschheitsprobleme nicht lösen. Ihre Strategie ist also darauf ausgerichtet, Aussagen, die niemand bestreiten wird ('Wir müssen die Armut und den Klimawandel bekämpfen'), ursächlich mit solchen zu verknüpfen, die strittig sind ('Wir dürfen Kinder nicht zu stark behüten'). Das macht sie, indem sie auf allgemein anerkannte **Schlussregeln** aufbaut, die den strittigen mit dem unstrittigen Sachverhalt verknüpfen und in ein Bedingungsgefüge bringen. Hier sind es folgende Regeln: 'Wenn jemand nicht lernt, mit dem Scheitern umzugehen, wird er davor Angst haben.' – 'Wenn jemand Angst hat, entwickelt er keine Kreativität.' – 'Wenn jemand nicht kreativ ist, trägt er nicht zur Lösung von Menschheitsproblemen bei.' Solche Regelformulierungen reflektieren also im Diskurs geteiltes Wissen. Sie stellen gleichsam Rückzugsorte dar, auf die man sich beziehen kann, wenn man die Geltung einer strittigen Aussage im Diskurs durchsetzen möchte. In der Tradition der Rhetorik nennt man sie auch Topos (altgr. τόπος ›Ort, Stelle‹, vgl. Kienpointner 2017).

Um dieser Argumentation zu folgen, muss man Erfahrungswissen teilen, das in einer Gesellschaft zu einer bestimmten Zeit virulent ist. Im Alltag sind Argumentationen meistens nicht vollständig ausgeführt, sondern es bleibt vieles implizit. Zum Beispiel argumentiert die Moderatorin in unserem Transkript aus Kapitel 12.4, wenn sie sagt: *wir verSTEhen nich soviel medizinische fachbegriffe sie müssen es n bisschen einfacher erklären* (Z. 19–21). Die argumentative zu begründende Aussage ist hier die Aufforderung (*sie müssen es n bisschen einfacher erklären*), das Argument die Selbstauskunft (*wir verSTEhen nich soviel medizinische fachbegriffe*), das funktioniert auf der Basis der impliziten Regelformulierung ‚Wer ein Laie ist, braucht einfache Erklärungen'.

Wenn man argumentativ geführte Debatten analysiert, kann man durch die Rekonstruktion von Topoi viel darüber lernen, welche gemeinsame und unstrittige Wissen über den strittigen Sachverhalt von den Diskutanten jeweils vorausgesetzt wird. Diese Art der Wissensanalyse hat Martin Wengeler in seinem Buch „Topos und Diskurs" (2003) systematisch ausgearbeitet, sie hat sich zu einem Standardverfahren der Diskursanalyse entwickelt.

Analyse agonaler Zentren

Ein guter Hinweis auf kontrovers verhandelte Wissenshintergründe sind adversative und konzessive Konnektoren. Konnektoren sind Wörter, welche die gedanklichen Verhältnisse zwischen Propositionen explizit machen. Konzessive Konnektoren sind z. B. die Wörter *obwohl, nichtsdestotrotz, wenn auch, gleichwohl, dennoch, trotzdem, wobei*. Adversative Konnektoren sind z. B. *indessen, indes, aber, jedoch, wiederum, einesteils, andernteils, wohingegen, demgegenüber, freilich, allerdings* (Mattfeldt 2018: 115–118). Die Analyse von Serien dieser Konnektoren relativ zu thematischen Kontexten verspricht Aufschluss über sogenannte **„agonale Zentren"**. Ein agonales Zentrum ist nach Felder (2013: 21) ein sich „in Sprachspielen manifestierenden Wettkampf um strittige Akzeptanz von Ereignisdeutungen, Handlungsoptionen, Geltungsansprüchen, Orientierungswissen und Werten in Gesellschaften." Bei der Analyse werden in einem Korpus, das eine Debatte zu einem Thema repräsentiert, die adversativen und konzessiven Konnektoren gesucht und dann deren Kotexte (›die unmittelbare sprachliche Umgebung‹, vgl. Kap. 12.4) auf Wörter untersucht, die dort signifikant oft vorkommen (›öfter als durch eine Zufallsverteilung zu erklären‹). Diese werden nach Bedeutungsähnlichkeit zu Wortfeldern geordnet, welche dann gegensätzliche Zentralkonzepte von Diskursen repräsentieren. Mattfeldt (2018) untersucht u. a. auf diese Weise den Fracking-Diskurs in den USA, Großbritannien und Deutschland (vgl. Tab. 8).

Tabelle 9: Agonale Zentren im Fracking-Diskurs (Deutschland, US und Großbritannien), Auswahl aus Mattfeldt (2018: 299).

›Fracking beeinflusst den Klimawandel negativ‹	›Fracking beeinflusst den Klimawandel positiv‹
›Fracking gefährdet das Trinkwasser‹	›Bei korrekter Anwendung gefährdet Fracking das Trinkwasser nicht‹
›Umweltschützer sind eine nicht ernstzunehmende oder schädliche Akteursgruppe‹	›Umweltschützer sind eine wichtige Akteursgruppe‹
›Natur sollte man nutzen‹	›Natur ist schön, idyllisch und damit in ihrem Urzustand bewahrenswert‹
›Wirtschaft ist relevanter als Umwelt‹	›Umwelt ist relevanter als Wirtschaft‹›
›Die geschaffenen Arbeitsplätze haben Priorität‹	›Umwelt und Gesundheit haben Priorität‹
›Energieunabhängigkeit ist wichtig‹	›Klimawandel verhindern ist wichtig‹
›Windkraft stört mehr als Fracking‹	›Fracking stört mehr als Windkraft‹

Mit dieser Methode kann man auch bei großen Textmengen schnell und kontrolliert einen Überblick darüber gewinnen, welche Themen strittig sind, welches die Bruchlinien der Debatte sind, wie sich Debatten über größere Zeiträume verändern und an welchen Stellen es sich lohnt, genauere Analysen vorzunehmen.

Sowohl die Argumentationsanalyse als auch die Analyse agonaler Zentren bieten also die Möglichkeit, korpusbasiert auf methodische kontrollierte Weise die konzeptuellen Grundmuster gesellschaftlicher Debatten zu erforschen. Mit beiden Verfahren kann man von der Analyse sprachlicher Muster auf vorausgesetztes Wissen schließen, dass die Akteure in ihren Äußerungen, aber auch in ihren Handlungen leitet. So kommt man zu Ergebnissen, die nicht nur für Linguistinnen und Linguisten interessant sind, sondern vor allem auch die soziologischen, politikwissenschaftlichen und historischen Fachdiskussionen bereichern und zur praktischen Politikberatung herangezogen werden können. Umgekehrt können solche Analysen nur dann auf solidem Grund stehen, wenn sie relevante Perspektiven anderer Fächer berücksichtigen. Daher ist Diskursanalyse immer auch eine **interdisziplinäre** Angelegenheit.

Wie Mattfeldt (2018) mit ihrer Arbeit demonstriert, kann man mit solchen Verfahren auch **mehrsprachige Diskurse** analysieren. Das ist eine Herausforderung, weil man dazu die Systeme und Eigengesetzlichkeiten der beteiligten Einzelsprachen kennen und berücksichtigen muss. Es ist dann herauszuarbeiten, welchen Anteil die Konzeptualisierung der jeweiligen Einzelsprache an der sprachlichen Konstruktion der Wirklichkeit hat, was der Gesellschaftsdomäne geschuldet ist und welches schließlich der Einfluss der Dynamik thematischer Kontexte ist. Die meisten gegenwärtigen Gesellschaftsdebatten machen nicht an Länder- und Sprachgrenzen Halt, sondern haben eine internationale Ausbreitung. Viele Fachdiskurse sind auch innerhalb eines Landes mehrsprachig, weil z. B. die Fachartikel in vielen akademischen Fächern in englischer Sprache verfasst sind.

In diesem Sinne schließen wir das Kapitel und auch unser Buch mit der Bemerkung, dass die innere und äußere Mehrsprachigkeit eine Eigenschaft von Individuen, Institutionen und Diskursen ist, die der deutschen Sprache, wie wir sie in diesem Buch beschrieben haben, nicht äußerlich ist, sondern vielmehr ihr konstitutives Element beschreibt. Wenn wir das Deutsche unserer Gegenwart (aber auch weiter Teile unserer Geschichte) angemessen beschreiben und erklären wollen, müssen wir uns wohl oder übel auf das sprachliche, soziale und kulturelle Durcheinander einlassen, das es erst zur Sprache der Dichter, Denker und Ingenieurinnen geformt hat.

Zum Weiterlesen

Felder, Ekkehard (2016): Einführung in die Varietätenlinguistik. Darmstadt: Wissenschaftliche Buchgesellschaft.

Neuland, Eva; Schlobinski, Peter (2015): Sprache in sozialen Gruppen. In: Felder, Ekkehard; Gardt, Andreas (Hgg.): Handbuch Sprache und Wissen. Berlin, Boston: De Gruyter, S. 291–313.

Niehr, Thomas (2014): Einführung in die linguistische Diskursanalyse. Darmstadt: Wissenschaftliche Buchgesellschaft.

Literaturverzeichnis

Albert, Ruth; Marx, Nicole (2016): Empirisches Arbeiten in Linguistik und Sprachlehrforschung. 3., überarbeitete und aktualisierte Auflage. Tübingen: Narr.
Andresen, Melanie; Zinsmeister, Heike (2019): Korpuslinguistik. Tübingen: Narr Francke Attempto.
Androutsopoulos, Jannis; Busch, Florian (Hgg.) (2020): Register des Graphischen. Berlin, Boston: De Gruyter.
Antos, Gerd (1997): Texte als Konstitutionsformen von Wissen. In: Antos, Gerd; Tietz, Heike (Hgg): Zukunft der Textlinguistik: Traditionen, Transformationen, Trends. Tübingen: Niemeyer, S. 43–63.
Auer, Peter (1986): Kontextualisierung. In: Studium Linguistik 19, S. 22–47.
Austin, John L. (1972): Zur Theorie der Sprechakte. (How to do things with Words). Dt. Bearbeitung von Eike von Savigny. Stuttgart: Reclam. Englisches Original (1962): How to do things with Words. The William James Lectures delivered at Harvard University in 1955. Oxford: Oxford University Press.
Bahlo, Nils; Becker, Tabea; Kalkavan-Aydın, Zeynep; Lotze, Netaya; Marx, Konstanze; Schwarz, Christian; Şimşek, Yazgül (2019): Jugendsprache. Eine Einführung. Stuttgart: J. B. Metzler.
Banaz, Halime (2002): Bilingualismus und Code-switching bei der zweiten türkischen Generation in der Bundesrepublik Deutschland. Sprachverhalten und Identitätsentwicklung. Online unter: http://www.linse.uni-due.de/files/PDF_in_Katalog/publikationen/ESEL/banaz_codeswitching.pdf [zuletzt am 26.08.2020].
Bär, Jochen A. (2009): Die Zukunft der deutschen Sprache. In: Ekkehard Felder (Hgg.): Sprache (Heidelberger Jahrbücher 53). Berlin, Heidelberg: Springer-Verlag, S. 59–106.
Barsalou, Lawrence W. (1992): Frames, Concepts, and Conceptual Fields. In: Lehrer, Adrienne; Kittay, Eva F. (Hgg.): Frames, Fields, and Contrasts. New Essays in Semantic und Lexical Organization. London: Taylor & Francis, S. 21–74.
Bartlett, Frederic C. (1932): Remembering: A study in experimental and social psychology. Cambridge: Cambridge University Press.
Barz, Irmhild (2008): Englisches in der deutschen Wortbildung. In: Eichinger, Ludwig M.; Meliss, Meike; Domínguez Vázquez, María José (Hgg.): Wortbildung heute. Tendenzen und Kontraste in der deutschen Gegenwartssprache. Tübingen: Narr, S. 39–60.
Bechstein, Beinhold (1867) (Hg.): Des Matthias von Beheim Evangelienbuch in mittelhochdeutscher Sprache. 1343. Leipzig: Weigel.
Becker, Thomas (2012): Einführung in die Phonetik und Phonologie des Deutschen. Darmstadt: Wissenschaftliche Buchgesellschaft.
Behrens, Heike (2011): Erstspracherwerb. In: Hoffmann, Ludger; Leimbrink, Kerstin; Quasthoff, Uta M. (Hgg): Die Matrix der menschlichen Entwicklung. Berlin: De Gruyter, S. 252–274.
Bergmann, Jörg (1994): Ethnomethodologische Konversationsanalyse. In: Fritz, Gerd; Hundsnurscher, Franz (Hgg.): Handbuch der Dialoganalyse. Tübingen: Niemeyer, S. 3–16.
Bernstein, Basil (1971): Class, codes and control. Vol. I. Theoretical Studies towards a Sociology of Language. London, New York: Routledge.
Bertram, Hans; Bertram, Birgit; Fischer, Renate (1974): Soziale Ungleichheit, Denkstrukturen und Rollenhandeln. Ein empirischer Beitrag zur Diskussion über soziokulturelle Determinanten kognitiver Fähigkeiten. Weinheim, Basel: Beltz.

Bien-Miller, Lena; Akbulut, Muhammed; Wildemann, Anja (2017): Zusammenhänge zwischen mehrsprachigen Sprachkompetenzen und Sprachbewusstheit bei Grundschulkindern. In: Zeitschrift für Erziehungswissenschaft (ZfE), 20 (2), S. 193–211.

Bremer, Katharina (2013): Relationale Konzepte und sprachliche Muster. Beschreiben und Instruieren als Aufgabe der Diskursentwicklung. Unveröffentlichte Habilitationsschrift Universität Heidelberg.

Bremer, Katharina (2018): Sprechen und Hören. In: Birkner, Karin; Janich, Nina (Hgg.): Handbuch Text und Gespräch (HSW 5). Berlin, Boston: De Gruyter, S. 200–228.

Brinker, Klaus; Cölfen, Hermann; Pappert, Steffen (2018): Linguistische Textanalyse. Eine Einführung in Grundbegriffe und Methoden. 9., durchgesehene Auflage. Berlin: Erich Schmidt Verlag.

Bruner, Jerome S. (1987): Wie das Kind sprechen lernt. Unter Mitarbeit von Rita Watson. Mit einem Geleitwort zur deutschsprachigen Ausgabe von Theo Hermann. Aus dem Englischen von Urs Aeschbacher. Bern: Huber.

Bubenhofer, Noah (2006–2020): Einführung in die Korpuslinguistik: Praktische Grundlagen und Werkzeuge. Elektronische Ressource: http://www.bubenhofer.com/korpuslinguistik/ [zuletzt am 27.05.2020].

Bublitz, Wolfram (2013): Der duale Internetnutzer: Ansätze einer dissoziativen Kommunikation. In: Marx, Konstanze; Schwarz-Friesel, Monika (Hgg.): Sprache und Kommunikation im technischen Zeitalter. Wieviel Technik (v)erträgt unsere Gesellschaft? Berlin, Boston: De Gruyter, S. 26–52.

Bühler, Karl (1965): Sprachtheorie. Die Darstellungsfunktion der Sprache. Stuttgart: Fischer. [Erstmals 1934 erschienen.]

Busse, Dietrich (2012): Frame-Semantik. Ein Kompendium. Berlin, Boston: De Gruyter.

Christen, Helen (2017): Dialekt und soziale Gruppe, In: Neuland, Eva; Schlobinski, Peter (Hgg.): Handbuch Sprache in sozialen Gruppen (HSW 9). Berlin, Boston: De Gruyter, S. 385–400.

Clark, Herbert H. (1996): Using language. Cambridge: Cambridge University Press.

Clark, Herbert H.; Brennan, Susan E. (1991): Grounding in Communication. In: Resnick, Lauren B.; Levine, John M.; Teasley, Stephanie D. (Hgg.): Perspectives on Socially Shared Cognition. Washington: American Psychological Association, S. 127–149.

Croft, William; Cruse, David A. (2004): Cognitive Linguistics. Cambridge: Cambridge University Press.

Dehaene, Stanislas (2010): Lesen. Die größte Erfindung der Menschheit und was dabei in unseren Köpfen passiert. München: Knaus.

Deppermann, Arnulf (⁴2008): Gespräche analysieren. Eine Einführung. Opladen: Leske + Budrich.

Deppermann, Arnulf; Spranz-Fogasy, Thomas (Hgg.) (²2006): Be-deuten. Wie Bedeutung im Gespräch entsteht. Tübingen: Stauffenburg.

Die Bibel (1980): Altes und Neues Testament. Einheitsübersetzung. Freiburg u.a.: Herder.

Dietrich, Rainer (2016): Psycholinguistik. 2. Auflage. Stuttgart, Weimar: Metzler.

Diewald, Gabriele (1997): Grammatikalisierung. Eine Einführung in Sein und Werden grammatischer Formen. Tübingen: Niemeyer.

Diewald, Gabriele; Habermann, Mechthild (2005): Die Entwicklung von *werden* + Infinitiv als Futurgrammem. Ein Beispiel für das Zusammenwirken von Grammatikalisierung, Sprachkontakt und soziokulturellen Faktoren. In: Leuschner, Torsten; Mortelmans, Tanja; De Groodt, Sarah (Hgg.): Grammatikalisierung im Deutschen. Berlin, New York: Walter de Gruyter, S. 229–250.

Dijk, Teun A. van (2008): Discourse and Context: A Sociocognitive Approach. Cambridge: Cambridge University Press.
Dittmann, Jürgen; Schmidt, Claudia (2002): Über Wörter. Grundkurs Linguistik. Freiburg im Breisgau: Rombach Verlagshaus.
Dittmar, Norbert (2009): Varietäten und Stil. In: Fix, Ulla; Gardt, Andreas; Knape, Joachim (Hgg.): Rhetorik und Stilistik. Ein internationales Handbuch historischer und systematischer Forschung (HSK 31.2). Berlin, New York: De Gruyter, S. 1668–1690.
Duden (2005): Die Grammatik. Hrsg. Von der Dudenredaktion. 7., völlig neu erarb. und erw. Auflage. Mannheim: Bibliographisches Institut.
Duden (2016): Die Grammatik. Hrsg. von Angelika Wöllstein und der Dudenredaktion. 9., vollst. überarb. und aktual. Auflage. Berlin: Bibliographisches Institut.
Duden (2017): Die deutsche Rechtschreibung. Auf der Grundlage der aktuellen amtlichen Rechtschreibregeln. Hrsg. von der Dudenredaktion. 27., völlig neu bearb. und erw. Auflage. Berlin: Dudenverlag.
Duden (2020): Das Herkunftswörterbuch. Etymologie der deutschen Sprache. 6. Auflage. Berlin: Bibliographisches Institut.
Dürscheid, Christa (2012): Syntax. Grundlagen und Theorien. 6., aktualisierte Auflage. Göttingen: Vandenhoeck & Ruprecht.
Dürscheid, Christa (2016): Einführung in die Schriftlinguistik. Göttingen: Vandenhoeck & Ruprecht.
Ehlich, Konrad (1994): Funktion und Struktur schriftlicher Kommunikation. In: Hartmut, Günther (Hg.): Schrift und Schriftlichkeit Bd. 1. Berlin: De Gruyter, S. 18–40.
Eisenberg, Peter (1998): Grundriss der deutschen Grammatik. Das Wort, Bd. 1. Stuttgart: Metzler.
Elsen, Hilke (2014): Linguistische Theorien. Tübingen: Narr.
Eroms, Hans-Werner (1981): Valenz, Kasus und Präpositionen. Untersuchungen zur Syntax und Semantik präpositionaler Konstruktionen in der deutschen Gegenwartssprache. Heidelberg: Carl Winter Verlag.
Felder, Ekkehard (Hg.) (2006): Semantische Kämpfe. Macht und Sprache in den Wissenschaften. Berlin, New York: De Gruyter.
Felder, Ekkehard (2013): Faktizitätsherstellung mittels handlungsleitender Konzepte und agonaler Zentren. Der diskursive Wettkampf um Geltungsansprüche. In: Felder, Ekkehard (Hg.): Faktizitätsherstellung in Diskursen. Die Macht des Deklarativen. Berlin, Boston: De Gruyter, S. 13–28.
Felder, Ekkehard (2016): Einführung in die Varietätenlinguistik. Darmstadt: Wissenschaftliche Buchgesellschaft.
Fillmore, Charles J. (1975): An Alternative to Checklist Theories of Meaning. In: Proceedings of the First Annual Meeting of the Berkeley Linguistics Society, S. 123–131.
Fleischer, Wolfgang; Barz, Irmhild (2012): Wortbildung der deutschen Gegenwartssprache. 4. völlig neu bearbeitete Auflage. Berlin: De Gruyter.
Foucault, Michel (1973): Archäologie des Wissens. Frankfurt am Main: Suhrkamp.
Fraas, Claudia (2002): Wissen als kognitives und sozial bestimmtes Phänomen – Zur sprachlichen Manifestation von Bedeutungswissen. In: Pohl, Inge (Hg.): Prozesse der Bedeutungskonstruktion. Frankfurt am Main u. a.: Lang, S. 39–58.
Fricke, Ellen (2007): Origo, Geste und Raum. Lokaldeixis im Deutschen. Berlin, Boston: De Gruyter.
Frith, Uta (1985): Beneath the surface of developmental dyslexia. In: Patterson, Karalyn E.; Marshall, John C.; Coltheart, Max (Hgg.): Surface Dyslexia. London: Erlbaum, S. 300–330.

Fritz, Gerd (1974): Bedeutungswandel im Deutschen. Neuere Methoden der diachronen Semantik. Tübingen: Niemeyer.
Fuhrhop, Nanna; Peters, Jörg (2013): Einführung in die Phonologie und Graphematik. Stuttgart, Weimar: Metzler.
Grammatisches Informationssystem „grammis". Mannheim: Institut für Deutsche Sprache. Online unter: http://grammis.ids-mannheim.de. DOI: 10.14618/grammis
Grice, Paul (1975): Logic and Conversation, In: Cole, Peter; Morgan, Jerry L. (Hgg.): Syntax and Semantics: Speech Acts, Bd. 3. New York: Academic Press, S. 41–58.
Grimm, Jacob (1822): Deutsche Grammatik. Göttingen: Dieterich.
Gülich, Elisabeth; Hausendorf, Heiko (2000): Vertextungsmuster Narration. In: Brinker, Klaus; Antos, Gerd; Heinemann, Wolfgang; Sager, Sven F. (Hgg.): Text und Gesprächslinguistik. Ein internationales Handbuch zeitgenössischer Forschung (HSK 16.1). Berlin, New York: De Gruyter, S. 369–384.
Günthner, Susanne (1993): „... weil – man kann es ja wissenschaftlich untersuchen". Diskurspragmatische Aspekte der Wortstellung in WEIL-Sätzen. In: Linguistische Berichte 143, S. 37–59.
Gumperz, John J. (1982): Discourse strategies. Cambridge: Cambridge University Press.
Haarmann, Harald (2002): Geschichte der Schrift. München: Beck.
Habermas, Jürgen (2001): Die Zukunft der menschlichen Natur: auf dem Weg zu einer liberalen Eugenik? Frankfurt am Main: Suhrkamp.
Haß, Ulrike; Storjohann, Petra (Hgg.) (2015): Handbuch Wort und Wortschatz (HSW 3). Berlin: De Gruyter.
Haugen, Einar (1956): Bilingualism in the Americas: A Bibliography and Research Guide. Montgomery: University of Alabama Press.
Hausendorf, Heiko; Kesselheim, Wolfgang (2018): Textlinguistik fürs Examen. Göttingen: Vandenhoeck & Ruprecht.
Heringer, Hans Jürgen (2015): Linguistische Texttheorie. Eine Einführung. Tübingen: Francke.
Herrmann, Theo; Grabowski, Joachim (1994): Sprechen. Psychologie der Sprachproduktion. Heidelberg: Spektrum Akademischer Verlag.
Heyse, Paul; Kurz, Hermann (Hgg.) (1871-1876): Deutscher Novellenschatz. 24 Bände. München: Oldenbourg.
Hinnenkamp, Volker (2010): Vom Umgang mit Mehrsprachigkeiten. In: APuZ 8/2010, S. 27–28. Online unter: http://www.bpb.de/apuz/32955/vom-umgang-mit-mehrsprachigkeiten, zuletzt am 20.01.2020.
Holly, Werner (2011): Medien, Kommunikationsformen, Textsortenfamilien. In: Habscheid, Stephan (Hg.): Textsorten, Handlungsmuster, Oberflächen. Linguistische Typologien der Kommunikation. Berlin, New York: De Gruyter, S. 144–163.
Hörmann, Hans (1978): Meinen und Verstehen. Grundzüge einer psychologischen Semantik. Frankfurt am Main: Suhrkamp.
Hörmann, Hans (1983): The Calculating Listener or How Many are einige, mehrere und ein paar (Some, several, and a Few)? In: Bäuerle, Rainer; Schwarze, Christoph; Stechow, Arnim von (Hgg.): Meaning, Use, and Interpretation of Language. Berlin, Boston: De Gruyter, S. 221–234.
Imo, Wolfgang (2013): Sprache in Interaktion. Analysemethoden und Untersuchungsfelder. Berlin, Boston: De Gruyter.
Janich, Nina (Hg.) (2008a): Textlinguistik – 15 Einführungen. Tübingen: Narr.

Janich, Nina (2008b): Intertextualität und Text(sorten)vernetzung. In: Janich, Nina (Hg.): Textlinguistik: 15 Einführungen. Tübingen: Narr, S. 177–198.
Kallmeyer, Werner (Hg.) (1994): Kommunikation in der Stadt. Teil 1: Exemplarische Analysen des Sprachverhaltens in Mannheim. Berlin, New York: De Gruyter.
Kauschke, Christina (2012): Kindlicher Spracherwerb im Deutschen. Verläufe, Forschungsmethoden, Erklärungsansätze. Berlin, Boston: De Gruyter.
Keim, Inken (2008): Die „türkischen Powergirls". Lebenswelt und kommunikativer Stil einer Migrantinnengruppe in Mannheim. 2. durchges. Auflage. Tübingen: Narr.
Keim, Inken (2012): Mehrsprachige Lebenswelten. Sprechen und Schreiben der türkischstämmigen Kinder und Jugendlichen. Tübingen: Narr.
Keller, Rudi (2004): Ist die deutsche Sprache vom Verfall bedroht? Online unter: https://www.phil-fak.uni-duesseldorf.de/uploads/media/Sprachverfall.pdf, zuletzt am 02.04.2020.
Kienpointner, Manfred (2005): Dimensionen der Angemessenheit. Theoretische Fundierung und praktische Anwendung linguistischer Sprachkritik. In: aptum. Zeitschrift für Sprachkritik und Sprachkultur 3, S. 193–219.
Kienpointner, Manfred (2017): Topoi. In: Roth, Kersten Sven; Wengeler, Martin; Ziem, Alexander (Hgg.): Handbuch Sprache in Politik und Gesellschaft (HSW 19). Berlin, Boston: De Gruyter, S. 187–210.
Klann-Delius, Gisela (2008): Spracherwerb. 2. Auflage. Stuttgart: Metzler.
Koch, Peter; Österreicher, Wulf (1994): Schriftlichkeit und Sprache. In: Hartmut, Günther; Ludwig, Otto (Hgg.): Schrift und Schriftlichkeit. Ein interdisziplinäres Handbuch internationaler Forschung (HSK 10.1). Berlin: de Gruyter, S. 587–604.
Köhler, Gerhard (1992): Vom Umfang des Althochdeutschen, In: Burger, Harald; Haas, Alois M.; von Matt, Peter (Hgg.): Verborum Amor: Studien zur Geschichte und Kunst der deutschen Sprache. Berlin, New York: De Gruyter, S. 129–155.
Köller, Wilhelm (2004): Perspektivität und Sprache. Zur Struktur von Objektivierungsformen in Bildern, im Denken und in der Sprache. Berlin, New York: de Gruyter.
Konerding, Klaus-Peter (2015): Sprache und Wissen. In: Ekkehard Felder, Andreas Gardt (Hgg.): Handbuch Sprache und Wissen (HSW 1). Berlin, Boston: De Gruyter, S. 58–80.
Kopf, Kristin (2014): Das kleine Etymologicum. Eine Entdeckungsreise durch die deutsche Sprache. Stuttgart: Klett-Cotta.
Kotthoff, Helga; Nübling, Damaris (2018): Genderlinguistik. Eine Einführung in Sprache, Gespräch und Geschlecht. Unter Mitarbeit von Claudia Schmidt. Tübingen: Narr Francke Attempto.
Kunkel-Razum, Kathrin (2018): Warum es nicht egal ist, wie wir schreiben. Berlin: Dudenverlag.
Labov, William (1966): The Social Stratification of English in New York City. Washington: Center for Applied Linguistics.
Labov, William (1973): The boundaries of words and their meanings. In: Bailey, Charles-James N.; Shuy, Roger W. (Hgg.): New Ways of analyzing variation in English. Washington: Georgetown University Press, S. 340–373.
Lakoff, George; Johnson, Mark (1980): Metaphors we live by. Chicago: University of Chicago Press. Dt. Übersetzung 1980: Leben in Metaphern. Konstruktion und Gebrauch von Sprachbildern. Heidelberg: Carl-Auer Verlag.
Leibniz-Institut für deutsche Sprache (2018): Gesprächsanalytisches Transkriptionssystem (GAT). Online unter: http://agd.ids-mannheim.de/gat.shtml, zuletzt am 21.01.2020.
Levinson, Stephen C. (1983): Pragmatics. Cambridge u. a.: Cambridge University Press.
Lewis, David (1969): Convention. Cambridge: Harvard University Press.

Lindner, Katrin (2014): Einführung in die germanistische Linguistik. München: Beck.
Linell, Per (1982): The written language bias in linguistics. Linköping: Linköping University Electronic Press.
Linke, Angelika; Nussbaumer, Markus (2000): Konzepte des Impliziten. Präsuppositionen und Implikaturen. In: Brinker, Klaus; Antos, Gerd; Heinemann, Wolfgang; Sager, Sven F.: Text und Gesprächslinguistik. Ein internationales Handbuch zeitgenössischer Forschung (HSK 16.1). Berlin, New York: De Gruyter, S. 435–448.
Little, David; Kirwan, Déirdre (2019): Engaging with Linguistic Diversity. A Study of Educational Inclusion in an Irish Primary School. London: Bloomsbury.
Löbner, Sebastian (2015): Semantik. Eine Einführung. Zweite aktualisierte und stark erweiterte Ausgabe. Berlin, Boston: De Gruyter.
Luckmann, Thomas (1986): Grundformen der gesellschaftlichen Vermittlung des Wissens: Kommunikative Gattungen. In: Kölner Zeitschrift für Soziologie und Sozialpsychologie 27, S. 191–211.
Luther, Martin (1972): Die gantze Heilige Schrifft Deudsch [1535]. 2 Bände, Herausgegeben von Hans Volz unter Mitarbeit von Heinz Blanke. München: Rogner & Bernhard.
Luz (2019): Wir waren Charlie. Aus dem Französischen von Vincent Julien Piot, Karola Bartsch und Tobias Müller. Berlin: Reprodukt.
Maas, Utz (1992): Grundzüge der deutschen Orthographie. Berlin, Boston: De Gruyter.
Marossek, Diana (2013): „Gehst du Bahnhof oder bist du mit Auto?" Wie aus einem sozialen Stil Berliner Umgangssprache wird: Eine Studie zur Ist-Situation an Berliner Schulen 2009–2010. Zum Einfluss migrationsbedingter Kontraktionsvermeidungen im Sprachgebrauch von Berliner Jugendlichen auf die weitere Entwicklung typischer Berliner Sprachpraktiken unter Städtern ohne Migrationshintergrund. Online unter: https://depositonce.tu-berlin.de/handle/11303/4064.2, [zuletzt am 26.08.2020.]
Marx, Konstanze (2017): Diskursphänomen Cybermobbing. Ein internetlinguistischer Zugang zu [digitaler] Gewalt. Berlin, Boston: De Gruyter.
Marx, Konstanze (2019): Internetlinguistik. Heidelberg: Winter.
Marx, Konstanze; Weidacher, Georg (2014): Internetlinguistik. Ein Lehr- und Arbeitsbuch. Tübingen: Narr.
Mattfeldt, Anna (2018): Wettstreit in der Sprache. Ein empirischer Diskursvergleich zur Agonalität im Deutschen und Englischen am Beispiel des Mensch-Natur-Verhältnisses. Berlin, Boston: De Gruyter.
Mattheier, Klaus (1980): Pragmatik und Soziologie der Dialekte. Eine Einführung in die kommunikative Dialektologie des Deutschen. Heidelberg: Quelle & Meyer.
McEnery, Tony; Hardie, Andrew (2012): Corpus Linguistics: Method, Theory and Practice. Cambridge: Cambridge University Press.
Meadows, Dennis; Meadows, Donella; Zahn, Erich; Milling, Peter (1972): Die Grenzen des Wachstums. Bericht des Club of Rome zur Lage der Menschheit. München: DVA.
Meibauer, Jörg (2008): Pragmatik. Eine Einführung. Tübingen: Stauffenburg.
Meillet, Antoine (1912): L'évolution des Formes Grammaticales. Scientia 12, S. 384–400. Erneut gedruckt in Meillet, Antoine (1926): Linguistique historique et linguistique générale, S. 130–148. Paris: Honoré Champion.
Meinhard, Hans-Joachim (2003): Ebenen der Valenzbeschreibung. Die logische und die semantische Ebene. In: Ágel, Vilmos; Eichinger, Ludwig; Eroms, Hans-Werner; Hellwig, Peter; Heringer, Hans Jürgen; Lobin, Henning (Hgg.): Dependenz und Valenz. Ein internationales Handbuch zeitgenössischer Forschung (HSK 25.1). Berlin, Boston: De Gruyter. S. 399–404.

Miller, Georges A. (1993): Wörter. Streifzüge durch die Psycholinguistik. (Herausgegeben und aus dem Amerikanischen übersetzt von Joachim Grabowski und Christiane Fellbaum). Heidelberg, Berlin, New York: Spektrum Akademischer Verlag.
Müller, Horst M. (Hg.) (1997): Arbeitsbuch Linguistik. Eine Einführung in die Sprachwissenschaft. Paderborn: utb.
Müller, Marcus (2015): Sprachliches Rollenverhalten. Korpuspragmatische Studien zu divergenten Kontextualisierungen in Mündlichkeit und Schriftlichkeit. Berlin, Boston: De Gruyter.
Müller, Natascha; Kupisch, Tanja; Schmitz, Katrin; Cantone, Katja (2011): Einführung in die Mehrsprachigkeitsforschung. 3. Auflage. Tübingen: Narr.
Munske, Horst Haider (1996): Eurolatein: Das griechische und lateinische Erbe in den europäischen Sprachen. Tübingen: Niemeyer.
Niehr, Thomas (2014): Einführung in die linguistische Diskursanalyse. Darmstadt: Wissenschaftliche Buchgesellschaft.
Niehr, Thomas (2017): Argumentation in Texten. In: Roth, Kersten Sven; Wengeler, Martin; Ziem, Alexander (Hgg.): Handbuch Sprache in Politik und Gesellschaft (HSW 19). Berlin, Boston: De Gruyter, S. 165–186.
Nöth, Winfried (2000): Handbuch der Semiotik. 2., vollständig neu bearbeitete und erweiterte Auflage. Stuttgart: Metzler.
Nübling, Damaris; Dammel, Antje; Duke, Janet; Szczepaniak, Renata (2013): Historische Sprachwissenschaft des Deutschen. Eine Einführung in die Prinzipien des Sprachwandels. 4. Auflage. Tübingen: Narr.
Ottmers, Clemens (1996): Rhetorik. Stuttgart u. a.: Metzler.
Oevermann, Ulrich (1970): Sprache und soziale Herkunft. Ein Beitrag zur Analyse schichtenspezifischer Sozialisationsprozesse und ihrer Bedeutung für den Schulerfolg (Studien und Berichte). Berlin: Max-Planck-Institut für Bildungsforschung.
Pasch, Renate; Brausse, Ursula; Breindl, Eva; Wassner, Ulrich H. (2003): Handbuch der deutschen Konnektoren 1. Berlin u. a.: De Gruyter.
Paul, Hermann (1919): Deutsche Grammatik, Bd. III, Teil IV: Syntax (erste Hälfte). Halle (Saale): Niemeyer.
Peirce, Charles S. (1960): Collected Papers. Cambridge, Massachusetts: Harvard University Press.
Penner, Zvi (2000): Phonologische Entwicklung. Eine Übersicht. In: Grimm, Hannelore (Hg.) Sprachentwicklung. Göttingen u. a.: Hogrefe, S. 105–140.
Pittner, Karin; Bermann, Judith (2015): Deutsche Syntax. Ein Arbeitsbuch. 3. Auflage. Tübingen: Narr.
Polenz, Peter von (1988/32008): Deutsche Satzsemantik: Grundbegriffe des Zwischen-den-Zeilen-Lesens. Berlin u. a.: De Gruyter.
Prince, Ellen (1981): Toward a Taxonomy of Given-New Information. In: Cole, Peter (Hg.): Radical Pragmatics. New York u. a.: Academic Press, S. 223–255.
Reichmann, Oskar (1988): Zur Vertikalisierung des Varietätenspektrums in der jüngeren Sprachgeschichte des Deutschen. In: Munske, Horst Haider; Polenz, Peter von; Reichmann, Oskar; Hildebrandt, Reiner (Hgg.): Deutscher Wortschatz. Lexikologische Studien. Ludwig Erich Schmitt zum 80. Geburtstag von seinen Marburger Schülern. Berlin, Boston: De Gruyter, S. 151–180.
Riecke, Jörg (2016): Geschichte der deutschen Sprache. Eine Einführung. Stuttgart: Reclam.
Riehl, Claudia Maria (2015): Mehrsprachigkeit. Eine Einführung. Darmstadt: Wissenschaftliche Buchgesellschaft.

Roelcke, Thorsten (2017): Soziale Gruppen in der Fachkommunikation. In: Neuland, Eva; Schlobinski, Peter (Hgg.): Handbuch Sprache in sozialen Gruppen (HSW 9). Berlin, Boston: De Gruyter, S. 455–472.

Roelcke, Thorsten (2020): Fachsprachen. 4., neu bearbeitete und wesentlich erweiterte Auflage. Berlin: Erich Schmidt.

Roelofs, Ardi (2005): The visual-auditory color-word Stroop asymmetry and its time course. In: Memory and Cognition 33, S. 1325–1336.

Rosch, Eleanor (1975): Cognitive representation of semantic categories. In: Journal of Experimental Psychology: General, 104, S. 192–233.

Röska-Hardy, Louise (2011): Der Erwerb der Theory of Mind-Fähigkeit – Entwicklung, Interaktion und Sprache. In: Hoffmann, Ludger; Leimbrink, Kerstin; Quasthoff, Uta M. (Hgg): Die Matrix der menschlichen Entwicklung. Berlin: De Gruyter, S. 96–142.

Rothenhöfer, Andreas (2011): Identität und Umbruch. Die sprachliche Konstruktion des Kriegsendes nach 1945. Frankfurt am Main u. a.: Lang.

Rothweiler, Monika (2007): Bilingualer Spracherwerb und Zweitspracherwerb. In: Steinbach, Markus; Albert, Ruth; Girnth, Heiko; Hohenberger, Annette; Kümmerling-Meibauer, Bettina; Meibauer, Jörg; Rothweiler, Monika; Schwarz-Friesel, Monika (Hgg): Schnittstellen der germanistischen Linguistik. Stuttgart, Weimar: Metzler, S. 103–136.

Sacks, Harvey (1984): Notes on methodology. In: Atkinson, John Maxwell; Heritage, John (Hgg.): Structures of social action. Cambridge: Cambridge University Press, S. 21–27.

Saussure, Ferdinand de (1916): Cours de linguistique générale. Paris, Lausanne: Payot.

Schiffer, Stephen (1972): Meaning. Oxford: Oxford University Press.

Schlaffer, Heinz (1991): Einleitung. In: Goody, Jack; Watt, Ian P.; Gough, Kathleen: Entstehung und Folgen der Schriftkultur. Frankfurt am Main: Suhrkamp, S. 7–24.

Schlobinski, Peter (2014): Grundfragen der Sprachwissenschaft: Eine Einführung in die Welt der Sprache(n). Göttingen: Vandenhoeck & Ruprecht.

Schmeller, Johann A. (1821): Die Mundarten Bayerns grammatisch dargestellt. München: Hueber.

Schmeller, Johann A. (1827–1837): Bayerisches Wörterbuch, Bd. 1–4. Stuttgart, Tübingen: Cotta.

Schmid, Hans-Jörg (2007): Entrenchment, Salience, and Basic Levels. In: Geeraerts, Dirk; Cuyckens, Hubert (Hgg.): The Oxford Handbook of Cognitive Linguistics. Oxford, New York: Oxford University Press, S. 117–138.

Schmidt, Jürgen Erich; Herrgen, Joachim (2011): Sprachdynamik. Eine Einführung in die moderne Regionalsprachenforschung. Berlin: Erich Schmidt.

Schmitz, Ulrich (2006): Schriftbildschirme. Tertiäre Schriftlichkeit im World Wide Web. In: Androutsopoulos, Jannis K.; Runkehl, Jens; Schlobinski, Peter; Siever, Torsten (Hgg.): Neuere Entwicklungen in der linguistischen Internetforschung: Zweites internationales Symposium zur gegenwärtigen linguistischen Forschung über computervermittelte Kommunikation Universität Hannover 4.–6. Oktober 2004. Hildesheim u. a.: Olms, S. 184–208.

Schwarz-Friesel, Monika (2017): Die Drei-Stufen-Semantik der Kritischen Kognitionslinguistik. In: Staffelt, Sven; Hagemann, Jörg (Hgg.): Semantiktheorien. Lexikalische Analysen im Vergleich. Tübingen: Stauffenburg, S. 189–204.

Schwarz-Friesel, Monika; Chur, Jeanette (2014): Semantik. Ein Arbeitsbuch. 6. Auflage. Tübingen: Narr.

Schwarz-Friesel, Monika; Consten, Manfred (2014): Einführung in die Textlinguistik. Darmstadt: Wissenschaftliche Buchgesellschaft.

Schwitalla, Johannes (2012): Gesprochenes Deutsch. Eine Einführung. 4. Auflage. Berlin: Erich Schmidt.
Searle, John R. (1969): Speech acts. An Essay in the Philosophy of Language. Cambridge: Cambridge University Press. [Deutsche Ausgabe 1971: Sprechakte. Ein sprachphilosophischer Essay. Frankfurt a. M.: Suhrkamp].
Searle, John R. (2004): Geist, Sprache und Gesellschaft. Philosophie in der wirklichen Welt. Frankfurt am Main: Suhrkamp.
Selting, Margret; Auer, Peter; Barth-Weingarten, Dagmar; Bergmann, Jörg R.; Bergmann, Pia; Birkner, Karin; Couper-Kuhlen, Elizabeth; Deppermann, Arnulf; Gilles, Peter; Günthner, Susanne; Hartung, Martin; Kern, Friederike (2009): Gesprächsanalytisches Transkriptionssystem 2 (GAT 2). In: Gesprächsforschung. Online-Zeitschrift zur verbalen Interaktion 10, S. 353–402.
Spieß, Constanze (2009): Wissenskonflikte im Diskurs. Zur diskursiven Funktion von Metaphern und Schlüsselwörtern im öffentlich-politischen Diskurs um die humane embryonale Stammzellforschung. In: Felder, Ekkehard; Müller, Marcus (Hgg.): Wissen durch Sprache. Theorie, Praxis und Erkenntnisinteresse des Forschungsnetzwerkes „Sprache und Wissen". Berlin, New York: De Gruyter, S. 309–336.
Spitzmüller, Jürgen; Warnke, Ingo H. (2011): Diskurslinguistik. Eine Einführung in Theorien und Methoden der transtextuellen Sprachanalyse. Berlin, Boston: De Gruyter.
Staffelt, Sven; Hagemann, Jörg (Hgg.) (2017): Semantiktheorien. Lexikalische Analysen im Vergleich. Tübingen: Stauffenburg Verlag.
Storrer, Angelika (2003): Ergänzungen und Angaben. In: Ágel, Vilmos; Eichinger, Ludwig; Eroms, Hans-Werner; Hellwig, Peter; Heringer, Hans Jürgen; Lobin, Henning (Hgg.): Dependenz und Valenz. Ein internationales Handbuch der zeitgenössischen Forschung (HSK 25.1). Berlin, Boston: De Gruyter, S. 764–780.
Stukenbrock, Anja (2009): Herausforderungen der multimodalen Transkription: Methodische und theoretische Überlegungen aus der wissenschaftlichen Praxis. In: Birkner, Karin; Stukenbrock, Anja (Hgg.): Die Arbeit mit Transkripten in Fortbildung, Lehre und Forschung. Mannheim: Verlag für Gesprächsforschung, S. 144–169.
Stukenbrock, Anja (2013): Sprachliche Interaktion. In: Auer, Peter (Hg.): Sprachwissenschaft. Grammatik, Interaktion, Kognition. Stuttgart, Weimar: Metzler, S. 217–260.
Stukenbrock, Anja (2015): Deixis in der Face-to-Face-Interaktion. Berlin, Boston: De Gruyter.
Stutterheim, Christiane von (1997): Einige Prinzipien des Textaufbaus. Empirische Untersuchungen zur Produktion mündlicher Texte. Tübingen: Niemeyer.
Stutterheim, Christiane von; Klein, Wolfgang (2008): Mündliche Textproduktion: Informationsorganisation in Texten. In: Janich, Nina (Hg.): Textlinguistik: 15 Einführungen. Tübingen: Narr, S. 217–236.
Szczepaniak, Renata (2011): Grammatikalisierung im Deutschen: Eine Einführung. Tübingen: Narr.
Tannen, Deborah (1991): Du kannst mich einfach nicht verstehen. Warum Männer und Frauen aneinander vorbeireden. Frankfurt am Main, Wien: Büchergilde Gutenberg.
Tesnière, Lucien (1980): Grundzüge der strukturalen Syntax. Herausgegeben und übersetzt von Ulrich Engel. Stuttgart: Klett-Cotta. [frz. Original: Éléments de syntaxe structurale. Paris 1959: Librairie C. Klinkcsieck. Der Übersetzung lag die 2. Ausgabe zugrunde.]
Tomasello, Michael (2011): Die Ursprünge der menschlichen Kommunikation. Frankfurt am Main: Suhrkamp.
Tomasello, Michael (2014): Eine Naturgeschichte des menschlichen Denkens. Berlin: Suhrkamp.

Tomasello, Michael; Farrar, Michael Jeffrey (1986): Joint Attention and Early Language. In: Child Development, 57 (6), S. 1454–1463.
Trier, Jost (1931): Der deutsche Wortschatz im Sinnbezirk des Verstandes. Bd. 1. Von den Anfängen bis zum Beginn des 13. Jahrhunderts. Heidelberg: Winter.
Veith, Werner H. (2005): Soziolinguistik: Ein Arbeitsbuch. Tübingen: Narr.
Wahrig (1968/1975/2006): Deutsches Wörterbuch. Mit einem Lexikon der Deutschen Sprachlehre. Völlig überarbeitete Neuauflage. Gütersloh: Bertelsmann. [Neueste Auflage von 2011].
Wandruszka, Mario (1979). Die Mehrsprachigkeit des Menschen. München: Piper.
Warnke, Ingo H. (Hg.) (2018): Handbuch Diskurs (HSW 6). Berlin, Boston: De Gruyter.
Wegera, Klaus-Peter; Waldenberger, Sandra (2012): Deutsch diachron. Eine Einführung in den Sprachwandel des Deutschen. Berlin: Erich Schmidt Verlag.
Wengeler, Martin (2003): Topos und Diskurs. Begründung einer argumentationsanalytischen Methode und ihre Anwendung auf den Migrationsdiskurs (1960–1985). Tübingen: Niemeyer.
Wierzbicka, Anna (1996): Semantics. Primes and universals. Oxford, New York: Oxford University Press.
Wolf, Ricarda (1999): Soziale Positionierung im Gespräch. In: Deutsche Sprache 27 (1), S. 69–94.
Wöllstein, Angelika (2010): Topologisches Satzmodell (KEGLI, Band 8). Heidelberg: Winter.
Ziem, Alexander (2009): Frames im Einsatz. Aspekte anaphorischer, tropischer und multimodaler Bedeutungskonstitution im politischen Kontext. In: Felder, Ekkehard; Müller, Marcus (Hgg.): Wissen durch Sprache. Theorie, Praxis und Erkenntnisinteresse des Forschungsnetzwerkes „Sprache und Wissen". Berlin, New York: De Gruyter, S. 207–244.
Ziem, Alexander; Lasch, Alexander (2013): Konstruktionsgrammatik. Berlin, Boston: De Gruyter.
Zifonun, Gisela (2002): Überfremdung des Deutschen: Panikmache oder echte Gefahr? IDS-Sprachforum, 15. Mai 2002. In: IDS Sprachreport 3/2002, S. 2–9. Online verfügbar unter: https://www1.ids-mannheim.de/fileadmin/ids/Aktuelles/Sprachforum/sr02-3.pdf, zuletzt am 18.12.2019.
Zifonun, Gisela; Hoffmann, Ludger; Strecker, Bruno (1997): Grammatik der deutschen Sprache. Berlin, New York: De Gruyter.

Verzeichnis der verwendeten Sprachkorpora

CHILDES Datenbank

http://childes.talkbank.org/ – DOI:10.21415/T5N01B
Behrens, Heike (2006): The input-output relationship in first language acquisition. Language and Cognitive Processes, 21, S. 2–24.
MacWhinney, Brian (2000): The CHILDES Project: Tools for analyzing talk. Third Edition. Mahwah, NJ: Lawrence Erlbaum Associates.

Datenbank gesprochenes Deutsch

URL http://dgd.ids-mannheim.de, zuletzt am 27.04.2020.
Schmidt, Thomas (2014): Gesprächskorpora und Gesprächsdatenbanken am Beispiel von FOLK und DGD. In: Gesprächsforschung – Online-Zeitschrift zur verbalen Interaktion 15, S. 196–233. Online unter: http://www.gespraechsforschung-ozs.de/fileadmin/dateien/heft2014/px-schmidt.pdf, zuletzt am 27.04.2020.

Das Deutsche Referenzkorpus DeReKo

http://www.ids-mannheim.de/kl/projekte/korpora/, zuletzt am 27.04.2020.
Am Leibniz-Institut für Deutsche Sprache, Mannheim.
Lüngen, Harald (2017): DeReKo – Das Deutsche Referenzkorpus. In: Zeitschrift für germanistische Linguistik 45(1), S. 161–170. DOI: https://doi.org/10.1515/zgl-2017-0008

Der Deutsche Novellenschatz

http://www.discourselab.de/cqpweb/, zuletzt am 27.04.2020.
Müller, Marcus; Stegmeier, Jörn (Hgg.) (2016): Der Deutsche Novellenschatz. CQPWeb-Edition. Discourse Lab. Darmstadt. [Auf der Basis von Weitin (2016).]
Weitin, Thomas (Hg.) (2016): Volldigitalisiertes Korpus. Der Deutsche Novellenschatz. Hg. von Paul Heyse, Hermann Kurz. 24 Bde. 1871–1876. (XML-Edition) Darmstadt, Konstanz. Online unter: http://www.deutschestextarchiv.de/novellenschatz/, zuletzt am 27.04.2020.

Digitales Wörterbuch der deutschen Sprache

https://www.dwds.de/, zuletzt am 27.04.2020.
DWDS – Digitales Wörterbuch der deutschen Sprache. Das Wortauskunftssystem zur deutschen Sprache in Geschichte und Gegenwart, hrsg. v. d. Berlin-Brandenburgischen Akademie der Wissenschaften.

Geyken, Alexander; Barbaresi, Adrien; Didakowski, Jörg; Jurish, Bryan; Wiegand, Frank; Lemnitzer, Lothar (2017): Die Korpusplattform des „Digitalen Wörterbuchs der deutschen Sprache" (DWDS). In: Zeitschrift für germanistische Linguistik 45(2), S. 327–344.

Heidelberger Korpus – HeiDeKo

https://www.gs.uni-heidelberg.de/sprache02/hd_korpus.html, zuletzt am 27.04.2020.
Felder, Ekkehard; Müller, Marcus; Vogel, Friedemann (2010): Das Heidelberger Korpus – Gesellschaftliche Konflikte im Spiegel der Sprache. In: Zeitschrift für Germanistische Linguistik (ZGL) 38, S. 314–319.

Referenzkorpus Althochdeutsch

https://www.deutschdiachrondigital.de/, zuletzt am 27.04.2020.
Mittmann, Roland; Plate; Ralf (2019): Das ‚Referenzkorpus Altdeutsch' als Lesekorpus. Grammatisch annotierte und mit Wörterbüchern verknüpfte Texte für Lehre und Selbststudium, Das Mittelalter 24(1), S. 173–187. DOI: https://doi.org/10.1515/mial-2019-0012.

Referenzkorpus Mittelhochdeutsch

https://www.linguistics.ruhr-uni-bochum.de/rem/, zuletzt am 27.04.2020.
Klein, Thomas; Wegera, Klaus-Peter; Dipper, Stefanie; Wich-Reif, Claudia (2016): Referenzkorpus Mittelhochdeutsch (1050–1350), Version 1.0. ISLRN 332-536-136-099-5.
Klein, Thomas; Dipper, Stefanie (2016): Handbuch zum Referenzkorpus Mittelhochdeutsch. Bochumer Linguistische Arbeitsberichte 19. Online unter: https://linguistics.rub.de/forschung/arbeitsberichte/19.pdf, zuletzt am 27.04.2020.

Plenarprotokolle des Deutschen Bundestags

http://www.discourselab.de/cqpweb/, zuletzt am 27.04.2020.
Müller, Marcus; Stegmeier, Jörn (Hgg.) (2018): Korpus der Plenarprotokolle des deutschen Bundestags. Legislaturperiode 1–18. CQPWeb-Edition. Discourse Lab. Darmstadt.

Verzeichnis der Abbildungen

Abbildung 1:	Ikonische Wäschezeichen —— 8	
Abbildung 2:	Ausschnitt aus der Partitur der europäischen Hymne: „Ode an die Freude" von L. v. Beethoven —— 9	
Abbildung 3:	Das Organonmodell —— 24	
Abbildung 4:	Der Rheinische Fächer —— 36	
Abbildung 5:	David, Michelangelo Buonarroti, aus verschiedenen Perspektiven —— 51	
Abbildung 6:	Gespräch unter Handballern —— 66	
Abbildung 7:	Oszillogramm —— 68	
Abbildung 8:	Artikulationsapparat des Menschen —— 71	
Abbildung 9:	Anordnung des Vokaltrakts bei labialer, dentaler und velarer Artikulationsstelle, um die Konsonanten [p], [t] und [k] zu produzieren, aus: Miller (1993: 94) —— 74	
Abbildung 10:	Vorderseite einer Tontafel mit altsumerischer Schrift aus Uruk —— 89	
Abbildung 11:	Schematische Anordnung verschiedener Äußerungsformen im Feld medialer und konzeptioneller Mündlichkeit/Schriftlichkeit —— 93	
Abbildung 12:	Dipylon-Kanne mit Inschrift —— 97	
Abbildung 13:	Wunschzettel —— 105	
Abbildung 14:	Postkarte mit Sturmmotiv —— 109	
Abbildung 15:	Ausschnitt aus einer WhatsApp-Konversation —— 112	
Abbildung 16:	Stroop-Effekt —— 115	
Abbildung 17:	Wortfeld der Verwandtschaftsbeziehungen im ahd. und nhd. Vergleich —— 121	
Abbildung 18:	Wir waren Charlie —— 133	
Abbildung 19:	Green Book (Filmplakat) —— 191	
Abbildung 20:	Aviator (Filmplakat) —— 214	
Abbildung 21:	Das Tassenexperiment von Labov —— 227	
Abbildung 22:	Prototypen von Vögeln —— 228	
Abbildung 23:	Das Zwiebelmodell der Kontextualisierung —— 271	

https://doi.org/10.1515/9783110532586-015

Verzeichnis der Tabellen

Tabelle 1: Notationskonventionen —— **XI**
Tabelle 2: Kookkurrenzpartner 1-2 Wörter rechts von *aber* als Konjunktion und Adverb mit der jeweils größten Effektstärke —— **31**
Tabelle 3: Bedeutungskonkurrenz am Beispiel des Ausdrucks *Lebensbeginn* in der Bioethikdebatte —— **52**
Tabelle 4: Konsonanten des Deutschen und ihre Lautschriftzeichen —— **72**
Tabelle 5: Konsonantische Phonem-Graphem-Korrespondenzen —— **98**
Tabelle 6: Vokalische Phonem-Graphem-Korrespondenzen —— **99**
Tabelle 7: Kommunikationsformen im Vergleich —— **202**
Tabelle 8: Merkmalsanalyse am Beispiel „Sitzmöbel" —— **223**
Tabelle 9: Agonale Zentren im Fracking-Diskurs (Deutschland, US und Großbritannien) —— **277**

Sachregister

A
Adressierung 93, 95, 111
Affix 127
Agens (→ semantische Rolle)
Allophon 76
alphabetische Phase 104
Alphabetschrift 97, 104
Althochdeutsch 35, 37, 146
Analogiebildung 101, 151
analytischer → Satzbau
anaphorisch 192, 193
Angabe 172, 173
Angemessenheit 259
Annotation 29
Antezedent 192, 193
Arbitrarität 9
Argumentieren 275–277
Artikulationsart 72
Artikulationsort 72
Appell (→ Organonmodell)
Artikel
– definiter A. 194
– indefiniter A. 194
Aspiration 72
Assimilation 76, 100
asyndetische Konstruktion 198
Attribut 170
Ausbau (von Sprachstrukturen) 93
Ausdruck (→ Organonmodell)
Auslautverhärtung 76, 77, 100
Aussprache 134, 135
Autonomiehypothese 110

B
Baumdiagramm 143
Bedeutung 10, 12, 48, 50, 52, 54, 60, 63, 205–230, 238, 244, 247–249
Bedeutungsrelation 206
Bedeutungskonkurrenz 52
Beschreiben 108
Bestimmungswort 126
Beteiligung (am Diskurs) 200
Bewertung 103
Bezeichnungskonkurrenz 52

C
Code 257
Code Switching 33, 263
Common Ground 57–59, 79, 233, 234

D
Darstellung (→ Organonmodell)
Dehnungs-h 100
deiktischer Ausdruck 207, 208
Dekategorisierung 154
deklaratives → Wissen
Dependenzhypothese 110
Derivation 126–129
Derivationsmorphem 127, 129
Desemantisierung 153
Determinativkompositum 125, 126, 131
diachrone Perspektive 21
Dialekt 261
Dialektologie 261
differentia specifica 119, 217
Direktiv (→ semantische Rolle)
Diskurs 189, 273–278
Diskursanalyse 272–278
Diskurskompetenz 19
Distanz (und Nähe) 92, 93, 111
Distanzsituation 53
doppelte Artikulation 11

E
Einzelsprache 20
Emergenz 239
Empathie 53
Enkodierung 81
Entlehnung 101, 134–136
Entrenchment 48
Entschuldigung 183, 184, 249
Ergänzung (→ Komplement)
Ereignis 190, 195, 196
Erosion 154
Ersetzungsprobe 142
Erzählen 14, 19, 83, 107, 108
Erzählung 187
Erwerb finiter Verbformen 17
Existenzpräsupposition 59, 60

Experiens (→ semantische Rolle)
Expletivum 166, 167
Explizitheit 93, 106
Extension 153

F
Fachsprache 267
Filler 47
Flexion 144–150
Flexionsform 40, 41, 145–149, 172
Formseite 17, 114, 116, 120, 122, 156
Frame 46–49, 175, 195, 214
Fremdwort 134
Frühneuhochdeutsch 39–42
Fugenelement 125
Füllwert (→ Filler)

G
gemeinsame Aufmerksamkeit 2, 16, 44, 45, 184
Gender 268
genetische Grundausstattung 14
genus proximum 217
Gespräch 26, 45, 61, 66, 77–86, 115, 231–254
Gesprächslinguistik 26, 253
geteilte Intentionalität 2
globale → Kohärenz
Glottis 70
Grammatik 12, 13, 17, 138–181, 248
– G. des Wortes 122
Grammatikalisierung 151–154
grammatischer Aspekt von Sätzen 162, 163
graphematische Anpassung 135
Grundwort 125, 126

H
Handlung 161, 165, 174–176
Hierarchisierung 27
Hyperonym 119, 217
Hypertext 203, 204
Hyponym 119
hypotaktisch 94

I
Idiomatik/idiomatisch 117, 142, 156, 158
ikonische → Zeichenrelation

Ikonizität 8
illokutionärer Akt 236
Implikation 61
Implikatur, implikatieren 63
– konventionelle I. 63, 67
– konversationelle I. 63
implizites → Wissen
indefiniter/unbestimmter → Artikel 165, 166, 94
indexikalische → Zeichenrelation
Index 7
indirekter → Sprechakt
Inferenz 48, 62, 215
informationeller Aspekt von Sätzen 162, 164–166
Informationsorganisation 187
Informationsstruktur 77
Inhaltsseite 114, 116
Initialwort 130
Instruktion 108, 186, 187
Instrument (→ semantische Rolle)
Intentionalität 2, 3, 16, 233
Intersubjektivität 247
Intertextualität, intertextuell 188, 189, 203
intratextuell 203
Intonationsphrase 78, 79

J
Jugendsprache 267

K
Kante (im Netzwerk) 203
Kataphorisch 194
Kategorienbildung 4
Knacklaut 70
Knoten (im Netzwerk) 203
Kofferwort 130
Kohärenz, kohärent 93, 94, 106, 196, 198
– globale K. 198
– lokale K. 198
Kohäsion 193, 196
Ko-Hyponym 119
kognitive Erschließung der Welt 54, 55
Ko-Konstruktion 82
Kollokation 155

Kompetenz
- grammatische K. 23
- semantische K. 205, 216, 218
Kommentar (vs. Topik) 163, 164, 177
kommunikative Gattung 183
kommunikative Praktik 183
Komplement 171–173, 259
Komplexanapher 193
Kompositum 117, 124, 125, 131, 140
konditionelle Relevanz 249
Konjunktion 196
- koordinierende K 180, 181, 196
- subordinierende K. (→ Subjunktion)
Konnektor 196, 197, 199, 276
Konstruktion 46, 53, 154–158, 174
Kontamination 130
Kontextualisierung 268–272
Kontextualisierungshinweis 248
Konvention 10, 11, 99, 106, 108, 111, 117, 184
Konventionalisierung 8, 78, 108
konventionelle → Implikatur
konversationelle → Implikatur
Konversationsanalyse 251, 252
Konversationsmaximen 61–63
Konversion 130, 131
Konzept 206, 211–213, 228
konzeptionelle → Mündlichkeit
konzeptionelle → Schriftlichkeit
Konzeptualisierung 50, 81, 107, 188
Kooperationsprinzip 61, 62
Kookkurrenzanalyse 31, 218
Kopfwort 130
Kopulativkompositum 126
Ko-Referenz 192, 199
Korpus 31, 32, 218, 239, 274
Korpuslinguistik 29–31
Kultur 1–3, 14, 15, 199
kulturelle Gemeinschaft 58
kulturelle Übertragung 5

L
Langue 22, 260
Lautbild 116
Lautverschiebung
- erste L. 35
- zweite, hochdeutsche L. 36, 37

Leerstelle (→ Slot)
Lehnwort 134
Lemma 31
Lemmatisierung 31
Lexem 117, 122–124
Linksversetzung 164, 179, 180
Literalisierung 102–109
logographische Phase 104
logographische Schrift 96
lokutionärer Akt 235

M
mediale → Mündlichkeit
mediale → Schriftlichkeit
Medium 42, 92, 111, 189
Mehrsprachigkeit 263
- innere M. 264, 266–268
- äußere M. 264–266
Mehrstufigkeit der Zeichenorganisation 12, 208, 210
metakommunikativ 193, 199
Metadaten 29, 85
Metapher 53–55, 220, 221
Methode 27–32
Metonymie 55, 56, 219, 220
Mittelfeld (→ Stellungsfeldermodell)
Mittelhochdeutsch 38, 40
mögliche Welten 5
Morphem 123–129, 151
- freies M. 124
- gebundenes M. 124, 126
Morphologie 123
morphosyntaktische Integration 135
Movierung 128
Multimodalität 203, 204
Mündlichkeit
- konzeptionelle M. 92, 93
- mediale M. 92, 93
Muster 16, 18, 83, 107, 108, 116, 118, 157, 158, 253
musterhaftes Wissen 46

N
Nachfeld (→ Stellungsfeldermodell)
Nähe (und Distanz) 93, 111, 202
Nähesituation 53
Negationstest 59

Neologismus 131, 132
Neuhochdeutsch 40, 42, 43, 167
Norm 43, 101, 102, 112, 203
Normierung 43, 101
Notation 72, 85, 86

O
Objekt 168, 169
okkasionell 48
onomatopoetisches Wort 8
ontogenetisch 1
order at all points 252
Organonmodell 24
Origativ (→ semantische Rolle)
Origo 207
orthographische Phase 105

P
paradigmatische Beziehungen 12, 123
parataktisch 94
parole 22
Part-of-Speech-Tagging (→ Wortartenkategorisierung)
Passiv 176, 177
Patiens (→ semantische Rolle)
Performanz 23
perlokutionärer Akt 236
personal social word 17
Perspektive 7, 50–53, 132, 160, 209
Perspektivität 50–53
Phonation 70, 71
Phonem 75, 76
phonographisches Prinzip 98
Phrase 141–144
Phraseologismus 155–157
phylogenetisch 1
Piktogramm 7, 98, 96
Prädikat 159, 161–163, 168, 171
Prädikation 161
Prädikativ 163
Präfix 127, 128
Präsupposition 59, 60
– referentielle P. 59
– semantische P. 60
Produktivität 130–134
Pro-Form 192, 193

Proposition 25, 47, 50, 161, 162
propositionaler Akt 235, 236
propositionaler Aspekt von Sätzen 162–164
Prosodie 77–79
prozedurales → Wissen

R
Rechtschreibung 43, 99, 101
referentielle Kette 191
referentielle → Präsupposition
Referenz 94, 161
Reflexivität 58
Register des Graphischen 112
Rekodierung 104
Re-Kontextualisierung 102, 268
rekursiv 125, 168
Reziprozität 16, 58, 232
Rheinischer Fächer 36, 37
Rhema (vs. Thema) 164, 166
Rollenspiel 18
rückverweisend 192

S
salient 55
Satz 195–182, 208
Satzsemantik 212
Satzakzent 78, 79
Satzbau 41, 94, 178
– analytischer S. 41
– synthetischer S. 41
Satzglied 142, 168–170
Satzklammer 178–180
Schema 46–48, 213
Schreibusus 101
Schrift 88–98
Schriftbild 116
Schriftlichkeit 92, 93, 112
– konzeptionelle S. 92, 93, 112
– mediale S. 92, 93
Schriftspracherwerb 103–110
Schwanzwort 130
Script 17, 46, 47
semantische Rolle 161, 174–177
semantischer Kampf 52
semantische → Präsupposition
Semantisierung 50
semasiographisches Prinzip 96

Semiose 48, 53
- unendliche S. 48
Semiotik 6-9
Silbengelenk 99, 100
silbeninitiales h 100
Silbenwort 130
Simplex 116
Sinn 62, 190, 209
Sinnrelation 118
Slot 47
soziale Gruppe 262, 263
soziale Positionierung 272
soziale Rolle 272
sozialer → Stil
Sozialisation 14, 53, 232
Soziolinguistik 26, 255-268
Spiel 16
Spracherwerb 13-19, 53, 68, 74, 78
Sprachgebrauch 20, 26, 28, 85, 102, 103, 116, 129, 131, 148, 218, 255, 259, 262, 264, 273
Sprachsystem 11, 17, 26, 33, 75, 264
Sprachverwendung (→ Sprachgebrauch)
Sprechakt/-handlung 6, 18, 25, 26, 234-238, 247
- indirekter S. 236
Sprechsituation 25
Sprechstil 262, 263
Sprichwort 156, 157
Stamm (→ Wortstamm)
Stemma (→ Baumdiagramm)
Statusfunktion 3
Stellungsfeldermodell 177-181
Stellvertreter (Sprache als S.) 6
Stimmhaftigkeit 72, 73, 75
Stimulus (→ semantische Rolle)
Stil 133
- sozialer S. 256, 261-264
strukturelle Integration 134
Subjekt 162-168, 188
Subjunktion 196
Substitution 194
Substitutionstest (→ Ersetzungsprobe)
Suffix 127, 128
Supplement (→ Angabe)
Suprasegmentalia 77, 81
Symbolfeld der Sprache 207

Symbolisierung 3
symbolische → Zeichenrelation
synchrone Perspektive 21, 22
syntagmatische Beziehungen 13
syntaktisches Wort 123
Syntax (→ Satzbau)
synthetischer → Satzbau

T

Tagging (→ Annotation)
Text 182-204, 213-216
Textkompetenz 19, 107
Textlinguistik 93, 189, 204
Textmuster 107-109, 186, 187
Textsorte 183
Textverknüpfung 195, 196
Thema (vs. Rhema) 164-167
Theory of Mind 18, 233
Tilgung 76
Token 116
Tokenisierung 31
Topik (vs. Kommentar) 163, 164, 167, 177
Topikalisierung (→ Linksversetzung)
topologisches Satzmodell (→ Stellungsfeldermodell)
Topos 275
Transkript 77, 239, 240, 247, 252
Transkription 84-86, 98, 239, 251
Triade (von Bezugsperson, Kind und Wahrnehmungsobjekt) 44
Triggern 60
Type 116

U

Überbegriff (→ Hyperonym)
Universalgrammatik 23
Unterbegriff (→ Hyponym)

V

Vagheit 207
Valenz 171-177
- logische V. 172
- morphosyntaktische V. 172
- semantische V. 174
Valeur (→ Wert)
Variante 260
Variation 260

Varietät 260, 261
Verbindlichkeit (von Wissensbeständen) 90
Verbstamm 127
Verkettung (im Syntagma) 13
Vernetzung (im Internet) 200, 204
Versetzung 5
Verschiebung (metonymische) 55, 56
Verweisungsrichtung 193
Vertikalisierung des Varietätenspektrums 42
Vorfeld (→ Stellungsfeldermodell)
Vorgangspassiv (→ Passiv)
Vorvorfeld (→ Stellungsfeldermodell)

W
Wert (d. sprachl. Zeichens) 12
Wiederaufnahme 191–194
Wissen 2, 4, 14, 17, 18, 44–63, 182, 184, 188, 189, 198, 199, 206, 213–216, 229, 233, 234, 273–276
– deklaratives W. 49, 50
– prozedurales W. 49, 50
– implizites W. 56–63

Wissensbestand 27, 46, 90, 233, 234
Wissensexpansion 53–56
Wissenschaft 91, 94, 119, 267, 269–271
Wissens-Rahmen (→ Frame)
Wortakzent 78, 79
Wortart 31, 123, 125, 127, 130, 131, 143, 196
Wortartenkategorisierung 31
Wortbildung 122–131
Wortfeld 52, 120, 121
Wortform 115–118, 123
Wortkreuzung (→ Kofferwort)
written language bias 65

Z
Zeichenrelation 7–9
– ikonische Z. 7–9, 53, 96,
– indexikalische Z. 7, 53, 144
– symbolische Z. 8, 9
Zeigfeld der Sprache 207
Zitierform 117
Zusammenrückung 126, 138
Zustandspassiv (→ Passiv)

www.ingramcontent.com/pod-product-compliance
Lightning Source LLC
Chambersburg PA
CBHW051601230426
43668CB00013B/1938